20 26

나유리
조은혜
이종서
김민경
윤승재
김현세
지음

2026
프로야구
가이드북

이제 프로야구 관전을 위한 ————
———— 새로운 준비를 해야 할 때

bs
브레인스토어

CONTENTS

CHAPTER 1

FEATURE

스토브리그 핵심 정리

한눈에 보는 선수 이적 현황

 FA

선수	원소속 구단	계약 구단	계약 내용	보상
강백호	KT	한화	4년 100억 원 ·총 연봉 30억 원·옵션 20억 원	보상선수 한승혁 보상금 14억 원
박찬호	KIA	두산	4년 80억 원 (계약금 50억 원) ·총 연봉 28억 원·옵션 2억 원	보상선수 홍민규 보상금 9억 원
김현수	LG	KT	3년 50억 원 (계약금 30억·총 연봉 20억 원)	보상금 7억 5천만원
최원준	NC	KT	4년 48억 원 (계약금 22억 원) ·총 연봉 20억 원·옵션 6억 원	보상선수 윤준혁 보상금 8억 원
최형우	KIA	삼성	2년 26억 원 (세부 내용 비공개)	보상금 15억 원
김범수	한화	KIA	3년 20억 원 (계약금 5억 원) ·총 연봉 12억 원·옵션 3억 원	보상선수 양수호 보상금 1억 4천3백만원
한승택	KIA	KT	4년 10억 원 (계약금 2억 원) ·총 연봉 6억 원·옵션 2억 원	보상금 9천7백5십만 원
박해민	LG	LG	4년 65억 원 (계약금 35억 원) ·총 연봉 25억 원·옵션 5억 원	
이영하	두산	두산	4년 52억 원 (계약금 23억 원) ·총 연봉 23억 원·옵션 6억 원	
양현종	KIA	KIA	2+1년 45억 원 (계약금 10억·세부 내용 비공개)	
최원준	두산	두산	4년 38억 원 (계약금 18억 원) ·총 연봉 16억 원·옵션 4억 원	
강민호	삼성	삼성	2년 20억 원 (계약금 10억 원) ·총 연봉 6억 원·옵션 4억 원	
김태훈	삼성	삼성	3+1년 20억원 (계약금 6억 원) ·총 연봉 12억 원·옵션 2억 원	
조수행	두산	두산	4년 16억 원 (계약금 6억 원) ·총 연봉 8억 원·옵션 2억 원	
장성우	KT	KT	2년 16억 원 (계약금 8억 원) ·총 연봉 6억 원·옵션 2억 원	
조상우	KIA	KIA	2년 15억 원 (계약금 5억) ·총 연봉 8억·옵션 2억)	
이준영	KIA	KIA	3년 12억 원 (계약금 3억 원) ·총 연봉 6억 원·옵션 3억 원	
이승현	삼성	삼성	2년 6억 원 (계약금 2억 원) ·총 연봉 3억 원·옵션 1억 원	
김상수	롯데	롯데	1년 3억 원 (세부 내용 비공개)	
손아섭	한화	한화	1년 1억 원	

이번 스토브리그가 심심할 것이라 예상하는 전문가들도 있었지만, 예상 외로 막상 뚜껑을 열어보니 뜨거웠다. 일단 최고 인기 선수는 박찬호와 박해민, 김현수였다. 두산과 KT가 마지막까지 구애를 한 끝에 두산이 최종 승자로 박찬호를 품으며 유격수 보강에 성공했고, 박해민도 여러팀의 각축전이 벌어진 끝에 원 소속팀 잔류를 택했다. 타팀보다 더 적은 조건을 수락한 것으로 알려져 화제가 되기도 했다. 가장 쇼킹한 이적은 단연 최형우의 삼성행. 원 소속팀 KIA가 최형우의 마음을 잡는데 실패하면서, 친정 삼성행이 최종 성사됐다. '투수 대어'였던 이영하는 두산이 50억원이 넘는 계약 규모를 안겼다. 캠프 시작 이후까지 계약이 되지 않았던 손아섭은 결국 원 소속팀 한화와 1년 1억원에 단기 계약을 체결했다.

 트레이드

날짜	구단	트레이드 내용
2025년 12월 19일	NC ↔ 삼성	포수 박세혁 ↔ 2027년 3R 신인 지명권

유독 잠잠했던 트레이드 시장. NC가 팀내에서 입지가 줄어든 포수 박세혁에게 기회를 열어주기 위해 트레이드를 추진했고, 백업 포수가 필요했던 삼성이 손을 내밀었다.

🏐 비FA 다년계약

선수	구단	포지션	계약일	계약 내용
노시환	한화	내야수	2026년 2월 23일	11년 최대 307억 원 (세부 내용 비공개·2027시즌 적용 ·역대 최대 규모, 최장 기간 계약)
김광현	SSG	투수	2025년 6월 13일	2년 36억 원 (총 연봉 30억 원·옵션 6억 원)
김재환	SSG	외야수	2025년 12월 5일	2년 22억 원 (총 총액 10억 원·계약금 6억 원 ·옵션 6억 원·옵트아웃 후 계약)
김진성	LG	투수	2026년 1월 22일	2+1년 16억 원 (총 연봉 13.5억 원·옵션 2.5억 원)
이지영	SSG	포수	2026년 1월 6일	2년 5억 원 (총 연봉 4억 원·옵션 1억 원)

다 끝난 것 같았던 스토브리그 마지막을 한화와 노시환이 빵 터뜨리며 장식했다. 2차 스프링캠프 기간 도중 11년 최대 307억원이라는 초대형 규모의 비FA 다년 계약을 체결했기 때문. 또 2026시즌 종료 후 메이저리그 포스팅을 승인해주는 조항도 추가되어 있는데, 한화 구단은 계약 상세 내용은 철저히 비밀에 부쳤다. SSG 베테랑 김광현 또한 2025시즌 도중 다년 계약을 체결했고, 김재환의 경우 시즌 종료 후 옵트아웃으로 자유계약 신분으로 풀렸다가 2년 계약을 체결하면서 비FA 다년 계약 형태로 SSG에 이적한 셈이 됐다. 통합 우승팀 LG는 필승조로 활약한 '노장' 김진성에게 2+1년이라는 통큰 다년 계약을 안겼고, SSG 역시 베테랑 포수 이지영에게 2년 계약을 보장했다. 지난해 시즌 도중 체결했던 키움 히어로즈와 송성문의 6년 120억원 전액 보장 비FA 다년 계약은 메이저리그 진출로 인해 파기됐다.

🏐 10개 구단 아시아쿼터 계약 현황

구단	선수	국적	포지션	계약 내용
LG	라클란 웰스	호주	투수(좌투좌타)	20만 달러 (연봉 20만)
한화	왕옌청	대만	투수(좌투좌타)	10만 달러 (연봉 10만)
SSG	타케다 쇼타	일본	투수(우투우타)	20만 달러 (연봉 20만)
삼성	미야지 유라	일본	투수(우투우타)	18만 달러 (연봉 10만 ·옵션 5만 ·이적료 3만)
NC	토다 나츠키	일본	투수(우투우타)	13만 달러 (계약금 2만 ·연봉 10만 ·옵션 1만)
KT	스기모토 코우키	일본	투수(우투우타)	12만 달러 (계약금 포함 연봉 9만 달러 ·옵션 3만 달러)
롯데	쿄야마 마사야	일본	투수(우투우타)	15만 달러
KIA	제리드 데일	호주	내야수(우투우타)	15만 달러 (계약금 4만 ·연봉 7만 ·옵션 4만)
두산	타무라 이치로	일본	투수(우투좌타)	20만 달러
키움	카나쿠보 유토	일본	투수(우투좌타)	13만 달러 (연봉 10만 ·옵션 3만)

올 시즌 처음 도입되는 아시아쿼터 제도. 미리 스카우트를 파견해 리스트를 작성해왔던 10개 구단이 전부 1명씩 아시아쿼터 영입을 마쳤다. 아시아쿼터는 연봉, 계약금, 이석료까지 포함해 최대 20만달러로 연봉 상한선이 있다. 10개 구단 중 KIA를 제외한 9개 팀이 투수를 선택했고, 7개 팀이 일본 국적, 2개 팀이 호주 국적, 1개 팀이 대만 국적 선수를 영입했다. LG는 지난해 키움에서 외국인 선수로 뛰었던 호주 국가대표 출신 라클란 웰스를 아시아쿼터로 데려왔고, 한화는 NPB 육성선수 출신인 대만 투수 왕옌청이 합류했다. SSG는 소프트뱅크 호크스와 일본 국가대표 출신 타케다 쇼타를 영입했고, 삼성은 미야지 유라, NC 토다 나츠키, KT 스기모토 코우키, 롯데 쿄야마 마사야, 두산 타무라 이치로, 키움 카나쿠보 유토 등 대부분 일본 출신 투수들이 합류했다. 유일하게 KIA만 야수를 선택했는데, 호주 국가대표 출신 제리드 데일이 주전 유격수로 될 예정이다.

구단	선수	등록명	영문 이름	포지션	계약 내용	특이 사항
LG	요니 치리노스	치리노스	Yonny Chirinos	투수(우투우타)	140만 달러(계약금 30만·연봉 90만·옵션 20만)	2년차
	앤더슨 톨허스트	톨허스트	Anders Tolhurst	투수(우투우타)	120만 달러(계약금 20만·연봉 80만·옵션 20만)	2년차
	오스틴 딘	오스틴	Austin Dean	내야수(우투우타)	170만 달러(계약금 30만·연봉 110만·옵션 30만)	4년차
한화	윌켈 에르난데스	에르난데스	Wilkel Hernandez	투수(우투우타)	90만 달러(계약금 10만·연봉 65만·옵션 15만)	신규
	오웬 화이트	화이트	Owen White	투수(우투우타)	100만 달러(계약금 20만·연봉 80만)	신규
	요나단 페라자	페라자	Yonathan Perlaza	외야수(우투양타)	100만 달러(계약금 20만·연봉 70만·옵션 10만)	2년차
SSG	앤서니 베니지아노	베니지아노	Anthony Veneziano	투수(좌투좌타)	85만 달러(연봉 75만·옵션 10만)	신규
	미치 화이트	화이트	Mitch White	투수(우투우타)	120만 달러(계약금 30만·연봉 80만·옵션 10만)	2년차
	기예르모 에레디아	에레디아	Guillermo Heredia	외야수(좌투우타)	130만 달러(계약금 30만·연봉 80만·옵션 20만)	4년차
삼성	잭 오러클린	오러클린	Jack O'Loughlin	투수(좌투좌타)	5만달러(6주 단기 계약)	신규/대체
	아리엘 후라도	후라도	Ariel Jurado	투수(우투우타)	170만 달러(계약금 30만·연봉 130만·옵션 10만)	4년차
	르윈 디아즈	디아즈	Lewin Diaz	내야수(좌투좌타)	160만 달러(계약금 20만·연봉 130만·옵션 10만)	3년차
NC	커티스 테일러	테일러	Curtis Taylor,	투수(우투우타)	90만 달러(계약금 28만·연봉 42만·옵션 20만)	신규
	라일리 톰슨	라일리	Riley Thompson	투수(우투우타)	125만 달러(계약금 40만·연봉 60만·옵션 25만)	2년차
	맷 데이비슨	데이비슨	Matt Davidson	내야수(우투우타)	130만 달러(계약금 32만5천·연봉 97만5천)	3년차
KT	케일럽 보쉴리	보쉴리	Caleb Boushley	투수(우투우타)	100만 달러(연봉 90만·옵션 10만)	신규
	맷 사우어	사우어	Matt Sauer	투수(우투우타)	95만 달러(계약금 20만·연봉 75만)	신규
	샘 힐리어드	힐리어드	Sam Hilliard	내야수(좌투좌타)	100만 달러(계약금 30만·연봉 70만)	신규
롯데	엘빈 로드리게스	로드리게스	Elvin Rodriguez	투수(우투우타)	100만 달러(연봉 100만)	신규
	제레미 비슬리	비슬리	Jeremy Beasley	투수(우투우타)	100만 달러(연봉 85만·옵션 15만)	신규
	빅터 레이예스	레이예스	Victor Reyes	외야수(우투양타)	140만 달러(연봉 120만·옵션 20만)	3년차
KIA	제임스 네일	네일	James Naile	투수(우투우타)	200만 달러(계약금 20만·연봉 160만·옵션 20만)	3년차
	아담 올러	올러	Adam Oller	투수(우투우타)	120만 달러(계약금20만·연봉 70만·옵션 30만)	2년차
	해럴드 카스트로	카스트로	Harold Castro	외야수(우투좌타)	100만 달러(계약금 20만·연봉 70만·옵션 10만)	신규
두산	크리스 플렉센	플렉센	Chris Flexen	투수(우투우타)	100만 달러(연봉 100만)	2년차
	잭 로그	잭로그	Zach Logue	투수(좌투좌타)	110만 달러(연봉 100만·옵션 10만)	2년차
	다즈 카메론	카메론	Daz Cameron	외야수(우투우타)	100만 달러(연봉 60만·옵션 40만)	신규
키움	라울 알칸타라	알칸타라	Raul Alcantara	투수(우투우타)	90만 달러(연봉 70만·옵션 20만)	6년차
	네이선 와일스	와일스	Nathan Wiles	투수(우투우타)	91만 달러(연봉 91만 달러)	신규
	트렌턴 브룩스	브룩스	Trenton Brooks	외야수(좌투좌타)	85만 달러(연봉 70만·옵션 15만)	신규

KIA 타이거즈의 '효자 외인' 제임스 네일이 무려 200만달러에 재계약을 체결하면서 올 시즌 외인 최고 연봉 대열에 올랐다. 네일은 옵션 달성을 하지 못하더라도 최소 180만달러를 보장 받는 화끈한 대우를 받게 됐다. 우승팀 LG 트윈스는 한국시리즈를 함께한 3인방과 전부 재계약을 체결했고, 준우승팀 한화 이글스는 '최강 원투펀치'의 메이저리그행으로 외인 3명을 전부 교체하게 됐다. 두산 베어스의 크리스 플렉센 컴백도 눈여겨 볼 만하다. 두산에서 한 시즌 뛰고 메이저리그로 업그레이드 됐던 플렉센은 100만달러 전액을 보장받으며 6년만에 한국에 돌아왔다. 또다른 재계약 체결 선수인 SSG 랜더스 기예르모 에레디아는 총액 기준 지난해보다 50만달러

삭감됐고, 에릭 페디, 카일 하트를 끝까지 기다렸지만 계약하지 못한 NC 다이노스는 라일리 톰슨에게 125만달러 재계약을 안겼다. 맷 데이비슨이 기존 다년 계약을 파기하고 더 낮은 금액에 사인한 것도 인상적이다. 삼성 라이온즈는 100만달러 전액 보장을 안긴 맷 매닝이 스프링캠프 도중 팔꿈치 수술을 받게 되며 이탈한 것이 뼈아프다. 지난해 아쉽게 5강에 실패한 KT 위즈도 3명 전부 교체하며 승부수를 띄웠고, 롯데 자이언츠는 빅터 레이예스와 재계약 하면서 강력한 투수 2명을 전부 100만달러 꽉 채워 계약했다. 작년 시즌 내내 외국인 때문에 고생했던 키움 히어로즈는 '에이스' 라울 알칸타라와 더불어 투수 1명, 외야수 1명으로 구성을 마쳤다.

2026시즌 KBO리그, 이렇게 달라진다

아시아쿼터 제도 본격 시작

올해부터 아시아쿼터 제도가 시행된다. 기존 외국인 선수 보유 제한인 3명과 별도로 아시아야구연맹 소속 국가(일본, 대만 등) 또는 호주 국적 선수를 팀당 1명씩 추가로 보유, 출전할 수 있다. 아시아쿼터 선수는 영입 전 시즌에 아시아리그 소속이어야 하며, 비아시아 국적을 가진 이중국적 선수는 영입할 수 없다. 또 연봉은 계약금, 이적료 등을 모두 합쳐 최대 20만달러(월 최대 2만달러)로 제한되어 있다.

당연히 소속 선수 정원도 늘어났다

아시아쿼터 제도 도입에 따라 2026시즌부터 1군 엔트리가 29명 등록 27명 출전으로 확대된다. 또 구단들의 선수 육성 및 동기부여 강화를 통해 육성 선수와 아마추어 선수에게 더 많은 기회를 부여하고자 현행 65명인 구단별 소속선수 정원을 2026시즌부터 68명으로 3명 증원해 시행했다.

'쫄깃쫄깃' 피치클락, 더 빨라진다

피치클락 기준 시간을 지난해에 비해 2초씩 줄였다. 주자 없을 때 18초, 주자 있을 때 23초 내에 투구에 들어가야 한다. 퓨처스리그 피치클락 운영은 지난해와 동일하게 20초, 25초로 유지된다.

부상자 명단 규정 개선

시범경기 개막일 이후 경기나 훈련 중 부상이 발생한 겨우에도 개막전 엔트리 공시 3일 이내에 신청하는 경우, 부상자 명단 신청 및 등재가 가능하다. 동일한 부상에 대해 부상자 명단 등재 연장 신청자의 경우, 연장 신청부터는 10일이 경과하지 않아도 현역 선수로 다시 등록할 수 있다. 또 명백한 부상으로 인해 30일 이상 말소된 선수가 부상자 명단 신청을 누락한 경우에는 해당 시즌 포스트시즌 종료일까지 관련 증빙서류를 제출하여 소명하고, KBO가 승인하면 구단당 연 3회에 한해 등록일수 인정이 소급 적용된다.

비디오 판독 규정 개정

2루와 3루에서 발생하는 '전략적 오버런'을 제한하기 위한 비디오 판독 규정 개정안을 신설했다. 전략적 오버런은 2루 포스플레이 상황(특히 주자가 3루에도 있을 때)에서 1루 주자가 2루를 점유하기 위한 슬라이딩 대신 베이스를 통과하듯 밟고 전력으로 질주하는 플레이다. 이때 2루를 통과한 주자는 이후 런다운에 걸려 결국 태그아웃될 가능성이 높지만, 주자가 송구보다 2루를 먼저 밟는 순간 포스아웃이 해제되기 때문에 3루 주자가 그 전에 홈을 밟아 득점을 얻기 위한 의도적 주루 전략이다. 다만, 이러한 플레이는 주루의 본질을 훼손하는 플레이로, MLB에서도 2025년부터 비디오판독 대상 플레이에 포함된 바 있다. 포스플레이 상황에서 비디오 판독을 통해 아웃 판정이 세이프로 번복되더라도, 주자가 해당 베이스를 점유하거나 다음 베이스로 진루하려는 정당한 시도를 하지 않은 경우에는 주루 포기에 의한 아웃으로 판정할 수 있도록 했다. 다만, 해당 행위가 심판의 아웃 판정 선언에 영향을 받아 발생한 경우에는 적용하지 않는다. 또한 2사에서 선행 주자의 득점이 주자가 2루 또는 3루 진루를 포기하기 전에 이루어졌는지 여부는 해당 주자가 2루 또는 3루의 뒷면을 지나쳐 두 발이 지면에 닿는 시점을 기준으로 판정한다.

무선 인터컴 도입

비디오 판독 상황 발생시 착용하는 장비로 별도 이동 없이 판독센터와 교신, 장내 방송이 가능해 경기 시간 단축 효과를 기대하고 있다. 경기 흐름이 끊기지 않게 하기 위한 것이다. 무선 인터컴은 1, 2루심이 착용하며, 심판팀장이 장비를 착용하지 않는 경우에는 착용 심판 중 최고 경력자가 비디오 판독 관련 심판팀장 역할을 수행하게 된다.

한국 최초의 시민 구단 '울산 웨일즈'의 탄생

지난해 12월 열린 KBO 이사회에서 울산 프로야구단 퓨처스리그 참가가 최종 승인됐다. 지방자치단체가 주도해 창단한 최초의 KBO리그 참가 구단이다. 공모를 통해 팀명은 울산의 고래를 상징하는 '울산 웨일즈'로 확정했다.

김두겸 울산 시장이 구단주, 김동진 전 롯데 자이언츠 운영팀장이 초대 단장에 선임됐고, 장원진 전 두산 베어스 코치가 초대 감독이 됐다.

공개 트라이아웃을 통해 선수단 구성도 마쳤다. KBO 드래프트 미지명 선수, KBO 규약상 자유계약선수, 외국인선수 등 출신, 연령, 경력, 드래프트 참가 이력 여부와 무관하게 자율선발이 가능했다. 또한, 해외 진출 후 국내 프로구단에 입단하지 않은 선수의 선발도 허용했다. 외국인선수의 경우 최대 4명까지 등록 가능하며, 연봉, 계약금, 옵션 및 이적료(세금

제외) 등의 총액은 한 선수 당 10만 달러 내에서 계약할 수 있다. 국내 선수의 경우, 최저연봉은 KBO 규정과 동일하게 연 3000만원을 적용한다. 울산프로야구단 소속 선수는 시즌 중 KBO 구단으로의 이적도 가능하다.

투수 남호, 내야수 박민석, 김수인, 신준우, 외야수 김동엽, 변상권, 예진원 등 과거 KBO 리그에서 뛰었던 선수들이 상당수 트라이아웃을 거쳐 울산에 입단했다. 외국인 선수로는 일본인 투수 트리오 오카다 아키타케, 고바야시 주이, 나가 타이세이와 호주 국가대표 유틸리티맨 알렉스 홀이 합류했다.

프런트와 선수단 구성을 마친 울산은 2월 3일부터 홈구장인 울산 문수야구장에서 첫 훈련을 시작했고, 2월 12일부터는 제주도 서귀포시로 무대를 옮겨 첫 전지 훈련 일정까지 소화했다. 자체 청백전을 통해 감각을 점검한 울산은 3월 6일 일본인 선수 3인방이 비자 발급 절차를 마친 뒤 팀에 합류했고, WBC 호주 국가대표로 참가했던 홀은 대회 일정을 모두 마친 후 울산으로 향했다.

울산의 퓨처스리그 참가에 따라 기존 리그 팀 구성도 변경됐다. 지리적 위치상 울산이 남부리그로 편입되고, 남부리그에 소속돼 있던 상무야구단(경상북도 문경시 위치)은 북부리그로 이동했다. 이에 따라 북부리그는 한화, LG, SSG, 두산, 고양, 상무, 남부리그는 KT, NC, 롯데, 삼성, KIA, 울산으로 양 리그가 각각 6개팀씩으로 구성됐다.

최초의 시민구단 울산은 3월 20일 롯데 자이언츠 퓨처스팀과의 퓨처스리그 개막전을 시작으로 힘찬 첫 발을 뗐다.

가능성과 한계를 함께 볼 수 있었던 2026 WBC

기적적으로 '경우의 수'를 뚫고 17년 만의 8강 진출. 설레고 가슴 벅찼지만, 또 그만큼의 실망과 씁쓸함도 느꼈다. 3년 만에 돌아온 월드베이스볼클래식(WBC)에서 한국야구는 또다시 다음 약속을 남기고 퇴장했다.

류지현 감독이 이끌었던 WBC 대표팀은 일본 도쿄 도쿄돔에서 열린 조별예선(1라운드)에서 첫 경기 체코를 11 대 4로 꺾었다. 최근 국제 대회에서 연이은 '첫 경기 징크스'를 겪어왔던 대표팀은 체코를 상대로 가볍게 징크스를 깼고, 본격적인 워밍업을 마쳤다.

두 번째 상대는 일본이었다. '숙적'이지만, 이미 국제 대회에서의 격차와 최근 상대 전적이 꽤 벌어진 상황. 이번에도 쉽지 않을 것이라는 예상이 지배적이었으나 대표팀은 예상보다 훨씬 더 선전했다. 일본과 꽤 팽팽한 접전을 9이닝 동안 펼쳤고, 7회초까지 5-5 동점 스코어를 이어갔다. 잘 버티던 불펜이 7회말 실점을 막지 못하면서 6 대 8로 졌지만, '우승 후보'

로 꼽히던 일본을 상대로 대등한 경기를 했다는 자체로 위안은 삼을 수 있었다. 다음 맞대결에서는 한일전 11연패를 끊고, 이겨볼 수도 있겠다는 희망이 만들어졌다.

아쉬웠던 것은 대만전이다. 체코전을 이겼고, 일본전은 대등했으니 류지현의 1차 목표인 마이애미행(1라운드 통과)을 위해서 대만은 반드시 잡아야 할 상대였다. 대표팀 역시 대만전의 중요성을 너무나도 잘 알고 있었다. 내외부에서 '일본전에 올인할 게 아니라, 차라리 버리고 대만전에 올인해야 하는 것 아니냐'는 이야기가 나온 것도 이런 이유였다.

객관적으로 각 팀별 투타 전력을 숫자로 계산했을 때, 일본과 한국은 격차가 꽤 많이 날 수 있지만 한국과 대만은 큰 차이가 나지 않는다. 거의 차이가 없거나 한국이 약간 더 앞선다고 보는 게 맞았다. 다만, 대만도 미국 마이너리그에서 뛰는 20대 초중반 유망주 투수들이 워낙 힘이 좋고 베테랑 타자들은 노련함으로 승부하기 때문에 절대 방심할 수 없는 상대였

다. 대표팀이 대만에 대한 경계를 계속 해온 것도 이런 이유였다.

그리고 그 우려는 현실이 됐다. 대표팀은 대만을 상대로 4 대 5로 충격의 패배를 당했다. 김도영, 이정후를 중심으로 한 대표팀 타선이 워낙 좋았기 때문에 대만을 상대로는 수월하게 이길 수 있을 거라고 봤지만, 일격을 당했다. 3-2로 리드하고 있다가 8회초 스튜어트 페어차일드에게 역전 투런 홈런을 맞았는데, 8회말 곧바로 김도영의 동점 2루타가 터지며 승부를 연장까지 끌고 간 것은 좋았다.

그런데 연장 승부치기에서 대주자 투입이나 스퀴즈 번트 실행 등 전략적인 대비가 착실하게 되어 있었던 대만과 달리, 한국은 전반적으로 우왕좌왕하는 모습이었다. 스퀴즈 번트에 대한 수비 대처도 제대로 되지 않았고, 1실점 이후 맞이한 10회말에는 주자가 오히려 아웃되면서 1점도 뽑지 못해 그대로 지면서 허망해졌다.

대만전 패배는 시나리오에 없었다. 그렇다면, 또 1라운드 탈락 위기인가. 이정도면 WBC의 저주인 것만 같았다.

그때 희망의 빛이 찾아왔다. 경우의 수. 마지막 상대인 호주와의 경기에서 2실점 이하로 막고 5점 차 이상 승리하면 한국이 올라갈 수 있다는 사실이었다. 호주, 대만, 한국 3개국이 얽혀 있는 경우의 수에서 지분이 가장 적은 팀은 한국이었다. 그런데 그 시나리오가 현실이 됐다.

선발 손주영이 팔꿈치 통증으로 1이닝 만에 강판되는 변수에서도 한국은 노경은(2이닝 무실점)-소형준(2이닝 1실점)-박영현(1이닝 무실점)-데인 더닝(1이닝 무실점)-김택연(⅓이닝 1실점)-조병현(1⅔이닝 무실점)으로 이어지는 불펜진이 호투를 합작하며 위기를 넘겼다. 8회말 추가 실점을 하면서 희망이 사라지려는 찰나. 마지막 9회초 상대 수비 실책과 안현민의 희생플라이 타점으로 경우의 수 성립을 위해 필요한 1점을 끝내 완성했다. 8회부터 마운드에 서있던 투수 조병현은 9회말 마지막 아웃카운트 3개를 침착하게 잡아냈다. 이번 대회에서 팬들의 도파민이 가장 치솟은 짜릿한 승부였다.

1라운드 통과 후 주최측이 제공하는 전용기를 타고, 도쿄에서 마이애미로 곧장 이동한 대표팀. 마냥 꿈에 부풀어 있을 수만은 없었다. 8강전 상대가 수천억 원 몸값을 자랑하는 메이저리거들이 즐비한 도미니카공화국이었기 때문이다. 그리고 걱정은 현실이 됐다.

실제로 상대한 도미니카공화국은 생각했던 것보다 더 강했다. 타자들은 잘 쳤고, 심지어 주루 플레이까지 열심히 했다. 한국 타자들은 도미니카공화국 선발 투수인 크리스토퍼 산체스의 공을 제대로 건드리지도 못했다. 심리적 압박감도 컸고, 객관적인 실력 차이가 워낙 컸다. 호주전 승리, 경우의 수 성립으로 8강에 진출한 기쁨도 잠시, 한국은 도미니카공화국에 0 대 10, 7회 콜드게임 패를 당했다.

WBC 대표팀이 보여준, 낮은 확률에도 끝까지 포기하지 않은 모습과 그로 인해 얻은 희망의 불씨에 기뻤지만, 반대로 한국 야구의 현 주소와 과제를 명확히 다시 확인한 대회이기도 했다. 준비 과정은 그 어느때보다 착실하고도 조심스러웠다. 3년 전 충격과 트라우마로 남았던 WBC 1라운드 탈락의 기억. 2006년 초대 대회 4강 신화와 2009년 준우승의 기억은 이미 잊힌 지 오래고, 3개 대회 연속으로 1라운드를 통과조차 못했다는 사실은 굴욕감이 더 크다. 언제까지나 KBO 리그가 '우물 안 개구리' 같았다는 조롱을 받을 수는 없는 상황. KBO도 야구 대표팀도 3년 전 놓쳤던 부분들을 철저하게 분석해서 준비에 나섰다.

그럼에도 불구하고 세계의 벽, 특히 메이저리그의 벽은 높았다. 이번 WBC에서 결승전까지 올라간 팀들 모두 메이저리거들이 주축으로 활약하는 팀들이었다. 특히 3년 전 WBC 우승팀인 일본도 8강에서 탈락한 것을 보면, 피지컬과 기술을 동시에 보유한 메이저리그와 정교함과 기술로 승부하는 아시아 야구의 격차가 점점 더 벌어지고 있는 것 아닌가 하는 의문이 들기도 했다.

한국 야구 대표팀 역시 이번 대회를 통해 20대 타자들을 중심으로 자연스러운 세대 교체도 어느정도 성공적으로 진행됐고, 또 타선에서는 충분히 승부를 겨뤄볼 만하다는 것도 확인했다. 그러나 참가 20개국 가운데 패스트볼 평균 구속이 18위에 그칠 정도로 마운드 경쟁력에 대해서는 큰 발전이 없다는 사실을, 어쩌면 오히려 더 퇴보했다는 사실을 확인했다. 구속을 비롯한 투수력은 장기적인 관점에서 분명히 발전해나가야 하는 한국 야구의 아킬레스건이다.

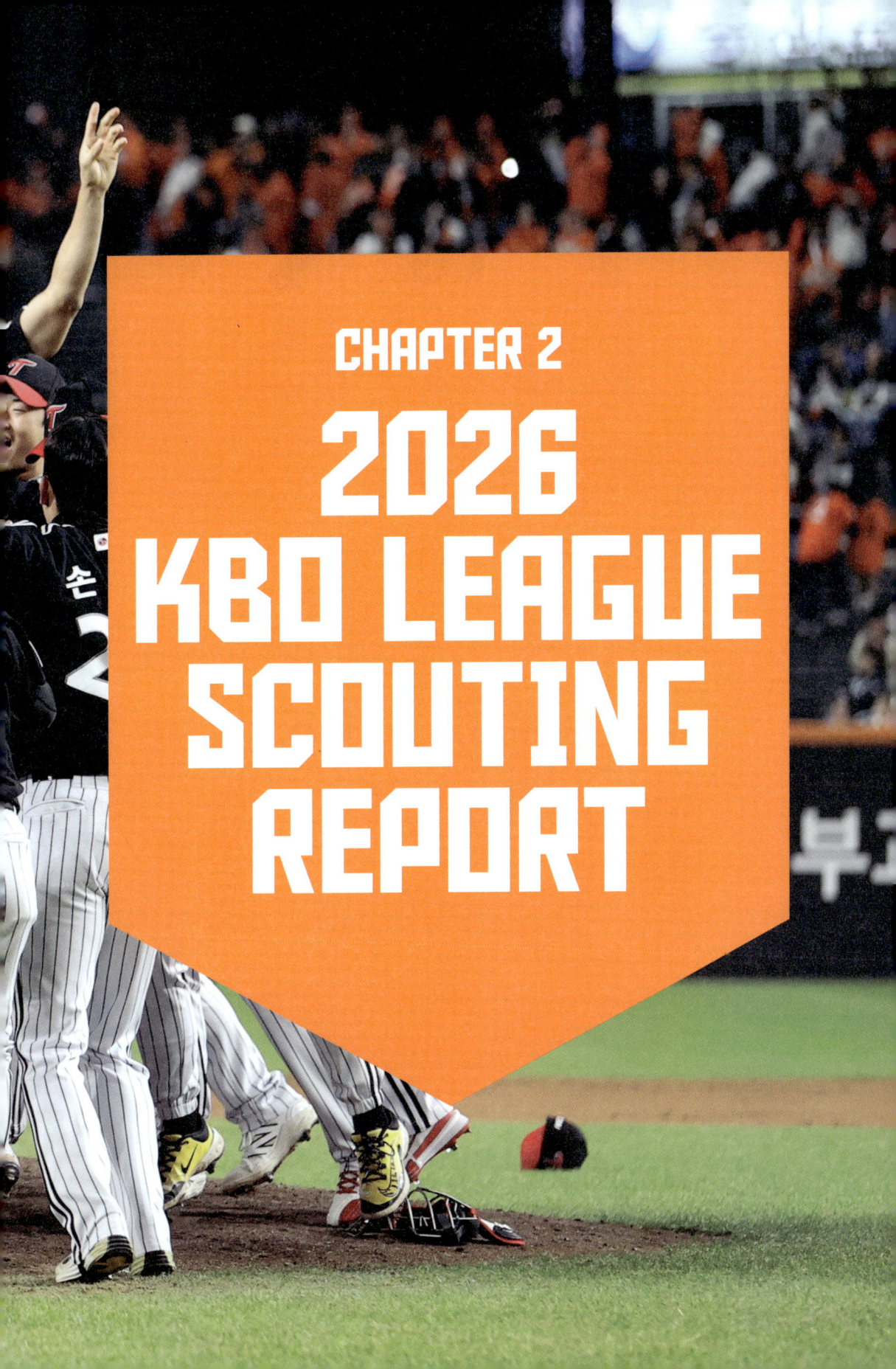

CHAPTER 2

2026 KBO LEAGUE SCOUTING REPORT

구단명 : **LG 트윈스**

연고지 : **서울특별시**

창립연도 : **1982년(MBC 청룡), 1990년(LG 트윈스)**

구단주 : **구광모**

구단주대행 : **구본능**

대표이사 : **김인석**

단장 : **차명석**

감독 : **염경엽**

주장 : **박해민**

홈구장 : **서울종합운동장 야구장**

영구결번 : **9 이병규 33 박용택 41 김용수**

한국시리즈 우승 : **1990 1994 2023 2025**

HOME

AWAY

TEAM INFO

팀 분석

2025 팀 순위 (포스트시즌 최종 순위 기준)

1위

최근 5년간 팀 순위

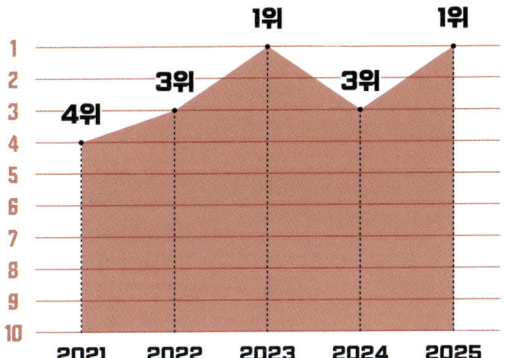

4위 (2021) → 3위 (2022) → 1위 (2023) → 3위 (2024) → 1위 (2025)

2025시즌 최다 마킹 유니폼

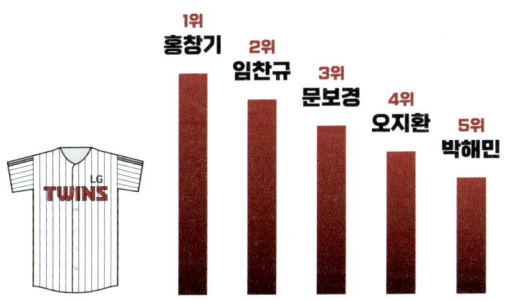

1위 홍창기
2위 임찬규
3위 문보경
4위 오지환
5위 박해민

2025시즌 최다 판매 굿즈

1 엘로우 무적타월

2 2025 한국시리즈 머플러

3 응원배트

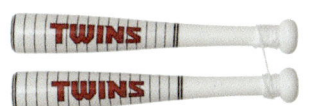

PARK FACTOR

홈구장_서울종합운동장 야구장 (잠실야구장)

2.6m
125m
120m / 120m
100m / 100m

천연 잔디
(켄터키 블루그래스)

수용인원

23,750석

구장 특성

서울 야구팬들의 추억이 서려 있는 잠실야구장. 이제 정말 작별 인사를 해야 할 시간이다. 잠실야구장은 올 시즌을 끝으로 철거 작업에 돌입할 예정이다. 2026년 12월 철거 작업에 들어가고, 새로 지어질 잠실 돔구장 공사를 시작한다. 잠실 돔구장 개장까지 약 5년의 시간이 필요한데, 그 기간 동안 LG와 LG의 한 지붕 식구인 두산은 바로 옆 잠실 주경기장을 리모델링해서 사용하게 된다. 1982년 개장해 프로야구의 역사 전체를 함께 한 살아있는 전설 같은 야구장. 올 시즌에는 잠실야구장에서 마지막 관람을 해보는 것도 뜻깊은 의미가 생길 것 같다.

HOME STADIUM GUIDE

팬들을 위한 직관 꿀팁

서울 도심 한복판에 위치한 야구장인 만큼 대중교통 연결이 매우 잘되어 있다. 특히 최근에는 잠실 종합운동장 내에 공사를 하는 영역이 많고, 이벤트가 자주 열리기 때문에 잠실야구장에 경기가 열리는 날 차를 가지고 오는 것은 지옥행이다. 특히나 주말에는 정말 뜯어말리고 싶을 정도. 입차 뿐만 아니라 출차 지옥도 열린다. 불가피한 상황이 아니면 대중교통 혹은 택시 이용을 강력 추천한다. 잠실구장은 워낙 정보도 많고, 접근성이 빼어난 편이라 남다른 꿀팁은 없지만, 홈구장에 입장객 증정 선물 이벤트나 사인회 등 스페셜한 이벤트는 미리 확인해야 한다. 예상보다 항상 더 빨리, 더 많은 사람이 몰린다. 김치말이국수, 삼겹살도시락, 떡볶이, 피자 등 잠실야구장 내에 이미 팬들의 많은 사랑을 받는 메뉴들이 즐비하지만, 또 잠실이라는 위치를 이용해 외부에서 맛있는 음식을 사와서 먹거나 배달을 시켜 받기에도 용이하다. 미리 '먹플랜'을 잘 짜는 것이 좋다.

응원단

응원단장
이윤승

부응원단장
김태리

치어리더
고예지

치어리더
김시은

치어리더
김태희

치어리더
박예은

치어리더
서여진

치어리더
신서윤

치어리더
우혜준

치어리더
이서우

치어리더
이율하

치어리더
장로나

치어리더
진수화

치어리더
차영현

장내아나운서
황건하

구단 마스코트 소개

메인 마스코트 럭키 & 스타

LG의 최첨단 기술을 바탕으로 만든 인공지능 쌍둥이 휴먼 야구 로봇 형제. '럭키'와 '스타'는 탄생과 함께 로봇 최초로 LG 트윈스에 특별 선수로 입단했다. 놀라운 능력과 감성으로 야구팬들에게 큰 즐거움을 선사하는 중.

서브 마스코트 TWINS Friends

해치
2020년 창단 30주년 기념으로 서울시 캐릭터 '해치'를 모티브로 한 캐릭터.

윈드
'신바람 야구'의 원조에서 탄생한 캐릭터.

네로
잠실야구장에 나타났던 승리의 검은 고양이를 기억하시나요? 승리 요정 네로.

디펜딩 챔피언의 위엄, 트윈스 왕조의 문을 연다

작년에 이것만 잘됐으면 좋았을 텐데

어쩌면 아슬아슬하고도 기적적인 1위였다. 하늘이 정해준다는 우승은 그래서 다시 LG 트윈스의 몫이었는지도 모른다. 지난 2023시즌, 29년 만의 통합 우승을 달성하며 뜨거운 눈물을 흘렸던 LG는 이듬해 2연패 달성에는 실패했다. 하지만 탄탄한 전력을 바탕으로 강력한 우승 후보라 평가받았던 2025년, LG는 보란 듯이 2년 만에 통합 우승의 주인공이 됐다. 2020년대 들어 두 번의 정상을 차지한 팀은 리그에서 LG가 유일하다.

가장 강력한 엔진은 단연 마운드였다. 요니 치리노스, 임찬규, 손주영, 송승기에 우승 청부사 앤더스 톨허스트가 가세하며 리그에서 가장 단단한 선발진을 구축했다. LG가 한 시즌에 4명의 10승 이상 투수를 배출한 것은 우승을 차지했던 1994년 이후 무려 31년 만의 대기록으로, 이러한 선발 야구의 안정감은 긴 레이스를 버티는 확실한 무기가 됐다. 흔들리던 불펜 역시 신구 조화를 통해 안정감을 찾았다. 부상과 부진으로 생긴 구멍을 베테랑 김진성이 노련하게 메웠고, 신인 김영우가 혜성처럼 등장해 뒷문을 든든히 사수했다.

타선은 서로가 서로의 우산이 됐다. 부진했던 선수들도 결국 반등에 성공하며 타선의 무게감을 회복했다. 박해민, 신민재, 구본혁 등 매 경기 명장면을 만들어내는 호수비까지 이어지며 LG는 공수주 모두 빈틈없는 '육각형 전력'을 완성했다.

물론 순탄하기만 한 길은 아니었다. 뜨거웠던 여름, 타선과 불펜이 동시에 흔들리는 위기 속 무서운 기세로 치고 올라오는 경쟁자들에게 추월을 허용하기도 했다. 후반기를 시작하는 시점에서는 1위 한화에 4.5경기 차까지 뒤처진 2위였으나, LG는 저력을 발휘해 격차를 뒤집고 다시 가장 높은 곳으로 향했다. 시즌 막판에는 3연패에 빠져 단 하나 남은 매직넘버를 줄이지 못해 진땀을 흘리는 아슬아슬한 상황이 이어졌지만, 결국 승리의 여신은 LG를 향해 미소를 지어 보였다.

때로는 날씨의 영향이나 상대의 실책 등 묘한 운이 따르기도 했다. 하지만 결국 마지막 고비를 넘기고 정상에 오른 것은 LG의 집념이었다. 과정은 치열했고 마지막까지 안심할 수 없는 숨 막히는 레이스였지만, 결정적인 순간 발휘된 강팀 DNA가 결국 LG를 주인공으로 만들었다.

스토브리그 성적표

한국시리즈 MVP의 빈자리조차 크게 느껴지지 않는 압도적 전력의 연속성. 오히려 시스템을 돋보이게 만들었다.

지극히 주관적인 올 시즌 예상 순위와 이유

김현수라는 거대한 기둥의 이탈은 뼈아프지만, LG가 구축한 두터운 선수층은 팀을 흔들림 없이 지탱한다. 통합우승을 이끈 외국인 3인방이 그대로 잠실을 지키는 가운데, 아시아쿼터로 영입한 호주 출신 라클란 웰스는 사실상 세 명의 외국인 투수를 가동하는 압도적 우위를 선사한다. 출루왕 홍창기는 다시 한번 풀타임 질주를 준비하고, 군 복무를 마친 이재원은 잠재력을 터뜨릴 모든 채비를 마쳤다. 견고하게 쌓아온 뎁스와 승리 DNA는 여전히 리그 최강이며, 이는 어떤 공백도 메울 수 있는 힘이다. 투타의 완벽한 조화가 이어진다면, LG는 올해도 무난히 정상을 지키며 왕조를 만들어갈 수 있다.

생년월일	1968년 3월 1일
출신학교	광주서석초-충장중-광주제일고-고려대
주요 경력	태평양 돌핀스·현대 유니콘스 선수(1991~2000)

- 현대 유니콘스 1군 내야수비코치(07)
- LG 트윈스 1군 내야수비코치(10~11)
- 넥센 히어로즈 1군 작전·주루코치(12)
- 넥센 히어로즈 감독(13~16)-SK 와이번스 단장(17~18)
- SK 와이번스 감독(19~20)
- 샌디에이고 파드리스 연수코치(21)
- 대한민국 야구 국가대표팀 기술위원장(22)
- LG 트윈스 감독(23~)

"LG는 이제 시대를 정조준한다"

염경엽 감독은 LG 지휘봉을 잡자마자 29년 만의 통합 우승이라는 역사적인 성과를 일궈냈고, 2년 뒤인 2025시즌에도 다시 한 번 정상에 올려놓으며 리그 최정상 사령탑임을 입증했다. 두 차례 우승이라는 확실한 결과를 만들어낸 염 감독은 역대 KBO리그 감독 최고 대우인 3년 최대 30억 원의 재계약을 체결하며 구단의 전폭적인 신뢰를 확인했다. 이제 LG는 단발성 성공을 넘어, 안정적인 전력과 뚜렷한 색깔을 앞세운 염경엽 감독 체제 아래 장기적인 '왕조 시대'를 기대해볼 수 있는 단계에 들어섰다는 평가도 나온다. 이런 흐름 속에서 2026년은 그 기대를 현실로 만들 중요한 한 해가 될 전망이다.

85 염경엽

1군

수석코치	수석 트레이닝코치	타격코치	타격코치	투수코치	투수코치	수비코치	작전코치	주루·외야수비코치
김정준	김용일	모창민	김재율	김광삼	장진용	김일경	정수성	송지만

퓨처스

배터리코치	컨디셔닝코치	컨디셔닝코치	컨디셔닝코치	컨디셔닝코치	컨디셔닝코치	퓨처스 감독	QC코치	투수총괄코치
스즈키	박종곤	안영태	배요한	고정환	유현원	이병규	황현철	최상덕

투수코치	타격코치	수비코치	작전코치	주루·외야수비코치	배터리코치	총괄 컨디셔닝코치	스트랭스코치
신재웅	강동우	윤진호	정주현	양영동	최경철	이권엽	유재민

잔류군·재활군

책임코치	타격코치	투수코치	수비·작전코치	주루·외야수비코치	배터리코치	컨디셔닝코치	재활코치	재활 컨디셔닝코치
이종운	김용의	이동현	양원혁	안익훈	허일상	김종욱	여건욱	최재훈

2026 LG TWINS DEPTH CHART

● 지명타자

이재원

문성주

좌익수
문성주
이재원
최원영

중견수
박해민
최원영
김현종

우익수
홍창기
문성주
이재원

유격수
오지환
구본혁
이영빈

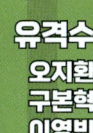

2루수
신민재
구본혁
이영빈

3루수
문보경
구본혁

1루수
오스틴
천성호
문보경

● 감독

염경엽

포수
박동원
이주헌
김준태

● 예상 선발 로테이션

톨허스트

치리노스

임찬규

손주영

송승기

● 2026 예상 베스트 라인업

1번 타자	홍창기	우익수
2번 타자	신민재	2루수
3번 타자	오스틴	1루수
4번 타자	문보경	3루수
5번 타자	오지환	유격수
6번 타자	문성주	지명타자
7번 타자	박동원	포수
8번 타자	이재원	좌익수
9번 타자	박해민	중견수

● 필승조

웰스

장현식

김진성

김영우

● 마무리

유영찬

● 2026 IN & OUT

IN 박해민 외야수/FA 잔류/4년 최대 60억 원 | 장시환 투수/자유 계약 |
김민수 포수/자유 계약 | 이재원 외야수/상무 전역 |
김윤식 투수/소집해제 예정

OUT 김현수 외야수/FA 이적_KT | 김주완 투수/2차 드래프트 롯데 |
김영준 투수/2차 드래프트 롯데 | 심창민 투수/은퇴 |
김수인 내야수/방출 후 울산 입단 | 최승민 외야수/은퇴 |
안익훈 외야수/은퇴 | 김범석 내야수/현역 |
김성우 포수/상무 | 박명근 투수/상무 예정 |
김종운 투수/상무 예정 | 박관우 외야수/상무 예정

1
임찬규

투수(우투우타)

생년월일	1992년 11월 20일
신장/체중	185cm / 80kg
출신학교	가동초-청원중-휘문고
연봉(2026)	2억 원

#낭만_투수

LG를 향한 애정이 이보다 더 큰 선수가 있을까. '엘린이' 출신으로 LG에서 성공하고 싶다는 뜻을 거듭 밝혀왔다. 2023년 시즌을 마치고 FA 자격을 얻은 뒤 'LG 외에는 협상하지 않겠다'고 선언했고, 4년 총액 50억원에 계약했다. 이 중 24억원이 인센티브. 구단에서 보장액을 더 높여주겠다고 했지만, 임찬규는 '떳떳하게 받겠다'라며 오히려 인센티브 항목을 높였다. FA 계약 이후에도 10승-ERA 3점대를 유지하면서 이제는 LG를 넘어 KBO리그를 대표하는 에이스로 자리 잡았다.

#완급_조절_교과서

150km/h가 넘는 강속구의 시대. 임찬규의 최고 구속은 140km/h 중반에 머문다. 남들이 구속에 집중하는 시기에 임찬규는 타자와의 타이밍 싸움과 제구에 집중하고 있다. 커브 최저 구속이 90km/h대에 이를 정도로 임찬규의 '완급 조절'은 예술의 경지에 이르렀다. 2025년 시즌 첫 등판에서는 한화를 상대로 9이닝 무실점을 기록하며 11년 만에 완봉승을 거뒀고, 데뷔 첫 160이닝을 넘기기도 했다. 3년 연속 두 자릿수 승리를 하며 '고속의 시대'에서 또 하나의 생존 방식을 보여주고 있다.

#콘텐츠_치트키

남다른 입담과 재치는 많은 야구 팬에게 또 하나 볼거리를 선사하고 있다. 차명석 단장과의 '케미'로 많은 이야깃거리를 만들었고, 비시즌에는 KBO 현역 선수 중 최초로 단독 예능을 선보이기도 했다. 특유의 '밝은 에너지'는 마운드에서도 고스란히 드러난다. 한 경기 무너져도 다음 경기에서 곧바로 반등하는 등 '회복 탄력성'이 뛰어나다는 평가. 자신의 아픔도 웃으며 이야기하는 등 '강한 멘탈' 또한 임찬규의 가장 강력한 무기다.

🎤 TMI 인터뷰

1. 원정 갈때 꼭 챙기는 개인 물건
- 항상 읽는 멘탈 책.

2. 요즘 가장 많이 듣는 노래
- 'god - 다시'.

3. 처음 봤을때 충격받은 야구선수와 그 이유는?
- 이병규. 어릴적 우상이었고 처음 봤을 때 멋있었다.

4. 야구 선수를 안했다면 지금 뭐하고 있을까?
- 예능쪽 그 어딘가에 있을 것 같다.

5. 최근 가장 행복했던 순간
- 우승했을 때.

2025시즌 기록

평균자책점	경기	승	패	홀드	세이브
3.03	27	11	7	0	0
승률	이닝	피안타	피홈런	볼넷	사구
0.611	160 1/3		9	40	6
삼진	실점	자책점			
107	61	54			

전력분석	강속구 투수가 아니어도 프로에서 성공할 수 있다는 걸 증명했다. 체인지업과 커브 등 변화구가 장점으로 꼽히지만, 가장 큰 무기는 강한 '멘탈'이다. 3년 연속 두 자릿수 승리를 하며 이제 LG의 에이스임을 완벽하게 증명했다.
강점	남다른 긍정 에너지. 부진에도 무너지지 않고 다음을 준비할 수 있는 회복력.
약점	체인지업 위력에 그날의 경기력이 달렸다. 고전할 때는 반대 투구가 많아지기도 한다.

51
외야수(우투좌타)
홍창기

생년월일	1993년 11월 21일
신장/체중	189cm / 94kg
출신학교	대일초-매송중-안산공고-건국대
연봉(2026)	5억 2천만 원

#출루머신_재가동

홍창기의 최고 장점은 '출루'. 통산 출루율 1위(0.428)를 기록하며 역대 최고의 선구안이라는 평가를 받고 있다. 확실한 자신만의 S존을 형성해 정확한 타격을 하고 있어 KBO리그 최고의 리드오프로 꼽힌다. 그러나 지난해에는 수비 중 충돌로 무릎 수술을 받아 51경기 출전에 그쳤다. 부상 악재에도 홍창기의 존재감은 빛났다. ABS 시대에 접어들면서 적응이 필요해 보였지만, 출루율 0.399를 기록하며 건재함을 뽐냈다. 그러나 4할이 무너진 숫자는 홍창기에게는 어울리지 않는 결과였다. 후반기 타율 0.350을 기록하는 등 새 시즌 '출루머신'의 재가동을 예고했다.

#종신_LG_러브콜

2026년 시즌을 마치면 FA 자격을 얻는다. 지난해 부상으로 연봉이 20% 삭감된 5억2000만원이 됐지만, 시장에 나간다면 100억원대 계약은 충분하다는 평가다. 복수의 구단이 군침을 흘릴 자원이지만, 홍창기는 LG에 남고 싶다는 뜻을 일찌감치 알려왔다. LG 구단 역시 홍창기와 다년계약을 적극 추진 중이다. LG에 남는다면 오지환을 잇는 또 한 명의 'LG 프랜차이즈' 스타 탄생을 기대하게 한다.

#총지배인_설치기사

2025년 미디어데이에 참가한 홍창기는 우승 공약으로 바베큐 파티와 LG전자 제품 방문 설치를 약속했다. LG는 2년 만에 다시 정상을 밟았고, 홍창기는 팬들과의 약속을 지켰다. 모그룹이 운영하는 리조트에 팬들을 초청했고, 홍창기는 이 자리에서 '총지배인'으로 변신했다. 이후에는 주장 박해민과 함께 산타로 변신한 뒤 장애인 거주시설에 직접 방문해 TV를 설치하며 '공약 이행'을 모두 마쳤다.

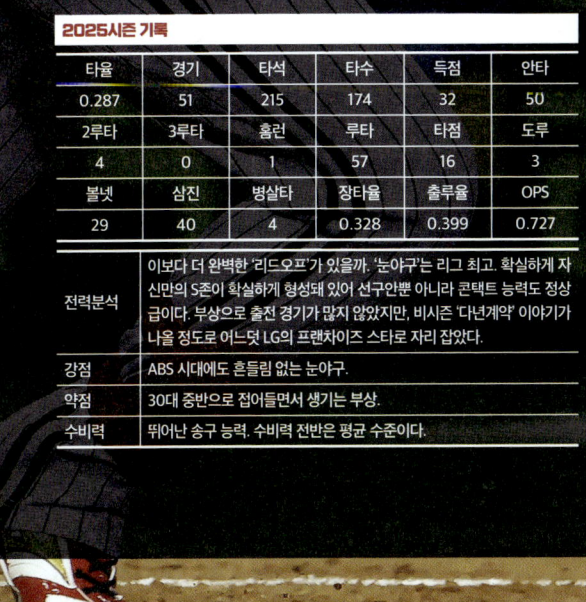

2025시즌 기록

타율	경기	타석	타수	득점	안타
0.287	51	215	174	32	50
2루타	3루타	홈런	루타	타점	도루
4	0	1	57	16	3
볼넷	삼진	병살타	장타율	출루율	OPS
29	40	4	0.328	0.399	0.727

전력분석	이보다 더 완벽한 '리드오프'가 있을까. '눈야구'는 리그 최고. 확실하게 자신만의 S존이 확실하게 형성돼 있어 선구안뿐 아니라 콘택트 능력도 정상급이다. 부상으로 출전 경기가 많지 않았지만, 비시즌 '다년계약' 이야기가 나올 정도로 어느덧 LG의 프랜차이즈 스타로 자리 잡았다.
강점	ABS 시대에도 흔들림 없는 눈야구.
약점	30대 중반으로 접어들면서 생기는 부상.
수비력	뛰어난 송구 능력. 수비력 전반은 평균 수준이다.

🎤 TMI 인터뷰

1. 원정 갈때 꼭 챙기는 개인 물건
- 폼롤러.

2. 요즘 가장 많이 듣는 노래
- 딱히 없음.

3. 처음 봤을때 충격받은 야구선수와 그 이유는?
- 이재원, 쉽게 담장을 넘기는 힘이 놀라움.

4. 야구 선수를 안했다면 지금 뭐하고 있을까?
- 생각 안 해봤는데 아마 회사원 하지않을까요.

5. 최근 가장 행복했던 순간
- 결혼식.

4
신민재

내야수(우투좌타)

생년월일	1996년 1월 21일
신장/체중	171cm / 67kg
출신학교	서흥초-동인천중-인천고
연봉(2026)	3억 8천만 원

#고과_1위

육성선수 신화라는 말은 이제 식상해졌다. 지난해 타율 0.313
을 기록하며 어엿한 주전임을 증명했다. 특히 득점권 타율이
리그 2위(0.407)를 기록하는 등 팀 내 해결사 역할까지 완벽
하게 해냈다. 홍창기의 공백기에는 리드 오프까지 수행했다.
팀 내 야수 고과 1위는 신민재에게 돌아갔고, 90% 인상된 3
억 8천만 원에 도장을 찍었다.

#GG_2루수

2025년 2루수 골든글러브를 수상하며 LG 구단 역사상 31년
만에 황금장갑의 주인공이 됐다. 282표(89.2%)라는 압도적
인 지지를 받으며 2025년 최고의 2루수였음을 증명했다. 활
약을 인정받은 신민재는 WBC 대표팀에 뽑혔다. 빠른 발과 안
정적인 수비력, 한 단계 올라선 공격력을 보여주면서 이제 단
순한 팀 주전을 넘어 '국대 2루수'로 올라섰다.

#강철_멘털

지금의 신민재가 있기까지는 철저한 자기 관리와 남다른 근
성이 있었다. 체지방을 줄이기 위해 쌀밥 대신 타코나 햄버거
를 먹을 정도로 온통 '야구 생각'뿐이다. 길었던 2군 생활 속
에서 많은 좌절을 겪었다. 무너지지 않고 버틴 결과 멘털은 더
단단해졌다. 이제는 어느 상황에서도 흔들리지 않고, 한 시즌
을 기복 없이 치를 수 있는 단계까지 올랐다.

TMI 인터뷰

1. 원정 갈때 꼭 챙기는 개인 물건
- 이어폰, 영상참고 아이패드, 방망이.

2. 요즘 가장 많이 듣는 노래
- 노래는 잘 안듣습니다.

3. 처음 봤을때 충격받은 야구선수와 그 이유는?
- 해민이형. 생각했던 것보다 키가 많이 커서요.

4. 야구 선수를 안했다면 지금 뭐하고 있을까?
- 다른 운동이라도 하지 않았을까 생각합니다.

5. 최근 가장 행복했던 순간
- 2025년 통합우승, 골든글러브 수상 했을 때, 그 후에
가족들이랑 비시즌 기간 보낼 때 행복했습니다.

2025시즌 기록

타율	경기	타석	타수	득점	안타
0.313	135	538	463	87	145
2루타	3루타	홈런	루타	타점	도루
15	7	1	177	61	15
볼넷	삼진	병살타	장타율	출루율	OPS
62	57	7	0.382	0.395	0.777

전력분석	홍창기와 더불어 리그 최강의 테이블세터. 장타력은 떨어지지만, 정확한 콘택트 능력에 선구안도 좋아 출루율 또한 높다. 초창기에는 수비가 약점 이라는 평가를 받았지만, 성장을 거듭하면서 '공수주' 3박자를 모두 갖춘 내야수가 됐다.
강점	남다른 성실함과 정신력. 육성 신화는 괜히 나온 게 아니다.
약점	15도루를 할 정도로 빠른 발을 지녔지만, 성공률 62.5%는 조금 아쉽다.
수비력	계속해서 성장하고 있다. 이제는 국가대표로 손색없다.

역사의 시작!

17 ⓒ 외야수(우투좌타)

박해민

생년월일	1990년 2월 24일
신장/체중	180cm / 75kg
출신학교	영중초-양천중-신일고-한양대
연봉(2026)	8억원

#10억원_포기한_의리

2025년 시즌 종료 후 두 번째 FA 자격을 얻은 박해민에게 많은 구단이 러브콜을 보냈다. 4년 연속 144경기 출전을 기록한 체력과 7년 만에 되찾은 도루왕 타이틀까지. 잠실구장을 좁게 만드는 그의 수비력은 센터라인 강화를 노리는 많은 구단에 매력적일 수밖에 없었다. 박해민의 선택은 LG였다. 4년 총액 65억원에 계약을 마쳤다. 10억원 이상 더 제시한 구단도 있었지만, 박해민은 "LG에서 더 많은 우승을 하고 싶다"며 의리를 지켰다.

#성심당_출입_금지

지난해 박해민은 유독 한화팬에게 '미움'을 받았다. 잘 맞은 안타성 타구를 끝까지 따라가 낚아채 아웃카운트로 연결했다. 한국시리즈에서도 문현빈이 초반 분위기를 가지고 올 수 있는 좋은 타구를 만들었지만, 박해민의 호수비에 막혔다. 한화팬들은 대전 명물 '성심당 출입금지'라는 말을 붙이기도 했다. 박해민은 대전에서 진행된 올스타전에 성심당 빵이 보이자 "못 먹을 수 있다"라고 너스레를 떨기도 했다. 그러나 스프링캠프에서 문현빈, 오재원에게 아낌없는 수비 과외를 해주면서 한화팬의 민심(?)을 되찾기도 했다.

#캡틴박

2025년 우승의 중심에는 박해민이 있었다. '트중박(트윈스 중견수 박해민)' 역할뿐 아니라 주장으로서 팀을 하나로 묶었다. 철저한 자기 관리는 젊은 선수의 귀감이 되고 있다. 구단 관계자는 "구단과 선수단 전체의 신뢰를 받는 리더 역할을 잘했다. 덕분에 하나의 팀으로 갈 수 있었다. 박해민의 새로운 능력을 봤다"고 감탄했다. '2연패'를 노리는 2026년에도 박해민은 다시 한 번 주장 완장을 찼다.

2025시즌 기록

타율	경기	타석	타수	득점	안타
0.276	144	544	442	80	122
2루타	3루타	홈런	루타	타점	도루
18	2	3	153	43	49
볼넷	삼진	병살타	장타율	출루율	OPS
68	94	7	0.346	0.379	0.725

전력분석	리그 최고의 중견수. 30대 중반이지만 주력과 센스를 겸비해 개인 5번째 도루왕에 올랐다. FA 4년 동안 전 경기 출전을 기록하는 등 철저한 자기 관리도 빛났다. 매년 출루율이 아쉬웠지만, '눈야구'가 자리를 잡아 공격에서도 진화된 모습을 보여줬다.
강점	수비력과 주력. 이 두 개만으로도 박해민의 가치는 충분하다
약점	출루율이 조금 더 높아진다면 박해민은 '완전체'에 가깝다.
수비력	빠른 발에 과감한 판단력을 겸비했다. 넓은 잠실구장도 좁게 느껴지게 하는 리그 최고 수비력.

TMI 인터뷰

1. 원정 갈때 꼭 챙기는 개인 물건

- 다리 마사지기.

2. 요즘 가장 많이 듣는 노래

- 'mc스나이퍼 - BKlove'.

3. 처음 봤을때 충격받은 야구선수와 그 이유는?

- 김영우. 신인답지않은 생각을 가지고 모든 배우려고 하고 발전하려는 마음가짐 & 빠른 직구 구속.

4. 야구 선수를 안했다면 지금 뭐하고 있을까?

- 축구선수?

5. 최근 가장 행복했던 순간

- 우승확정 순간.

25

10

오지환

내야수(우투좌타)

생년월일	1990년 3월 12일
신장/체중	185cm / 80kg
출신학교	군산초-자양중-경기고
연봉(2026)	14억 원

#영구결번_후보

15경기에 더 출전하면 오지환은 박용택에 이어 LG 소속 역대 두 번째 2000경기 출전에 성공하게 된다. 그리고 20홈런과 18도루를 기록하면 박용택에 이어 LG 프랜차이즈 스타 두 번째로 200홈런 300도루 고지를 밟게 된다. LG의 암흑기부터 영광의 순간까지 모두 경험했다. 또한 이병규 박용택 영구결번 선수에게는 없는 우승반지도 갖고 있다. 남은 커리어에서 꾸준한 모습을 이어간다면 LG 4번째 영구결번 주인공이 될 가능성도 있다.

#KS_고의낙구

한국시리즈 3차전. 오지환은 0-1 뒤지고 있던 2회말 1사 1, 2루에서 이도윤의 뜬공을 고의로 떨어트렸다. 인필드 플라이가 선언되지 않은 점을 재빠르게 파악했고, 주자들이 갈팡질팡한 틈을 타서 병살을 이끌어냈다. 평범한 플라이로 처리했다면 아웃카운트 한 개만 늘어날 상황이었다. 오지환의 재치가 돋보였던 장면이었다. 한화 분위기에는 찬물이 끼얹어졌고, 반대로 LG는 오지환의 수비로 흐름을 가지고 올 수 있었다. 비록 8회말 불펜이 흔들리며 패하긴 했지만, 오지환의 가치가 다시 한 번 빛났던 순간이었다.

#관종_선언

2025년 시즌 중 염경엽 LG 감독은 오지환을 좌익수로도 기용할 가능성도 언급했다. 시즌 초반 좋은 모습을 보여줬지만, 5월 월간 타율이 0.184까지 떨어졌다. 6월에는 2군행 통보를 받기도 했다. 염 감독은 수비 부담을 덜어주기 위해 좌익수 카드를 꺼낸 것이었다. 오지환은 제대로 '긁혔다'. 압도적인 모습을 보여 실력으로 '관종'이 되겠다고 선언했다.

🎤 TMI 인터뷰

1. 원정 갈때 꼭 챙기는 개인 물건

- 이어폰.

2. 요즘 가장 많이 듣는 노래

- 신나는 노래.

3. 처음 봤을때 충격받은 야구선수와 그 이유는?

- 봉중근! 지명받고 와서 우리랑 잘해보자고 얘기 직접 와서 해줘서요!

4. 야구 선수를 안했다면 지금 뭐하고 있을까?

- 체육 선생님이 되어 있지 않을까요??

5. 최근 가장 행복했던 순간

- 비시즌 동안 가족이랑 있을때요.

2025시즌 기록

타율	경기	타석	타수	득점	안타
0.253	127	472	419	57	106
2루타	3루타	홈런	루타	타점	도루
24	1	16	180	62	9
볼넷	삼진	병살타	장타율	출루율	OPS
37	115	4	0.430	0.314	0.744

전력분석	LG의 내야 사령관. 밀어쳐도 홈런을 칠 수 있는 장타력을 갖췄고, 특히 승부처에서 터지는 한 방은 오지환의 '상징성'을 더해준다. 개인 능력도 좋지만, 팀 전체를 이끄는 능력도 뛰어나다. 올 시즌에는 20홈런 이상을 목표로 장타력 부활을 선언했다.
강점	두 자릿수 홈런을 칠 수 있는 장타력. 승부처마다 한 방씩 때려주는 존재감.
약점	한 시즌을 통틀어 시기별 타격 기복이 있는 편이다. 특히 전반기가 고비.
수비력	안정적인 기본기에 판단 능력도 뛰어나다. 내야 전체를 이끌 수 있는 힘이 있다.

27
박동원

포수(우투우타)

생년월일	1990년 4월 7일
신장/체중	178cm / 92kg
출신학교	양정초-개성중-개성고
연봉(2026)	5억원

#국가대표_안방마님

박동원은 2026 WBC 대표팀에 선발돼 주전으로 나서며 8강 기적을 이끌었다. 포수 마스크를 쓴 박동원은 '학구파'로 불린다. 경기 전 전력분석원, 코치진, 동료 선수들과 정보를 공유하며 해법을 찾아가고, 이를 바탕으로 뛰어난 포수 리드를 하고 있다. 두 차례 한국시리즈 우승으로 큰 경기에서 강한 면모는 이미 증명했다. 이제 국가대표 주전포수로 나서면서 KBO리그 최고 포수 중 한 명임을 당당히 선언했다.

#최고의_별

2025년 올스타전은 박동원을 위한 무대였다. 홈런더비 예선전에서 9개의 홈런을 치면서 결승에 올랐다. 결승에서도 7개의 아치를 그렸지만, 디아즈가 8개 기록하면서 아쉽게 준우승에 머물렀다. 그러나 본 경기에서 1회 첫 타석부터 홈런을 때려냈고, 4타수 3안타(1홈런) 3타점으로 MVP에 선정됐다. 기자단 투표 28표 중 27표의 압도적 결과. LG 소속 선수로는 2011년 이병규 이후 14년 만의 '미스터 올스타'였다. 퍼포먼스도 제대로였다. '참치캔' 모자를 쓰고 딸 박채이 양과 함께 그라운드에 등장해 탄성을 이끌어냈다.

#아_롤렉스_제발

2023년 우승과 2025년 우승 모두 박동원은 중요한 순간 해결사가 됐다. 그러나 2023년에는 2차전 역전 결승 홈런을 비롯해 2홈런을 기록했고, 2025년에는 류현진과 김서현을 공략해 홈런을 날리면서 임팩트 있는 순간을 만들었다. 그러나 MVP와는 인연이 닿지 않았다. 2023년에는 오지환, 2025년에는 김현수의 활약에 밀렸다. 2026년 시즌을 마치면 FA 자격을 얻는 박동원은 '계약 기간 4년 중 세 번은 우승하고 싶다'라며 다시 한 번 한국시리즈의 활약을 예고했다.

2025시즌 기록

타율	경기	타석	타수	득점	안타
0.253	139	523	451	57	114
2루타	3루타	홈런	루타	타점	도루
25	0	22	205	76	4
볼넷	삼진	병살타	장타율	출루율	OPS
62	124	10	0.455	0.342	0.797

전력분석	30대에 접어들어 LG에 합류했지만, 꾸준한 성장세를 보여주면서 '국가대표 포수'까지 됐다. 타석에서는 한 방을 노리는 풀스윙으로 적극적인 타격을 선보인다. 3년 연속 20홈런 이상을 기록하는 등 장타력을 갖춘 '공격형 포수'의 대명사다.
강점	'클러치히터는 허상이다'? 필요한 순간 장타 한 방을 쳐 경기를 뒤집는 능력이 탁월하다.
약점	30대 후반으로 향한 나이. 한 시즌을 온전히 소화하기 위해서는 체력 관리가 중요해졌다.
수비력	강한 어깨를 바탕으로 정확한 송구가 돋보인다. 주전 포수로서 갖춰야 할 기본기를 두루갖췄다.

TMI 인터뷰

1. 원정 갈때 꼭 챙기는 개인 물건
- 면도기.

2. 요즘 가장 많이 듣는 노래
- '할밴드 – say yes'.

3. 처음 봤을때 충격받은 야구선수와 그 이유는?
- 이대호 선수, 타석 들어왔을 때 함성 소리가 너무 커서 슈퍼스타란 이런 거구나 많이 놀랐습니다.

4. 야구 선수를 안했다면 지금 뭐하고 있을까?
- 청소업체사장, 청소하는 것 잘합니다.

5. 최근 가장 행복했던 순간
- 25 한국시리즈 2차전 끝나고 채이가 만나자마자 "아빠 잘 하는 거 내가 다 봤어"라고 말했을 때.

투수(우투우타)

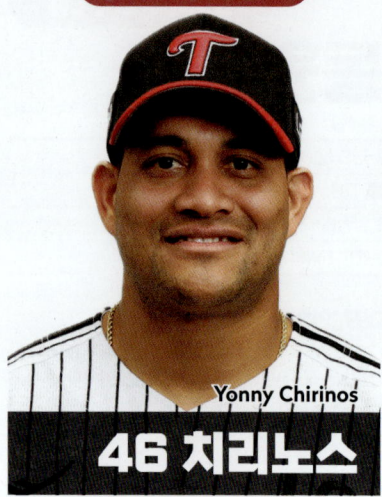

Yonny Chirinos

46 치리노스

| 생년월일/국적 | 1993년 12월 26일 / 베네수엘라 | | 신장/체중 | 188cm / 102kg |
| 출신학교 | 베네수엘라 U.E.N heroes nigales(고) | | 연봉 | 140만 달러 |

2025시즌 기록

평균자책점	경기	승	패	홀드	세이브
3.31	30	13	6	0	0
승률	이닝	피안타	피홈런	볼넷	사구
0.684	177	173	5	36	9
삼진	실점	자책점			
137	71	65			

| 주무기 | 150km/h 중반까지 나오는 명품 싱커. |

메이저리그 20승 경력에 빛나는 투수. 빠르고 움직임이 많은 싱커가 주무기다. 타자 입장에서는 알고도 정타를 만들기 힘들다는 평가다. 투심, 포크, 스위퍼, 슬라이더 등 다양한 구종에 제구력까지 좋다. 땅볼 유도 능력이 좋아 탄탄한 LG 내야진과는 찰떡궁합의 투수다. 규정 이닝을 채운 투수 가운데 피홈런(5개)이 가장 적다. 공격적인 피칭을 펼쳐 타자가 굉장히 상대하기 싫은 투수라는 평가를 받을 정도다. 관건은 건강. 지난해 막바지도 부상으로 한국시리즈 마운드에 오르지 못할 뻔했다. 그래도 시즌 내내 에이스 역할을 확실하게 하면서 140만 달러에 재계약까지 성공했다.

투수(우투우타)

Anders Tolhurst

30 톨허스트

| 생년월일/국적 | 1999년 9월 13일 / 미국 | | 신장/체중 | 193cm / 86kg |
| 출신학교 | 미국 Grossmont(대) | | 연봉 | 120만 달러 |

2025시즌 기록

평균자책점	경기	승	패	홀드	세이브
2.86	8	6	2	0	0
승률	이닝	피안타	피홈런	볼넷	사구
0.750	44	39	2	16	2
삼진	실점	자책점			
45	15	14			

| 주무기 | 미국 선수가 잘 던지지 않는 포크까지 갖췄다. 다양한 구종을 모두 안정적으로 제구할 수 있다. |

2024년 '가을 영웅'으로 활약했던 에르난데스를 대신해 LG 유니폼을 입었다. 에르난데스가 부진하자 LG는 결국 후반기 승부수로 톨허스트를 영입했다. 메이저리그 경험은 없지만, 선발 투수로 자리잡은 뒤 조금씩 좋아지던 모습에 높은 점수를 줬다. LG의 승부수는 적중했다. 정규시즌 8경기에서 6승을 거뒀고, 한국시리즈에서도 2경기 1승을 챙겼다. 결국 120만 달러에 재계약까지 성공했다. 다양한 구종을 바탕으로 다채로운 레퍼토리의 경기 운영이 가능한 투수. 압도적인 구위는 다소 아쉽지만, 어린 나이를 감안하면 성장 가능성은 충분하다.

내야수(우투우타)

Austin Dean

23 오스틴

| 생년월일/국적 | 1993년 10월 14일 / 미국 | | 신장/체중 | 183cm / 97kg |
| 출신학교 | 미국 Klein Collins(고) | | 연봉 | 170만 달러 |

2025시즌 기록

타율	경기	타석	타수	득점	안타
0.313	116	499	425	82	133
2루타	3루타	홈런	루타	타점	도루
25	1	31	253	95	3
볼넷	삼진	병살타	장타율	출루율	OPS
61	62	11	0.595	0.393	0.988

| 타격스타일 | 타율 3할과 30홈런을 기대할 수 있는 타자. 정확성과 파워를 두루 갖췄다. |

LG 역사상 가장 타격이 좋은 외국인 타자로 꼽히고 있다. 2년 연속(2023~2024년) 골든글러브를 수상하며 KBO리그 최고의 1루수임을 알리기도 했다. 넓은 잠실을 홈으로 쓰고 있지만, LG 구단 최초로 2년 연속 30홈런을 기록하는 등 공격력만큼은 리그에서도 정상급이다. 2024년에는 두 자릿수 도루를 할 만큼, 주력 또한 준수하다. 두 번의 '통합우승'에는 오스틴의 역할이 컸다. '4년 차' 외국인선수로 선수단과 친화력은 완벽하게 검증됐다. 한국 야구에 완벽히 녹아들었고, 한국 문화까지 완벽하게 이해하고 있어 '잠실 오씨'라는 별명이 붙을 정도다.

투수(좌투좌타)

Lachlan Wells

68 웰스

생년월일/국적	1997년 2월 27일 / 호주		신장/체중	185cm / 83kg	
출신학교	호주 Hunter Sports(고)		연봉	20만 달러	

2025시즌 기록

평균자책점	경기	승	패	홀드	세이브
3.15	4	1	1	0	0
승률	이닝	피안타	피홈런	볼넷	사구
0.500	20	18	0	6	1
삼진	실점	자책점			
16	8	7			

주무기	안정적인 제구를 바탕으로 나오는 경기 운영 능력.

아시아쿼터는 2026년부터 시행됐지만, 웰스는 이미 키움에서 KBO리그 경험을 했다. 2025년 키움에서 부상 대체 외국인 선수로 뛰며 4경기에 등판했다. 특히 마지막 2경기가 QS로 안정성을 제대로 어필했다. 기복 없는 제구력을 바탕으로 경기 운영 능력이 좋고, 풍부한 경험까지 갖췄다. 선발로서 강점도 있지만, 염경엽 감독은 불펜으로 기용하겠다는 뜻을 밝혔다. 시즌 초반에는 1+1로 활용될 가능성도 있다. 불펜 투수로서 타자를 압도할 만한 구위가 다소 부족한 점은 아쉽지만, 언제든 선발 가세가 가능해 다양한 활용이 예상된다.

투수(우투우타)

42 김진성

생년월일	1985년 3월 7일		신장/체중	186cm / 90kg	
출신학교	인헌초-성남중-성남서고		연봉	4억 5천만 원	

2025시즌 기록

평균자책점	경기	승	패	홀드	세이브
3.44	78	6	4	33	1
승률	이닝	피안타	피홈런	볼넷	사구
0.600	70 2/3	61	7	24	0
삼진	실점	자책점			
63	28	27			

전력분석	팀 투수 중 출전 1위. 구단은 최초 다년계약으로 답했다. 여전히 경쟁력 있는 직구 수직 무브먼트. 포크볼도 좋다. 40대의 나이지만 위기 상황에서 가장 먼저 찾게 되는 확실한 불펜 카드.
강점	'헌신좌' 아무나 되나. 철저한 자기 관리를 앞세운 경기 준비.
약점	나이는 숨길 수 없다. 조금씩 떨어지는 구위.

투수(좌투좌타)

29 손주영

생년월일	1998년 12월 2일		신장/체중	191cm / 95kg	
출신학교	울산대현초-개성중-경남고		연봉	2억 9천만 원	

2025시즌 기록

평균자책점	경기	승	패	홀드	세이브
3.41	30	11	6	0	0
승률	이닝	피안타	피홈런	볼넷	사구
0.647	153	153	8	49	4
삼진	실점	자책점			
132	67	58			

전력분석	데뷔 첫 10승을 기록하며 선발 한 축을 확실하게 차지할 수 있는 레벨임을 증명했다. 직구가 커터 궤적으로 흘러가고, 포크와 커브 역시 타자의 헛스윙을 이끌기에 충분하다. 좌우타자 편차도 적어 선발투수로 최고의 카드.
강점	높은 릴리스 포인트와 타이밍 잡기 어려운 디셉션.
약점	변화구 제구는 '완벽'하다고 보긴 어렵다.

투수(우투우타)

67 김영우

| 생년월일 | 2005년 1월 14일 | | | 신장/체중 | 185cm / 90kg |
| 출신학교 | 양원초(서대문구리틀)-신월중-서울고 | | | 연봉 | 8천5백만 원 |

2025시즌 기록

평균자책점	경기	승	패	홀드	세이브
2.40	66	3	2	7	1
승률	이닝	피안타	피홈런	볼넷	사구
0.600	60	49	2	30	3
삼진	실점	자책점			
56	17	16			

전력분석	LG 신인 드래프트 '대박픽'. 첫 해부터 66경기에 나와 1군 선수로 증명을 마쳤다. 가파른 성장세에 앞으로 더 기대된다. 150km/h 초중반까지 나오는 직구. 헛스윙을 이끌 수 있는 고속 슬라이더도 일품이다.
강점	직구 하나로도 타자를 압도할 수 있다. 슬라이더 구질 완성도도 높아졌다.
약점	2년 차 징크스 대비 얼마나 됐나.

투수(좌투좌타)

13 송승기

| 생년월일 | 2002년 4월 10일 | | | 신장/체중 | 181cm / 90kg |
| 출신학교 | 삼일초-매향중-야탑고 | | | 연봉 | 1억 3천6백만 원 |

2025시즌 기록

평균자책점	경기	승	패	홀드	세이브
3.50	28	11	6	0	0
승률	이닝	피안타	피홈런	볼넷	사구
0.647	144	149	15	49	1
삼진	실점	자책점			
125	61	56			

전력분석	'퓨처스 3관왕' 출신으로 데뷔 첫 10승을 거두며 1군 선발투수로서 한 시즌을 온전히 소화할 수 있다는 경쟁력을 보여줬다. 높은 팔각도에서 나오는 패스트볼은 수직 무브먼트가 좋아 타자가 노리고 있어도 좋은 결과를 내기 힘들다.
강점	좌투수지만, 좌우 타자 편차가 거의 없을 정도로 안정적인 모습.
약점	잠실이 홈이지만, 피홈런이 15개로 많다.

투수(우투좌타)

54 유영찬

| 생년월일 | 1997년 3월 7일 | | | 신장/체중 | 185cm / 90kg |
| 출신학교 | 덕성초(안산리틀)-배명중-배명고-건국대 | | | 연봉 | 2억 4천만 원 |

2025시즌 기록

평균자책점	경기	승	패	홀드	세이브
2.63	39	2	2	1	21
승률	이닝	피안타	피홈런	볼넷	사구
0.500	41	31	2	23	3
삼진	실점	자책점			
52	14	12			

전력분석	LG의 마무리 투수. 2024년 시즌을 마치고 팔꿈치 수술을 받았지만, 완벽한 모습으로 돌아왔다. 확실하게 뒷문을 단속하며 고우석 이후 LG의 뒷문을 책임지는 클로저로 자리매김했다. 직구와 더불어 헛스윙을 유도할 수 있는 슬라이더와 포크볼을 가지고 있다.
강점	어떤 위기 상황에서도 흔들리지 않는 멘털. 우타자 상대 슬라이더는 마구에 가깝다.
약점	그날 구위에 따른 기복이 크다.

투수(우투우타)

50 장현식

| 생년월일 | 1995년 2월 24일 | | | 신장/체중 | 181cm / 91kg |
| 출신학교 | 신도초-서울이수중-서울고 | | | 연봉 | 15억 원 |

2025시즌 기록

평균자책점	경기	승	패	홀드	세이브
4.35	56	3	3	5	10
승률	이닝	피안타	피홈런	볼넷	사구
0.500	49 2/3	65	4	21	5
삼진	실점	자책점			
38	27	24			

전력분석	LG가 야심차게 영입했던 FA. 150km/h대의 묵직한 직구와 140km/h 후반의 포크볼을 던지면서 시즌 초반 마무리 투수로도 기대받았다. 그러나 두 번의 부상으로 구위가 다소 떨어진 모습에 아쉬움 속에 시즌을 마쳤다. 심기일전해 시즌을 준비 중이다.
강점	이례적인 부상. 건강하다면 연투도 문제없을 체력.
약점	부상 이후 전반적으로 뚝 떨어진 구속. 제구 불안에 불리한 카운트 싸움도 종종 나옴.

투수(우언우타)

18 정우영

| 생년월일 | 1999년 8월 19일 | | | 신장/체중 | 193cm / 99kg |
| 출신학교 | 가평초-강남중-서울고 | | | 연봉 | 1억 원 |

2025시즌 기록

평균자책점	경기	승	패	홀드	세이브
20.25	4	0	0	0	0
승률	이닝	피안타	피홈런	볼넷	사구
-	2 2/3	1	1	4	1
삼진	실점	자책점			
3	6	6			

전력분석	LG의 아픈 손가락. 신인왕을 수상하고 5년 연속 두 자릿수 홀드를 기록했지만, 지난 2년간 방황의 시간을 가졌다. 마무리캠프부터 좋은 느낌이 이어지면서 다시 한 번 전성기의 모습을 기대하게 했다.
강점	타자를 힘으로 누를 수 있는 압도적 구위.
약점	주자 나갔을 때 고민이었던 슬라이드스텝. 실전에서 얼마나 개선됐을까.

투수(우투우타)

31 이정용

| 생년월일 | 1996년 3월 26일 | | | 신장/체중 | 186cm / 85kg |
| 출신학교 | 영일초-성남중-성남고-동아대 | | | 연봉 | 2억 7천만 원 |

2025시즌 기록

평균자책점	경기	승	패	홀드	세이브
5.03	39	6	1	7	1
승률	이닝	피안타	피홈런	볼넷	사구
0.857	34	32	3	12	2
삼진	실점	자책점			
26	19	19			

전력분석	군 복무를 마치고 돌아와 홀가분하게 시즌을 준비한다. 140km/h 중후반의 직구 외에도 슬라이더, 커브, 포크 등 다양한 변화구를 수준급으로 던진다. 선발 후보로 꼽혔지만, 염경엽 감독은 피칭 능력을 갖춘 만큼, 롱맨으로 많은 경기에서 활용하겠다고 밝혔다.
강점	중간투수를 맡기에는 아까울 정도로 다양한 레퍼토리를 갖춘 피칭.
약점	직구 구위가 떨어지면 난타당할 위험이 높다.

투수(좌투좌타)

11 함덕주

생년월일	1995년 1월 13일			신장/체중	181cm / 78kg
출신학교	일산초-원주중-원주고			연봉	8억 원

2025시즌 기록

평균자책점	경기	승	패	홀드	세이브
6.00	31	2	3	1	0
승률	이닝	피안타	피홈런	볼넷	사구
0.400	27	14	1	18	0
삼진	실점	자책점			
26	19	18			

전력분석	디셉션이 뛰어난 투구폼에서 위력적인 공을 던진다. 140km/h 중후반의 직구도 좋지만, 체인지업은 리그 최고다. 위기 상황에서 삼진을 잡아낼 수 있는 능력이 뛰어나다. 이전보다 피안타율이 낮아지면서 필승조로서 역할을 기대하게 했다.
강점	확실한 주무기인 체인지업.
약점	'아프지만 않으면'이라는 단서가 항상 붙는다.

투수(우투우타)

26 이민호

생년월일	2001년 8월 30일			신장/체중	189cm / 93kg
출신학교	서울학동초-대치중-휘문고			연봉	9천만 원

2025시즌 기록

평균자책점	경기	승	패	홀드	세이브
-	-	-	-	-	-
승률	이닝	피안타	피홈런	볼넷	사구
-	-	-	-	-	-
삼진	실점	자책점			
-	-	-			

전력분석	군복무를 마치고 돌아온 1차지명 특급 유망주. 군대에서 몸을 잘 만들고 돌아왔다는 평가. 좋은 직구와 커터를 가지고 있다. 경기 운영 능력도 안정적이라는 평가로 선발로 준비할 예정. 다만, LG 선발진 예비 자원으로 기회만 기다리고 있다.
강점	12승 경험 아무나 가질 수는 없다.
약점	입대 전 부상으로 떨어진 직구 구위. 얼마나 회복했을지가 관건.

포수(우투우타)

63 이주헌

생년월일	2003년 3월 4일			신장/체중	185cm / 92kg
출신학교	서울이수초-성남중-성남고			연봉	5천5백만 원

2025시즌 기록

타율	경기	타석	타수	득점	안타
0.219	76	156	128	22	28
2루타	3루타	홈런	루타	타점	도루
3	0	4	43	9	0
볼넷	삼진	병살타	장타율	출루율	OPS
18	30	2	0.336	0.351	0.687

전력분석	박동원 뒤를 받칠 제 2의 포수. 그동안 수비력에 물음표가 있었지만, 경험을 쌓으면서 믿음을 얻기 시작했다. 송승기 손주영과 좋은 케미를 보이면서 10승 투수 탄생을 이끌었다. 장타력도 있고, 출루율도 기대 이상의 모습을 보여줬다.
강점	준수한 선구안에 장타력까지 갖추고 있다.
약점	타격 정확도가 조금 더 개선된다면 주전급 도약 문제없다.
수비력	블로킹 능력도 준수하고, 팝타임도 좋다. 다만, 도루 저지 수치는 조금 더 개선돼야 한다.

내야수(우투좌타)

2 문보경

생년월일	2000년 7월 19일	신장/체중	182cm / 88kg
출신학교	송중초(동대문구리틀)-덕수중-신일고	연봉	4억 8천만 원

2025시즌 기록

타율	경기	타석	타수	득점	안타
0.276	141	607	515	91	142
2루타	3루타	홈런	루타	타점	도루
21	1	24	237	108	3
볼넷	삼진	병살타	장타율	출루율	OPS
79	108	15	0.460	0.371	0.831

전력분석	LG 구단 최초로 두 시즌 연속 세 자릿수 타점을 기록했다. WBC 조별리그 타점 1위(11타점)를 하며 '국내용'이 아님을 증명했다. 올해도 목표는 세 자릿수 타점. 콘택트 능력도 좋고, 선구안도 갖췄다. 뛰어난 장타 생산 능력에 20대 중반의 나이지만, 중심타자로 자리 잡았다.
강점	정확성과 장타력을 두루 갖춘 타격 능력.
약점	1년에 두 번 정도 오는 슬럼프. 고점과 저점 차이가 너무나 크다.
수비력	리그 정상급이라고 불릴 수 있을 정도로 안정감이 있다.

내야수(우투좌타)

53 천성호

생년월일	1997년 10월 30일	신장/체중	183cm / 85kg
출신학교	광주화정초-충장중-진흥고-단국대	연봉	9천만 원

2025시즌 기록

타율	경기	타석	타수	득점	안타
0.237	83	199	173	24	41
2루타	3루타	홈런	루타	타점	도루
9	2	1	57	17	3
볼넷	삼진	병살타	장타율	출루율	OPS
17	29	2	0.329	0.323	0.652

전력분석	작년에 트레이드로 KT에서 LG로 이적했다. 김현수가 빠진 자리를 두고 우타자 이재원이 있다면 좌타자로는 천성호가 기대를 받고 있다. 중장거리형 타자로 내외야 멀티 포지션 소화가 가능해 1군에서의 활용도가 높다.
강점	퓨처스 타격왕 출신다운 정확성.
약점	1군에서는 100%의 기량이 나오지 않고 있다.
수비력	내외야 모두 1군 평균 이상을 해주고 있다.

내야수(우투우타)

6 구본혁

생년월일	1997년 1월 11일	신장/체중	177cm / 75kg
출신학교	중대초-잠신중-장충고-동국대	연봉	2억 3천만 원

2025시즌 기록

타율	경기	타석	타수	득점	안타
0.286	131	397	343	41	98
2루타	3루타	홈런	루타	타점	도루
16	2	1	121	38	10
볼넷	삼진	병살타	장타율	출루율	OPS
36	44	4	0.353	0.364	0.717

전력분석	내야 전 포지션 소화 가능. 주전 라인업이 확고한 LG에서 '백업 1순위'. 장타력보다는 콘택트가 강점으로 상황에 따라서는 공 하나를 버리는 여유까지 갖췄다. 수비가 강점인 선수였지만, 가파른 성장세로 공격력까지 갖추기 시작했다.
강점	'만능 백업'. 내야 어떤 포지션에 들어도 제 몫을 해준다.
약점	'만능 백업'의 역설. 주전으로 도약하기 위해서는 확실한 무기 하나가 필요하다.
수비력	내야 전 포지션을 안정적으로 소화할 수 있다.

외야수(좌투좌타)

생년월일	1997년 2월 20일			신장/체중	175cm / 78kg
출신학교	포항서초-포항제철중-경북고-강릉영동대			연봉	2억 8천만 원

8 문성주

2025시즌 기록

타율	경기	타석	타수	득점	안타
0.305	135	542	475	57	145
2루타	3루타	홈런	루타	타점	도루
20	2	3	178	70	4
볼넷	삼진	병살타	장타율	출루율	OPS
54	59	10	0.375	0.375	0.750

전력분석	정확한 콘택트 능력과 더불어 선구안도 뛰어나 꾸준하게 출루를 만들 수 있는 외야수. 장타력은 다소 떨어지지만, 맞히는 능력을 바탕으로 강한 인플레이 타구를 만들어내는 능력도 좋다. 지난해 데뷔 첫 규정타석 타율 3할을 기록하며 한 단계 성장한 모습을 보여줬다.
강점	맞히는 건 그야말로 타고났다. 뛰어난 콘택트 능력.
약점	'유리몸' 오명이 이어지고 있는 잦은 부상.
수비력	종종 실수가 나오기는 하지만 충분히 주전으로 뛸 수 있는 준수한 수비력.

외야수(우투우타)

생년월일	1999년 7월 17일			신장/체중	192cm / 105kg
출신학교	청주석교초-서울경원중-서울고			연봉	7천만 원

52 이재원

2025시즌 기록

타율	경기	타석	타수	득점	안타
-	-	-	-	-	-
2루타	3루타	홈런	루타	타점	도루
-	-	-	-	-	-
볼넷	삼진	병살타	장타율	출루율	OPS
-	-	-	-	-	-

전력분석	군복무를 마치고 돌아온 '잠실의 빅보이'. 신인 시절부터 '역대급'이라고 불릴 정도로 남다른 파워를 보여줬다. LG를 넘어 KBO리그를 대표하는 우타 거포로 기대를 모으고 있다. 찾아오는 기회에 얼마나 빠르게 잠재력을 터트릴지가 관건. 상대가 정면 승부를 피할 가능성이 높은 만큼, 전략적인 대처가 중요하다.
강점	걸리면 넘어간다. KBO리그 최고의 파워.
약점	전역 후 첫 시즌. 1군 적응과 체력이 검증되지 않았다.
수비력	타격 특화. 수비력은 여전히 물음표.

외야수(우투우타)

생년월일	2003년 7월 18일			신장/체중	174cm / 76kg
출신학교	부산수영초-사직중-부산고			연봉	7천만 원

3 최원영

2025시즌 기록

타율	경기	타석	타수	득점	안타
0.282	119	115	103	37	29
2루타	3루타	홈런	루타	타점	도루
5	0	0	34	2	8
볼넷	삼진	병살타	장타율	출루율	OPS
4	20	4	0.330	0.330	0.660

전력분석	뛰어난 주력을 바탕으로 대주자 스페셜리스트로 자리를 잡았다. '주루 원툴'로 바라봤지만, 타격에서도 조금씩 향상이 이뤄지고 있다. 빠른 발이 있는 만큼, 인플레이 타구를 만들면 '내야 안타'를 기대할 수 있다.
강점	1군에 필요성을 증명한 주력.
약점	대주자를 벗어나기 위해서는 확실한 임팩트가 필요.
수비력	경험이 쌓이면 '트중최' 충분히 가능하다.

37 김강률
투수(우투우타)

생년월일 1988년 8월 28일
출신학교 문촌초(일산리틀)-장성중-경기고

2025시즌 기록
이제는 떼야 할 '유리몸' 꼬리표. 건강만 하다면 불펜 한 자리는 확실하다.

평균자책점	경기	승	패	홀드	세이브	승률	이닝	피안타
1.46	12	1	0	4	1	1.000	12 1/3	7
피홈런	볼넷	사구	삼진	실점	자책점			
0	8	1	9	2	2			

12 김대현
투수(우투우타)

생년월일 1997년 3월 8일
출신학교 홍연초(마포구리틀)-홍은중
-선린인터넷고

2025시즌 기록
제구력과 구위 모두 호평. 1군 올라가기 위해서는 안정성만 더하면 된다.

평균자책점	경기	승	패	홀드	세이브	승률	이닝	피안타
-	-	-	-	-	-	-	-	-
피홈런	볼넷	사구	삼진	실점	자책점			
-	-	-	-	-	-			

0 김유영
투수(좌투좌타)

생년월일 1994년 5월 2일
출신학교 양정초-개성중-경남고

2025시즌 기록
낮은 릴리스포인트가 특징. 스페셜리스트로 활용도가 높다. 결국에는 제구와의 싸움.

평균자책점	경기	승	패	홀드	세이브	승률	이닝	피안타
12.46	6	0	0	0	0	-	4 1/3	8
피홈런	볼넷	사구	삼진	실점	자책점			
0	4	1	5	6	6			

57 김주온
투수(우투우타)

생년월일 1996년 12월 8일
출신학교 울산대현초-구미중-울산공고

2025시즌 기록
4사구의 악몽으로 끝난 선발 데뷔전. 기다리고 있는 명예회복의 시간.

평균자책점	경기	승	패	홀드	세이브	승률	이닝	피안타
27.00	1	0	1	0	0	0.000	1/3	0
피홈런	볼넷	사구	삼진	실점	자책점			
0	2	2	1	1	1			

45 김진수
투수(우투우타)

생년월일 1998년 8월 31일
출신학교 이세초-군산중-군산상고-중앙대

2025시즌 기록
KS 승선 괜히했겠나. 기대 이상의 구위. 커브와 슬라이더도 매력적. 1군 기대치 높아졌다.

평균자책점	경기	승	패	홀드	세이브	승률	이닝	피안타
9.00	4	0	0	0	0	-	5	11
피홈런	볼넷	사구	삼진	실점	자책점			
2	1	0	6	5	5			

39 박명근
투수(우언우타)

생년월일 2004년 3월 27일
출신학교 수택초(구리리틀)-구리인창중
-라온고

2025시즌 기록
상무에서의 목표는 체력 키우기. 입대 전까지 강속구 사이드암으로서 모든 걸 쏟아낸다.

평균자책점	경기	승	패	홀드	세이브	승률	이닝	피안타
4.89	44	3	4	10	4	0.429	38 2/3	36
피홈런	볼넷	사구	삼진	실점	자책점			
5	16	5	30	21	21			

58 박시원
투수(우투우타)

생년월일 2006년 4월 12일
출신학교 송수초(해운대리틀)-센텀중
-경남고

2025시즌 기록
150km/h 중반까지 나오는 강력한 구위의 공. 헛스윙을 이끌어내는 변화구도 있다.

평균자책점	경기	승	패	홀드	세이브	승률	이닝	피안타
13.50	2	0	0	0	0	-	1 1/3	0
피홈런	볼넷	사구	삼진	실점	자책점			
0	5	0	0	2	2			

25 배재준
투수(우투우타)

생년월일 1994년 11월 24일
출신학교 본리초-경상중-대구상원고

2025시즌 기록
모두를 놀라게 했던 150km/h 강속구. 1군 가능성 증명. 장기 레이스에서 기회는 온다.

평균자책점	경기	승	패	홀드	세이브	승률	이닝	피안타
5.54	14	0	0	1	0	-	13	9
피홈런	볼넷	사구	삼진	실점	자책점			
1	7	1	14	8	8			

61 백승현
투수(우투우타)

생년월일 1995년 5월 26일
출신학교 소래초-상인천중-인천고

2025시즌 기록

2023년 우승 중심에 섰던 '투수 전향 성공 신화', 강한 구위의 앞세워 명예 회복 도전.

평균자책점	경기	승	패	홀드	세이브	승률	이닝	피안타
3.90	33	1	0	2	0	1.000	30	28

피홈런	볼넷	사구	삼진	실점	자책점
2	28	1	27	13	13

34 성동현
투수(우투우타)

생년월일 1999년 5월 18일
출신학교 백마초-홍은중-장충고

2025시즌 기록

구위는 1군에서 충분히 통한다. 결국에는 안정성을 증명해야 한다.

평균자책점	경기	승	패	홀드	세이브	승률	이닝	피안타
9.00	12	0	0	0	0	-	9	10

피홈런	볼넷	사구	삼진	실점	자책점
2	9	0	6	9	9

20 우강훈
투수(우언우타)

생년월일 2002년 10월 3일
출신학교 희망대초-매송중-야탑고

2025시즌 기록

사이드암 투구폼에서 나오는 폭발적인 직구. 미래의 '트레이드 복덩이' 탄생 충분하다.

평균자책점	경기	승	패	홀드	세이브	승률	이닝	피안타
4.66	11	0	0	0	0	-	9 2/3	12

피홈런	볼넷	사구	삼진	실점	자책점
0	6	2	5	5	5

21 이우찬
투수(좌투좌타)

생년월일 1992년 8월 4일
출신학교 온양온천초-온양중-북일고

2025시즌 기록

제구만 조금 더 안정감을 찾는다면 강한 구위의 좌완 스페셜리스트로 충분히 자리 있다.

평균자책점	경기	승	패	홀드	세이브	승률	이닝	피안타
1.89	23	0	1	0	0	0.000	19	13

피홈런	볼넷	사구	삼진	실점	자책점
0	14	1	20	6	4

32 이지강
투수(우투우타)

생년월일 1999년 7월 2일
출신학교 수원선일초-수원북중-소래고

2025시즌 기록

공격적으로 승부를 펼칠 수 있는 투수. 기복만 줄이면 1군 활용도는 무궁무진.

평균자책점	경기	승	패	홀드	세이브	승률	이닝	피안타
5.32	43	1	2	4	3	0.333	47 1/3	50

피홈런	볼넷	사구	삼진	실점	자책점
4	24	1	39	29	28

28 장시환
투수(우투우타)

생년월일 1987년 11월 1일
출신학교 태안초-태안중-북일고

2025시즌 기록

마지막 유니콘스맨. 구위는 여전히 상위 레벨. 신뢰 얻을 1군 경기력 필요.

평균자책점	경기	승	패	홀드	세이브	승률	이닝	피안타
-	-	-	-	-	-	-	-	-

피홈런	볼넷	사구	삼진	실점	자책점
-	-	-	-	-	-

38 조원태
투수(좌투좌타)

생년월일 2003년 5월 10일
출신학교 토성초(강동구리틀)-건대부중
-선린인터넷고

2025시즌 기록

문동주, 김도영과 어깨를 나란히 한 2022년 1차지명. 병역 완료. 이제 터질 일만 남았다.

평균자책점	경기	승	패	홀드	세이브	승률	이닝	피안타
-	-	-	-	-	-	-	-	-

피홈런	볼넷	사구	삼진	실점	자책점
-	-	-	-	-	-

48 조건희
투수(좌투좌타)

생년월일 2002년 3월 26일
출신학교 계상초(노원구리틀)-상명중
-서울고

2025시즌 기록

타자가 타이밍 잡기 어려운 투구폼. 제구만 나아지면 LG 좌완투수진에 단비.

평균자책점	경기	승	패	홀드	세이브	승률	이닝	피안타
-	-	-	-	-	-	-	-	-

피홈런	볼넷	사구	삼진	실점	자책점
-	-	-	-	-	-

16 최지명

투수(좌투좌타)

생년월일 1995년 1월 22일

출신학교 동천초-포항중-대구상원고
-한양대

2025시즌 기록

최채흥은 잊어라. 개명과 함께 노리는 기량 회복. 변화구와 제구력은 여전히 OK!

평균자책점	경기	승	패	홀드	세이브	승률	이닝	피안타
5.28	13	0	1	2	0	0.000	29	35
피홈런	볼넷	사구	삼진	실점	자책점			
3	14	1	21	17	17			

62 김민수

포수(우투우타)

생년월일 1991년 3월 2일

출신학교 대구옥산초-경복중-대구상원고
-영남대

2025시즌 기록

'가오나시'의 세 번째 유니폼. '우승팀'이 품은 이유 확실하게 보여줘야 한다.

타율	경기	타석	타수	득점	안타	2루타	3루타	홈런
-	-	-	-	-	-	-	-	-
루타	타점	도루	볼넷	삼진	병살타	장타율	출루율	OPS
-	-	-	-	-	-	-	-	-

44 김준태

포수(우투좌타)

생년월일 1994년 7월 31일

출신학교 양정초-개성중-경남고
-(영남사이버대)

2025시즌 기록

경험은 충분하다. 트레이드 성공의 길은 건강해야 갈 수 있다.

타율	경기	타석	타수	득점	안타	2루타	3루타	홈런
1.000	2	2	1	1	1	0	0	0
루타	타점	도루	볼넷	삼진	병살타	장타율	출루율	OPS
1	0	0	1	0	0	1.000	1.000	2.000

7 이영빈

내야수(우투좌타)

생년월일 2002년 6월 17일

출신학교 대전동산초(대전중구리틀)
-충남중-세광고

2025시즌 기록

잠실에서 연타석 홈런을 칠 정도의 놀라운 파워. 정확성과 출루율은 높여야 한다.

타율	경기	타석	타수	득점	안타	2루타	3루타	홈런
0.208	44	75	72	12	15	1	1	3
루타	타점	도루	볼넷	삼진	병살타	장타율	출루율	OPS
27	9	1	1	35	1	0.375	0.216	0.591

36 김성진

내야수(우투우타)

생년월일 2000년 3월 17일

출신학교 수원신곡초-매향중-야탑고

2025시즌 기록

포수 마스크 벗고 나서는 타격 장점 살리기. 경쟁자를 이길 강력한 한 방 보여줘야 한다.

타율	경기	타석	타수	득점	안타	2루타	3루타	홈런
-	-	-	-	-	-	-	-	-
루타	타점	도루	볼넷	삼진	병살타	장타율	출루율	OPS
-	-	-	-	-	-	-	-	-

14 김정율

내야수(우투우타)

생년월일 1998년 3월 18일

출신학교 서화초-동산중-제물포고

2025시즌 기록

'김민수' 이름 바꿨다. 장타력 장점 살아나면 '만년 유망주' 꼬리표도 끝.

타율	경기	타석	타수	득점	안타	2루타	3루타	홈런
0.182	13	13	11	0	2	0	0	0
루타	타점	도루	볼넷	삼진	병살타	장타율	출루율	OPS
2	1	1	1	6	0	0.182	0.231	0.413

56 문정빈

내야수(우투우타)

생년월일 2003년 8월 15일

출신학교 가동초-잠신중-서울고

2025시즌 기록

구단의 기대는 높다. 정확성만 회복한다면 '내야수 대박' 꿈꿀 수 있다.

타율	경기	타석	타수	득점	안타	2루타	3루타	홈런
0.167	21	33	30	5	5	0	0	2
루타	타점	도루	볼넷	삼진	병살타	장타율	출루율	OPS
11	4	0	1	11	0	0.367	0.242	0.609

15 손용준

내야수(우투우타)

생년월일 2000년 2월 15일

출신학교 김해화정초(김해리틀)-내동중
-김해고-동원과학기술대

2025시즌 기록

퓨처스에서 증명은 끝났다. 유격수 경쟁 뛰어들 과감한 공격력이 무기.

타율	경기	타석	타수	득점	안타	2루타	3루타	홈런
0.200	9	16	15	3	3	0	0	0
루타	타점	도루	볼넷	삼진	병살타	장타율	출루율	OPS
3	1	1	0	5	2	0.200	0.250	0.450

35 추세현
내야수(우투우타)

생년월일 2006년 4월 19일

출신학교 성신초(서울중구리틀)-청량중
-경기상고

2025시즌 기록

150km/h 투수의 야수 대변신. LG의 차세대 유격수 가능성 충분하다.

타율	경기	타석	타수	득점	안타	2루타	3루타	홈런
-	-	-	-	-	-	-	-	-
루타	**타점**	**도루**	**볼넷**	**삼진**	**병살타**	**장타율**	**출루율**	**OPS**
-	-	-	-	-	-	-	-	-

5 김주성
외야수(우투우타)

생년월일 1998년 1월 30일

출신학교 수원신곡초-덕수중-휘문고

2025시즌 기록

내외야를 오갔지만, 여전히 숙제인 수비. 이를 이겨내려면 타격이라도 터져야 한다.

타율	경기	타석	타수	득점	안타	2루타	3루타	홈런
0.200	16	17	15	3	3	0	0	1
루타	**타점**	**도루**	**볼넷**	**삼진**	**병살타**	**장타율**	**출루율**	**OPS**
6	1	0	1	2	0	0.400	0.294	0.694

66 김현종
외야수(우투우타)

생년월일 2004년 8월 4일

출신학교 상인천초-동인천중-인천고

2025시즌 기록

모든 걸 갖춘 '5툴 플레이어'. 경험 쌓이면 대형 외야수 탄생 기대할 수 있다.

타율	경기	타석	타수	득점	안타	2루타	3루타	홈런
0.400	10	6	5	3	2	1	0	0
루타	**타점**	**도루**	**볼넷**	**삼진**	**병살타**	**장타율**	**출루율**	**OPS**
3	0	0	1	1	1	0.600	0.500	1.100

64 박관우
외야수(좌투좌타)

생년월일 2006년 3월 22일

출신학교 옥수초(경산시리틀)-경운중
-경북고

2025시즌 기록

문성주를 연상시키는 능력. 상무 입대 이후가 기대된다.

타율	경기	타석	타수	득점	안타	2루타	3루타	홈런
0.264	39	58	53	12	14	2	0	2
루타	**타점**	**도루**	**볼넷**	**삼진**	**병살타**	**장타율**	**출루율**	**OPS**
22	13	0	3	11	1	0.415	0.310	0.725

60 서영준
외야수(우투우타)

생년월일 2006년 3월 18일

출신학교 화정초-진흥중-전주고

2025시즌 기록

확실한 한 방 갖춘 파워히터. 미래의 중심타자 자질 충분하다.

타율	경기	타석	타수	득점	안타	2루타	3루타	홈런
-	-	-	-	-	-	-	-	-
루타	**타점**	**도루**	**볼넷**	**삼진**	**병살타**	**장타율**	**출루율**	**OPS**
-	-	-	-	-	-	-	-	-

55 송찬의
외야수(우투우타)

생년월일 1999년 2월 20일

출신학교 화곡초-선린중-선린인터넷고

2025시즌 기록

다리도 빠르고 내외야 수비도 가능하다. 유망주 딱지 뗄 키는 '공격력'.

타율	경기	타석	타수	득점	안타	2루타	3루타	홈런
0.211	66	166	147	18	31	9	1	3
루타	**타점**	**도루**	**볼넷**	**삼진**	**병살타**	**장타율**	**출루율**	**OPS**
51	20	2	9	49	4	0.347	0.291	0.638

24 함창건
외야수(좌투좌타)

생년월일 2001년 8월 18일

출신학교 백운초-충암중-충암고

2025시즌 기록

준수한 콘택트에 중거리 타구도 가능하다. 1군 신뢰받을 공격력 회복이 관건.

타율	경기	타석	타수	득점	안타	2루타	3루타	홈런
0.188	15	36	32	2	6	2	0	0
루타	**타점**	**도루**	**볼넷**	**삼진**	**병살타**	**장타율**	**출루율**	**OPS**
8	2	0	3	9	1	0.250	0.250	0.500

1라운드 전체 8순위
65 양우진

생년월일	2007년 6월 5일
신장/체중	190cm / 98kg
출신학교	수원신곡초-수원북중-경기항공고

투수(우투우타)

부상만 없었다면 조금 더 상위 순번에서 지명됐을 선수. 미국 진출까지 거론됐을 정도로 초대형 유망주로 평가받았다. 지명 직후 차명석 단장은 "상상도 못했다"라고 함박 웃음을 지었다. 투구 밸런스, 유연성, 탄력성 모든 게 상위 레벨이다.

2라운드 전체 18순위
59 박준성

생년월일	2007년 12월 12일
신장/체중	184cm / 98kg
출신학교	축현초-상인천중-인천고

투수(좌투좌타)

구속 자체는 높지 않지만, 볼끝의 힘이 좋다. 제구력과 경기 운영 능력이 좋다는 평가. 와일드한 투구 모션을 바탕으로 체인지업과 커브, 슬라이더를 구사하고, 특히 체인지업에 자신이 있다. 볼끝의 힘과 제구력까지 좋아 1군 활용도 충분하다.

3라운드 전체 28순위
69 우명현

생년월일	2007년 2월 7일
신장/체중	190cm / 102kg
출신학교	부산수영초-양산BC-부산고

투수(우투우타)

부상만 없었다면 1라운드에서도 뽑힐 수 있었다. 큰 키에서 나오는 타점 높은 직구가 장점. 슬라이더는 각이 좋아서 결정구로도 활용이 가능하다는 평가. 부상 이력에도 LG는 좋은 투구 메커니즘을 바라보며 한층 성장할 미래를 기대했다.

4라운드 전체 38순위
49 권우준

생년월일	2007년 1월 8일
신장/체중	187cm / 92kg
출신학교	숭의초-재능중-제물포고

투수(우투우타)

빠른 팔 스윙에 높은 타점에서 공이 나온다. 볼을 때리는 능력이 좋아서 구위 자체는 높은 점수를 받았다. 메커니즘이 좋아 프로에서 체계적 훈련을 받는다면 제구력 개선 등 성장 가능성이 높다는 평가를 받았다.

5라운드 전체 48순위
102 강민기

생년월일	2007년 9월 14일
신장/체중	184cm / 95kg
출신학교	부산수영초-경남중-부산고

포수(우투우타)

U-18 출신의 공격과 수비 모두 안정된 포수. 강하고 정확한 송구 능력으로 도루 저지 능력이 우수하다. 체격 대비 유연한 몸을 가지고 있어 파워도 좋다.

6라운드 전체 58순위
107 주정환

생년월일	2004년 5월 27일
신장/체중	180cm / 70kg
출신학교	대전신흥초-양천중-덕수고-신안산대

내야수(우투좌타)

안정적인 콘택트 능력과 단독 도루 능력을 갖춘 빠른 발이 장점. 수비 역시 기본기가 좋아 LG표 작전 야구에 힘을 더해줄 적임자.

7라운드 전체 68순위
108 박현우

생년월일	2005년 2월 20일
신장/체중	183cm / 90kg
출신학교	양덕초-창원신월중-마산고-부산과학기술대

외야수(우투우타)

'제 2의 박해민'이 기대되는 외야수. 빠른 주력을 바탕으로 한 넓은 수비 범위. 어깨까지 좋다. 공을 맞히는 능력도 좋아 외야 경쟁에 불을 지필 예정이다.

8라운드 전체 78순위
111 이지백

생년월일	2006년 7월 4일
신장/체중	183cm / 87kg
출신학교	본리초-경상중-대구고

내야수(우투우타)

좋은 스윙 메커니즘을 바탕으로 콘택트 능력도 준수하다. 강점은 어깨. 정확하고 강력한 송구 능력을 갖추고 있다.

9라운드 전체 88순위
113 윤형민

생년월일	2007년 10월 15일
신장/체중	184cm / 90kg
출신학교	학동초-경원중-배재고

투수(우투우타)

일정한 피칭 밸런스와 릴리스 포인트를 갖춰 경기 운영이 된다. 지금과 같은 모습에 힘이 더해진다면 기복 없이 이닝을 소화할 수 있는 투수로의 성장이 기대되고 있다.

10라운드 전체 98순위
114 박성진

생년월일	2007년 10월 11일
신장/체중	193cm / 95kg
출신학교	중대초-건대부중-휘문고

투수(좌투좌타)

큰 키에서 타점 높은 공이 장점. 특히 안정적인 제구를 바탕으로 구사하는 '폭포수 커브'가 일품.

11라운드 전체 108순위
43 김동현

생년월일	2005년 3월 3일
신장/체중	190cm / 96kg
출신학교	송정동초-무등중-광주제일고-부산과학기술대

투수(우투우타)

마지막 지명자? 1군 스프링캠프도 경험했다. 높은 타점에서 공을 던지고, 공을 때리는 힘도 좋다. 마운드에서 자신감 있는 모습으로 공격적인 피칭을 할 줄 아는 투수.

TEAM PROFILE

구단명 : **한화 이글스**

연고지 : **대전광역시**

창립연도 : **1986년**(빙그레 이글스), **1994년**(한화 이글스)

구단주 : **김승연**

대표이사 : **박종태**

단장 : **손 혁**

감독 : **김경문**

주장 : **채은성**

홈구장 : **대전 한화생명 볼파크**

영구결번 : **21 송진우 23 정민철 35 장종훈 52 김태균**

한국시리즈 우승 : **1999**

UNIFORM

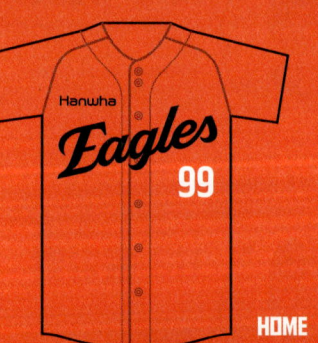

HOME

AWAY

TEAM INFO

팀 분석

2025 팀 순위 (포스트시즌 최종 순위 기준)

2위

최근 5년간 팀 순위

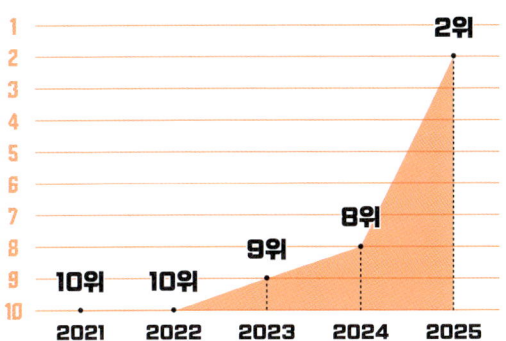

10위 (2021) 10위 (2022) 9위 (2023) 8위 (2024) 2위 (2025)

2025시즌 최다 마킹 유니폼

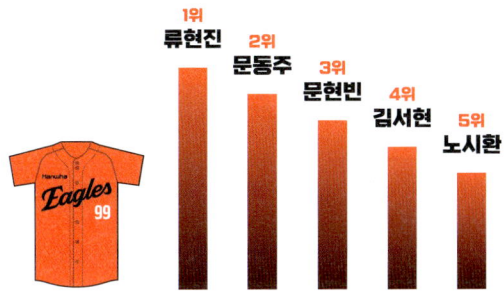

1위 류현진
2위 문동주
3위 문현빈
4위 김서현
5위 노시환

2025시즌 최다 판매 굿즈

1 선수 피규어 (뽑기)

2 보스턴백

3 수리 응원 머리띠

PARK FACTOR

홈구장_대전 한화생명 볼파크

2.4m 8m
122m
115m 112m
99m 95m

천연 잔디

수용인원

17,000석

구장 특성

작년에 개장한 따끈따끈한 최신 야구장. 비대칭 그라운드가 특징인데, 좌측 펜스까지 거리가 99m고, 우측 펜스까지 거리가 95m로 더 짧지만 '몬스터월'이라고 불리는 8m짜리 초대형 펜스가 자리잡고 있다. 때문에 오른쪽 담장을 넘겨 홈런을 치기가 정말 쉽지 않다. 다른 구장이면 넘어갈 타구가 몬스터월을 맞고 떨어지는 2루타가 될 가능성이 많다. 최신식 구장이지만, 다소 좁은 부지에 만들다보니 여유 공간과 좌석이 충분치 않다는 아쉬움도 있다. 한화팬들의 열정을 담아내기에 1만 7천 석은 부족하다.

HOME STADIUM GUiDE

팬들을 위한 직관 꿀팁

지난해 티켓 구하기 가장 어려웠던 구장. 바로 대전이었다. 신구장이라 외부부터 번쩍번쩍 한데, 좌석은 한정되어 있어 티켓 구하기가 정말 쉽지 않았다. 특히 대전구장은 구조 문제로 '시야제한석'이 있는데, 이 자리들은 현장 매표소에서만 판매한다. 그런 연유로 이 시야제한석이라도 구매하기 위해서 많은 팬들이 당일 새벽, 혹은 전날 밤 늦은 시간부터 매표소 앞에 캠핑 의자를 깔아두고 앉아있는 진풍경을 볼 수도 있다. 그만큼 야구 열기가 가장 뜨거운 곳이다.

설령 표를 구하지 못하더라도 야구장 주위를 둘러보는 것만으로 약간의 위로는 될 수 있다. 카페를 비롯해 구장 외부에 입점한 일부 상점들을 이용할 수도 있고, 조형물과 구장 전경을 관람하며 나들이하는 것도 나쁘지 않은 재미.

대전역에서 거리가 가깝지만, 한화의 홈 경기가 열리는 날에는 야구장 주위 교통이 마비된다. 특히 경기가 끝난 직후 택시 잡기가 힘들고, 버스 역시 긴 줄을 서야 하기 때문에 차라리 걸어서 대전역까지 가는 행렬도 심심치 않게 볼 수 있다. 성심당 방문은 이미 디폴트값. 은근 야구장 인근에 맛집들이 숨어있어서 시간을 보내는 방법이 다양하다.

응원단

응원단장 홍창화

치어리더 감서윤

치어리더 김연정

치어리더 김이현

치어리더 우수한

치어리더 유진경

치어리더 이호은

치어리더 지아영

치어리더 최석화

치어리더 최홍라

치어리더 하지원

장내아나운서 박준호

구단 마스코트 소개

메인 마스코트 위니

비니의 남편이자 수리의 존경하는 아버지. 타고난 야구선수로 4번타자 자리를 뺏기지 않는다. 야구장에서는 선수지만, 퇴근 후 맥주 한잔을 사랑하는 직장인.

서브 마스코트 이글스 패밀리

비니

위니의 아내이자 수리의 엄마. 야구뿐만 아니라 서핑, 러닝까지 마스터한 만능 스포츠테이너.

수리

위니비니 가족의 귀여운 외동 조류이자 후디의 베스트프렌드. 온가족의 귀여움과 사랑을 독차지한다.

후디

우주에서 날아온 수리의 친구. 순하고 말이 없지만, 후드티를 쓰는 순간 악마의 뿔로 변신해 화가 많은 다혈질 로봇이 된다.

가을의 기억이 깨어났다,
우승을 향한 독수리들의 비상

작년에 이것만 잘됐으면 좋았을 텐데

시즌 초반만 해도 암흑의 역사가 반복되는 듯했다. FA 심우준과 엄상백의 영입, 그리고 새로운 둥지에서의 야심찬 출발이 무색하게도 지독한 투타 엇박자가 발목을 잡았다. 팀 타율이 1할대까지 추락하는 처참한 빈공 속에 안 풀려도 이렇게 안 풀리나 싶던 4월, 거짓말 같은 반전이 찾아왔다.

4월 13일 대전 키움전을 기점으로 8연승을 질주한 한화는 4월 26일부터 또 한 번의 폭발적인 기세로 12연승을 몰아쳤다. 리그 판도를 뒤흔든 이 고공행진은 7월 4일 NC전부터 시작된 10연승으로 정점을 찍었다. 무려 33년 만에 전반기 1위를 달성한 한화는 7년 만의 가을야구를 넘어, 그 이상의 영광을 바라보며 미소를 지었다.

기적 같은 반등의 중심에는 리그 최강급으로 군림한 마운드의 힘이 있었다. 코디 폰세와 라이언 와이스로 이어진 원투펀치는 '계산 서는 야구'를 가능케 했고, 류현진은 베테랑의 품격을 과시하며 선발진의 중심을 굳건히 잡았다. 여기에 문동주가 데뷔 후 첫 10승 고지를 밟으며 에이스로서 한 단계 도약했음을 알렸다.

물론 고비도 있었다. 시즌 막판, 불펜의 피로 누적이 경기 결과로 드러나기 시작했다. 유연하지 못했던 엔트리 순환은 아쉬움으로 남았다. 특히 시즌 초 갑작스럽게 마무리 중책을 맡아 구단 최연소 30세이브라는 금자탑을 쌓았던 김서현은, 정규시즌 막바지 체력 저하로 치명적인 블론세이브를 기록하며 고개를 숙이기도 했다.

정규시즌 막판까지 LG 트윈스와 치열한 선두 싸움을 벌인 한화는 아쉽게 정상 등극에는 실패했지만, 정규시즌 2위라는 기대 이상의 성과를 거뒀다. 이어진 플레이오프에서는 맹렬했던 삼성 라이온즈의 기세를 누르고 19년 만에 한국시리즈 진출을 이뤄내며 오랜 갈증에 마침표를 찍었다.

2025년의 한화는 단순히 승수가 많은 팀을 넘어, 무너질 것 같은 순간에도 다시 일어나는 법을 배웠고 위기 속에서도 흐름을 되찾는 저력을 갖춘 팀으로 거듭났다. 이제 강팀, 그리고 우승을 말하는 한화를 비웃는 자는 없다. 그 어느 때보다 뜨거운 함성으로 물들었던 대전은, 이제 또 한 번의 비상을 위해 다시 타오를 준비를 하고 있다.

스토브리그 성적표

지켜줄 이름들은 떠났지만, 강력한 한 방의 심장을 얻었다.

지극히 주관적인 올 시즌 예상 순위와 이유

한국시리즈 엔트리에서만 4명이 빠졌다. 특히 코디 폰세와 라이언 와이스라는 리그 최고의 원투펀치 이탈은 2026년 한화에게 물음표를 던지는 가장 치명적인 변수다. 하지만 지난해 경험한 장기 연승과 정규시즌 우승, 그리고 한국시리즈의 뜨거운 기억은 선수단 내부에 깊게 박혀 있던 패배 의식을 완벽히 걷어냈다. 대신 그 자리에 '할 수 있다'는 자신감을 새겼다. 화끈한 공격이라는 방향성도 확실하다. 가을의 높은 공기를 마셔본 독수리들은 이제 쉽게 무너지지 않는 법을 배웠다. 응집력만 발휘된다면 충분히 3위 이상의 성적을 기록하며 다시 한번 대권에 도전할 수 있다.

MANAGER

생년월일	1958년 11월 1일
출신학교	대구옥산초-부산동성중-공주고-고려대
주요 경력	OB 베어스 선수(1982~1989)
	-태평양 돌핀스 선수(90)
	-OB 베어스 선수(91)
	-삼성 라이온즈 배터리코치(94~96)
	-두산 베어스 1군 배터리코치(98~03)
	-두산 베어스 감독(04~11)-NC 다이노스 감독(11~18)
	-대한민국 야구 국가대표팀 감독(07~08/19~21)
	-한화 이글스 감독(24~)

"기필코 우승의 한을 풀고, 진짜 강팀으로"

김경문 감독은 팀을 19년 만에 한국시리즈 진출로 이끌며 만년 하위권에 머물던 팀 체질을 바꾸고 경쟁력을 끌어올렸다. 이제 시선은 준우승이라는 결과를 넘어 27년 만의 통합우승이라는 다음 목표를 향한다. 특히 2026년은 김경문 감독의 3년 계약이 끝나는 해로, 구단과 감독 모두에게 중요한 분기점이 될 전망이다. 지난 시즌의 반등이 일시적인 반짝 성과가 아니었음을 증명해야 하는 동시에, 계약 마지막 해에 눈에 보이는 결과를 만들어야 하는 부담도 함께 안고 있다. 지난 시즌 쌓은 큰 무대 경험과 전력 보강이 더해진 2026년은 한화가 진짜 강팀으로 자리 잡을 수 있을지를 가를 해가 될 것으로 보인다.

74 김경문

1군

수석코치 양승관	투수코치 양상문	불펜코치 윤규진	타격코치 김민호	타격코치 정현석	작전·주루코치 김재걸	외야수비·주루코치 추승우	배터리코치 김정민	내야수비코치 김우석

전력분석코치 고동진	트레이닝코치 이지풍	트레이닝코치 김형욱	트레이닝코치 김연규	트레이닝코치 최우성	트레이닝코치 이수혁

퓨처스

퓨처스 감독 이대진	타격총괄코치 김기태	투수코치 정우람	불펜코치 곽정철	배터리코치 쓰루오카 가즈나리	수비코치 최윤석	작전·주루코치 이대수	외야수비·주루코치 전상렬

잔류군

총괄코치 김성갑	투수코치 박승민	타격코치 김정혁	배터리코치(플레잉코치) 이재원	트레이닝코치 김재민	트레이닝코치 엄강현

2026 HANWHA EAGLES DEPTH CHART

● 지명타자

 강백호

 채은성

 페라자

중견수
오재원
이진영
이원석

우익수
페라자
강백호
김태연

좌익수
문현빈
최인호

유격수
심우준
이도윤
박정현

2루수
하주석
황영묵
정은원

3루수
노시환
이도윤
정민규

1루수
채은성
강백호
김태연

● 감독

 김경문

● 2026 예상 베스트 라인업

1번 타자	오재원	중견수
2번 타자	페라자	우익수
3번 타자	문현빈	좌익수
4번 타자	노시환	3루수
5번 타자	강백호	지명타자
6번 타자	채은성	1루수
7번 타자	하주석	2루수
8번 타자	최재훈	포수
9번 타자	심우준	유격수

포수
최재훈
허인서
장규현

● 예상 선발 로테이션

 에르난데스

 화이트

 류현진

 문동주

 왕옌청

● 필승조

 박상원

 정우주

 조동욱

● 마무리

 김서현

● 2026 IN & OUT

IN 강백호 내야수/FA 영입/4년 최대 100억 원 │ 양수호 투수/보상선수(김범수) │
손아섭 외야수/FA 잔류/1년 1억원 │ 양경모 투수/상무 전역 │
남지민 투수/소집해제 예정 │ 정은원 내야수/상무 전역 예정

OUT 한승혁 투수/보상선수(강백호)_KT │ 김범수 투수/FA 이적_KIA │
안치홍 내야수/2차 드래프트 키움 │ 이태양 투수/2차 드래프트_KIA │
배동현 투수/2차 드래프트 키움 │ 이상혁 외야수/2차 드래프트_두산 │
장시환 투수/방출 후 LG 입단 │ 윤대경 투수/은퇴 │ 장민재 투수/은퇴 │
김인환 내야수/방출 │ 박성웅 투수/방출 후 울산 입단 │
민승기 투수/방출 후 울산 입단 │ 김기중 투수/상무 입대 │
이민재 외야수/상무 입대 예정 │ 이승현 내야수/상무 입대 예정

99
투수(좌투우타)
류현진

생년월일	1987년 3월 25일
신장/체중	190cm / 113kg
출신학교	창영초–동산중–동산고–(대전대)
연봉(2026)	21억 원

#올타임_레전드

류현진의 커리어를 전부 설명하기엔 칸이 너무 좁다. 2006년 입단 첫해 다승(18승), 평균자책점(2.23), 탈삼진(204개) 부문 1위로 트리플 크라운을 달성한 류현진은 데뷔 시즌 신인왕과 MVP를 석권하는 전무후무한 기록을 작성했다. 정교한 제구력으로 미국까지 평정한 류현진은 2019년 메이저리그 평균자책점 1위를 달성했고, 한국인 최초로 올스타전 선발투수로 등판했고, 사이영상 2위에 올랐다. 그리고, 한화로 복귀해 만 38세가 된 현재까지 좋은 기량을 과시하고 있다.

#류현진이라는_종교

빅리그에서 굵직한 이정표를 세우며 활약한 류현진은 국내는 물론 외국인 선수들에게도 존경의 대상이다. 지난 시즌 한화에서 활약한 코디 폰세는 류현진의 유니폼을 직접 구입해 모으고, 올스타전에서 류현진을 따라하는 등 지독한 '류현진 사랑'을 보여준 뒤 빅리그로 복귀했다. 토론토에서도 류현진의 등번호 99번을 뒤집은 66번을 선택하며 각별한 애정을 자랑했다. 올 시즌 한화에 새로 합류한 오웬 화이트도 류현진과 팀메이트가 되어 영광이라며 존경심을 드러냈다.

#투수조장

류현진은 굳이 완장을 차지하지 않아도 후배들이 따르는 존재다. 최고참으로서 그라운드 안팎에서 솔선수범하며, 투수들의 기둥이자 멘토 역할을 하고 있다. 그런 류현진이 이번 시즌에는 직접 투수조장 완장을 달았다. 류현진은 후배들을 향해 "어려워하지 말고 궁금한 게 있으면 물어봤으면 좋겠다. 마음의 문은 열려 있다"고 진심을 전했다. 16년 만에 태극마크를 단 류현진은 WBC 대회에서도 투수조장을 맡기도 했다.

🎤 TMI 인터뷰

1. 원정 갈때 꼭 챙기는 개인 물건
- 에어팟.

2. 요즘 가장 많이 듣는 노래
- '우즈 - Drowning'.

3. 처음 봤을때 충격받은 야구선수와 그 이유는?
- 진짜 충격 받은 적 없다.

4. 야구 선수를 안했다면 지금 뭐하고 있을까?
- 대기업 임원.

5. 최근 가장 행복했던 순간
- 지금 이 순간.

올해도 10월 말까지 야구하자

2025시즌 기록

평균자책점	경기	승	패	홀드	세이브
3.23	26	9	7	0	0
승률	**이닝**	**피안타**	**피홈런**	**볼넷**	**사구**
0.563	139 1/3	144	12	25	4
삼진	**실점**	**자책점**			
122	54	50			

전력분석	투수의 정석, 선발의 정석이라 불릴 단 한 명이 있다면 류현진이 아닐까. 날카로운 제구력을 바탕으로 타자별 성향과 약점을 집요하게 파고들고, 상황에 따라 구종과 코스를 유연하게 바꾼다. 타고난 감각에 안주하지 않고 꾸준한 준비와 연구를 더하는 스타일로, 완급 조절과 경기 운영 능력이 빼어나다.
강점	어느 카운트에도 어떤 구종이든 스트라이크를 던질 수 있는 능력.
약점	시즌을 관통할 체력 관리.

1

투수(우투우타)

문동주

생년월일	2003년 12월 23일
신장/체중	188cm / 97kg
출신학교	광주화정초-무등중-진흥고
연봉(2026)	2억 2천만 원

#161.4km/h

이미 KBO리그 최고 구속 기록을 갖고 있던 문동주는 2025년 또 한 번 자신을 넘어섰다. 정규시즌 막바지, 포스트시즌을 앞두고 불펜으로 등판했던 문동주는 9월 20일 수원 KT전에서 강백호를 상대로 트랙맨 기준 161.4km/h를 기록했다. 문동주의 개인 역대 최고 구속으로, 2023년 4월12일 광주 KIA전에서 기록한 160.9km/h를 스스로 넘어섰다.

#플레이오프_MVP

2025년 삼성 라이온즈와의 플레이오프, 김경문 감독은 문동주를 선발이 아닌 불펜으로 기용했다. 문동주는 첫 가을야구 등판이었던 1차전에 2이닝 4K 무실점으로 호투하며 홀드를 챙겼고, 마무리 김서현이 흔들리던 3차전에는 류현진, 김범수 뒤로 4이닝을 6K 무실점으로 책임지고 승리투수가 됐다. 플레이오프를 지배하고 한화를 19년 만의 한국시리즈로 이끈 문동주는 1차전과 3차전, 그리고 시리즈 MVP를 모두 싹쓸이 했다.

#데뷔_첫_10승_다음_목표는

지난해 6월, 컨디션 조절을 위한 1군 말소 기간이 길어지자 몸을 사린다는 근거 없는 비난을 들었다. 오죽하면 승리투수가 되고도 "즐겁지 않다"라고 말할 정도였다. 그 시간들을 묵묵히 견디고 이겨낸 문동주는 데뷔 첫 두 자릿수 승리라는 결과를 일궈냈다. 올해로 5년 차, 아직 규정 이닝이 도달하지 못한 문동주는 데뷔 첫 규정이닝 시즌에도 도전한다. "개인적으로 좋은 경기를 많이 한다면, 못할 건 아니다"라는 게 문동주의 각오다.

2025시즌 기록

평균자책점	경기	승	패	홀드	세이브
4.02	24	11	5	0	0
승률	**이닝**	**피안타**	**피홈런**	**볼넷**	**사구**
0.688	121	112	7	31	3
삼진	**실점**	**자책점**			
135	57	54			

전력분석	빠르고 강력한 직구 구위를 앞세워 초반부터 카운트를 선점하는 스타일이다. 힘 있는 패스트볼로 타자를 압도한 뒤, 유리한 볼카운트에서 포크볼 등 변화구로 승부를 이어간다. 파이어볼러지만 제구도 안정적인 편이라 볼넷이 많지 않은 투수.
강점	리그에서 가장 빠른 속도의 압도적 강속구.
약점	강속구 투구에 따른 내구성 관리.

🎤 TMI 인터뷰

1. 원정 갈때 꼭 챙기는 개인 물건
- 베개.

2. 요즘 가장 많이 듣는 노래
- '마이클 잭슨 - 빌리진'.

3. 처음 봤을때 충격받은 야구선수와 그 이유는?
- 류현진 선배님. 생각보다 너무 크고 아우라가 엄청 있으셨다.

4. 야구 선수를 안했다면 지금 뭐하고 있을까?
- 스마트폰 등 디지털 기기에 관심이 많아 휴대폰 파는 일을 했을 것 같다.

5. 최근 가장 행복했던 순간
- 비시즌 동안 잘 쉬면서 시즌을 준비하는 게 행복했다.

50

내야수(우투좌타)

강백호

생년월일	1999년 7월 29일
신장/체중	184cm / 98kg
출신학교	부천북초-서울이수중-서울고
연봉(2026)	9억 원

#천재타자

서울고 1학년 시절, 고척스카이돔 개장 1호 홈런을 터뜨리며 역사의 한 페이지를 장식했다. 2016시즌 하위권 경쟁이 '강백호 리그'로 불릴 정도로 고교 시절부터 독보적인 재능을 인정받았다. 프로 입단 후에는 데뷔전부터 천재 타자의 이름값을 톡톡히 해냈다. 강백호는 2018년 3월 24일 광주 KIA전에 선발 출전해 KBO리그 데뷔 첫 경기, 첫 타석부터 홈런을 터뜨리며 스타성을 폭발시켰다. 데뷔 시즌에만 29홈런을 기록한 그는 2018시즌 KT 위즈 구단 최초로 신인왕을 거머쥐었다.

#100억의_사나이

2025시즌 종료 후 FA 자격을 얻은 강백호는 계약기간 4년, 계약금 50억원, 연봉 30억원, 옵션 20억원 등 최대 100억원 규모에 한화 유니폼을 입었다. 미국 진출 가능성이 거론되던 시점이라 모두의 예상을 뒤집은 파격적인 선택이었다. 공격력 강화를 갈망하던 한화의 방향성과 맞아떨어진 결과. 강백호는 "내가 영입된 이유는 방망이고, 자신있다"라며 올 시즌 한화에서 자신의 가치를 증명하겠다는 강력한 의지를 내비쳤다.

#대전에서의_재회

강백호가 한화행을 선택한 결정적 배경 중 하나는 익숙한 동료들의 존재였다. KT 위즈 시절 영광의 순간을 함께했던 심우준, 엄상백과 대전에서 재회했고, 절친한 노시환, 문동주와도 한솥밥을 먹게 됐다. 여기에 2019 프리미어12와 2020 도쿄올림픽 국가대표팀에서 사제의 인연을 맺었던 김경문 감독과도 다시 의기투합을 한다. 이적생이지만 빠르게 적응할 수 있는 최적의 환경, 폭발적인 퍼포먼스를 낼 수 있는 최적의 무대가 될 전망이다.

🎤 TMI 인터뷰

1. 원정 갈때 꼭 챙기는 개인 물건
- 에어팟.

2. 요즘 가장 많이 듣는 노래
- '한로로 - 입춘'.

3. 처음 봤을때 충격받은 야구선수와 그 이유는?
- 안현민. 안현민을 봐서 그냥 충격이었다. 보면 충격이다.

4. 야구 선수를 안했다면 지금 뭐하고 있을까?
- 다른 스포츠 선수하고 있지 않을까. 프로게이머?

5. 최근 가장 행복했던 순간
- 한화 오고 연습경기 첫 안타 쳤을 때.

2025시즌 기록

타율	경기	타석	타수	득점	안타
0.265	95	369	321	41	85

2루타	3루타	홈런	루타	타점	도루
18	1	15	150	61	2

볼넷	삼진	병살타	장타율	출루율	OPS
44	64	9	0.467	0.358	0.825

전력분석	히팅 포인트를 앞에 놓고 과감하게 풀스윙을 가져가는 공격적인 타자. 힘있는 스윙이 기본이지만, 필요할 때는 밀어치기와 가벼운 콘택트로 상황에 맞는 타격을 구사하는, 힘과 유연함을 고루 갖춘 유형. 어떤 궤적의 공이든 자기 스윙으로 연결하는 천재적인 타격 센스를 겸비했다.
강점	아무나 따라할 수 없는 강력한 스윙.
약점	풀시즌 완주 능력을 다시 증명해야 한다.
수비력	돌고 돌아 백업 1루수 예정. 적어도 구멍은 아니다.

8 노시환

내야수(우투우타)

생년월일	2000년 12월 3일
신장/체중	185cm / 105kg
출신학교	부산수영초-경남중-경남고
연봉(2026)	10억 원

#다년계약의_신기원

스프링캠프가 한창이던 2026년 2월, 한화는 노시환과의 비FA 다년계약을 발표했다. 이미 2026년 10억원의 연봉 계약을 마쳤던 노시환은 2027시즌부터 2037시즌까지 계약기간 11년에 옵션 포함 총액 307억원의 초대형 잭팟을 터뜨렸다. 비FA는 물론 FA를 포함해도 KBO리그 역대 최장기, 역대 최대 규모 계약. 2026시즌 종료 후에는 포스팅 시스템을 통해 메이저리그에 진출할 수 있도록 하는 조항도 추가했다.

#이글스_사랑_이_정도였다니

다년계약 협상이 길어지는 듯하자 일각에서는 노시환의 한화 잔류 의지에 대한 진정성을 의심했지만, 그는 11년이라는 장기계약으로 답했다. 계약 직후 공식 유튜브 채널을 통해 "제가 떠난다고요?"라는 단 한 문장으로 논란을 종결시켰다. 노시환은 "처음부터 나는 한화 이글스 밖에 생각을 안 했고, 다른 팀을 갈 생각은 한 번도 안 해봤다"라고 쐐기를 박았다.

#144경기_풀타임_철인

노시환은 지난 시즌 144경기 전 경기에 출전했다. 지난해 144경기에 모두 나선 선수는 노시환과 디아즈, 박해민, 레이예스, 김주원, 송성문까지 단 6명밖에 없었다. 노시환이 이 중에서도 특별한 이유는 사실상 매 경기 풀타임 수비를 소화했기 때문. 144경기 중 딱 한 경기 지명타자로 선발 출전했고, 무려 1262⅓이닝이나 3루를 지켰다. 이 숫자는 리그 전체에서 압도적인 1위로, 2위 박해민과도 65이닝 이상 차이가 난다. 올해도 3루수 풀타임 소화가 유력한 만큼, WBC부터 이어지는 긴 시즌의 체력 관리가 성패를 가를 핵심 과제로 꼽힌다.

2025시즌 기록

타율	경기	타석	타수	득점	안타
0.260	144	624	539	97	140
2루타	**3루타**	**홈런**	**루타**	**타점**	**도루**
28	2	32	268	101	14
볼넷	**삼진**	**병살타**	**장타율**	**출루율**	**OPS**
70	125	22	0.497	0.354	0.851

전력분석	압도적인 파워를 바탕으로 장타를 생산하는 리그 대표 거포. 히팅 포인트를 앞에 두어 공을 강력하게 걷어 올리는 어퍼스윙이 트레이드 마크로, 높은 발사각을 만들어내는 능력이 탁월하다. 현재도 위력적이지만 타율을 더 끌어올린다면 리그 최정상급 타자로 올라설 확실한 잠재력을 갖췄다.
강점	30홈런 이상 가능한 파워.
약점	슬럼프 기간을 줄여야 한다.
수비력	숫자가 증명하는 리그 최고 3루수.

🎤 TMI 인터뷰

1. 원정 갈때 꼭 챙기는 개인 물건
- 향수.

2. 요즘 가장 많이 듣는 노래
- '이찬혁 - 파노라마'.

3. 처음 봤을때 충격받은 야구선수와 그 이유는?
- 류현진 선배님. 어릴 때 동경의 대상이었다.

4. 야구 선수를 안했다면 지금 뭐하고 있을까?
- 축구.

5. 최근 가장 행복했던 순간
- 항상 행복합니다.

51
외야수(우투좌타)

문현빈

생년월일	2004년 4월 20일
신장/체중	174cm / 82kg
출신학교	대전유천초-온양중-북일고
연봉(2026)	2억 3천만 원

#굴러들어온_돌멩이

문현빈은 천안북일고와 U-18 청소년 대표팀 주장 출신으로, 아마추어 시절부터 재능과 리더십을 인정받았다. 이른바 '세금 없는' 신인이었다. 잠재력은 데뷔 첫해인 2023년 곧바로 폭발했다. 114안타를 기록하며 KBO리그 통산 7번째 고졸 신인 데뷔 시즌 100안타라는 이정표를 세웠다. 신인답지 않은 적응력과 꾸준한 상승세, 단단하고 야무진 플레이로 입단과 동시에 '돌멩이'라는 별명을 팬들에게 각인시켰다.

#한_시즌_만에_태극마크

주 포지션은 내야수지만 팀 사정상 외야수로 포지션을 변경, 무주공산이었던 한화의 외야를 단번에 꿰찼다. 언제나 그랬듯 새로운 위치에 빠르게 적응한 문현빈은 외야수 풀타임 한 시즌 만에 WBC(월드베이스볼클래식) 국가대표팀까지 발탁되며 외야 자원으로서의 경쟁력을 인정받았다. 김경문 감독은 어디든 소위 '잘 받아 먹는' 문현빈을 중견수로도 기용할 계획을 밝히기도 했다.

#가을야구_처음_맞아?

1위를 달리고 있을 때도 조심스러워하던 동료들과 달리, 줄곧 한국시리즈 진출과 우승을 외쳤다. 프로 무대에 등장했을 때처럼, 처음 밟은 포스트시즌에서도 주눅 들지 않았다. 삼성 라이온즈와의 플레이오프부터 5경기 타율 0.444를 기록하며 큰 무대에서도 재능을 유감없이 증명했다. 결정적인 순간마다 과감한 스윙으로 흐름을 바꾸는 장면도 여러 차례 연출했다. MVP와는 인연이 없었지만 존재감만큼은 또렷했다.

🎤 TMI 인터뷰

1. 원정 갈때 꼭 챙기는 개인 물건
- 이어폰.

2. 요즘 가장 많이 듣는 노래
- '로이킴 - 달리 표현할 수 없어요'.

3. 처음 봤을때 충격받은 야구선수와 그 이유는?
- 김도영. 진짜 야구실력이 대단했다.

4. 야구 선수를 안했다면 지금 뭐하고 있을까?
- 명문대 갔을 거 같다.

5. 최근 가장 행복했던 순간
- 삼성을 이기고 한국시리즈 진출이 확정되는 순간.

정규시즌, 가을야구 우승!

2025시즌 기록

타율	경기	타석	타수	득점	안타
0.320	141	592	528	71	169
2루타	3루타	홈런	루타	타점	도루
30	2	12	239	80	17
볼넷	삼진	병살타	장타율	출루율	OPS
38	82	11	0.453	0.370	0.823

전력분석	데뷔 첫해부터 100안타 이상을 기록한 타고난 재능의 소유자. 2025년 한화 타격의 혈을 뚫었다고 해도 과언이 아니다. 지난 시즌 처음으로 두 자릿수 홈런을 기록했고, 20홈런도 기대할 수 있는 자원. 타구를 좌우로 고르게 보내는 스프레이형 타자로, 상황에 맞는 타격 능력도 갖췄다. 비범한 출발을 했음에도 매년 성장세가 뚜렷하다.
강점	체격 이상의 파워.
약점	외야 수비 완성도는 더 다듬어야.
수비력	외야수 풀타임은 한 시즌뿐. 빠른 적응을 했지만 경험이 더 필요하다.

부상없이 가을야구 가자!

22 Ⓒ 내야수(우투우타)

채은성

생년월일	1990년 2월 6일
신장/체중	186cm / 92kg
출신학교	순천북초-순천이수중-효천고
연봉(2026)	4억 원

#4년_차_이글스_3년_차_캡틴

2022시즌 종료 후 FA 자격을 얻고 6년 최대 90억원에 한화 이글스 유니폼을 입었다. 계약 당시에는 갑론을박이 있었지만, 지금은 한화라는 팀에 꼭 맞는 리더라는 데에 이견이 없다. 2024시즌부터 3년 연속 주장 완장을 차며 선수단과 코칭스태프, 프런트의 신뢰를 받고 있다. 팀 분위기와 체질 개선을 이끌었다는 평가. 이제는 명실상부 한화의 구심점이다.

#발가락에_감각이_없다고?

발가락 신경 통증으로 일상생활조차 쉽지 않은 상태에서 시즌을 치렀다. 극심한 통증 속에서도 주장과 중심타자 역할을 수행하며 팀의 19년 만의 한국시리즈 여정에 힘을 보탰고, 시리즈 종료 후에야 수술을 받았다. "세 번째, 네 번째 발가락은 평생 감각 없이 살아야 한다"라는 말을 담담하게 얘기했던 채은성은 통증 없이 새 시즌을 준비했다.

#해결사_본능

한화가 2026시즌 '화끈한 공격'을 전면에 내세운 가운데, 2년 만에 복귀한 요나단 페라자, FA 이적생 강백호와의 시너지에도 기대가 모인다. "타점을 낼 수 있는 상황을 좋아한다"는 채은성에게 강백호는 "점수를 낼 수 있는 위치로 보내는 데 자신 있다"고 말한 적이 있다. 8시즌 연속 80타점 이상을 기록한 채은성에게 올 시즌 100타점 돌파도 현실적인 목표로 떠오른다.

2025시즌 기록

타율	경기	타석	타수	득점	안타
0.288	132	527	480	54	138
2루타	**3루타**	**홈런**	**루타**	**타점**	**도루**
27	1	19	224	88	1
볼넷	**삼진**	**병살타**	**장타율**	**출루율**	**OPS**
31	96	4	0.467	0.347	0.814

전력분석	스프레이형 타자이면서도 상황에 따라 노려치는 유형의 타자. 어떤 카운트와 코스에서도 인플레이 타구를 만들어내는 능력이 있다. 타점 생산을 즐기는 해결사 기질이 돋보인다. 8년 연속 두 자릿수 홈런을 기록 중이다.
강점	그라운드 안팎에서 귀감이 되는 존재감과 리더십.
약점	시즌 후반 체력 관리.
수비력	송구 능력은 준수하지만, 포구 안정감이 관건.

🎤 TMI 인터뷰

1. 원정 갈때 꼭 챙기는 개인 물건
- 스피커. 혼자 있으면 적적해서 노래를 틀어놓는다.

2. 요즘 가장 많이 듣는 노래
- '015B - 이젠 안녕'.

3. 처음 봤을때 충격받은 야구선수와 그 이유는?
- LG 이재원. 한국 사람 중에 공이 그렇게 맞아 날아가는 건 처음 봐서 충격받았다. 지금도 충격받고 있다.

4. 야구 선수를 안했다면 지금 뭐하고 있을까?
- 짜장면 배달 이런 거 하고 있을 것 같은데, 잘 모르겠다.

5. 최근 가장 행복했던 순간
- 한화에 와서 가을야구 간 것. 계약 때부터 꿈이었다.

외야수 (우투양타)

Yonathan Perlaza

30 페라자

생년월일/국적	1998년 11월 10일 / 베네수엘라		신장/체중	175cm / 88kg
출신학교	베네수엘라 San Isidro Labrador(고)		연봉	100만 달러

2025시즌 기록

타율	경기	타석	타수	득점	안타
-	-	-	-	-	-
2루타	3루타	홈런	루타	타점	도루
-	-	-	-	-	-
볼넷	삼진	병살타	장타율	출루율	OPS
-	-	-	-	-	-

타격스타일 중장거리형 스프레이형 타자. 양타가 모두 강한 스위치 히터.

2024시즌 한화에서 뛰었던 페라자가 2년 만에 돌아왔다. 2년 전에는 122경기에 나서 24홈런 70타점을 기록했지만, 부상과 부진이 겹치며 재계약에 실패했다. 한화와 결별 후에는 샌디에이고 파드리스 산하 마이너리그에서 뛰었고, MVP를 수상하는 등 타격과 수비에서 한 단계 스텝업을 했다는 평가를 받고 다시 한화 유니폼을 입게 됐다. 특유의 밝은 에너지는 여전하지만, 김경문 감독도, 동료들도 돌아온 페라자가 "어른스러워졌다"고 평가한다. 이번 시즌에도 20홈런 이상을 기대. 한화생명 볼파크의 몬스터월이 상대적으로 수비가 약한 페라자에게 도움이 될 수 있다는 분석도 나온다.

투수 (우투우타)

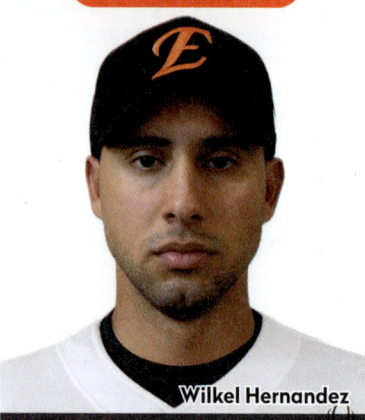

Wilkel Hernandez

12 에르난데스

생년월일/국적	1999년 4월 13일 / 베네수엘라		신장/체중	190cm / 88kg
출신학교	베네수엘라 Pedro Camejo(고)		연봉	90만 달러

2025시즌 기록

평균자책점	경기	승	패	홀드	세이브
-	-	-	-	-	-
승률	이닝	피안타	피홈런	볼넷	사구
-	-	-	-	-	-
삼진	실점	자책점			
-	-	-			

주무기 강력한 패스트볼을 바탕으로 한 커브.

준수한 투구 감각을 갖춘 선발 자원. 패스트볼을 중심으로 슬라이더와 체인지업의 완성도가 높다는 평가다. 미국에서 커리어 내내 선발로 뛰며 2년 연속 100이닝 이상을 소화, 내구성을 입증했다. 큰 신장과 긴 팔에서 나오는 높은 릴리즈 포인트, 150km/h대 평균 구속을 유지하며 이닝을 끌고 갈 수 있고, 대부분의 구종을 스트라이크존에 형성할 수 있다는 게 강점. 다만 오프스피드 계열 변화구가 너무 빠르다는 것이 오히려 보완점. 어린 나이로 성장 여지가 크며, KBO 공인구 적응 여부에 따라 기대치는 더 높아질 수 있다.

투수 (우투우타)

Owen White

24 화이트

생년월일/국적	1999년 8월 9일 / 미국		신장/체중	190cm / 90kg
출신학교	미국 Carson(고)		연봉	100만 달러

2025시즌 기록

평균자책점	경기	승	패	홀드	세이브
-	-	-	-	-	-
승률	이닝	피안타	피홈런	볼넷	사구
-	-	-	-	-	-
삼진	실점	자책점			
-	-	-			

주무기 모든 공을 본인이 원하는 곳에 던질 수 있는 커맨드.

2018년 드래프트에서 텍사스 레인저스의 2라운드 지명을 받았던 유망주 출신. 상하체 밸런스가 잘 잡힌 피지컬을 바탕으로 커터, 스위퍼, 커브, 체인지업 등 다양한 구종을 던진다. 모든 구종의 움직임이 좋다는 평가. 구속이 살아야 구종이 살아나는 스타일. 미국 무대에서 볼넷 비율이 높았던 유형이지만, KBO 타자들을 상대로 초반 자신의 구위가 통한다는 확신을 얻는다면 불필요한 유인구를 줄이고 스트라이크존 승부 비율을 끌어올릴 여지는 있다. 퀵모션과 견제 능력이 좋은 편. 상황별 카운트와 주자 리드를 계산해 움직이는 타입으로, 포수와의 호흡이 중요할 것으로 보인다. 3/31 왼쪽 햄스트링 파열 부상으로 잭 쿠싱 단기 대체. 쿠싱 6주 최대 9만 달러 계약.

투수(좌투좌타)

Wang Yan-Cheng

19 왕옌청

생년월일/국적	2001년 2월 14일 / 대만		신장/체중	180cm / 82kg
출신학교	대만 Ku-Pao(고)		연봉	10만 달러

2025시즌 기록

평균자책점	경기	승	패	홀드	세이브
-	-	-	-	-	-
승률	이닝	피안타	피홈런	볼넷	사구
-	-	-	-	-	-
삼진	실점	자책점			
-	-	-			

주무기	최고 154km/h 빠른 공에 날카로운 슬라이더.

10개 구단 아시아쿼터 선수 가운데 유일한 대만 출신으로, 아시아쿼터 시장에서 가장 주목받은 투수 중한 명이다. 한화 내부에서도 손혁 단장을 비롯한 스카우트팀 다수가 1순위로 평가했다. 라쿠텐 골든이글스와 국제 육성 계약을 맺고 2019년부터 지난해까지 일본 무대에서 경험을 쌓았다. NPB 이스턴(2군) 리그에서 꾸준히 선발 로테이션을 소화하며 스태미너를 입증했다. 간결한 딜리버리에서 나오는 공격적인 투구가 돋보이며, 오랜 NPB 경험으로 익힌 빠른 퀵모션 역시 강점으로 꼽힌다. 국제대회 경험도 풍부하다. 2018 U-18 아시아야구선수권과 2023 아시아프로야구챔피언십(APBC)에 대만 국가대표로 출전했다. 한화에서는 5선발을 맡을 가능성이 높다.

투수(우투우타)

44 김서현

생년월일	2004년 5월 31일		신장/체중	188cm / 86kg
출신학교	효제초-자양중-서울고		연봉	1억 6천8백만 원

2025시즌 기록

평균자책점	경기	승	패	홀드	세이브
3.14	69	2	4	2	33
승률	이닝	피안타	피홈런	볼넷	사구
0.333	66	52	4	31	8
삼진	실점	자책점			
71	23	23			

전력분석	시즌 초반 갑작스럽게 마무리를 맡았지만 흔들림 없이 뒷문을 지키며 33세이브를 수확, 한화 구단 역사상 최연소로 30세이브 고지를 돌파했다. 그러나 첫 풀타임 시즌을 치르며 후반기 체력적인 한계를 드러냈고, 성적이 떨어지면서 멘탈 문제까지 이어졌다. 2년 차 클로저로서 지난해의 과제를 어떻게 보완하느냐가 관건이다.
강점	최고 160km/h 이상의 뱀직구.
약점	뼈아픈 한 방의 기억을 잊어야 한다.

투수(우투우타)

61 정우주

생년월일	2006년 11월 7일		신장/체중	184cm / 88kg
출신학교	구남초(남양주리틀)-건대부중-전주고		연봉	7천만 원

2025시즌 기록

평균자책점	경기	승	패	홀드	세이브
2.85	51	3	0	3	0
승률	이닝	피안타	피홈런	볼넷	사구
1.000	53 2/3	34	6	21	10
삼진	실점	자책점			
82	18	17			

전력분석	이렇게 다양한 경험을 한 신인이 또 있었을까. 1이닝 9구 KKK로 세상을 놀라게 했고, 데뷔 첫해부터 한국시리즈 무대를 밟은 뒤 태극마크까지 달았다. 일본과의 평가전에서 깜짝 선발로 좋은 모습을 보여준 후에는 WBC 최종 엔트리까지 승선했다. 타고난 구위와 배짱이 만든 기회이자 결과다.
강점	노려도 파울이 나오는 직구.
약점	아직은 변화구 완성도를 올리는 과정.

투수(우언우타)

11 엄상백

생년월일	1996년 10월 4일			신장/체중	187cm / 72kg
출신학교	역삼초-언북중-덕수고			연봉	9억 원

2025시즌 기록

평균자책점	경기	승	패	홀드	세이브
6.58	28	2	7	1	0
승률	이닝	피안타	피홈런	볼넷	사구
0.222	80 2/3	106	13	38	8
삼진	실점	자책점			
74	60	59			

전력분석	기대가 컸던 만큼 실망도 컸다. FA로 이적해 안정적인 풀타임 선발을 노렸으나 기본적인 이닝 소화에도 어려움을 겪었다. 결국 후반기에는 불펜으로 보직을 조정했지만 반전을 만들지 못했고, 한국시리즈 엔트리에서도 제외됐다. 올해 엄상백의 반등 여부가 한화 마운드의 핵심 변수라 해도 과언이 아니다. 팔 위치를 조금 높여 시즌을 준비했다.
강점	강한 구위로 정면승부.
약점	피홈런을 줄여라.

투수(우투우타)

58 박상원

생년월일	1994년 9월 9일			신장/체중	187cm / 98kg
출신학교	백운초-서울이수중-휘문고-연세대			연봉	2억 6천3백만 원

2025시즌 기록

평균자책점	경기	승	패	홀드	세이브
4.19	74	4	3	16	0
승률	이닝	피안타	피홈런	볼넷	사구
0.571	66 2/3	67	4	21	8
삼진	실점	자책점			
52	35	31			

전력분석	3년 연속 50경기, 60이닝을 소화하며 꾸준하게 필승조 역할을 하고 있는 불펜 자원이다. 2023년에는 16세이브를, 2024년과 2025년에는 16홀드를 기록했다. 강력한 패스트볼과 낙차 큰 포크볼의 조합은 박상원의 확실한 무기. 팀 내 가장 많은 경기에 나서며 시즌 막판 페이스가 떨어진 점은 아쉬움으로 남았다.
강점	강한 속구와 포크볼.
약점	가끔은 아쉬운 커맨드.

투수(우투우타)

66 주현상

생년월일	1992년 8월 10일			신장/체중	177cm / 92kg
출신학교	청주우암초-청주중-청주고-동아대			연봉	1억 8천7백만 원

2025시즌 기록

평균자책점	경기	승	패	홀드	세이브
5.18	48	5	2	3	1
승률	이닝	피안타	피홈런	볼넷	사구
0.714	41 2/3	59	8	10	3
삼진	실점	자책점			
37	25	24			

전력분석	지난해 마무리 자리를 김서현에게 내주며 아쉬운 한 해를 보냈지만, 필승조로서 쌓아온 주현상의 관록과 경험은 무시할 수 없다. 한승혁이 강백호의 보상선수로 이적하고, 김범수가 FA로 팀을 옮기며 생긴 불펜의 전력 공백을 지우고 무게중심을 잡아줄 선수로 기대된다.
강점	깔끔한 투구 동작.
약점	구위 회복이 과제.

투수(우투우타)

38 김종수

생년월일	1994년 6월 3일		신장/체중	180cm / 88kg	
출신학교	성동초-덕수중-울산공고		연봉	1억 1천7백만 원	

2025시즌 기록

평균자책점	경기	승	패	홀드	세이브
3.25	63	4	5	5	0
승률	이닝	피안타	피홈런	볼넷	사구
0.444	63 2/3	57	5	36	4
삼진	실점	자책점			
59	30	23			

전력분석	다섯 번의 팔꿈치 수술을 이겨낸 인간 승리 사나이. 화려하지 않지만 마운드에 안정감을 더하는 투수다. 지난 시즌 상황을 가리지 않고 등판하며 궂은 일을 도맡아 했고, 공로를 인정받아 데뷔 첫 억대 연봉의 기쁨을 안았다. 수술 이력에도 구속과 구위 저하가 크지 않고, 멀티 이닝 소화도 가능하다.
강점	수직 무브먼트.
약점	삼진을 잡을 더 강력한 변화구가 필요하다.

투수(우언우타)

55 강재민

생년월일	1997년 4월 3일		신장/체중	180cm / 89kg	
출신학교	양덕초-마산중-용마고-단국대		연봉	1억 4천5백만 원	

2025시즌 기록

평균자책점	경기	승	패	홀드	세이브
9.00	4	0	0	0	0
승률	이닝	피안타	피홈런	볼넷	사구
-	4	6	1	2	1
삼진	실점	자책점			
5	4	4			

전력분석	2023년 팔꿈치 수술 후 현역으로 입대해 군 복무를 마쳤다. 군 생활 중 홀로 재활에 매진해 전역하자마자 1군에 합류했으나, 공백 탓인지 기대만큼의 결과를 남기지는 못했다. 한화로서는 2021년 보여준 필승조 강재민의 모습이 필요하다. 특유의 위력적인 슬라이더의 회복이 부활의 관건.
강점	도망가지 않는 필승조의 심장.
약점	팔꿈치 수술 후 무브먼트 회복.

투수(좌투좌타)

57 조동욱

생년월일	2004년 11월 2일		신장/체중	190cm / 82kg	
출신학교	소래초-영남중-장충고		연봉	8천8백만 원	

2025시즌 기록

평균자책점	경기	승	패	홀드	세이브
4.05	68	3	3	5	2
승률	이닝	피안타	피홈런	볼넷	사구
0.500	60	77	4	29	4
삼진	실점	자책점			
43	29	27			

전력분석	증량과 구속 상승에 성공하며 눈에 띄는 성장을 보였고, 점수 차나 이닝에 관계없이 마운드에 오르며 경험도 쌓았다. 등장곡 '에라 모르겠다'가 상징하듯 담대한 투구가 강점. 올해도 또 한 번의 벌크업에 성공한 만큼, 한층 묵직해진 공을 앞세워 필승조 진입을 노린다.
강점	매 시즌 성장하는 구위.
약점	변화구 제구.

투수(좌투좌타)

29 황준서

| 생년월일 | 2005년 8월 22일 | | 신장/체중 | 185cm / 78kg |
| 출신학교 | 면일초(중랑구리틀)-상명중-장충고 | | 연봉 | 8천2백만 원 |

2025시즌 기록

평균자책점	경기	승	패	홀드	세이브
5.30	23	2	8	0	0
승률	이닝	피안타	피홈런	볼넷	사구
0.200	56	54	7	26	2
삼진	실점	자책점			
57	37	33			

전력분석	지난해 2군에서 시즌을 시작했으나, 착실한 준비 끝에 한 번의 콜업 기회를 놓치지 않았다. 왜소한 체격에 입단 당시부터 살을 찌우는 게 목표였지만 쉽지 않았는데, 올 시즌을 앞두고 6kg 이상 불리는데 성공했다. 그만큼 공에도 힘이 붙었다는 평가. 직구와 포크볼을 주무기로, 비시즌에는 커브와 슬라이더를 집중적으로 연마했다.
강점	공 끝이 살아있는 직구.
약점	자신의 구위를 더 믿어야 한다.

포수(우투우타)

13 최재훈

| 생년월일 | 1989년 8월 27일 | | 신장/체중 | 178cm / 94kg |
| 출신학교 | 화곡초-덕수중-덕수고-(방송통신대) | | 연봉 | 4억 원 |

2025시즌 기록

타율	경기	타석	타수	득점	안타
0.286	121	348	269	28	77
2루타	3루타	홈런	루타	타점	도루
15	0	1	95	35	1
볼넷	삼진	병살타	장타율	출루율	OPS
46	48	4	0.353	0.414	0.767

전력분석	명실상부 한화의 주전 포수. 포수로서 가장 돋보이는 강점은 투수 유형에 맞춰 리드를 세팅하는 능력이다. 경험이 쌓이면서 투수의 장점을 극대화하고 약점을 최소화하는 운용법에도 능숙하다. 타석에서는 출루율이 좋은 편이라 포수로는 드물게 2번타자를 맡은 적도 있다.
강점	선구안과 콘택트 능력을 바탕으로 한 출루율.
약점	주전 포수의 체력 부담은 피할 수 없는 숙명.
수비력	폰세, 와이스를 미국으로 보낸 최고의 리드.

포수(우투우타)

59 허인서

| 생년월일 | 2003년 7월 11일 | | 신장/체중 | 182cm / 93kg |
| 출신학교 | 순천북초-여수중-효천고 | | 연봉 | 3천6백만 원 |

2025시즌 기록

타율	경기	타석	타수	득점	안타
0.172	20	30	29	2	5
2루타	3루타	홈런	루타	타점	도루
1	0	0	6	2	0
볼넷	삼진	병살타	장타율	출루율	OPS
0	12	1	0.207	0.200	0.407

전력분석	차분한 경기 운영이 강점인 수비형 포수. 한화의 향후 10년을 책임질 자원으로 평가받지만, 완성형으로 자리 잡기 위해선 1군에서의 실전 경험이 더 필요하다. 강한 어깨와 장타력을 겸비한 점도 매력적. 한국 야구를 이끌 차세대 안방마님으로 성장 가능할 잠재력이 충분하다는 평가.
강점	흔들리지 않는 표정과 움직임.
약점	경험이 더 필요한 투수 리드와 볼 배합.
수비력	국대급 잠재력, 경험만 더 쌓으면 된다.

내야수(우투우타)

7 심우준

생년월일	1995년 4월 28일			신장/체중	183cm / 75kg
출신학교	송정동초-언북중-경기고-(영남사이버대)			연봉	4억 원

2025시즌 기록

타율	경기	타석	타수	득점	안타
0.231	94	275	247	39	57
2루타	3루타	홈런	루타	타점	도루
9	1	2	74	22	11
볼넷	삼진	병살타	장타율	출루율	OPS
17	49	4	0.300	0.287	0.587

전력분석	투수들의 마음을 편하게 해주는 수비력을 갖춘 주전 유격수. 타구 판단이 안정적이고, 넓은 수비 범위와 강한 어깨로 내야 중심을 잡는다. 공격력 향상을 위해 캠프 내내 타격 동작을 다듬었고, 레그킥을 짧게 가져가며 밸런스를 정비했다. 겨우내 체중을 늘려 힘을 보탠 만큼, 수정한 메커니즘을 얼마나 일관되게 유지하느냐가 성과를 가를 변수다.
강점	도루왕 출신의 빠른 발.
약점	콘택트 능력.
수비력	투수가 안심하는 리그 최고 유격수.

내야수(우투좌타)

16 하주석

생년월일	1994년 2월 25일			신장/체중	185cm / 92kg
출신학교	강남초-덕수중-신일고			연봉	2억 원

2025시즌 기록

타율	경기	타석	타수	득점	안타
0.297	95	305	276	34	82
2루타	3루타	홈런	루타	타점	도루
14	0	4	108	28	2
볼넷	삼진	병살타	장타율	출루율	OPS
12	66	10	0.391	0.337	0.728

전력분석	이제는 주전 2루수로 자리를 잡는다. 지난해 어려운 환경 속에서도 묵묵히 준비해 연봉을 122% 이상 인상하는 성과를 냈다. 작년에 보여준 퍼포먼스를 꾸준히 재현한다면 팀에 큰 보탬이 될 수 있다. 강백호의 합류와 페라자의 복귀로 강화된 공격력에 하주석까지 가세한다면 시너지는 배가 될 전망이다.
강점	한결 여유로워진 타격 자세.
약점	상대적으로 좁아진 수비 범위.
수비력	베테랑의 안정감, 심우준과의 케미 GOOD.

내야수(우투좌타)

5 이도윤

생년월일	1998년 10월 7일			신장/체중	175cm / 79kg
출신학교	고명초-배재중-북일고			연봉	1억 2천1백만 원

2025시즌 기록

타율	경기	타석	타수	득점	안타
0.260	113	277	250	37	65
2루타	3루타	홈런	루타	타점	도루
11	3	1	85	36	1
볼넷	삼진	병살타	장타율	출루율	OPS
11	52	5	0.340	0.296	0.636

전력분석	내야를 두루 소화하는 전천후 자원이다. 작은 체구에도 불구하고 강한 어깨를 갖췄고, 수비 집중도도 안정적이다. 다만 새 경쟁자들의 합류로 입지 다툼이 불가피. 압박감을 이겨내고 자신의 역할을 증명해야 한다. 누구보다 파이팅 넘치는 팀을 먼저 생각하는 선수.
강점	클러치에서 강한 심장.
약점	하드웨어와 장타력의 아쉬움.
수비력	내야는 어디든 OK.

내야수(우투좌타)

95 황영묵

생년월일	1999년 10월 16일			신장/체중	177cm / 80kg
출신학교	수진초-성일중-충훈고			연봉	9천6백만 원

2025시즌 기록

타율	경기	타석	타수	득점	안타
0.273	117	286	260	40	71
2루타	3루타	홈런	루타	타점	도루
17	1	1	93	22	1
볼넷	삼진	병살타	장타율	출루율	OPS
20	37	4	0.358	0.329	0.687

전력분석	정확한 콘택트 능력을 바탕으로 좌우로 타구를 흩뿌리는 스프레이형 타자. 끈질긴 승부 근성도 강점으로 꼽힌다. 데뷔 시즌부터 100안타 이상을 치며 기대 이상의 활약을 펼치며 존재감을 보였지만, 팀 내 내야 자원이 두터워지면서 조금은 주춤한 모습. 올해 역시 경쟁은 불가피하다.
강점	모든 플레이에 최선을 다하는 자세.
약점	타구의 질과 파워의 보완.
수비력	명장면 메이커, 하지만 섬세함도 필요하다.

외야수(우투좌타)

31 손아섭

생년월일	1988년 3월 18일			신장/체중	174cm / 84kg
출신학교	양정초-개성중-부산고			연봉	1억 원

2025시즌 기록

타율	경기	타석	타수	득점	안타
0.288	111	416	372	39	107
2루타	3루타	홈런	루타	타점	도루
22	3	1	138	50	0
볼넷	삼진	병살타	장타율	출루율	OPS
37	59	3	0.371	0.352	0.723

전력분석	풍부한 경험과 노하우를 갖춘 베테랑. 긴 기다림의 시간 끝 한화와 FA 1년 1억원에 계약하며 팀에 잔류했다. KBO 통산 최다안타 기록을 보유한 타자로, 꾸준함과 자기관리 능력이 강점이다. 타석에서의 집중력과 상황 대처 능력은 여전히 리그 최상급. 커리어 후반부, 실력으로 자신의 가치를 입증해야 한다.
강점	어떤 공이든 콘택트할 수 있는 능력.
약점	상대적으로 떨어지는 수비 안정성과 부상 리스크.
수비력	나이는 못 속여도 열정은 이길 자 없다.

외야수(우투우타)

37 이원석

생년월일	1999년 3월 31일			신장/체중	177cm / 80kg
출신학교	화곡초-충암중-충암고			연봉	6천5백만 원

2025시즌 기록

타율	경기	타석	타수	득점	안타
0.203	129	248	212	60	43
2루타	3루타	홈런	루타	타점	도루
7	0	4	62	24	22
볼넷	삼진	병살타	장타율	출루율	OPS
23	51	4	0.292	0.290	0.582

전력분석	중견수 후보 중 한 명. 넓은 활동량과 주루 능력은 강점이지만, 타석에서는 콘택트 능력 향상이 과제로 남아 있다. 얼마나 정확성을 끌어올리느냐가 입지를 가를 변수. 지난 시즌을 앞두고 체중을 13kg 불리는 등 강도 높은 준비를 했지만, 성과는 기대에 미치지 못했다. 다시 찾아온 기회인 만큼, 결과로 증명해야 할 시즌이다.
강점	빠른 발을 앞세운 외야 수비.
약점	콘택트 능력 향상이 과제.
수비력	빠른 발로 커버하는 수비 범위.

40 김범준
투수(우투우타)

생년월일 2000년 9월 30일
출신학교 서울도곡초-글로벌선진중
-충암고

2025시즌 기록

퓨처스리그 마무리를 맡았다. 1군의 부름을 기다린다.

평균자책점	경기	승	패	홀드	세이브	승률	이닝	피안타
-	-	-	-	-	-	-	-	-
피홈런	볼넷	사구	삼진	실점	자책점			
-	-	-	-	-	-			

46 김도빈
투수(우투우타)

생년월일 2001년 1월 5일
출신학교 서화초-경기신흥중-성지고
-강릉영동대

2025시즌 기록

체인지업은 최고라는 평가. 마운드 위에서 승부사 기질을 보여야 한다.

평균자책점	경기	승	패	홀드	세이브	승률	이닝	피안타
-	-	-	-	-	-	-	-	-
피홈런	볼넷	사구	삼진	실점	자책점			
-	-	-	-	-	-			

53 김민우
투수(우투우타)

생년월일 1995년 7월 25일
출신학교 사파초-마산중-용마고

2025시즌 기록

재활의 터널이 길다. 개막전 선발의 영광을 되찾기 위한 인고의 시간.

평균자책점	경기	승	패	홀드	세이브	승률	이닝	피안타
-	-	-	-	-	-	-	-	-
피홈런	볼넷	사구	삼진	실점	자책점			
-	-	-	-	-	-			

64 권민규
투수(좌투좌타)

생년월일 2006년 5월 13일
출신학교 청주석교초-세광중-세광고

2025시즌 기록

정우주만큼 기대받는 좌완. 정교한 제구로 1군 생존법 찾는다.

평균자책점	경기	승	패	홀드	세이브	승률	이닝	피안타
8.44	5	0	0	0	0	-	5 1/3	5
피홈런	볼넷	사구	삼진	실점	자책점			
1	7	0	4	5	5			

39 박재규
투수(우투우타)

생년월일 2003년 7월 3일
출신학교 울산대현초-신정중-개성고

2025시즌 기록

1군 데뷔를 꿈꾸는 예비역. 경쾌한 투구폼에, 구속도 많이 끌어올렸다.

평균자책점	경기	승	패	홀드	세이브	승률	이닝	피안타
-	-	-	-	-	-	-	-	-
피홈런	볼넷	사구	삼진	실점	자책점			
-	-	-	-	-	-			

96 박준영
투수(우투우타)

생년월일 2003년 3월 2일
출신학교 청주우암초(청주시리틀)-세광중
-세광고

2025시즌 기록

대포알 직구의 소유자. 전체 1순위의 재능을 꽃피울 시간.

평균자책점	경기	승	패	홀드	세이브	승률	이닝	피안타
3.60	1	0	0	0	0	-	5	3
피홈런	볼넷	사구	삼진	실점	자책점			
0	6	0	3	2	2			

45 배민서
투수(우언우타)

생년월일 1999년 11월 18일
출신학교 대구수창초-경운중-대구상원고

2025시즌 기록

퓨처스리그 1점대 평균자책점 사이드암. 기회를 기다린다.

평균자책점	경기	승	패	홀드	세이브	승률	이닝	피안타
-	-	-	-	-	-	-	-	-
피홈런	볼넷	사구	삼진	실점	자책점			
-	-	-	-	-	-			

47 양수호
투수(우투우타)

생년월일 2006년 9월 9일
출신학교 보성초(대전중구리틀)-공주중
-공주고

2025시즌 기록

파이어볼러 영건. FA 김범수의 보상선수로 팀을 옮겼다.

평균자책점	경기	승	패	홀드	세이브	승률	이닝	피안타
-	-	-	-	-	-	-	-	-
피홈런	볼넷	사구	삼진	실점	자책점			
-	-	-	-	-	-			

48 원종혁
투수(우투우타)

생년월일 2005년 8월 27일
출신학교 서울도곡초-휘문중-구리인창고

2025시즌 기록

스피드라는 무기는 확실하다. 1군 타자들을 압도할 열쇠가 필요하다.

평균자책점	경기	승	패	홀드	세이브	승률	이닝	피안타
16.20	2	0	0	0	0	-	1 2/3	3
피홈런	볼넷	사구	삼진	실점	자책점			
1	2	0	1	3	3			

49 윤산흠
투수(우투우타)

생년월일 1999년 5월 15일
출신학교 광주화정초-진흥중-영선고

2025시즌 기록

한국시리즈 깜짝 합류의 주인공. 1군 풀타임에 도전한다.

평균자책점	경기	승	패	홀드	세이브	승률	이닝	피안타
3.78	12	0	0	0	0	-	16 2/3	16
피홈런	볼넷	사구	삼진	실점	자책점			
1	5	3	17	7	7			

18 이상규
투수(우투우타)

생년월일 1996년 10월 20일
출신학교 흥인초-청원중-청원고

2025시즌 기록

기회는 오는데 마음 같지 않다. 답을 찾아가는 과정의 노력가.

평균자책점	경기	승	패	홀드	세이브	승률	이닝	피안타
8.00	5	0	1	0	0	0.000	9	16
피홈런	볼넷	사구	삼진	실점	자책점			
0	4	0	5	9	8			

27 이민우
투수(우투우타)

생년월일 1993년 2월 9일
출신학교 순천북초-순천이수중-효천고-경성대

2025시즌 기록

입지가 좁아졌던 필승조의 절치부심 시즌. 다시 기대의 시선이 모인다.

평균자책점	경기	승	패	홀드	세이브	승률	이닝	피안타
-	-	-	-	-	-	-	-	-
피홈런	볼넷	사구	삼진	실점	자책점			
-	-	-	-	-	-			

34 정이황
투수(우투우타)

생년월일 2000년 3월 7일
출신학교 부산수영초-경남중-부산고

2025시즌 기록

퓨처스리그 노히트 노런의 주인공. 1군 데뷔를 꿈꾼다.

평균자책점	경기	승	패	홀드	세이브	승률	이닝	피안타
-	-	-	-	-	-	-	-	-
피홈런	볼넷	사구	삼진	실점	자책점			
-	-	-	-	-	-			

67 한서구
투수(좌투좌타)

생년월일 2003년 12월 4일
출신학교 석교초-세광중-대전고

2025시즌 기록

압도적인 피지컬의 좌완. 경쟁력을 키우는 과정.

평균자책점	경기	승	패	홀드	세이브	승률	이닝	피안타
-	-	-	-	-	-	-	-	-
피홈런	볼넷	사구	삼진	실점	자책점			
-	-	-	-	-	-			

42 박상언
포수(우투우타)

생년월일 1997년 3월 3일
출신학교 무원초-영남중-유신고

2025시즌 기록

풍부한 실전 경험을 갖춘 포수. 공수에서 한 단계 더 뚜렷한 존재감을 보여줘야 한다.

타율	경기	타석	타수	득점	안타	2루타	3루타	홈런
-	-	-	-	-	-	-	-	-
루타	타점	도루	볼넷	삼진	병살타	장타율	출루율	OPS
-	-	-	-	-	-	-	-	-

20 이재원
포수(우투우타)

생년월일 1988년 2월 24일
출신학교 인천숭의초-상인천중-인천고

2025시즌 기록

플레잉 코치로 변신. 이제 지도자의 길을 걷는다.

타율	경기	타석	타수	득점	안타	2루타	3루타	홈런
0.200	98	151	125	4	25	2	1	1
루타	타점	도루	볼넷	삼진	병살타	장타율	출루율	OPS
32	12	1	14	23	3	0.256	0.280	0.536

32 장규현
포수(우투좌타)

생년월일 2002년 6월 28일
출신학교 인성초(미추홀구리틀)-동인천중
-인천고

2025시즌 기록

퓨처스리그 타율왕. 김경문 감독도 인정한 공수 성장세.

타율	경기	타석	타수	득점	안타	2루타	3루타	홈런
1.000	2	2	1	1	1	0	0	0
루타	타점	도루	볼넷	삼진	병살타	장타율	출루율	OPS
1	0	0	1	0	0	1.000	1.000	2.000

26 허관회
포수(우투우타)

생년월일 1999년 2월 12일
출신학교 경동초(의정부리틀)-건대부중
-경기고

2025시즌 기록

치열한 안방 경쟁, 바늘구멍 같은 틈을 파고들어야 한다.

타율	경기	타석	타수	득점	안타	2루타	3루타	홈런
-	-	-	-	-	-	-	-	-
루타	타점	도루	볼넷	삼진	병살타	장타율	출루율	OPS
-	-	-	-	-	-	-	-	-

63 박정현
내야수(우투우타)

생년월일 2001년 7월 27일
출신학교 부천북초-부천중-유신고

2025시즌 기록

전역 전부터 김경문 감독이 꺼낸 이름. 이제는 알을 깨고 나와야 한다.

타율	경기	타석	타수	득점	안타	2루타	3루타	홈런
0.000	2	2	2	0	0	0	0	0
루타	타점	도루	볼넷	삼진	병살타	장타율	출루율	OPS
0	0	0	0	1	0	0.000	0.000	0.000

98 배승수
내야수(우투우타)

생년월일 2006년 5월 15일
출신학교 가동초-자양중-덕수고

2025시즌 기록

높은 평가를 받는 유격수 수비. 전체적인 완성도를 쌓는 과정에 있다.

타율	경기	타석	타수	득점	안타	2루타	3루타	홈런
-	-	-	-	-	-	-	-	-
루타	타점	도루	볼넷	삼진	병살타	장타율	출루율	OPS
-	-	-	-	-	-	-	-	-

60 이승현
내야수(우투좌타)

생년월일 2002년 7월 23일
출신학교 상인초(원미구리틀)-부천중
-포항제철고-성균관대

2025시즌 기록

육성선수로 시작해 1군 1경기의 감격을 안고 상무야구단에 입대.

타율	경기	타석	타수	득점	안타	2루타	3루타	홈런
1.000	4	1	1	1	1	0	1	0
루타	타점	도루	볼넷	삼진	병살타	장타율	출루율	OPS
3	1	0	0	0	0	3.000	1.000	4.000

2 정민규
내야수(우투우타)

생년월일 2003년 1월 10일
출신학교 광일초(부산서구리틀)-경남중
-부산고

2025시즌 기록

퓨처스리그 타점왕 출신. 1차지명의 재능을 믿는다.

타율	경기	타석	타수	득점	안타	2루타	3루타	홈런
-	-	-	-	-	-	-	-	-
루타	타점	도루	볼넷	삼진	병살타	장타율	출루율	OPS
-	-	-	-	-	-	-	-	-

3 최원준
내야수(우투좌타)

생년월일 2004년 5월 1일
출신학교 청주남평초(청주시리틀)-세광중
-청담고

2025시즌 기록

내야 전천후 자원. 캠프 호평이 1군 데뷔까지 이어질까.

타율	경기	타석	타수	득점	안타	2루타	3루타	홈런
-	-	-	-	-	-	-	-	-
루타	타점	도루	볼넷	삼진	병살타	장타율	출루율	OPS
-	-	-	-	-	-	-	-	-

36 한지윤
내야수(우투우타)

생년월일 2006년 4월 10일
출신학교 가동초-휘문중-경기상고

2025시즌 기록

외야수 전향. 타고난 타격 재능, 어쩌면 다크호스가 될 수도.

타율	경기	타석	타수	득점	안타	2루타	3루타	홈런
-	-	-	-	-	-	-	-	-
루타	타점	도루	볼넷	삼진	병살타	장타율	출루율	OPS
-	-	-	-	-	-	-	-	-

10 이진영
외야수(우투우타)

생년월일 1997년 7월 21일
출신학교 둔촌초-선린중-선린인터넷고

2025시즌 기록

강한 어깨, 송구 좋은 중견수 자원. 파워와 과감한 타격이 장점이나 콘택트가 떨어진다.

타율	경기	타석	타수	득점	안타	2루타	3루타	홈런
0.274	115	366	321	49	88	13	0	11
루타	타점	도루	볼넷	삼진	병살타	장타율	출루율	OPS
134	43	1	38	93	8	0.417	0.350	0.767

25 김태연
외야수(우투우타)

생년월일 1997년 6월 10일
출신학교 서울청구초-덕수중-야탑고

2025시즌 기록

내야, 외야 어디에서나 제 역할을 하는 소금같은 선수.

타율	경기	타석	타수	득점	안타	2루타	3루타	홈런
0.261	120	340	303	40	79	15	0	3
루타	타점	도루	볼넷	삼진	병살타	장타율	출루율	OPS
103	20	5	23	62	10	0.340	0.329	0.669

17 권광민
외야수(좌투좌타)

생년월일 1997년 12월 12일
출신학교 서울청구초-홍은중-장충고

2025시즌 기록

강한 타구 생산이 장점인 좌타 거포 유망주, 우완 투수 상대 장타 강점.

타율	경기	타석	타수	득점	안타	2루타	3루타	홈런
0.167	15	18	18	2	3	1	0	0
루타	타점	도루	볼넷	삼진	병살타	장타율	출루율	OPS
4	0	0	0	5	1	0.222	0.167	0.389

33 유로결
외야수(좌투좌타)

생년월일 2000년 5월 30일
출신학교 광주서림초-광주동성중
-광주제일고

2025시즌 기록

높은 기대와 달리 아직도 미완의 단계. 치명적인 에러의 기억에서 벗어나야 한다.

타율	경기	타석	타수	득점	안타	2루타	3루타	홈런
0.154	20	16	13	1	2	0	0	0
루타	타점	도루	볼넷	삼진	병살타	장타율	출루율	OPS
2	0	1	0	4	0	0.154	0.214	0.368

65 유민
외야수(우투우타)

생년월일 2003년 1월 20일
출신학교 역삼초-대치중-배명고

2025시즌 기록

입단하자마자 군 문제 해결. 파워에 성실함을 갖춘 우타 거포 자원.

타율	경기	타석	타수	득점	안타	2루타	3루타	홈런
-	-	-	-	-	-	-	-	-
루타	타점	도루	볼넷	삼진	병살타	장타율	출루율	OPS
-	-	-	-	-	-	-	-	-

68 이민재
외야수(우투좌타)

생년월일 2004년 3월 7일
출신학교 호동초(안산리틀)-안산중
-비봉고-동원과학기술대

2025시즌 기록

11라운더 이상의 기대치. 미래를 보고 상무 야구단 입대 예정.

타율	경기	타석	타수	득점	안타	2루타	3루타	홈런
0.000	3	4	4	0	0	0	0	0
루타	타점	도루	볼넷	삼진	병살타	장타율	출루율	OPS
0	0	0	0	1	1	0.000	0.000	0.000

9 임종찬
외야수(우투좌타)

생년월일 2001년 9월 28일
출신학교 청주우암초-청주중-북일고

2025시즌 기록

아직 폭발하지 못한 툴 가이. 강한 어깨는 확실한 무기.

타율	경기	타석	타수	득점	안타	2루타	3루타	홈런
0.167	17	35	30	2	5	1	0	1
루타	타점	도루	볼넷	삼진	병살타	장타율	출루율	OPS
9	2	2	5	13	0	0.300	0.286	0.586

41 최인호
외야수(우투좌타)

생년월일 2000년 1월 30일
출신학교 송정동초-광주동성중
-포항제철고

2025시즌 기록

이제는 증명이 필요한 재능. 잠재력의 발현이 절실한 시점이다.

타율	경기	타석	타수	득점	안타	2루타	3루타	홈런
0.259	78	159	139	7	36	9	0	2
루타	타점	도루	볼넷	삼진	병살타	장타율	출루율	OPS
51	19	1	13	29	5	0.367	0.342	0.709

1라운드 전체 3순위
54 오재원

생년월일	2007년 1월 21일
신장/체중	176cm / 75kg
출신학교	신도초-부천중-유신고

외야수 (우투좌타)

한화의 중견수 갈증을 풀어줄 신예. 고교 통산 57개의 도루, 타율 0.420을 기록한 호타준족에 수비력까지 갖췄다. 유신고, U-18 대표팀 주장 출신으로, 야구장에서의 훈련 태도나 자세까지 좋은 평가를 받는다. 첫해 1군 데뷔가 유력하다.

4라운드 전체 33순위
93 최유빈

생년월일	2002년 5월 27일
신장/체중	173cm / 73kg
출신학교	순천남산초-여수중-전주고-경성대

내야수 (우투좌타)

내야 전 포지션 소화 가능한 멀티 자원. 빠른 주력을 바탕으로 한 작전 수행 능력과 콘택트 능력이 장점. 스프링캠프 연습경기에서 신인답지 않은 수비 능력은 물론, 타격에서도 좋은 성적을 기록하며 즉시전력으로서의 가능성을 입증했다.

6라운드 전체 53순위
97 하동준

생년월일	2007년 6월 11일
신장/체중	189cm / 80kg
출신학교	평택청아초(경기평택안중유소년)-경기PB클럽-라온고

투수 (좌투좌타)

매 경기 144km/h 이상의 구속을 기록하며 기대를 받았다. 선발, 불펜 전천후로의 성장 가능성이 엿보이는 좋은 체격의 좌완투수.

8라운드 전체 73순위
04 김준수

생년월일	2007년 3월 27일
신장/체중	184cm / 77kg
출신학교	서울갈산초-양천중-야탑고

내야수 (우투우타)

3루수와 유격수 모두 안정적으로 플레이할 수 있는 내야 멀티 자원. 장타력도 갖췄다는 평가.

10라운드 전체 93순위
08 박주진

생년월일	2007년 3월 17일
신장/체중	180cm / 88kg
출신학교	군산남초-군산중-대전고

외야수 (우투우타)

고등학교 3년 동안 홈런 11개를 기록한 파워히터. 힘과 부드러움을 모두 갖춘 스윙이 강점으로 꼽힌다.

2라운드 전체 13순위
69 강건우

생년월일	2007년 7월 19일
신장/체중	188cm / 89kg
출신학교	고양한산초(경기일산서구리틀)-원당중-북일고

투수 (좌투좌타)

최고 구속 146km/h의 우수한 체격 조건을 갖춘 투수. 고교 좌완투수 중에서는 최고 수준으로 평가받았다. 직구, 슬라이더, 커브가 신인치고는 기대 이상의 완성도를 보여준다는 전언. 간결한 투구폼에 슬라이더가 돋보인다.

5라운드 전체 43순위
94 권현규

생년월일	2007년 3월 23일
신장/체중	177cm / 70kg
출신학교	대구옥산초-경운중-경북고

내야수 (우투우타)

고교 최고의 수비 능력을 갖춘 유격수로 평가받았다. 이른바 '예쁘게' 수비를 하는 스타일. 콘택트 능력과 한 베이스 더 파고들 수 있는 주루 능력이 강점. 일단 몸을 불리고 체력을 끌어올리는 시간이 필요할 것으로 보인다.

7라운드 전체 63순위
03 여현승

생년월일	2006년 2월 20일
신장/체중	185cm / 95kg
출신학교	대구율하초-대구중-대구고

투수 (우투우타)

최고 150km/h 직구와 140km/h 중반의 투심을 던지는 투수. 위기 상황에서도 자신의 공을 던지는 강심장.

9라운드 전체 83순위
05 이재환

생년월일	2006년 5월 3일
신장/체중	175cm / 75kg
출신학교	마산호계초(경남함안리틀)-경남 함안 BSC-물금고

외야수 (우투좌타)

빠른 주력과 좋은 어깨를 보유한 외야수. 승부욕이 강하고 근성 있는 플레이를 할 수 있는 선수라는 평가.

11라운드 전체 103순위
07 황희성

생년월일	2007년 2월 5일
신장/체중	178cm / 74kg
출신학교	대전도마초(대전중구리틀)-한밭중-공주고

투수 (우투우타)

최고 구속 146km/h에 커브, 스플리터, 커브 등 다양한 구종을 구사한다. 아마추어 시절 기량이 지속적으로 향상되는 모습이 좋은 평가를 받았다.

TEAM PROFILE

구단명 : **SSG 랜더스**

연고지 : **인천광역시**

창립연도 : **2000년(SK 와이번스), 2021년(SSG 랜더스)**

구단주 : **정용진**

대표이사 : **김재섭**

단장 : **김재현**

감독 : **이숭용**

주장 : **오태곤**

홈구장 : **인천 SSG랜더스필드**

영구결번 : **26 박경완**

한국시리즈 우승 : **2007 2008 2010 2018 2022**

UNIFORM

HOME

AWAY

TEAM INFO

팀 분석

2025 팀 순위 (포스트시즌 최종 순위 기준)

3위

최근 5년간 팀 순위

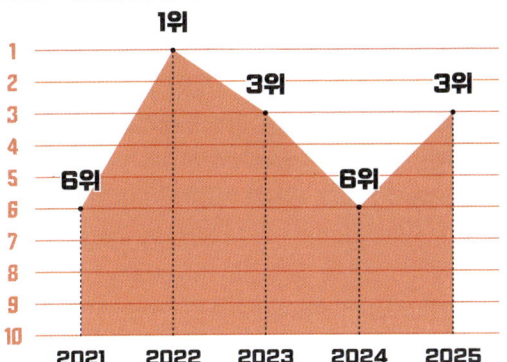

	2021	2022	2023	2024	2025
	6위	1위	3위	6위	3위

2025시즌 최다 마킹 유니폼

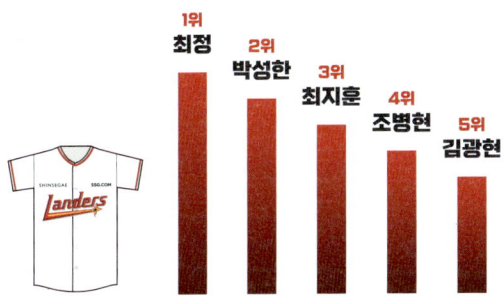

1위 최정
2위 박성한
3위 최지훈
4위 조병현
5위 김광현

2025시즌 최다 판매 굿즈

1 랜더스 응원배트

2 랜더스 클래퍼

3 랜더스 머플러

홈구장_인천 SSG랜더스필드

2.8m
120m
115m 115m
95m 95m

천연 잔디,
부분 인조 잔디

수용인원

23,000석

구장 특성

이제 랜더스필드를 만날 날도 그리 많이 남지 않았다. SSG는 2028년 청라돔 개장을 준비하고 있다. 랜더스필드는 올해와 내년까지만 홈구장으로 사용될 예정이다. 2002년 개장한 야구장이지만, 여러 차례 대규모 리모델링을 거쳐 구장 내부는 물론이고 관중석도 꽤 쾌적한 편에 속한다. 특히 랜더스가 자랑하는 초대형 전광판인 빅보드가 야구 경기를 더 익사이팅하게 만들어주는 효과를 만들어준다. '홈런공장'이라는 별명이 있을 정도로 대표적인 타자친화형 구장. 외야 홈런존의 특성상 담장을 살짝 넘어가는 타구도 자주 나온다.

HOME STADIUM GUiDE

팬들을 위한 직관 꿀팁

방문할 만한 아기자기한 재미가 많은 야구장이다. 구장 내에 2개의 스타벅스 매장이 있고, 랜더스필드만의 스페셜 메뉴들이 맛있다고 인기가 많은 편이다. 맛집 유치에 진심이라 크림새우, 마라새우, 떡볶이, 물회 등 맛집이 많은 편이다. 특히 비슷한 '맛도리' 메뉴들을 파는 가게들이 여럿 있는데, 또 가게마다 특색이 다 달라서 골라 먹는 재미가 있다. 배달도 잘 되는 편이고, 경기 시작 직전을 피하면 오히려 조금 더 수월하게 구매할 수 있다.

홈경기 이벤트도 다양하게 하는 편이라 그날 그날 일정을 확인하면 참가할 수 있는 게 많다. 경기 시작 전에는 익사이팅존에서 선수들의 미니 사인회가 열리기도 하고, 구단에서 주최하는 기습 팬사인회 역시 종종 열리니 확인 필수.

대중교통을 이용할 경우 막차 시간을 잘 체크해야 한다. 서울에서 오가는 경우에는 막차가 끊기는 경우도 왕왕 있기 때문에 택시를 이용하거나, 시간에 맞춰 서둘러 나가는 것을 추천한다. 자차를 이용하는 관중들도 많아서 구장내 지하주차장이나 문학경기장 내 주차장에 차가 많이 몰리는 편인데, 지역 경찰서와 연계해서 출차시 지연이 덜하게끔 구단에서 신경을 많이 쓰는 편이라 실제로 예상보다는 빨리 빠져나갈 수 있다. 그래도 주말에는 혼잡할 수 있으니 교통 계획은 미리 짜는 것을 추천한다.

응원단

응원단장 박민수

치어리더 강지은

치어리더 김도아

치어리더 김현영

치어리더 배수현

치어리더 안지현

치어리더 유보영

치어리더 이수진

치어리더 이연진

치어리더 이정윤

치어리더 이지원

치어리더 임은비

치어리더 정설아

치어리더 조다정

치어리더 허수미

장내아나운서 이대현

구단 마스코트 소개

메인 마스코트 랜디

랜더스 선수와 팬들에게 용기와 사랑, 위로를 주는 친구! 용맹한 개 마스코트.

서브 마스코트

푸리
열정적인 응원과 함께 구장을 종횡무진하는 발랄한 캐릭터.

배티
랜디, 푸리와 환상의 케미를 보이는 랜더스 골수팬. 골수팬이라서 뼈다귀인가?

'증명 임박'
이제 저평가는 지겹다

작년에 이것만 잘됐으면 좋았을 텐데

속이 터지게 답답했던 타선과 앤더슨의 배탈. 이 두 가지가 잔상에 남는다. 사실 작년에 SSG가 5강에 들 거라 예측하는 전문가도 거의 없었다. 하지만 가을에 강한 DNA답게, 막판 중위권 순위 싸움에서 치고 올라가면서 정규 시즌을 3위로 마치는 힘을 보여줬다.

그 뒤에는 역대급으로 안정적이었던 불펜이 있었다. 김민-이로운-노경은-조병현으로 이어지는 필승조가 SSSS급 활약을 해줬다. 그래서 더더욱 시즌 내내 이어진 타선의 침체가 아쉬웠다. 중심 타자인 최정과 한유섬도 예년보다 기대에 못미치는 타격 성적을 기록했고, 상하위 타선에서 활력을 불어줘야 할 센터인 박성한, 최지훈, 정준재도 레벨업을 하는데 실패했다.

타자친화적인 홈 구장 이점을 살리지 못한 시즌이 되면서, 타격 지표가 전반적으로 하위권에 맴돈 것이 아쉬웠다. 다행히 시즌 후반기에 들어서면서 조금씩 타선의 흐름도 좋아지며 중요한 경기들을 잡았지만, 불펜이 워낙 좋았기 때문에 타력이 조금 더 받쳐줬다면 3위 이상의 성적도 가능하지 않았을까.

또 하나 미련이 남는 것은 그토록 어렵게 올라간 준플레이오프 시리즈 1승 3패 탈락. 삼성과의 결전을 앞두고, 갑작스럽게 '에이스' 드류 앤더슨의 장염 소식이 전해지면서 맥이 다소 빠졌다. 포스트시즌 직전 '에이스'의 몸 관리 실패. 메이저리그 계약 이야기가 나오면서 몸을 사리는 것 아니냐는 의심도 받을 만했다. 결국 앤더슨의 컨디션 난조로 SSG는 구상 자체가 꼬였다.

1차전 선발로 앤더슨 대신 화이트가 나섰다가 삼성 타선에 혼쭐이 났고, 앤더슨은 1승 1패 상황이던 3차전에 등판했지만 우천 중단 후 구속이 뚝 떨어지는 실망스러운 모습으로 조기 강판됐다. 선발 구상이 꼬인 SSG는 결국 4차전에서 탈락을 받아들여야 했다.

표면적으로는 2025시즌 내내 타선 부진이 강렬한 인상으로 남았지만, 사실 내부적으로 아쉬워했던 부분들은 선발 투수들의 이닝 소화력이었다. 외국인 원투펀치도 6이닝 이상 책임진 등판이 많지 않아 자연스럽게 불펜 과부하가 올 수밖에 없었다는 점이다. 올 시즌 가장 신경 쓰는 부분이기도 하다.

스토브리그 성적표

최소 2명의 FA 자원을 영입 추진했는데 아쉽게 불발되었다. 그래도 막판에 슬러거 김재환을 합리적인 연봉으로 잘 잡았다.

지극히 주관적인 올 시즌 예상 순위와 이유

올해도 예상 못한 '5강 히든카드'가 될 가능성이 높아 보인다. 일단 타선은 작년보다 무조건 좋아질 것으로 예상된다. 1~7번까지 타선이 한층 탄탄해졌다. 작년에 대부분 바닥을 찍었고, 올해 준비 과정을 봤을 때 작년보다는 확실히 좋아진 모습.

변수는 마운드. 화이트-김건우-베니지아노-타케다로 이어지는 1~4선발이 과연 어느 정도의 성적을 내주느냐가 관건. 김광현의 이탈로 5선발에 공백이 생긴 것도 변수다. 지난해 역대급 안정감을 보여준 불펜도 2년 연속 호성적을 내는 것에 대한 불안감은 있는데, 일단 양적으로 풍부해졌다.

MANAGER

71 이숭용

생년월일 1971년 3월 10일

출신학교 서울용암초-중앙중-중앙고-경희대

주요 경력 태평양 돌핀스·현대 유니콘스
·히어로즈 선수(1994~2011)
-kt 위즈 1군 타격코치(15~16/18)
-kt 위즈 단장(19~22)-kt 위즈 육성총괄(23)
-SSG 랜더스 감독(24~)

"이제 우리의 야구를 할 시간이다"

이숭용 감독의 2기 시작. 재계약 후 본격 첫 시즌을 맞이한다. 부임 첫해 6위, 지난해 3위로 팀을 이끈 이숭용 감독의 진정한 강점은 '소통'이다. 2군과의 긴밀한 소통을 통해 좋은 유망주들을 1군에서 적극적으로 기용했고, 이 선수들이 두각을 드러내기 시작하면서 2년 전과 비교해 확실히 팀 뎁스가 탄탄해졌다. 이 감독은 "감독이 꿈이었고, 감독을 하기 위해서 코치, 단장, 육성 총괄까지 다 해봤지만 첫 시즌은 쉽지 않았다. 단장으로 볼 때와 또 다르더라. 그러나 작년부터는 선수단 파악이 완전히 끝났고, 선수들의 성향도 알게 되면서 계산대로 어느정도 되더라"면서 "내 철학은 육성도 1군에서 해야 된다. 써야 큰다는 생각을 가지고 있다. 그 확신으로 인해 선수들에게 동기부여를 더 주고 싶다. 올해도 머리는 복잡하지만, 계산이 잘 되게끔 여유가 생겼다. 이제 진짜 우리 야구를 할 시간이다"라고 각오를 다졌다.

1군

수석코치	투수총괄코치	불펜코치	타격코치	타격코치	배터리코치	작전·주루코치	작전·주루코치	수비코치
송신영	경헌호	이승호	임훈	오준혁	세리자와 유지	윤재국	조동화	조동찬

수비코치 (플레잉코치)	투수코치 (1·2군)
김성현	류택현

퓨처스

퓨처스 감독	투수코치 (1·2군)	투수코치	불펜코치	타격코치	배터리코치	작전·주루코치	수비코치
박정권	류택현	봉중근	이영욱	이명기	이윤재	나경민	손용석

육성군

총괄코치	투수코치	타격코치	재활코치
박재상	이지태	류효용	배영수

2026 SSG LANDERS DEPTH CHART

• 지명타자

 김재환
 한유섬
 최정

좌익수
에레디아
김재환
김성욱

중견수
최지훈
김성욱
임근우
김정민

우익수
한유섬
김성욱

유격수
박성한
안상현

2루수
정준재
안상현

3루수
최정
안상현
고명준

1루수
고명준
현원회
전의산

• 감독

 이숭용

포수
조형우
이지영
신범수

• 2026 예상 베스트 라인업

1번 타자	박성한	유격수
2번 타자	에레디아	좌익수
3번 타자	최정	3루수
4번 타자	김재환	지명타자
5번 타자	고명준	1루수
6번 타자	한유섬	우익수
7번 타자	최지훈	중견수
8번 타자	조형우	포수
9번 타자	정준재	2루수

• 예상 선발 로테이션

 화이트
김건우
베니지아노
타케다
 김민준

• 필승조

 김민
이로운
노경은

• 마무리

 조병현

• 2026 IN & OUT

IN 김재환 외야수/자유 계약/2년 최대 22억 원 | 이기순 투수/전역 |
김민준 내야수/전역 | 전의산 내야수/전역 예정 |
류현곤 투수/전역 | 최용준 투수/2차 드래프트 |
문상준 내야수/2차 드래프트

OUT 김건웅 내야수/방출 | 김찬형 내야수/은퇴 |
신헌민 투수/상무 입대 | 정현승 외야수/상무 입대 |
박성빈 투수/상무 입대 | 최현석 투수/상무 입대 |
송영진 투수/상무 입대 예정 | 박지환 외야수/상무 입대 예정 |
김규민 포수/상무 입대 예정 | 이율예 포수/상무 입대 예정

14
최정

내야수(우투우타)

생년월일	1987년 2월 28일
신장/체중	180cm / 90kg
출신학교	대일초-평촌중-유신고
연봉(2026)	22억 원

#원_앤_온니_레전드

최정은 지난해 5월 13일 인천 NC전에서 그토록 기다렸던 KBO 최초 500홈런 대기록을 달성했다. 한 시즌에 홈런 50개를 쳐도, 10년 이상 해야 하는 믿기지 않는 기록. 그의 통산 성적과 대기록들을 보면, 어떻게 이렇게 어릴 때부터 지금까지 꾸준히 잘할 수 있는지 놀랍다. 만 19세인 2006년부터 1군 주전으로 뛰기 시작해 한번도 주전 자리를 놓치지 않은 노력의 세월이, '야구 천재' 최정을 만들었다.

#투수정_아직 살아있다

지난해 올스타전에서 최정이 깜짝 투수 등판을 했다. 사실 그는 투수 출신인데다 야수 전향 후에도 강견으로 유명했다. SK 와이번스 시절, 2009년 경기 도중 팀 투수를 다 소진하자 최정이 대체 투수로 등판했던 추억이 있다. 그 추억을 2025년 올스타전에서 소환했다. 2회말 마운드에 올라가 얼떨결에 투구를 했다. 키움 이주형을 상대해 공 3개로 1루수 직선타를 잡아내며 이닝을 끝냈다. 최고 121km/h의 느린 구속이었지만, 여전히 살아있는 그의 투구 감각이다.

#노예처럼_부려주세요

"작년에 자존심이 많이 상했다"라고 밝힌 최정이다. 지난해 최정은 시범경기 도중 햄스트링 부상을 당했고, 이후로도 한참동안 후유증을 겪으면서 만족스럽지 못한 성적을 냈다. 그는 시즌이 끝난 후 이숭용 감독을 직접 찾아가 "내년에는 노예처럼 부려주시라"고 부탁했다. 그에게 이유를 묻자 "작년에 스스로 너무 실망스러운 시즌을 보냈다. 감독님께도, 팀에도 너무 미안한 마음이 컸다. 내년에는 무조건 만회를 해보고 싶었다. 입밖으로 내뱉어야 약속을 더 지킬 것 같아서 감독님께 그렇게 말씀드렸다"는 설명이 돌아왔다.

🎤 TMI 인터뷰

1. 원정 갈때 꼭 챙기는 개인 물건
- 원래 노트북이었는데 지금은 안가지고 다닌다.

2. 요즘 가장 많이 듣는 노래
- 2000년대 해외 힙합.

3. 처음 봤을때 충격받은 야구선수와 그 이유는?
- 헛! 너무 어려운 질문이다. 노코멘트.

4. 야구 선수를 안했다면 지금 뭐하고 있을까?
- 축구선수. 원래 축구 선수가 꿈이었는데, 다니던 학교에 축구부가 없어서 야구를 하게 됐다.

5. 최근 가장 행복했던 순간
- 비행기를 타고 날아와서 미국에 딱 안전하게 착륙했을 때. 장거리 비행에 대한 공포증이 있다.

2025시즌 기록

타율	경기	타석	타수	득점	안타
0.244	95	406	340	54	83
2루타	**3루타**	**홈런**	**루타**	**타점**	**도루**
12	0	23	164	63	1
볼넷	**삼진**	**병살타**	**장타율**	**출루율**	**OPS**
51	94	10	0.482	0.360	0.842

전력분석	명실상부 대한민국 최고의 타자. KBO 최다 홈런 신기록 보유자. 전통적인 홈런타자들에 비해 타구 속도는 낮은 편이지만, 몸쪽 공에도 강한 특유의 타격폼으로 높은 발사 각도를 만들어내며 장타를 많이 만들어내는 타자. 매년 30홈런 이상을 터뜨릴 수 있는 슬러거인데도 늘 3할 가까운 타율과 3할 8푼대 출루율을 유지하는 단점 없는 타자.
강점	바깥쪽 코스, 낮은 코스에 걸리면 넘어간다. 클러치에서 더 강하다.
약점	최정도 나이를 먹었나. 예전보다 커진 기복.
수비력	아직도 리그 최고 3루수. 강한 어깨를 가진 핫코너의 지배자.

올해도 30홀드 우승 가즈아! 38

38  투수(우투우타)

노경은

생년월일	1984년 3월 11일
신장/체중	187cm / 100kg
출신학교	화곡초-성남중-성남고
연봉(2026)	4억 원

#올해가_마지막이겠지?_그럴리가

더이상 말이 필요 없다. 40을 넘긴 나이에 KBO 역대 최초 3년 연속 30홀드 대기록 보유자. 오히려 해를 거듭할수록 세부 성적이 더 좋아지는 믿기지 않는 체력과 자기 관리의 대명사다. 원정 경기를 마치고 자정이 넘는 새벽에 인천 홈 구장에 도착하더라도, 항상 웨이트 트레이닝을 하고 집에 돌아갈 정도로 가장 독기있는 선수. SSG에서의 첫 시즌이었던 2022년 79⅔이닝을 포함해 4년 연속 80이닝 이상을 소화했고, 리그 S급 필승조 활약을 이어가고 있다.

#이_나이에_국가대표라니

노경은은 42세의 나이로 WBC 국가대표로 발탁됐다. 13년 전이 마지막 국가대표였던 선수가 이 나이에 태극마크를 다는 것 자체가 종목을 떠나 기적에 가깝다. 노경은은 WBC 한국 대표팀의 첫 경기인 3월 5일 체코전을 기준으로 41세 11개월 22일. KBO 역대 최고령 국가대표 출전 선수 기록을 갈아치웠다. 전성기를 지난 나이에도 국가대표로 출전했던 '코리안특급' 박찬호나, 종전 최고령 기록인 임창용을 넘어섰다.

#노경은이니까_더_와닿네

두번의 은퇴 위기를 겪었고, '풍운아'가 될 뻔했던 과거. 우여곡절이 많았던 프로 인생을 몸소 체험한 노경은은 이번 스프링캠프에서 후배들을 위해 마이크를 잡았다. 대표팀 소집 일정으로 인해 1군 캠프가 아닌, 2군 스프링캠프에서 운동을 하던 노경은은 '멘토링' 강연자로 나서 후배들에게 생생한 조언을 했다. 노경은은 "프로는 성인이다. 사소한 선택 하나가 선수 인생을 끝낼 수 있다. 젊을 때는 야구에 집중하라. 선택의 책임은 결국 본인에게 있다"고 강조했다.

2025시즌 기록

평균자책점	경기	승	패	홀드	세이브
2.14	77	3	6	35	3
승률	이닝	피안타	피홈런	볼넷	사구
0.333	80	60	2	25	3
삼진	실점	자책점			
68	22	19			

전력분석	30대 초중반까지는 묵직한 구위에 의존하는 유형의 투수였지만, 나이를 먹고 우여곡절을 겪으면서 다양한 변화구와 제구력, 타이밍 싸움에서 타자를 잡는 기교파로 변신했다. 하지만 SSG 이적 후 리그 최상급 필승조로 변신할 수 있었던 요인은 뚝 떨어졌던 패스트볼 평균 구속을 다시 140km/h 중반대까지 끌어올리면서다. 포심, 투심과 포크볼, 커터, 슬라이더, 커브, 체인지업에 너클볼까지 두루 던지면서 투구 패턴이 워낙 다양한데다 제구력이 더 좋아지면서 상대하기 어려운 투수로 변신했다.
강점	믿기지 않는 체력. 주자 있는 상황에서 가장 믿을 수 있는 구원 투수.
약점	언제 무너져도 이상하지는 않은 나이.

🎤 TMI 인터뷰

1. 원정 갈때 꼭 챙기는 개인 물건

- 베개. 목 근육과 상체의 연관성 높기 때문에 컨디션 위해 베개 필수.

2. 요즘 가장 많이 듣는 노래

- '임재범 - 이또한 지나가리라'.

3. 처음 봤을때 충격받은 야구선수와 그 이유는?

- 이혜천 선배. 운동을 많이 안하시는데 공이 엄청 빨라서 충격 받음.

4. 야구 선수를 안했다면 지금 뭐하고 있을까?

- 자동차 정비 관련 일이나 공업사에서 일했을 것 같다.

5. 최근 가장 행복했던 순간

- KBO 최초 3년 연속 30홀드 달성했을 때.

SSG 조병현 19
올해 우승은 SSG 랜더스가 한다!

19
조병현

투수(우투우타)

생년월일	2002년 5월 8일
신장/체중	182cm / 90kg
출신학교	온양온천초-온양중-세광고
연봉(2026)	2억 5천만 원

#보상은_확실하게

지난해 생애 첫 30세이브를 기록한 SSG의 마무리 투수 조병현. 풀타임 마무리로는 첫번째 시즌을 보냈는데, 리그 최상급 수준의 성적을 기록했다. 김민, 이로운, 노경은과의 시너지까지 폭발했다. 좋은 성적은 연봉으로 보상받았다. 조병현은 작년 연봉 1억 3천5백만 원에서 올해 연봉 2억 5천만 원으로 대폭 인상됐다. 조병현은 이번 WBC 국가대표로도 발탁되면서 앞으로 국대 마무리에 대한 기대감까지 키웠다.

#저도_테마_만들어주세요

최근 KBO리그에서도 마무리 투수들이 등장 테마곡을 정하고, 구단도 거기에 맞춰 웅장한 조명쇼를 해주는 경우가 많다. 작년까지 특별한 등장 테마가 없었던 조병현도 구단에 요청했고, 구단도 흔쾌히 준비하겠다고 답한 상태. 올해부터는 '마무리 조병현'이 등판할때 특별한 테마곡이 나오지 않을까. 조병현의 아이디어는 '랜더스'라는 구단명과 연고지의 특징을 잘 살린 것이었는데, 과연 어떤 등장 테마가 만들어졌을까. 랜더스필드를 직접 방문해 확인해보면 좋을 듯하다.

#02즈_지금처럼만

'어쩜 이렇게 성격 좋은 선수들을 모아놨을까.' 조병현을 비롯해 조형우, 고명준, 김건우, 전영준까지. 2002년생 동갑내기 친구들이 SSG의 허리를 이끌어가고 있다. '02즈'라고 부르는 이 선수들은 지금 팀의 1군 주축 전력으로 성장하고 있는데, 친구들끼리의 사이도 너무나 좋아서 놀라울 정도. 구단 관계자들도 '02즈' 선수에 대한 기대와 애정이 특별하다. 이숭용 감독도 "02년생 친구들을 보면 다들 서로 도우려고 하고, 팀을 많이 생각한다. 이 친구들이 있어서 SSG가 좋은 방향으로 갈 수 있을 것 같다"고 흐뭇해했다는 후문.

🎤 TMI 인터뷰

1. 원정 갈때 꼭 챙기는 개인 물건
- 아이패드. 전력 분석도 하고 영상 콘텐츠를 보기도 한다.

2. 요즘 가장 많이 듣는 노래
- '카더가든 - 그대 작은 나의 세상이 되어'.

3. 처음 봤을때 충격받은 야구선수와 그 이유는?
- 조요한. NFL 선수를 해야할 것 같은 느낌의 근육과 신체 능력에 놀랐다.

4. 야구 선수를 안했다면 지금 뭐하고 있을까?
- 평범한 대학생일 것 같다.

5. 최근 가장 행복했던 순간
- 30세이브 달성했을 때랑 WBC 대표팀에 발탁됐을 때.

2025시즌 기록

평균자책점	경기	승	패	홀드	세이브
1.60	69	5	4	0	30
승률	이닝	피안타	피홈런	볼넷	사구
0.556	67 1/3	42	5	18	0
삼진	실점	자책점			
79	13	12			

전력분석	우완 정통파 마무리 투수. 신장이 182cm로 투수치고 큰 편은 아니지만, 투구 준비 자세에서 팔을 거의 수직으로 들어올려 위에서 아래로 내리 꽂 느듯한 오버핸드 투구폼을 가지고 있다. 155km/h까지 찍히는 강력한 직구 구위와 더불어 회전수가 좋고 수직 무브먼트가 워낙 빼어난 편이라, 알고도 치기가 쉽지 않다. 치더라도 좋은 타구가 안 나온다. 직구와 더불어 포크볼 제구력이 갈 수록 좋아져서 마무리에 가장 적합한 투수임을 직접 증명하고 있다.
강점	흔들려도 무너지지 않는다. 마무리에 적합한 멘털 관리까지 합격.
약점	워낙 극단적인 오버핸드 투구폼. 언제 아플까 무섭다.

2 박성한

내야수(우투좌타)

생년월일	1998년 3월 30일
신장/체중	180cm / 77kg
출신학교	순천북초-여수중-효천고
연봉(2026)	4억 2천만 원

#억울해

작년 11월 대표팀 평가전에 나갔다가 체코 투수가 던진 공에 늑골이 부러졌던 박성한. 그의 비하인드 스토리를 들어보자. "맞고 나서 구속을 봤는데 135km/h였어요. 구속 보고 '오케이, 괜찮아'하고 1루에 나갔어요. 근데 아이싱을 하고 자고 다음날 일어났는데 통증이 조금 더 세진 거예요. 당연히 타박이겠지 생각하고 그다음날 다시 체크했는데 더 아팠어요. 뭔가 부러진 것 같은 거예요. 아 이건 100%다 싶었어요. 저는 당연히 안 부러질 거라고 생각했어요. 왜냐면 나는 강하니까. 난 잘 안 아픈 사람인데? 근데 부러졌더라고요.."

#2030WBC_가겠습니다

최근 꾸준히 국제 대회에 출전하면서 국가대표로 성장한 박성한이지만, 해외파가 대거 출전한 이번 WBC에는 부름을 받지 못했다. 작년 평가전까지 소화했기에 더욱 아쉬움이 컸고, 태극마크에 대한 욕심이 있는 박성한이기에 더 그랬다. "WBC가 가장 큰 국제대회이기도 하고, 이번에는 꼭 가고 싶었는데 아쉬웠어요. 제가 부족하다 느끼기도 했고요. 잘하면 앞으로 기회가 오지 않을까요?"

#생각이_바른_청년

올해 연봉이 4억 2천만 원으로 올랐지만, 그는 원래 자신이 타던 국산차를 여전히 아끼고 좋아하면서 탄다. 주위에서는 '이제 외제차 타야 되는 거 아니야?'라고도 하는데, 박성한의 생각은 그렇지 않다. 돈을 잘 모아서 집을 먼저 사고 싶고, 외제차는 우선 순위에 없다. 현재 타는 차로도 충분히 만족한다는 박성한이다. 지금도 보충제나 영양제 말고는 쇼핑 자체를 거의 하지 않는다고 한다.

2025시즌 기록

타율	경기	타석	타수	득점	안타
0.274	127	538	452	73	124
2루타	**3루타**	**홈런**	**루타**	**타점**	**도루**
23	2	7	172	48	5
볼넷	**삼진**	**병살타**	**장타율**	**출루율**	**OPS**
79	93	6	0.381	0.384	0.765

전력분석	자신만의 스트라이크존을 확실히 정립해두고, 정교한 타격을 하는 타자. 타석에서 참을성도 강해, 선구안이 좋고 출루율도 높다. 안타 타구 분포가 비교적 고른편이나, 홈런은 거의 당겨쳐서만 나온다. 좌타자지만 좌투수를 상대할때 장타율이 더 높은 유형. '리드오프'에 대한 고민을 이어오던 이숭용 감독은 올해 박성한을 1번타자로 쓸 예정이다.
강점	정교한 눈과 인내심을 가진 상위 타순에 적합한 정교한 타자.
약점	슬럼프 한번 시작되면 길어진다. 대처 방법 찾기가 필요하다.
수비력	강한 어깨와 좋은 풋워크를 가진 리그 최상급 풀타임 유격수.

🎤 TMI 인터뷰

1. 원정 갈때 꼭 챙기는 개인 물건
- 아이패드. 마음의 안정을 위해 필요하다.

2. 요즘 가장 많이 듣는 노래
- 랩? 흥을 돋우기 위해 빠른 비트 노래를 요즘 많이 듣고 있다.

3. 처음 봤을때 충격받은 야구선수와 그 이유는?
- (최)정이형 보고 놀랐다. '설마 여기서 치겠어?' 하면 치고, 마치 야구의 신을 보는 듯했다.

4. 야구 선수를 안했다면 지금 뭐하고 있을까?
- 축구나 다른 스포츠를 했을 것 같다.

5. 최근 가장 행복했던 순간
- 캠프에서 점심으로 한식 먹을 때.

54
최지훈

외야수(우투좌타)

올 시즌 부상 없이 잘 하겠습니다! 화이팅

생년월일	1997년 7월 23일
신장/체중	178cm / 82kg
출신학교	광주수창초-무등중-광주제일고-동국대
연봉(2026)	3억 7천만 원

#예비_FA_정신번쩍

최지훈은 올 시즌이 끝나고 첫 FA가 된다. 구단과 다년 계약 협상을 하기도 했는데, 일단 연봉 계약을 하고 시즌 후에 기약 중이다. 구단도, 최지훈도 쉬운 계약은 아닌 만큼 시간이 더 걸릴 것으로 보인다. 다년 계약이 아닌, FA 계약을 할 가능성도 있다. 일단 최지훈은 "FA는 생각하지 않고 있고 시즌 때 잘해야 한다는 생각이 우선"이라고 강조했다.

#최대한_많이_먹자

늘 비시즌이면 살이 살짝 올랐다가, 시즌 중에 쭉 빠지는 최지훈. 식단 관리는 가리지 않고 무조건 많이 먹으려고 노력한다고. 겨울에는 일부러 많이 먹고 살을 찌워서 몸을 키우는데, 시즌에 들어가면 이 노력이 헛수고가 되고 만다. 특히 여름에는 물을 많이 마시다보니 물배가 차서 입맛이 없다고. 무조건 80kg대는 유지하고 싶은 최지훈이다.

#아무도_나를_책임져주지_않는다

매년 한번씩 찾아오는 타격 슬럼프 때문에 고민이 많은 최지훈이다. 특히 무더운 여름만 되면 체력이 훅훅 떨어지면서 타격에도 지장이 가고 있기 때문에 각별히 신경을 쓰는데, 원체 더위를 많이 타는 열이 많은 체질이라 쉽지가 않다. 여름만 되면 살이 쑥 빠진다. 올해는 멘털을 다잡기 위해 마음을 굳게 먹었다고. "생각을 너무 많이 하지 말자, 그 어떤 말도 이제 듣지 않겠다는 생각으로 강하게 마음을 먹고 시작하거든요. 물론 이야기를 듣지만, 마음가짐 자체가 절대 아무도 나를 책임져주지 않는다는 생각을 하고 있어요. 주위 말에 너무 흔들렸던 게 큰 것 같아요. 1군은 멘털 싸움이라고 생각합니다"

2025시즌 기록

타율	경기	타석	타수	득점	안타
0.284	140	574	517	66	147
2루타	3루타	홈런	루타	타점	도루
16	4	7	192	45	28
볼넷	삼진	병살타	장타율	출루율	OPS
43	87	2	0.371	0.342	0.713

전력분석	적극적인 타자. 빠른 카운트에도 과감히 컨택하고 발이 빨라서 내야 안타 생산 가능성이 높은 타자. 하지만 출루율이 높은 스타일은 아니라 올해부터는 하위 타순에서 타격을 할 예정이다. 단타 타구는 고른 편이나 당겨 치는 경향이 높다. 또 우투수에 대한 강점이 확실하고, 좌투수를 상대로는 몸쪽 하이코스에서 강한 경향을 보인다. 시기별 기복이 심해서 슬럼프 대처가 올 시즌 핵심.
강점	몰아치기 시작하면 무섭다. 높은 코스에 대한 장점이 확실하다.
약점	무더위 극복. 여름만 되면 체력도 타격도 뚝 떨어진다.
수비력	괜히 SSG가 대체자를 못키우는게 아니다. 리그 최고 수준의 중견수 수비 범위.

32 외야수(우투좌타)

김재환

생년월일	1988년 9월 22일
신장/체중	184cm / 98kg
출신학교	영랑초-상인천중-인천고
연봉(2026)	5억원

#안녕하세요_SSG김재환입니다

18년 가까이 '베어스맨'이었던 김재환의 이적. 처음에는 충격이었지만, 그에게도 엄청난 결심과 도전이었다. 야구 인생 후반부 전부를 걸었다고 해도 과언이 아닌 인천행이다. SSG는 김재환과 2년 최대 22억원에 계약을 체결했고, 구단과 선수가 합의한 조건에 따른 인센티브 6억원이 포함이다. 김재환이 옵션들을 모두 채우기 위해서는 전성기에 못지 않는 성적을 내야하는 정도라고.

#놓치지_않을거예요

김재환이 올해 랜더스의 새로운 4번타자가 될 가능성이 있다. 이숭용 감독은 김재환과 한유섬을 4번 타순에서 활용하는 방법을 구상하고 있다. 잠실구장에서 유독 담장 앞 잡히는 타구가 많았던 그가 타자친화형 랜더스필드에서는 어떤 모습일까. 일단 김재환은 "4번타자 기회가 저에게 온다면, 절대 놓치지 않고 싶다"고 의지를 나타냈다.

#애착인형_고명준

사실 두산에서 김재환은 후배들에게 쓴소리도 주저 없이 하는 리더 역할을 했다. 처음에는 무서워도, 형이 어떤 마음으로 그런 이야기를 하는지 이해하게 되면서 후배들이 따르는 선배이기도 했다. 사실 이적은 그에게도 어색하고 낯선 일이었는데, 생각보다 빠르게 친해지고 있다. 특히 고명준은 거의 애착 인형마냥 재환이형 옆에 찰싹 붙어서 귀여움을 부리는데. 김재환 왈 "자꾸 놀리고 싶어요. 보면 웃음이 나고, 근데 웃긴 건 놀려도 타격감이 전혀 없다니까요?"

2025시즌 기록

타율	경기	타석	타수	득점	안타
0.241	103	407	344	42	83
2루타	**3루타**	**홈런**	**루타**	**타점**	**도루**
13	2	13	139	50	7
볼넷	**삼진**	**병살타**	**장타율**	**출루율**	**OPS**
57	96	4	0.404	0.354	0.758

전력분석	전형적인 슬러거, 통산 276홈런을 자랑하는 강타자다. 화끈한 풀스윙으로 걸리는 공은 담장 밖까지 까마득하게 넘긴다. 장타가 많은 만큼 삼진도 많지만, 경력이 쌓일 수록 선구안도 좋아져서 볼도 잘 고르는 편. 최전성기 시절에는 30홈런 이상, 3할 타율 이상을 기록하면서 중심 타자로 200% 역할을 했지만, 30대 중반에 접어들면서 컨택률과 타율이 다소 떨어진 상태다.
강점	걸리면 무조건 넘긴다. 공포의 좌타 홈런왕.
약점	에이징커브? 고개 숙였던 해결사. 탈잠실 효과 증명해낼까.
수비력	좌익수에 한정된 수비력. 팀내에서도 지명타자 혹은 대타로 무게를 두고 있다.

🎤 TMI 인터뷰

1. 원정 갈때 꼭 챙기는 개인 물건
- 휴대폰 충전기.

2. 요즘 가장 많이 듣는 노래
- 음악을 잘 안 듣는다.

3. 처음 봤을때 충격받은 야구선수와 그 이유는?
- 한유섬. 얼굴을 보고 선배인가 생각했는데 나보다 동생이라니 믿을 수 없었다.

4. 야구 선수를 안했다면 지금 뭐하고 있을까?
- 야구가 아니어도 운동은 했을 것 같다.

5. 최근 가장 행복했던 순간
- 앞으로 많이 있을 것 같다.

투수(우투우타)

Mitchell White

55 화이트

생년월일/국적	1994년 12월 28일 / 미국			신장/체중	190cm / 95kg
출신학교	미국 Santa Clara(대)			연봉	120만 달러

2025시즌 기록

평균자책점	경기	승	패	홀드	세이브
2.87	24	11	4	0	0
승률	이닝	피안타	피홈런	볼넷	사구
0.733	134 2/3	111	9	44	8
삼진	실점	자책점			
137	51	43			

주무기 와일드하고 공격적인 투수. 강속구가 주무기인 파이어볼러이며 제구력이 좋고 장타 허용율이 낮다.

올 시즌 '에이스'로 거듭나야 하는 특명을 받고 재계약했다. 어머니가 재미 교포 2세로, 화이트는 백인 아버지와 한국계 어머니 사이에서 태어난 혼혈이다. 때문에 한국의 문화에도 익숙하다. 최고 157km/h에 이르는 빠른 공을 던지는데, 우타자, 좌타자에 따라 변화구 구사 또는 다르게 가져갈 수 있는 능력치를 갖추고 있다. 주무기는 브레이킹볼급 커브, 구속차로 위닝샷도 장점이 있다. 지난해에는 수비 송구시 불안함을 보였는데, 올해는 문제점이 완전히 사라진 모습. 작년 성적을 개인적으로도 아쉬워해서 몸을 더 잘 만들어 시즌 준비를 해왔다.

투수(좌투좌타)

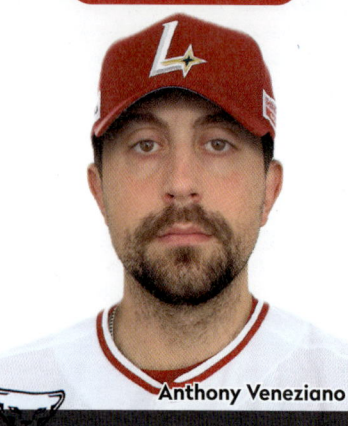

Anthony Veneziano

41 베니지아노

생년월일/국적	1997년 9월 1일 / 미국			신장/체중	198cm / 102kg
출신학교	미국 Warren Hills Regional(고)			연봉	85만 달러

2025시즌 기록

평균자책점	경기	승	패	홀드	세이브
-	-	-	-	-	-
승률	이닝	피안타	피홈런	볼넷	사구
-	-	-	-	-	-
삼진	실점	자책점			
-	-	-			

주무기 좌완 파이어볼러. 최고 구속 155km/h, 평균 구속 150km/h 패스트볼과 슬라이더, 체인지업, 커브를 다양하게 구사한다. 땅볼 유도율이 높다.

드류 버하겐이 메디컬 테스트에서 탈락하면서, SSG가 빠르게 영입한 대체 선수. 좌완 파이어볼러에 커리어 대부분을 선발 투수로 활약했다는 확실한 장점이 있다. 이전 '에이스' 역할을 했던 드류 앤더슨이 미국에서 불펜으로 긴 시간을 보냈던 것과 대조적. 체격 조건이 좋고 아직 젊어 체력에 대한 우려도 적은데다 좌완 선발 투수라는 희소성이 도움이 될 전망이다. 미국에서 워낙 공격적인 투구를 하는 선수고, 피장타율이 낮고 탈삼진 능력도 좋은 편이라 랜더스필드에서 좋은 성과를 낼 가능성이 있다.

외야수(좌투우타)

Guillermo Heredia

27 에레디아

생년월일/국적	1991년 1월 31일 / 쿠바			신장/체중	178cm / 88kg
출신학교	쿠바 Eide Luis Agusto Tursios Lima			연봉	130만 달러

2025시즌 기록

타율	경기	타석	타수	득점	안타
0.339	96	415	375	46	127
2루타	3루타	홈런	루타	타점	도루
18	0	13	184	54	1
볼넷	삼진	병살타	장타율	출루율	OPS
31	62	9	0.491	0.398	0.889

타격스타일 컨택 능력이 뛰어나고 인플레이 타구를 고른 방향으로 만들어낼 수 있는 타자. 3할과 두 자릿수 홈런을 꾸준히 만들어낼 수 있는 능력을 갖췄다. 단, 타석에서 너무 공격적이라 볼넷은 적고 삼진이 많은 편.

벌써 SSG에서 4번째 시즌을 맞는다. SSG는 올 시즌을 앞두고 외국인 타자 교체도 검토를 했지만, 결국 에레디아와의 재계약이 가장 안정적인 최선의 선택이라는 결론을 내렸다. SSG서 뛴 3년간 타율 0.342(리그 1위), OPS 0.893(리그 4위)를 기록했다. 특히 외야 수비는 강한 어깨와 넓은 수비 범위를 자랑하면서 30대 중반을 넘어서는 나이에도 리그 정상급이다. 다만 크고 작은 부상도 있었고, 특히 작년에는 경기 중 감정 컨트롤이 어려운 모습을 보여줘서 올해 다시 심기일전할 필요가 있다.

투수(우투우타)

Takeda Shota

23 타케다

생년월일/국적	1993년 4월 3일 / 일본		신장/체중	187cm / 92kg
출신학교	.일본 미야자키일본대		연봉	20만 달러

2025시즌 기록

평균자책점	경기	승	패	홀드	세이브
-	-	-	-	-	-
승률	이닝	피안타	피홈런	볼넷	사구
-	-	-	-	-	-
삼진	실점	자책점			
-	-	-			

주무기	우완 정통파 투수. 타점이 높은 패스트볼과 커브, 슬라이더, 포크볼을 고르게 활용하는 유형으로, 낙차 큰 커브와 좌타자 상대 포크볼이 특히 위력적이다.

일본 국가대표 출신이자 NPB 소프트뱅크 호크스 스타플레이어 출신 투수. NPB 통산 217경기 66승 48패 평균자책점 3.33의 성적을 기록하며 소프트뱅크에서도 고액 연봉자에 속하는 투수였다. 특히 최전성기였던 2015~2016시즌에는 각각 13승, 14승을 거두며 핵심 선발 역할도 했다. 2015 프리미어12, 2017 WBC에서는 일본 대표로 활약한 투수. 몸 관리가 완벽하고 자신만의 운동 루틴이 완벽하게 정립된 투수. 한국에 오기전부터 한국에 대한 관심이 많았고, 가족들과 함께 한국 문화를 익숙하게 즐긴다. 선한 성품으로 빠르게 팀에 녹아들고 있다.

투수(좌투좌타)

29 김광현

생년월일	1988년 7월 22일		신장/체중	188cm / 88kg
출신학교	덕성초(안산리틀)-안산중앙중-안산공고		연봉	15억 원

2025시즌 기록

평균자책점	경기	승	패	홀드	세이브
5.00	28	10	10	0	0
승률	이닝	피안타	피홈런	볼넷	사구
0.500	144	164	13	50	4
삼진	실점	자책점			
138	86	80			

전력분석	인천의 영원한 에이스. 리그 최고의 좌완 선발 투수가 이제 베테랑 중의 베테랑이 됐다. 특유의 다이내믹한 투구폼으로 던지는 강속구와 전설적인 주무기 슬라이더가 김광현을 상징한다. 나이가 들면서 슬라이더 외에 체인지업, 커브 구사율도 조금씩 늘렸고 구위에 의존하던 과거와 비교해 투구 스타일도 바꿨다. 어깨 부상으로 수술을 받게 되면서 시즌 아웃 가능성이 크다.
강점	그래도 아직 김광현. 경험과 관록을 바탕으로 한 안정적 피칭.
약점	잘 버텼다고 생각했는데, 쉬어가야 할 때인가 보다.

투수(좌투좌타)

39 김건우

생년월일	2002년 7월 12일		신장/체중	186cm / 88kg
출신학교	가현초(인천서구리틀)-동산중-제물포고		연봉	6천5백만 원

2025시즌 기록

평균자책점	경기	승	패	홀드	세이브
3.82	35	5	4	2	0
승률	이닝	피안타	피홈런	볼넷	사구
0.556	66	53	2	49	7
삼진	실점	자책점			
68	31	28			

전력분석	지난해 1군에서 확실한 인상을 남긴 좌완 선발 요원. 올 시즌은 당당히 로테이션 한 자리를 차지하며 개막을 맞이한다. 김광현의 전성기 시절이 생각날 정도로 익사이팅한 피칭을 하는 구위형 원손투수. 슬라이더와 커브를 활용해 포스트시즌 6타자 연속 탈삼진 KBO 신기록을 세울 정도로 삼진을 잡아내는 능력도 빼어나다.
강점	작년 2군행 이후 미세하게 교정한 투구폼. 효과는 확실하다.
약점	고정 선발 첫 기회. 안정적일까? 장담 못하겠네.

투수(우투우타)

1 김민

생년월일	1999년 4월 14일			신장/체중	185cm / 88kg
출신학교	인천숭의초-평촌중-유신고			연봉	2억 1천만 원

2025시즌 기록

평균자책점	경기	승	패	홀드	세이브
2.97	70	5	2	22	1
승률	이닝	피안타	피홈런	볼넷	사구
0.714	63 2/3	60	7	17	6
삼진	실점	자책점			
65	23	21			

전력분석	2년 연속 20홀드 돌파. 힘있는 투심 패스트볼과 강한 슬라이더를 던지는 투수. 선발 경험도 있지만, 불펜으로도 통한다는 사실을 다시 한번 증명해냈다. 주무기인 투심과 슬라이더를 활용한다. 경험이 쌓이면서 슬럼프를 길게 가져가지 않고, 중심 이동을 홈플레이트 쪽으로 빠르게 가져가는데 중점을 두고 있다.
강점	우타자에게 극강.
약점	좌타자에게 약하다. 극심한 좌우편차.

투수(우투우타)

92 이로운

생년월일	2004년 9월 11일			신장/체중	185cm / 105kg
출신학교	본리초-경복중-대구고			연봉	2억 원

2025시즌 기록

평균자책점	경기	승	패	홀드	세이브
1.99	75	6	5	33	1
승률	이닝	피안타	피홈런	볼넷	사구
0.545	77	56	7	26	0
삼진	실점	자책점			
66	19	17			

전력분석	장하다 이로운. '기대이하 1라운더'에서 1년 만에 '믿을맨 필승조'로 성장했다. 데뷔 첫 33홀드-1점대 평균자책점을 기록하면서 SSG 불펜 안정의 1등 공신. 최고 150km/h이 넘는 묵직한 직구를 뿌리고, 김광현에게 전수받은 슬라이더가 손에 익은 후 레파토리가 다양해졌다. 투구시 킥 방식에 변화를 주고, 뒷다리가 안정되면서 성적이 급상승.
강점	일취월장. 모든 구종 가치 상승.
약점	경험 부족. 연속성 유지할 수 있을까?

투수(우투우타)

28 전영준

생년월일	2002년 4월 16일			신장/체중	190cm / 100kg
출신학교	부곡초-휘문중-대구고			연봉	7천만 원

2025시즌 기록

평균자책점	경기	승	패	홀드	세이브
4.61	34	1	5	0	0
승률	이닝	피안타	피홈런	볼넷	사구
0.167	52 2/3	48	5	26	5
삼진	실점	자책점			
55	28	27			

전력분석	우완 선발 혹은 롱릴리프 자원. 포심 패스트볼을 많이 사용하고, 슬라이더와 커브, 포크볼도 사용한다. 구위가 좋은 타입의 투수라 선발 투수가 흔들렸을때, 두번째 투수로 믿고 올릴 수 있다. 투구 메카닉이 더 안정된다면, 올 시즌 좋은 성적을 낼 수 있을거라 기대된다.
강점	구위 믿고 던지는 파워 피칭.
약점	아직은 부족한 투구 안정감.

투수(우투우타)

30 최민준

| 생년월일 | 1999년 6월 11일 | | 신장/체중 | 178cm / 83kg |
| 출신학교 | 부산수영초-경남중-경남고 | | 연봉 | 1억 3천만 원 |

2025시즌 기록

평균자책점	경기	승	패	홀드	세이브
3.97	40	2	2	1	0
승률	이닝	피안타	피홈런	볼넷	사구
0.500	65 2/3	72	6	24	3
삼진	실점	자책점			
44	34	29			

전력분석	우완 정통파 투수로 작은 체구에서도 안정적인 경기 운영 능력을 가진 투수. 140km/h 초중반대 패스트볼을 던지는 최민준은 구위형 투수가 아니지만, 선발과 불펜 모두 가능할 정도로 경기를 할 줄 아는 투수다. 아직 기복 편차가 크지만, 하체 강화와 코어 안정성에 집중하면서 실제 효과를 보고 있다.
강점	주저하지 않는다. 거침없는 빠른 승부.
약점	생각이 너무 많다.

투수(좌투좌타)

57 박시후

| 생년월일 | 2001년 5월 10일 | | 신장/체중 | 182cm / 88kg |
| 출신학교 | 상인천초-상인천중-인천고 | | 연봉 | 9천5백만 원 |

2025시즌 기록

평균자책점	경기	승	패	홀드	세이브
3.27	52	6	2	3	0
승률	이닝	피안타	피홈런	볼넷	사구
0.750	52 1/3	45	5	29	5
삼진	실점	자책점			
34	24	19			

전력분석	야구 센스가 있는 좌완 불펜 요원. 지난해 후반기부터 급성장하는 모습을 보여줬다. 투심 패스트볼과 슬라이더, 커브, 체인지업을 구사한다. 중심 이동을 통해 밸런스를 안정화시키고 투심 구속을 더욱 끌어올리는 데 집중하고 있다. 올해 좌완 불펜 1순위로 많은 기대를 걸고 있다.
강점	작년 52경기 출전 경험이 투구 전체를 업그레이드했다.
약점	좌타자 상대 그리고 일관된 투구가 과제.

투수(우투우타)

42 문승원

| 생년월일 | 1989년 11월 28일 | | 신장/체중 | 180cm / 88kg |
| 출신학교 | 가동초-배명중-배명고-고려대 | | 연봉 | 8억 원 |

2025시즌 기록

평균자책점	경기	승	패	홀드	세이브
5.13	23	4	7	0	0
승률	이닝	피안타	피홈런	볼넷	사구
0.364	105 1/3	109	16	38	5
삼진	실점	자책점			
61	61	60			

전력분석	최근 선발과 불펜을 오갔던 베테랑 우완 투수. 올 시즌은 다시 불펜으로 시작한다. 직구와 슬라이더를 가장 많이 활용하지만, 다양한 경험을 통해 경기 운영 능력이 좋은 투수다. 워낙 성실하고 자기 관리가 철저해서 SSG에서 가장 '롱런'할 수 있는 투수로 꼽는다.
강점	절체절명의 위기 상황. 그래도 선택은 문승원 아닐까.
약점	남아있는 햄스트링 여파. 생각이 너무 많다.

포수(우투우타)

20 조형우

생년월일	2002년 4월 4일			신장/체중	187cm / 95kg
출신학교	송정동초-무등중-광주제일고			연봉	1억 2천5백만 원

2025시즌 기록

타율	경기	타석	타수	득점	안타
0.238	102	294	269	23	64
2루타	3루타	홈런	루타	타점	도루
8	0	4	84	29	0
볼넷	삼진	병살타	장타율	출루율	OPS
19	64	5	0.312	0.294	0.606

전력분석	SSG의 주전 포수 첫 시즌. 긴 유망주 생활을 끝내고, 본격적인 주전으로 도약해야 할 시기를 맞았다. 강한 어깨로 도루 저지 능력이 빼어나고, 타격 능력도 겸비하고 있어 공격형 포수가 될 자질이 크다. 특히 올 시즌을 준비하면서 스윙 일부분을 교정했는데, 이 부분이 비거리 증가로 이어지고 있어 장타력 향상에 대한 기대치가 커졌다.
강점	강한 어깨와 짧은 팝타임. 이제 자신감도 채웠다.
약점	타격 기복 줄이기가 관건.
수비력	도루 저지도 좋고, 블로킹도 수준급. 투수 리드도 많이 향상됐다.

포수(우투우타)

56 이지영

생년월일	1986년 2월 27일			신장/체중	177cm / 88kg
출신학교	서화초-인천신흥중-제물포고-경성대			연봉	2억 원

2025시즌 기록

타율	경기	타석	타수	득점	안타
0.239	76	216	197	13	47
2루타	3루타	홈런	루타	타점	도루
6	1	3	64	18	2
볼넷	삼진	병살타	장타율	출루율	OPS
11	22	8	0.325	0.283	0.608

전력분석	SSG 이적 이후 지난 2시즌 동안 주전 포수 역할을 맡아온 베테랑. 워낙 경험이 많고 안정적으로 경기를 끌어갈 수 있다. 투수들에게 상당히 공격적인 리드를 주문하는 편이고, 의외로 공격에 있어서도 편치가 있다. 작년에는 전반적인 타격 성적이 주춤했지만, 결정적 상황에서 한 방이 있는 무시할 수 없는 타자.
강점	내 나이가 어때서? 강한 내구성.
약점	가끔은 너무 공격적인가?
수비력	경험을 바탕으로 한 안정적인 블로킹.

내야수(우투우타)

18 고명준

생년월일	2002년 7월 8일			신장/체중	185cm / 94kg
출신학교	서원초-세광중-세광고			연봉	1억 6천만 원

2025시즌 기록

타율	경기	타석	타수	득점	안타
0.278	130	500	471	46	131
2루타	3루타	홈런	루타	타점	도루
20	1	17	204	64	2
볼넷	삼진	병살타	장타율	출루율	OPS
20	99	12	0.433	0.306	0.739

전력분석	SSG의 대표적 거포 유망주. 최근 2년 연속 두 자릿수 홈런(2024시즌 11개, 2025시즌 17개)을 기록했고, 꾸준히 20홈런 이상을 달성할 수 있는 타자로 평가 받는다. 빠른 배트스피드와 좋은 스윙 궤적을 가지고 있어 보는 지도자들마다 탐내는 재능을 갖춘 선수. 작년 플레이오프에서 3경기 연속 홈런을 쏘아올리는 등 확실한 장타력을 가지고 있다.
강점	이렇게 빠른 성장 속도. 언제 터질지 모르는 연타.
약점	부족한 경험치. 홈런 타자 키우기 힘들다.
수비력	3루가 가장 자신 있지만, 이제 1루도 수준급이다.

PLAYERS

내야수(우투좌타)

3 정준재

생년월일	2003년 1월 3일			신장/체중	165cm / 68kg
출신학교	상인천초-동인천중-강릉고-(동국대)			연봉	1억 3천만 원

2025시즌 기록

타율	경기	타석	타수	득점	안타
0.245	132	442	371	58	91
2루타	3루타	홈런	루타	타점	도루
10	3	0	107	25	37
볼넷	삼진	병살타	장타율	출루율	OPS
51	93	4	0.288	0.340	0.628

전력분석	지난해 37개의 도루를 성공시켰을 정도로 발도 빠르고, 타이밍을 잡는 센스도 좋으며, 슬라이딩 능력도 타고 났다. 타격이 살아나면 50 도루도 충분히 가능하다고 본다. 내야 수비도 2년간 1군 경험치를 쌓으면서 안정감이 커졌다. ABS존 특징을 활용한 높은 코스에 강점이 있고, 던지는 스윙으로 복귀하며 안타 생산력도 되찾았다.
강점	3할 칠 수 있다. ABS 절대적 유리한 신체 조건.
약점	악몽의 슬럼프 기억. 2할은 그만.
수비력	스텝, 송구 다 일취월장. 실수만 줄이면 된다.

내야수(우투우타)

10 안상현

생년월일	1997년 1월 27일			신장/체중	178cm / 74kg
출신학교	사파초-선린중-용마고			연봉	7천만 원

2025시즌 기록

타율	경기	타석	타수	득점	안타
0.264	102	289	258	38	68
2루타	3루타	홈런	루타	타점	도루
8	2	6	98	15	17
볼넷	삼진	병살타	장타율	출루율	OPS
18	85	2	0.380	0.314	0.694

전력분석	내야 2루, 3루, 유격수 소화가 가능한 만능 멀티맨. 올해도 내야 백업 수비로는 1순위 후보가 될 예정. 슬림한 체형이지만 신체 운동 능력이 빼어나고, 한번 맞으면 타구 비거리가 멀리 뻗어나가는 펀치력이 있는 타자. 올해는 타격시 공을 더 정확하게 맞추기 위해 '토탭'을 시도하면서 타격폼에 작은 변화를 줬다. 2할 후반대 타율은 충분히 기록할 수 있다.
강점	빠른 주력과 내야 3개 포지션 가능. 은근히 득기있는 만능맨.
약점	한번씩 나오는 집중력 저하.
수비력	교체가 필요할 땐 1순위 멀티 요원.

내야수(우투우타)

8 현원회

생년월일	2001년 7월 8일			신장/체중	180cm / 95kg
출신학교	가동초-경상중-대구고			연봉	3천 4백만 원

2025시즌 기록

타율	경기	타석	타수	득점	안타
0.305	21	62	59	6	18
2루타	3루타	홈런	루타	타점	도루
1	0	1	22	6	0
볼넷	삼진	병살타	장타율	출루율	OPS
3	16	3	0.373	0.339	0.712

전력분석	만만하게 보면 큰 코 다친다. 포수에서 1루수로 포지션을 변경한 지 3년 차로 수비 경험은 적지만, 천부적인 타격 재능을 가지고 있다. 타석에서의 대처나 타격 센스가 좋아 팀에서도 공들여 키우는 유망주 타자 중 한 명. 고명준이 다시 3루 글러브를 낀 것도, 현원회와 상무 전역을 앞둔 전의산과의 공존을 위해서다.
강점	원하는 코스로 타구를 날릴 수 있는 센스.
약점	아직 경험치가 적다.
수비력	1루 전향 후 경험 쌓으면서 발전하는 중.

외야수(우투좌타)

35 한유섬

생년월일	1989년 8월 9일			신장/체중	190cm / 105kg
출신학교	중앙초(해운대리틀)-대천중-경남고-경성대			연봉	9억 원

2025시즌 기록

타율	경기	타석	타수	득점	안타
0.273	128	511	455	50	124
2루타	3루타	홈런	루타	타점	도루
24	0	15	193	71	1
볼넷	삼진	병살타	장타율	출루율	OPS
46	120	6	0.424	0.347	0.771

전력분석	장타가 매력인 확신의 슬러거이자 주전 우익수. 지난해 주춤하며 15홈런에 그쳤지만, 4할이 넘는 장타율을 유지했고 오히려 타율은 재작년에 비해 4푼 가까이 상승했다. ABS 도입 초반 혼란을 겪었으나 작년에 여러 시도로 변화를 줬고 30대 후반에 접어든만큼 신체 능력에 맞춰 끊임없이 연구하는 타자. 삼진이 많은 편이지만 장타자의 숙명이다.
강점	걸리면 넘어간다. 넘사벽 파워.
약점	생각이 너무 많다. 슬럼프가 길다.
수비력	타구 판단이 최상위급은 아니지만 경험에서 나오는 바이브 넘치는 수비.

외야수(우투우타)

31 김성욱

생년월일	1993년 5월 1일			신장/체중	181cm / 83kg
출신학교	광주서림초-충장중-진흥고			연봉	1억 원

2025시즌 기록

타율	경기	타석	타수	득점	안타
0.195	56	132	123	10	24
2루타	3루타	홈런	루타	타점	도루
6	0	2	36	13	1
볼넷	삼진	병살타	장타율	출루율	OPS
7	35	2	0.293	0.244	0.537

전력분석	지난해 시즌 도중 트레이드로 이적한 외야수. 이적 직후 잔부상으로 기량을 100% 발휘하지 못했지만, 준플레이오프에서 짜릿한 끝내기포를 날렸다. 구단에서는 지난해 경기 체력이 준비되지 않은 몸 상태였다고 보고, 작년 마무리캠프때부터 기초 체력과 스윙에 많은 노력을 기울였다. 타격시 다리 위치 교정을 하면서 강속구 대응책을 마련했다.
강점	괜히 외국인 투수 킬러가 아니다. 클러치 히터 본능.
약점	자신감을 끌어올릴 때.
수비력	어깨도 좋고 발도 빠르다. 외야 전 포지션 가능.

외야수(우투우타)

37 오태곤

생년월일	1991년 11월 18일			신장/체중	186cm / 88kg
출신학교	쌍문초-신월중-청원고			연봉	5억 원

2025시즌 기록

타율	경기	타석	타수	득점	안타
0.201	122	229	194	31	39
2루타	3루타	홈런	루타	타점	도루
6	0	5	60	26	25
볼넷	삼진	병살타	장타율	출루율	OPS
30	59	4	0.309	0.310	0.619

전력분석	내외야 전천후 멀티 플레이어. 최근에는 1루와 외야, 백업을 중심으로 출전하고 있다. 올 시즌 주장을 맡을 정도로 리더십도 있다. 작년 시즌 초반 SSG의 호성적을 오태곤이 이끌었다고 해도 과언이 아닐 정도로 의외의 클러치 능력을 가지고 있다. 출장 빈도가 일정하지 않다보니 타격감도 들쑥날쑥하지만, 올해도 최우선 순위 백업이 될 예정.
강점	어느 타순에, 어떤 포지션에 놔도 기본은 해내는 만능맨.
약점	감을 유지하기 힘든 출장 빈도.
수비력	어디에 가져다놔도 기본은 할 것 같은 안정감.

11 김성민
투수(우투우타)

생년월일 2001년 4월 30일
출신학교 서울학동초-자양중-경기고

2025시즌 기록
내야수에서 투수 전향 후 150km/h. 재능은 타고났다.

평균자책점	경기	승	패	홀드	세이브	승률	이닝	피안타
0.00	2	1	0	0	0	1.000	2/3	0
피홈런	볼넷	사구	삼진	실점	자책점			
0	2	0	0	0	0			

43 김택형
투수(좌투좌타)

생년월일 1996년 10월 10일
출신학교 창영초-재능중-동산고

2025시즌 기록
좌완 필승조 자존심을 되찾자. 광현이형이 지켜본다.

평균자책점	경기	승	패	홀드	세이브	승률	이닝	피안타
2.78	25	0	0	1	0	-	22 2/3	19
피홈런	볼넷	사구	삼진	실점	자책점			
0	10	3	14	7	7			

66 박기호
투수(우투우타)

생년월일 2005년 7월 26일
출신학교 샛별초(청주시리틀)-현도중-청주고

2025시즌 기록
주목해야 할 사이드암. 씩씩하고 S존을 꽂는 투구.

평균자책점	경기	승	패	홀드	세이브	승률	이닝	피안타
3.00	18	0	0	2	0	-	24	23
피홈런	볼넷	사구	삼진	실점	자책점			
3	12	8	13	10	8			

50 박종훈
투수(우언우타)

생년월일 1991년 8월 13일
출신학교 군산중앙초-군산중-군산상고

2025시즌 기록
포기는 없다. 마지막 사활을 건 투구폼 변신.

평균자책점	경기	승	패	홀드	세이브	승률	이닝	피안타
7.11	5	0	2	0	0	0.000	19	15
피홈런	볼넷	사구	삼진	실점	자책점			
4	18	5	10	17	15			

59 백승건
투수(좌투좌타)

생년월일 2000년 10월 29일
출신학교 동막초-상인천중-인천고

2025시즌 기록
팔꿈치 재활 끝. 이제 감각만 찾으면 된다.

평균자책점	경기	승	패	홀드	세이브	승률	이닝	피안타
-	-	-	-	-	-	-	-	-
피홈런	볼넷	사구	삼진	실점	자책점			
-	-	-	-	-	-			

22 서진용
투수(우투우타)

생년월일 1992년 10월 2일
출신학교 남부민초-대동중-경남고

2025시즌 기록
'세이브왕'이 다시 깨어나야 할 시간. 구속 회복이 관건이다.

평균자책점	경기	승	패	홀드	세이브	승률	이닝	피안타
6.75	2	0	0	0	0	-	1 1/3	1
피홈런	볼넷	사구	삼진	실점	자책점			
0	3	0	0	1	1			

60 신지환
투수(좌투좌타)

생년월일 2006년 4월 17일
출신학교 강남초-성남중-성남고

2025시즌 기록
기량 급성장. 좌완 비밀병기가 될 수 있다.

평균자책점	경기	승	패	홀드	세이브	승률	이닝	피안타
0.00	1	0	0	0	0	-	1	0
피홈런	볼넷	사구	삼진	실점	자책점			
0	0	1	1	0	0			

16 이건욱
투수(우투우타)

생년월일 1995년 2월 13일
출신학교 신도초-동산중-동산고

2025시즌 기록
어느덧 베테랑. 완전히 달라진 모습을 보여줘야 한다.

평균자책점	경기	승	패	홀드	세이브	승률	이닝	피안타
-	-	-	-	-	-	-	-	-
피홈런	볼넷	사구	삼진	실점	자책점			
-	-	-	-	-	-			

4 이기순
투수(좌투좌타)

생년월일 2003년 5월 14일
출신학교 서흥초-인천신흥중-동산고

2025시즌 기록

군 복무 마쳤습니다! 기다렸던 좌완 스페셜리스트.

평균자책점	경기	승	패	홀드	세이브	승률	이닝	피안타
-	-	-	-	-	-	-	-	-

피홈런	볼넷	사구	삼진	실점	자책점			
-	-	-	-	-	-			

12 윤태현
투수(우언우타)

생년월일 2003년 10월 10일
출신학교 상인천초-동인천중-인천고

2025시즌 기록

너무 오래 기다렸다. 올해는 느낌이 좋은데?

평균자책점	경기	승	패	홀드	세이브	승률	이닝	피안타
-	-	-	-	-	-	-	-	-

피홈런	볼넷	사구	삼진	실점	자책점			
-	-	-	-	-	-			

21 장지훈
투수(우투우타)

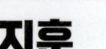

생년월일 1998년 12월 6일
출신학교 김해삼성초-내동중-김해고
　　　　　-동의대

2025시즌 기록

전천후 투수. 예상보다 멀어진 1군 마운드. 다시 기회를 노린다.

평균자책점	경기	승	패	홀드	세이브	승률	이닝	피안타
-	-	-	-	-	-	-	-	-

피홈런	볼넷	사구	삼진	실점	자책점			
-	-	-	-	-	-			

51 정동윤
투수(우투좌타)

생년월일 1997년 10월 22일
출신학교 덕성초(안산리틀)-중앙중-야탑고

2025시즌 기록

아직 노력이 빛을 못봤다. 선배들이 기대하는 올 시즌 승부수.

평균자책점	경기	승	패	홀드	세이브	승률	이닝	피안타
8.31	12	0	0	0	0	-	17 1/3	21

피홈런	볼넷	사구	삼진	실점	자책점			
2	12	0	17	16	16			

98 조요한
투수(우투우타)

생년월일 2000년 1월 6일
출신학교 광주화정초-충장중-광주제일고
　　　　　-동강대

2025시즌 기록

160km/h 파이어볼러 기대주가 돌아왔다. 다시 설레도 될까.

평균자책점	경기	승	패	홀드	세이브	승률	이닝	피안타
-	-	-	-	-	-	-	-	-

피홈런	볼넷	사구	삼진	실점	자책점			
-	-	-	-	-	-			

68 천범석
투수(우투우타)

생년월일 2006년 3월 6일
출신학교 과천문원초(안양시리틀)
　　　　　-수원북중-강릉고

2025시즌 기록

묵직한 구위와 안정적 제구력. 조금 더 가다듬는다면.

평균자책점	경기	승	패	홀드	세이브	승률	이닝	피안타
-	-	-	-	-	-	-	-	-

피홈런	볼넷	사구	삼진	실점	자책점			
-	-	-	-	-	-			

34 한두솔
투수(좌투좌타)

생년월일 1997년 1월 15일
출신학교 광주수창초-진흥중-광주제일고
　　　　　-일본 오사카리세이샤전문대학

2025시즌 기록

자존심 상했던 2025년. 직구 구속 회복이 관건.

평균자책점	경기	승	패	홀드	세이브	승률	이닝	피안타
4.95	44	2	0	3	1	1.000	36 1/3	46

피홈런	볼넷	사구	삼진	실점	자책점			
1	19	1	27	22	20			

24 김민식
포수(우투좌타)

생년월일 1989년 6월 28일
출신학교 양덕초-마산중-마산고-원광대

2025시즌 기록

우승 전문 포수. 베테랑 아직 안죽었다. 필요할때 온다.

타율	경기	타석	타수	득점	안타	2루타	3루타	홈런

루타	타점	도루	볼넷	삼진	병살타	장타율	출루율	OPS

25 신범수

포수(우투좌타)

생년월일 1998년 1월 25일

출신학교 광주대성초-광주동성중
-광주동성고

2025시즌 기록

공수겸장 포수. 이율예, 김규민의 군입대로 임무 막중.

타율	경기	타석	타수	득점	안타	2루타	3루타	홈런
0.182	29	39	33	1	6	1	0	1
루타	타점	도루	볼넷	삼진	병살타	장타율	출루율	OPS
10	3	0	5	7	0	0.303	0.308	0.611

47 김민준

내야수(우투우타)

생년월일 2004년 3월 20일

출신학교 순천북초-순천이수중-북일고

2025시즌 기록

안정적인 수비력을 자랑하는 유격수 유망주.

타율	경기	타석	타수	득점	안타	2루타	3루타	홈런
-	-	-	-	-	-	-	-	-
루타	타점	도루	볼넷	삼진	병살타	장타율	출루율	OPS
-	-	-	-	-	-	-	-	-

5 김수윤

내야수(우투우타)

생년월일 1998년 7월 16일

출신학교 김해삼성초-개성중-부산고

2025시즌 기록

내야 전천후 커버가 가능한 우타자.

타율	경기	타석	타수	득점	안타	2루타	3루타	홈런
0.091	7	12	11	0	1	0	0	0
루타	타점	도루	볼넷	삼진	병살타	장타율	출루율	OPS
1	0	0	4	0	0	0.091	0.167	0.258

36 김태윤

내야수(우투좌타)

생년월일 2003년 2월 28일

출신학교 창우초(하남시리틀)-배명중
-배명고

2025시즌 기록

작은 체구에도 공수주 모두 되는 내야수.

타율	경기	타석	타수	득점	안타	2루타	3루타	홈런
0.500	8	4	2	0	1	0	0	0
루타	타점	도루	볼넷	삼진	병살타	장타율	출루율	OPS
1	0	1	2	0	0	0.500	0.750	1.250

53 문상준

내야수(우투우타)

생년월일 2001년 3월 14일

출신학교 가동초-휘문중-휘문고

2025시즌 기록

SSG가 일찍부터 점찍은 2차드래프트 이적생. 잠재력이 큰 내야 멀티맨.

타율	경기	타석	타수	득점	안타	2루타	3루타	홈런
-	-	-	-	-	-	-	-	-
루타	타점	도루	볼넷	삼진	병살타	장타율	출루율	OPS
-	-	-	-	-	-	-	-	-

52 석정우

내야수(우투우타)

생년월일 1999년 1월 20일

출신학교 동일중앙초-경남중-경남고
-연세대

2025시즌 기록

안정적 수비. 공격도 펀치력 있는 내야 유틸리티.

타율	경기	타석	타수	득점	안타	2루타	3루타	홈런
0.265	27	54	49	3	13	1	0	2
루타	타점	도루	볼넷	삼진	병살타	장타율	출루율	OPS
20	4	0	4	18	1	0.408	0.333	0.741

65 최윤석

내야수(우투우타)

생년월일 2006년 4월 25일

출신학교 진북초(전주시비전리틀)-전라중
-전주고

2025시즌 기록

코너 내야수. 신체 조건이 좋고 중장거리 유형의 기대주.

타율	경기	타석	타수	득점	안타	2루타	3루타	홈런
-	-	-	-	-	-	-	-	-
루타	타점	도루	볼넷	삼진	병살타	장타율	출루율	OPS
-	-	-	-	-	-	-	-	-

97 홍대인

내야수(우투좌타)

생년월일 2001년 11월 23일

출신학교 서원초-세광중-세광고
-(사이버한국외대)

2025시즌 기록

내외야가 가능한 멀티 요원. 주력이 빠르고 컨택 능력도 좋아 공수주 두루 괜찮다.

타율	경기	타석	타수	득점	안타	2루타	3루타	홈런
0.200	14	5	5	3	1	0	0	0
루타	타점	도루	볼넷	삼진	병살타	장타율	출루율	OPS
1	0	1	0	2	0	0.200	0.200	0.400

45 류효승
외야수(우투우타)
생년월일 1996년 7월 16일
출신학교 칠성초-경상중-대구상원고
-성균관대

2025시즌 기록
'한국의 애런 저지' 기대주. 피지컬과 배트 스피드, 스윙 궤적까지, 거포 자질 충분.

타율	경기	타석	타수	득점	안타	2루타	3루타	홈런
0.287	27	103	94	18	27	5	0	6
루타	타점	도루	볼넷	삼진	병살타	장타율	출루율	OPS
50	16	0	7	28	1	0.532	0.350	0.882

64 김창평
외야수(우투좌타)
생년월일 2000년 6월 14일
출신학교 학강초-무등중-광주제일고

2025시즌 기록
오랜 기다림. 이제 부상은 더 이상 그만.

타율	경기	타석	타수	득점	안타	2루타	3루타	홈런
-	4	0	0	1	0	0	0	0
루타	타점	도루	볼넷	삼진	병살타	장타율	출루율	OPS
0	0	0	0	0	0	-	-	-

9 이승민
외야수(좌투좌타)
생년월일 2005년 1월 6일
출신학교 서울도곡초-휘문중-휘문고

2025시즌 기록
그동안 2군에서 준비를 잘했다. 완성도 높아진 타격. 올해 1군에서 기대해봐도 될듯.

타율	경기	타석	타수	득점	안타	2루타	3루타	홈런
0.200	2	5	5	0	1	0	0	0
루타	타점	도루	볼넷	삼진	병살타	장타율	출루율	OPS
1	0	0	0	0	0	0.200	0.200	0.400

33 이정범
외야수(좌투좌타)
생년월일 1998년 4월 10일
출신학교 인천숭의초-동인천중-인천고

2025시즌 기록
장타가 있는 왼손 타자. 외야 백업과 왼손 대타 출격 대기.

타율	경기	타석	타수	득점	안타	2루타	3루타	홈런
0.000	3	3	3	0	0	0	0	0
루타	타점	도루	볼넷	삼진	병살타	장타율	출루율	OPS
0	0	0	0	2	0	0.000	0.000	0.000

63 임근우
외야수(우투우타)
생년월일 1999년 7월 22일
출신학교 서울도곡초-휘문중-휘문고
-홍익대

2025시즌 기록
올해 눈여겨봐도 좋다. 독기 가득한 육각형 플레이어.

타율	경기	타석	타수	득점	안타	2루타	3루타	홈런
0.000	3	5	5	0	0	0	0	0
루타	타점	도루	볼넷	삼진	병살타	장타율	출루율	OPS
0	0	0	0	1	0	0.000	0.000	0.000

15 채현우
외야수(우투우타)
생년월일 1995년 11월 21일
출신학교 칠성초-경복중-대구상원고
-송원대

2025시즌 기록
컨택도 나쁘지 않은 외야 백업. 그런데 갑자기 경쟁자가 많아졌네?

타율	경기	타석	타수	득점	안타	2루타	3루타	홈런
0.188	41	52	48	8	9	1	1	1
루타	타점	도루	볼넷	삼진	병살타	장타율	출루율	OPS
15	9	2	3	13	1	0.313	0.231	0.544

7 최준우
외야수(우투좌타)
생년월일 1999년 3월 25일
출신학교 방배초-대치중-장충고

2025시즌 기록
외야수 변신 두번째 시즌. 수비는 안정 됐고, 이제 기회만 기다린다.

타율	경기	타석	타수	득점	안타	2루타	3루타	홈런
0.191	78	192	152	17	29	0	0	3
루타	타점	도루	볼넷	삼진	병살타	장타율	출루율	OPS
38	22	2	30	47	3	0.250	0.328	0.578

13 하재훈
외야수(우투우타)
생년월일 1990년 10월 29일
출신학교 양덕초-마산동중-용마고

2025시즌 기록
이대로 물러설 수는 없지. 파워히터의 끝장 도전.

타율	경기	타석	타수	득점	안타	2루타	3루타	홈런
0.143	18	61	56	6	8	1	0	3
루타	타점	도루	볼넷	삼진	병살타	장타율	출루율	OPS
17	8	1	4	21	1	0.304	0.197	0.501

1라운드 전체 5순위
40 김민준

생년월일	2006년 4월 8일
신장/체중	183cm / 100kg
출신학교	봉황초(경주시리틀)-포항중-대구고

투수(우투우타)

준수한 신체 조건과 안정된 제구력을 바탕으로 경기 운영을 굉장히 잘하는 투수. 올해 선발 경쟁 중. 직구와 스플리터 구사력이 수준급이며, 최고 구속 150km/h. 즉시 전력감으로 활용할 수 있다.

3라운드 전체 25순위
49 장재율

생년월일	2007년 9월 12일
신장/체중	187cm / 99kg
출신학교	광주화정초-무등중-광남고BC

외야수(우투우타)

투수와 타자를 겸하는 우타 거포 자원. 투수로도 150km/h을 던지고, 타격에서도 파워를 갖춤. 우타 거포로 키울 예정.

6라운드 전체 55순위
106 이승빈

생년월일	2006년 11월 24일
신장/체중	180cm / 79kg
출신학교	대구옥산초(영남리틀)-경운중-경북고

외야수(우투우타)

운동 능력이 빼어난 센터 라인 자원. 어깨가 좋고 홈보살이 가능한 수준급 송구 능력을 보유했다. 타석에서 공격적으로 장타를 칠 수 있는 펀치력도 갖춘 우타자.

8라운드 전체 75순위
108 신상연

생년월일	2007년 2월 3일
신장/체중	179cm / 81kg
출신학교	용소초(부산수영리틀)-대천중-경남고

투수(우투우타)

최고 구속 148km/h을 던지는 탄력있는 체형의 사이드암 투수. 와일드한 투구폼으로 빠른 팔스윙, 몸통 회전을 통해 힘있는 직구 구위를 가지고 있다. 구위형 불펜 자원으로 성장할 수 있다.

10라운드 전체 95순위
110 김재훈

생년월일	2007년 3월 12일
신장/체중	200cm / 110kg
출신학교	솔빛초-솔빛중-한광BC

투수(우투우타)

엄청난 장신에 피지컬이 좋고 최고 149km/h를 찍은 우완 투수. 운동 능력과 신체 조건이 타고났고, 구위형 투수로 성장할 가능성이 있다.

2라운드 전체 15순위
46 김요셉

생년월일	2007년 5월 3일
신장/체중	188cm / 81kg
출신학교	대전유천초-한밭중-세광고

내야수(우투좌타)

수비 기본기와 감각이 좋아 연결 동작이 부드럽고, 정확도 높은 송구 능력을 가진 내야수. 타격에서도 컨택이 좋아 중장거리형 타자로 성장할 가능성이 존재한다. 파워만 보강한다면 향후 주전 유격수도 가능하다.

5라운드 전체 45순위
105 조재우

생년월일	2006년 11월 21일
신장/체중	190cm / 100kg
출신학교	남정초-덕수중-미국 IMG Academy(고)-미국 센트럴플로리다대

투수(우투우타)

준수한 제격 조건을 바탕으로 최고 153km/h을 뿌리는 강속구 투수. 수준급 구위와 변화구 구사력을 보유했다. 체인지업 구사 능력이 빼어남.

7라운드 전체 65순위
107 오시후

생년월일	2007년 10월 20일
신장/체중	183cm / 90kg
출신학교	갈산초-양산중-덕수고

외야수(좌투좌타)

스윙이 짧고 강해 장타력을 갖춘 외야수. 높은 성장 가능성을 가지고 있고, 좌타 거포의 싹이 보인다.

9라운드 전체 85순위
109 김태현

생년월일	2007년 1월 3일
신장/체중	184cm / 92kg
출신학교	광주수창초-진흥중-진흥고

투수(좌투좌타)

투타겸업 출신. 고교 시절 1루수로 출전했으나 구단에서는 투수로서의 성장 가능성을 보고 지명했다. 피지컬이 좋고 직구, 체인지업 구사력이 좋은 편.

11라운드 전체 105순위
111 안재연

생년월일	2003년 4월 10일
신장/체중	177cm / 83kg
출신학교	구남초-건대부중-장충고-고려대

내야수(우투좌타)

공수주가 고르게 발달한 유틸리티 내야 자원. 안정적인 포구와 송구 능력을 가졌고, 타석에서도 컨택 능력이 우수함. 주력도 스타트가 좋아 도루를 할 수 있는 능력을 갖춤.

TEAM PROFILE

UNIFORM

구단명 : **삼성 라이온즈**

연고지 : **대구광역시**

창립연도 : **1982년**

구단주 : **유정근**

대표이사 : **유정근**

단장 : **이종열**

감독 : **박진만**

주장 : **구자욱**

홈구장 : **대구 삼성 라이온즈파크**

영구결번 : **10 양준혁 21 오승환 22 이만수 36 이승엽**

한국시리즈 우승 : **1985 2002 2005 2006 2011 2012 2013 2014**

HOME

AWAY

TEAM INFO

2025 팀 순위 (포스트시즌 최종 순위 기준)

4위

최근 5년간 팀 순위

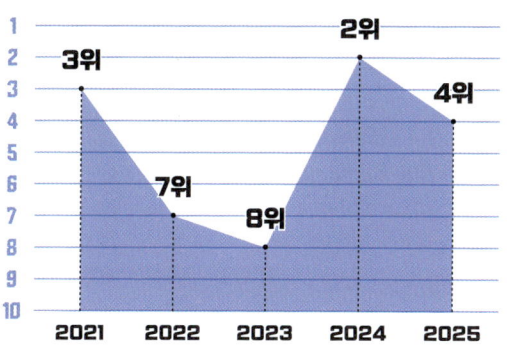

- 3위 (2021)
- 7위 (2022)
- 8위 (2023)
- 2위 (2024)
- 4위 (2025)

2025시즌 최다 마킹 유니폼

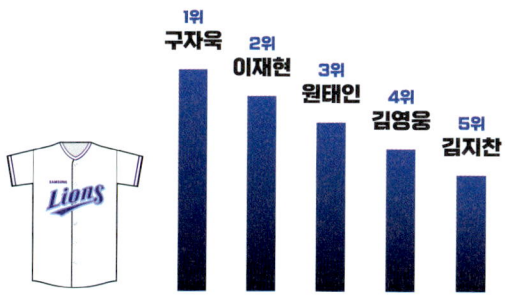

- 1위 구자욱
- 2위 이재현
- 3위 원태인
- 4위 김영웅
- 5위 김지찬

2025시즌 최다 판매 굿즈

1 팔각 응원봉
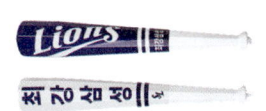

2 최강삼성 타월

3 투명백팩

PARK FACTOR

- 3.6m
- 122.5m
- 107m
- 107m
- 99.5m
- 99.5m

천연 잔디 (켄터키 블루그래스)

수용인원

24,000석

구장 특성

상공에서 내려다보면 팔각형 모양이 독특한 구조의 야구장. 구장 안에 들어서면 삼성의 '푸른피'를 상징하는 진한 파란색이 관중석과 구장 전체를 휘감은 듯한 느낌을 준다. 대표적인 타자친화형 구장으로 꼽히며, 좌우 펜스 모서리 부분이 움푹 들어와 있어 홈런이 쉽게 나오는 듯한 기분이 드는데, 실제로도 기록상 홈런, 피홈런이 많은 구장이다. 우측 외야에는 '영원한 라이온킹' 이승엽의 대형 벽화가 눈에 띈다.

HOME STADIUM GUiDE

팬들을 위한 직관 꿀팁

요즘 대전과 더불어 가장 티켓 구하기 어려운 구장이 바로 대구 '라팍'이다. 그만큼 야구 인기가 상상 그 이상. 평일, 주말 가리지 않고 거의 전 경기 좌석 점유율 100%에 육박할 정도로 구름 관중이 몰린다. 그렇기 때문에 가능하면 대중교통 이용을 추천하고, 어쩔 수 없이 차를 가져오는 경우에는 일찍 움직여야 한다. 특히 경기가 끝난 직후에는 관람객들이 한꺼번에 몰려 택시 호출이 무척 어렵다. 야구장을 자주 방문하는 팬들은 익숙하게 알겠지만, 마케팅에 진심인 라팍은 내부에 다양한 먹거리와 즐길거리가 많은 편이다. 다만 관중이 많아 인기있는 코너는 사람이 몰리니 시간 계산을 잘해야 한다. 야구장에서 도보로 이동할 수 있는 시지 부근에 비즈니스 호텔들이 여럿 있어 원정팬들이 많이 애용하지만, 삼성의 홈

경기가 있는 날이면 가격이 크게 올라가기도 한다. 가격 비교를 해보고, 조금 떨어지더라도 대중교통으로 수월하게 오갈 수 있는 동성로 인근에 숙소를 잡는 것도 괜찮다. 맵고 자극적이지만 중독성 있는 대구식 떡볶이나 납작만두에 무침회, 오드레기구이와 생고기, 노포 중국집 등 대구 구시가지에 포진해 있는 다양한 맛집 섭렵도 야구팬이라면 필수다.

고속열차 동대구역과 고속버스, 시외버스 터미널도 거리는 있지만 연결은 잘 되어 있다. 수도권뿐만 아니라 부산, 울산, 광주, 대전에서도 올 수 있는 위치라는 게 라팍의 최대 장점인데, 팬들 2~3명이 모여 '택시 원정대'를 꾸리는 경우도 종종 볼 수 있다. 체력도 아끼고, 금액 합의에 따라 합리적 전략이 될 수도 있다.

응원단

응원단장
김상헌

응원단장
이범형

치어리더
남화륜

치어리더
문가은

치어리더
박소영

치어리더
박지영

치어리더
박혜인

치어리더
신비

치어리더
오서율

치어리더
유세빈

치어리더
이규리

치어리더
장유빈

치어리더
천소윤

치어리더
최소윤

치어리더
최희원

치어리더
한지은

구단 마스코트 소개

메인 마스코트 블레오

블레오 행성에서 이룰 것은 모두 이룬 레전드 타자. 야구밖에 몰랐으나 이제 한 가족의 가장이 됐다.

서브 마스코트 블레오 패밀리

핑크레오
블레오의 아내. 항상 당당하고, 남편에게 파이팅을 외쳐주는 강한 성격.

레니
블레오의 딸. 음악과 기타를 사랑하는 사춘기 소녀..

레온
블레오의 아들. 아직 말이 서툰 아기 투수. 천재적 어깨를 가지고 태어나 200km/h 강속구를 던진다.

SHOW, 삼성 왕조 AGAIN

작년에 이것만 잘됐으면 좋았을 텐데

삼성 라이온즈의 2025년은 '저력'과 '아쉬움'이 공존한 해였다. 정규시즌 4위로 시작해 와일드카드와 준플레이오프를 거쳐 플레이오프(PO)까지 진출하는 '가을의 기적'을 썼지만, 2024년 한국시리즈 준우승팀의 눈높이에는 미치지 못했다. 밑바닥부터 훑고 올라간 탓에 막판 체력 고갈을 피할 수 없었고, 이는 결국 더 높은 곳으로 향하는 발목을 잡았다.

지난해 발목을 잡은 건 역시 헐거워진 뒷문이었다. 시즌 초 구상은 부상 악령 앞에 속수무책으로 무너졌다. 필승조의 주축으로 기대했던 파이어볼러 김무신과 이재희가 팔꿈치 부상으로 이탈했고, 베테랑 백정현마저 5월에 쓰러졌다. 믿었던 마무리 김재윤의 초반 난조까지 겹치며 불펜은 붕괴 직전까지 몰렸다.

그 대가는 혹독했다. 전반기 불펜 평균자책점 4.73(8위), 역전패 22회(리그 최다 2위). 이 중 5승만 지켜냈어도 정규시즌 2위 직행이 가능했다는 계산은 더욱 뼈아프다. 와일드카드부터 시작된 강행군이 불러온 '나비효과'는 결국 한화 이글스와의 PO 5차전 석패로 이어졌다. 여름에 지키지 못한 승수가 가을의 체력을 갉아먹은 셈이다.

그러나 위기 속에서 희망도 싹텄다. 이호성, 배찬승, 이승민 등 '젊은 피'가 가을 무대에 괄목할 만한 성장을 이뤘고, 새 시즌에는 최지광, 김무신, 이재희가 건강하게 돌아와 마운드에 힘을 보탠다. 여기에 아시아쿼터로 영입한 강속구 투수 미야지 유라까지 가세하며 불펜 뎁스는 양과 질을 모두 채웠다. 별다른 외부 FA 영입 없이도 삼성의 전력이 고평가받는 이유다.

타선은 지난해 홈런왕 르윈 디아즈와 재계약한 데 이어 최형우까지 돌아오며 파괴력을 한층 끌어올렸다. 스프링캠프에서 두각을 나타낸 함수호 등 젊은 피의 가세도 눈여겨볼 만한 대목이다.

반면, 원태인, 이호성, 장승현 등에게 잇따라 찾아온 캠프 줄부상은 '부상 병동'으로 전락했던 지난 시즌의 악몽을 되살리는 듯하다. 시즌 초반 마운드의 위기를 무사히 넘기고, 8위까지 추락했던 작년의 전철을 밟지 않은 채 상위권에서 여름을 맞이한다면 충분히 대권도 노려볼 수 있는 전력이다.

검증된 타선의 파괴력과 탄탄한 1~4선발, 여기에 약점이었던 불펜과 5선발 퍼즐만 맞춰진다면 삼성은 더 이상 도전자 입장이 아니다. 2026시즌, 사자 군단은 다시 한번 대권(大權)을 정조준하고 있다.

스토브리그 성적표

최형우+집토끼 계약은 했는데, 불펜 약점은 어찌할꼬.

지극히 주관적인 올 시즌 예상 순위와 이유

구자욱-디아즈-김영웅의 다이너마이트 타선에 최형우가 가세했다. 타선의 파괴력은 리그 최정상급. 2년 연속 가을 무대를 밟으며 '이기는 법'을 터득한 젊은 사자들의 큰 경기 경험은 폭발적인 시너지를 예고한다.

후라도-원태인으로 이뤄진 강력한 원투펀치와, 김무신·최지광 등 부상에서 돌아온 필승조의 합류로 뒷문 불안도 어느 정도 지웠다. 투타 밸런스가 완벽히 잡힌 삼성은 우승을 다툴 유일한 대항마이자, 가장 강력한 '대권 후보'다.

생년월일 **1976년 11월 30일**

출신학교 **서화초-상인천중-인천고-경기대**

주요 경력 **현대 유니콘스 선수(1996~2004)**
-삼성 라이온즈 선수(05~10)-SK 와이번스 선수(11~15)
-SK 와이번스 수비코치(16)
-삼성 라이온즈 2군 수비코치(17)
-삼성 라이온즈 1군 수비코치(17~21)
-삼성 라이온즈 2군 감독(22)
-삼성 라이온즈 감독대행(22)
-삼성 라이온즈 감독(23~)

"가을야구를 넘어, 우승 마침표가 필요하다"

박진만 감독은 지난 3년간 진화했다. 카리스마에 소통 리더십까지 갖췄다. 지난해 그의 '면담 효과'는 이제 그와 삼성의 트레이드 마크가 됐다. 2024년 한국시리즈 준우승, 2025년 플레이오프 진출이라는 성과도 거뒀다. 구단은 이러한 박 감독의 공로를 인정해 그에게 재계약을 제안했다. 구단의 메시지는 명확하다. 리빌딩의 시간은 끝났으니, 이제 '우승'이라는 마침표를 찍으라는 것. 전력도 강화됐고, 이젠 핑계 댈 곳은 없다. 젊은 사자들을 이끌고 가을 DNA를 심은 공로는 인정받았지만, 프로는 결국 결과로 말한다. '가능성 확인'이 아닌 오직 하나, '대권(V9)'을 향한 직진뿐이다.

70
박진만

1군

수석·투수코치
최일언

야수총괄코치
채상병

타격코치
무라카미 타카유키

타격코치
박한이

불펜코치
박석진

배터리코치
이흥련

주루코치
정병곤

주루·외야수비코치
이종욱

수비코치
손주인

퓨처스

퓨처스 감독
모리야마 료지

타격코치
박석민

투수코치
박희수

배터리코치
김응민

수비·주루코치
남원호

주루·외야수비코치
박찬도

육성군

육성군코치
이윤효

육성군코치
김동호

육성군코치
배영섭

육성군코치
강명구

육성군코치
최영진

2026 SAMSUNG LIONS DEPTH CHART

• 지명타자

 최형우
 구자욱
 강민호

좌익수
구자욱
최형우
김헌곤

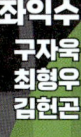

 **중견수**
김지찬
박승규
홍현빈

우익수
김성윤
이성규
김태훈

유격수
이재현
이해승
김재상

 **2루수**
류지혁
심재훈
양우현

3루수
김영웅
전병우
차승준

1루수
디아즈
이성규
이창용

• 감독

 박진만

• 예상 선발 로테이션

 후라도
 원태인

 **포수**
강민호
박세혁
장승현

 오러클린

최원태

이승현

• 2026 예상 베스트 라인업

1번 타자	김지찬	중견수
2번 타자	김성윤	우익수
3번 타자	구자욱	좌익수
4번 타자	디아즈	1루수
5번 타자	최형우	지명타자
6번 타자	김영웅	3루수
7번 타자	강민호	포수
8번 타자	류지혁	2투수
9번 타자	이재현	유격수

• 필승조

 이승민
 김태훈
 최지광
 배찬승
 미야지

• 마무리

 김재윤

• 2026 IN & OUT

IN 최형우 외야수/FA 영입/2년 최대 26억 원 |
김태훈 투수/FA 잔류/3+1년 최대 20억 원 |
이승현 투수/FA 잔류/2년 최대 6억 원 | 강민호 포수/FA 잔류/2년 최대 20억 원 |
장승현 포수/2차드래프트 | 임기영 투수/2차드래프트 |
박세혁 포수/트레이드_3R 지명권 | 김현준 외야수/상무 전역 예정

OUT 오승환 투수/은퇴 | 임창민 투수/은퇴 | 박병호 내야수/은퇴 |
최충연 투수/2차 드래프트 롯데 | 황동재 투수/상무 |
양도근 내야수/상무 | 김대우 투수/상무 예정 |
송은범 투수/방출 | 김대우 투수/방출 | 이상민 투수/방출 |
최성훈 투수/방출 | 김민수 포수/방출 | 강한울 내야수/방출 |
공민규 내야수/방출 | 김태근 외야수/방출

34

외야수(우투좌타)

최형우

생년월일	1983년 12월 16일
신장/체중	180cm / 106kg
출신학교	진북초-전주동중-전주고
연봉(2026)	4억 원

#형_어게인

10년 만에 돌아왔다. 2016시즌을 끝으로 KIA 타이거즈와 FA 계약을 맺으며 떠난 왕조 멤버가 10년 뒤 금의환향했다. 최형우는 2011년부터 2014년까지 삼성이 4연속 통합우승을 하는 데 일조한 일등공신. 삼성 암흑기의 시작이었던 2016년에도 그는 타율과 안타, 타점 리그 1위에 30개 이상의 홈런을 때려내고 팀을 떠났다. 어쩌면 삼성의 진정한 암흑기 시작은 최형우가 떠난 직후일지도. 이제 그는 왕조의 부활을 위해 다시 푸른 유니폼을 입었다.

#43세_26억원의 가성비

지난해 최형우의 나이는 한국나이로 43세였다. 하지만 위력은 여전했다. 3할 타율에 20개 이상의 홈런(24개) 팀(KIA)에서 두 번째로 많은 타점(86점)의 맹타를 휘둘렀다. 타자에게 최고의 훈장인 슬래시라인(타율 3할, 출루율 4할, 장타율 5할)도 출루율 딱 1리가 모자라 실패했지만, 리그에서 해당 기록을 달성한 선수가 4명밖에 없다는 걸 고려한다면 최형우의 활약은 대단했다. 삼성이 올해 43세인 그에게 26억원이나 안긴 건 다 이유가 있다.

#쇼_라팍의 최형우

지난 9년간 최형우는 삼성 선수가 아니었지만, 라팍은 제 집마냥 편했다. 10시즌 동안 라팍 544타석에 들어서 기록한 성적은 타율 0.373, 31홈런, 121타점, 장타율 0.677. 구장이 넓지 않아 홈런을 더 많이 기대할 수 있고, 그동안 잘 나서지 않았던 외야 수비도 가능하다. 환경은 완벽하다. 등번호 34번도 돌아왔고, 대구를 들뜨게 했던 응원가도 돌아올 예정이다. 이제 최형우의 '쇼타임'만 남았다.

🎤 TMI 인터뷰

1. 원정 갈때 꼭 챙기는 개인 물건
- 태블릿PC.

2. 요즘 가장 많이 듣는 노래
- 발라드(먼데이 키즈 - 그대여).

3. 처음 봤을때 충격받은 야구선수와 그 이유는?
- 배찬승. 짜증나게 얼굴이 너무 작아서.

4. 야구 선수를 안했다면 지금 뭐하고 있을까?
- 공부.

5. 최근 가장 행복했던 순간
- 첫 캠프 시작한 날(설레서).

2025시즌 기록

타율	경기	타석	타수	득점	안타
0.307	133	549	469	74	144
2루타	3루타	홈런	루타	타점	도루
30	1	24	248	86	1
볼넷	삼진	병살타	장타율	출루율	OPS
67	98	9	0.529	0.399	0.928

전력분석	리그 평균을 웃도는 타구 속도와 빠른 배트 스피드. 포심 패스트볼 타율이 리그 9위(0.333)에 해당할 정도로 빠른 볼 대처 능력도 높다. 뛰어난 선구안에 20홈런 이상 때려내는 파워도 여전. 연결고리이자 해결사 역할도 가능한 만능 타자.
강점	불혹에도 여전한 파워, 그리고 돌아온 '라팍 효과'.
약점	'여름 삼성'과 반대로 떨어지는 여름 체력, 점점 더 빨라지는 리그 투수 구속.
수비력	43세, 떨어진 순발력과 좁아진 수비범위. 외야 좁은 라팍에서는 다를지도.

5  **외야수(우투좌타)**

구자욱

생년월일	1993년 2월 12일
신장/체중	189cm / 75kg
출신학교	본리초-경복중-대구고
연봉(2026)	5억 원

#막내가_이렇게_든든해지다니

2026년 괌 스프링캠프에서 구자욱을 본 최형우의 첫 소감은 이랬다. 2016년 이후 10년 만의 재회. 당시 막내였던 구자욱은 어느덧 팀의 주장이 되어 중심을 잡고 있다. 왕조의 끝물과 기나긴 암흑기를 모두 버텨낸 구자욱만큼 삼성 주장에 어울리는 선수가 또 누가 있을까. 지난 2년간 팀이 신구조화를 성공적으로 이뤘던 데엔 중심을 잡았던 구자욱의 역할이 컸다. 그는 올해도 삼성의 주장이다.

#필사즉생_클래스는_영원하다

지난해 초반 구자욱은 극심한 타격 부진에 빠졌다. 재작년 플레이오프에서 당한 부상 여파를 완전히 떨쳐내지 못했다. 하지만 구자욱은 핑계를 대지 않았다. 매 경기 전 엑스트라 훈련을 자처하며 땀을 흘리고, 후배 김성윤의 모자에 적힌 '필사즉생'을 보며 정신력을 재무장했다. 그렇게 구자욱은 6월 이후 리그에서 가장 뜨거운 타격(타율 0.364)을 기록하며 2년 연속 외야수 골든글러브까지 거머쥐었다.

#올해는_정상에서_웃겠습니다

삼성은 올 시즌 강력한 우승 후보 중 하나로 꼽히고 있다. 2024년 한국시리즈(KS) 준우승과 지난해 와일드카드결정전(WC)부터 플레이오프(PO)까지 한 다양한 경험, 여기에 최형우까지 합류하면서 전력이 업그레이드 됐다는 평가다. 그리고 그 중심엔 구자욱이 있다. 지난 수년간의 세대교체, 신구조화 모두 구자욱이 중심을 잘 잡았기에 가능한 일이었다. 구자욱은 "주장으로서 팀을 잘 이끌어서 올해는 꼭 정상에서 웃을 수 있도록 하겠다"라며 각오를 다졌다.

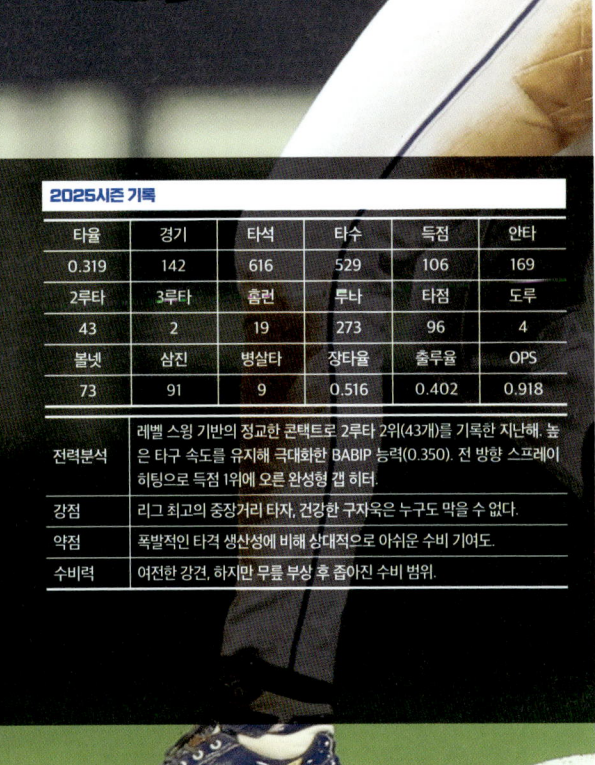

2025시즌 기록

타율	경기	타석	타수	득점	안타
0.319	142	616	529	106	169
2루타	3루타	홈런	루타	타점	도루
43	2	19	273	96	4
볼넷	삼진	병살타	장타율	출루율	OPS
73	91	9	0.516	0.402	0.918

전력분석	레벨 스윙 기반의 정교한 콘택트로 2루타 2위(43개)를 기록한 지난해. 높은 타구 속도를 유지해 극대화한 BABIP 능력(0.350). 전 방향 스프레이 히팅으로 득점 1위에 오른 완성형 갭 히터.
강점	리그 최고의 중장거리 타자, 건강한 구자욱은 누구도 막을 수 없다.
약점	폭발적인 타격 생산성에 비해 상대적으로 아쉬운 수비 기여도.
수비력	여전한 강견, 하지만 무릎 부상 후 좁아진 수비 범위.

🎤 TMI 인터뷰

1. 원정 갈때 꼭 챙기는 개인 물건
- 소금, 들기름. 아침에 일어나서 먹으려고.

2. 요즘 가장 많이 듣는 노래
- '힙합보단 사랑, 사랑보단 돈'.

3. 처음 봤을때 충격받은 야구선수와 그 이유는?
- 강민호. 생각보다 나이가 많아 보였다. (지금은 점점 젊어지고 있다)

4. 야구 선수를 안했다면 지금 뭐하고 있을까?
- LionsTV PD.

5. 최근 가장 행복했던 순간
- 지금 이 순간.

18

투수(우투우타)

원태인

생년월일	2000년 4월 6일
신장/체중	183cm / 92kg
출신학교	율하초(중구리틀)-경복중-경북고
연봉(2026)	10억 원

#푸른_피_에이스

삼성의 원태인을 수식하는 단어는 이 말 하나로 모두 정리가 된다. 신인 시절부터 "왕조 재건의 주역이 되겠다"고 당찬 포부를 밝혔던 원태인은 이후 다승왕, 토종 에이스 등 각종 타이틀을 도장 깨기 하듯이 깨나가고 있다. 이제 진정한 '푸피에'가 되기 위해선 우승만 남았다. 대구에서 태어나 대구에서 자란 원태인은 '왕조 부활'의 핵심으로 거듭날 준비를 마쳤다.

#홈런공장에서_다승왕_QS_볼넷까지_완벽

삼성의 홈 구장 대구 삼성라이온즈파크는 홈런이 많이 나오는 악명 높은(투수 한정) 홈런 공장이다. 하지만 원태인은 이곳을 홈으로 쓰면서 2024년 다승왕(15승)에 이어 2025년에도 토종 다승 1위(12승), ERA 2위(3.24)에 오르며 여전히 활약을 펼쳤다. 더 놀라운 것은 올해 개인 최다 QS 20회와 9이닝 당 볼넷 리그 1위(1.46개)를 동시에 달성했다는 점. 매 시즌 진화하는 그의 모습에 올 시즌 삼성의 우승 기대도 커져 가고 있다.

#일본이냐_미국이냐_다년계약이냐

올 시즌은 원태인에게 선수 생활 최대 분수령이 될 전망이다. 이번 시즌을 마치고 FA가 되는 원태인은 어린 시절부터 꿈꿔왔던 해외 진출을 노린다. 구단도 원태인의 해외 도전을 응원한다. 당연하지만 그를 국내 다른 팀으로 보낼 생각은 추호도 없다. 비FA 다년계약으로 그를 미리 잡아두고자 하는데, '푸른 피 프리미엄'을 고려한다면 규모가 상당할 것으로 보인다. 해외진출 여부와 다년계약 규모 모두 올 시즌 원태인의 성적에 따라 크게 요동칠 전망이다.

🎤 TMI 인터뷰

1. 원정 갈때 꼭 챙기는 개인 물건
- 제일 잘 맞는 베개.

2. 요즘 가장 많이 듣는 노래
- '한화 김태연 - 사랑이란건(불후의명곡)'.

3. 처음 봤을때 충격받은 야구선수와 그 이유는?
- 타티스 주니어.

4. 야구 선수를 안했다면 지금 뭐하고 있을까?
- 행사MC.

5. 최근 가장 행복했던 순간
- 강민호형이 삼성에 남았을 때.

2025시즌 기록

평균자책점	경기	승	패	홀드	세이브
3.24	27	12	4	0	0
승률	**이닝**	**피안타**	**피홈런**	**볼넷**	**사구**
0.750	166 2/3	157	20	27	6
삼진	**실점**	**자책점**			
108	66	60			

전력분석	평균 140km/h대 중반의 직구, 주무기 체인지업은 매 시즌 구종 가치 상위권에 이름을 올릴 정도로 무브먼트도 좋다. 슬라이더에 커브 완성도까지 높이면서 완성형 투수로 거듭난 '푸른 피 에이스'. 후반기 체력 저하, 태극마크 과부하 우려에도 끄떡없었던 지난해. 부상 여파에도 걱정없는 에이스 투수.
강점	정교한 커맨드, '토종 에이스'에 걸맞은 노련한 피칭. FA + 해외진출 동기 부여까지.
약점	제3~4구종의 완성도, 잦은 국가대표 차출로 인한 부상 및 체력 문제.

55

 투수(좌투좌타)

배찬승

생년월일	2006년 1월 1일
신장/체중	180cm / 85kg
출신학교	대구옥산초-협성경복중-대구고
연봉(2026)	9천만 원

#158km/h_왼손_파이어볼러

2025년 8월 27일. 삼성 배찬승은 본인도 어안이 벙벙한 구속의 강속구를 던졌다. 157.5km/h. 왼손 투수, 그것도 데뷔 시즌을 치르는 신인 투수가 던진 공이라고는 믿기지 않을 정도의 광속구였다. 여기에 신인답지 않은 담대한 배짱까지 갖춘 그는 단숨에 필승조 자리까지 꿰차며 씩씩하게 공을 던졌다. 그는 데뷔해 19홀드에 3점대 평균자책점이라는 성공적인 시즌을 보냈다.

#KKKKKK_쓰라리지만_값졌던_가을투

배찬승은 가을 무대에서도 필승조 역할을 했다. 하지만 데뷔 첫해 풀시즌을 개근하며 체력 소모가 컸던 탓에 기대했던 강속구가 가을에서는 나오지 않았다. 그런 가운데서도 배찬승은 가을 6경기 3이닝 동안 삼진 6개를 잡아내는 배짱투를 선보였다. 패전 다음날에도 웃으며 출근하는 그를 보고 박진만 감독이 혀를 내두를 정도. 값진 가을 경험을 쌓은 배찬승은 올 시즌엔 더 높은 곳(한국시리즈)에서 공을 던지겠다고 다짐했다.

#K-찬승_2년차_징크스는_없다

배찬승은 지난겨울 값진 경험을 더 쌓았다. 국내에서 내로라하는 투수들이 모두 모여 있는 대표팀 전지훈련에 발탁됐다. 이곳에서 배찬승은 베테랑 류현진부터 원태인, 문동주, 곽빈 등 꾸준한 투수들과 김택연, 정우주 등 또래 친한 불펜 투수들과 생활하며 이것저것 물어보고 배웠다는 후문. 만족스러웠던 데뷔 시즌은 뒤로 하고, 2년 차 징크스 없이 계속 성장할 것을 다짐했다.

2025시즌 기록

평균자책점	경기	승	패	홀드	세이브
3.91	65	2	3	19	0
승률	이닝	피안타	피홈런	볼넷	사구
0.400	50 2/3	50	3	34	2
삼진	실점	자책점			
57	25	22			

전력분석	들어는 봤나, 좌완 158km/h. 묵직한 구위의 패스트볼과 날카로운 슬라이더를 주무기로 타자를 정면 돌파. 땅볼/뜬공 비율이 1.32에 달할 정도로 극단적인 땅볼 유도 능력을 갖춘 것이 특징. 삼성에 부족한, 라팍에 꼭 필요한 젊은피 좌완 파이어볼러.
강점	최고 158km/h의 강속구 파워 피처. 묵직한 구위의 패스트볼이 일품.
약점	주자 상황에서의 제구 기복, 우타자 상대 결정구의 완성도.

🎤 TMI 인터뷰

1. 원정 갈때 꼭 챙기는 개인 물건

- 애착 베개.

2. 요즘 가장 많이 듣는 노래

- 볼빨간사춘기 노래.

3. 처음 봤을때 충격받은 야구선수와 그 이유는?

- 강민호, 몸이 엄청 크셔서.

4. 야구 선수를 안했다면 지금 뭐하고 있을까?

- 삼성 회사원.

5. 최근 가장 행복했던 순간

- 삼성에 지명 됐을 때.

7 **내야수(우투우타)**

이재현

생년월일	2003년 2월 4일
신장/체중	180cm / 82kg
출신학교	서울이수초-선린중-서울고
연봉(2026)	2억 9천만 원

#공터에서_테니스공_받던_소년이_왕조의_주인공으로

이재현의 꼬마 시절 야구 열정은 남달랐다. 공터만 보이면 테니스공 바구니와 글러브를 갖고 나가 수비 훈련을 했고, 리틀 야구 시절 밤 11시까지 이어지는 고된 훈련에도 힘든 기색 없이 버텨내는 모습에서 미래의 '국민 유격수'의 자질을 보였다. 세월이 흘러 그 꼬마가 삼성 내야의 중심에 섰다. 박진만, 김상수 등이 달았던 7번의 주인공으로서, 왕조 부활을 꿈꾼다.

#만루포로_이어진_못_말리는_특타

이재현은 발전을 위해 수단과 방법을 가리지 않는 노력파 선수다. 지난해 QC 코치였던 이마에 도시아키 코치와 '타격 이론가' 이종열 삼성 단장에게까지 찾아가 조언을 구했다. 더 나아가 이재현은 수도권 경기가 있을 때면 매일 오전 사설 아카데미를 찾아 특타를 하곤 했다. 피나는 노력 덕에 이재현은 7월 잠실 만루포로 효과를 봤다. 후반기 0.273의 준수한 활약으로 이어져 가능성을 봤다

#김영웅과_도파민_듀오

이재현의 장점은 그 본연의 실력과 노력, 그리고 강인한 멘털이다. 중압감 심한 가을야구에서도 절친 김영웅과 함께 '(홈런) 한 방 때리고 오겠다'라며 오히려 즐기는 모습을 보였다. "별 생각 없이 했던 말들이다"라며 개의치 않아 했지만, 그의 강한 멘털을 보여 준 에피소드였다. 이재현은 "잘하고 싶은 욕심과 우승에 대한 의욕은 우리 둘 다 강하다"라며 김영웅과 의기투합했다.

TMI 인터뷰

1. 원정 갈때 꼭 챙기는 개인 물건
- 폼롤러.

2. 요즘 가장 많이 듣는 노래
- (심)재훈이가 매일 방에서 불러주는 노래.

3. 처음 봤을때 충격받은 야구선수와 그 이유는?
- 피렐라, 힘이 세서.

4. 야구 선수를 안했다면 지금 뭐하고 있을까?
- 식당.

5. 최근 가장 행복했던 순간
- 맛있는 거 먹을 때 (어제 지찬이 형이 밥 사줬을 때).

2025시즌 기록

타율	경기	타석	타수	득점	안타
0.254	139	555	457	82	116
2루타	3루타	홈런	루타	타점	도루
29	1	16	195	67	6
볼넷	삼진	병살타	장타율	출루율	OPS
69	119	8	0.427	0.360	0.787

전력분석	정확한 컨택과 빠른 배트 스피드, 일발 장타 능력도 갖춘 선수. 2년 연속 두 자릿수 홈런을 때려낼 수 있는 파워를 증명했다. 적극적이고 공격적이었던 1년차보다 조금씩 좋은 공을 골라내는 능력까지 갖춘 성장형 내야수.
강점	뛰어난 손목 힘과 빠른 배트 스피드, 빠른 볼 대처 능력.
약점	아쉬운 기복, 조금씩 끌어 올리고 있는 체력 문제.
수비력	KBO 탑급 유격수 수비. 좋은 수비 센스와 반응 속도, 송구 능력도 좋다는 평가.

30 김영웅

내야수(우투좌타)

생년월일	2003년 8월 24일
신장/체중	183cm / 81kg
출신학교	공주중동초-야로중-물금고
연봉(2026)	2억 2천만 원

#위기_패기_다시_영웅

3점 차로 끌려가던 플레이오프 4차전, 김서현의 빠른 공 2개에 연달아 헛스윙을 하던 김영웅이 세 번째 빠른 공에도 거침없이 배트를 휘둘렀다. 김영웅은 배트를 던졌고, 삼성은 극적인 동점에 성공했다. 이후 김영웅은 역전 3점포까지 쏘아 올리며 팀을 승리로 이끌었다. 그의 등장곡처럼, 위기의 순간, 패기로 만든 홈런으로 영웅이 됐다.

#삼진?_그냥_먹어

김영웅의 가장 큰 약점은 바로 삼진이다. 지난해에도 리그에서 두 번째로 많은 삼진을 기록했다. 김영웅도 고민이다. 지난해까지 타격 코치를 역임했던 이진영 코치(현 두산)에게 고민을 털어놨다. 돌아온 답변은 "그냥 (삼진) 먹어." 삼진을 많이 당한다는 건 자기 스윙을 한다는 뜻이고, 선구안은 경험을 통해 쌓인다는 뜻이었다. 자신감을 얻은 김영웅은 후반기 14개의 홈런을 몰아치며 가을 영웅이 됐다.

#올해도_진화하는_영웅

2024년 다시 배트를 길게 잡으며 환골탈태한 김영웅은 지난해 벌크업 시도에 이어 올해도 변화를 예고했다. 시작은 무라카미 타카유키 신임 타격코치가 될 전망. 김영웅은 스프링캠프에서 "자세히 말씀드릴 순 없지만, 무라카미 코치님과 타격에 관한 이야기를 많이 나눈다"고 했다. 매번 발전을 위해 변화를 시도하는 그에게 또다른 발전의 터닝포인트가 될 전망이다.

2025시즌 기록

타율	경기	타석	타수	득점	안타
0.249	125	499	446	66	111
2루타	**3루타**	**홈런**	**루타**	**타점**	**도루**
22	2	22	203	72	6
볼넷	**삼진**	**병살타**	**장타율**	**출루율**	**OPS**
48	143	6	0.455	0.323	0.778

전력분석	3년 차에 만개한 거포 잠재력. 자신의 스트라이크존을 잘 설정하고 스윙하는 덕분에 장타를 생산해 낼 수 있었다. 힘을 온전히 실을 수 있는 스윙 능력까지 갖춰 정교함과 선구안이 더 성장한다면 거포 능력은 더 빛을 발할 예정.
강점	일발장타, 손댈 것 없는 깔끔한 스윙.
약점	거포의 숙명 삼진.
수비력	3루는 물론 유격수 수비도 깔끔. 삼성 코너 내야의 미래.

TMI 인터뷰

1. 원정 갈때 꼭 챙기는 개인 물건
- 태블릿PC.

2. 요즘 가장 많이 듣는 노래
- (함)수호가 매일 밤에서 불러주는 노래.

3. 처음 봤을때 충격받은 야구선수와 그 이유는?
- 전부 다, 다 야구를 잘해서.

4. 야구 선수를 안했다면 지금 뭐하고 있을까?
- 학생.

5. 최근 가장 행복했던 순간
- 컴투스 프로야구에서 나를 뽑았을 때.

투수(우투우타)

Ariel Jurado

75 후라도

생년월일/국적	1996년 1월 30일 / 파나마		신장/체중	188cm / 109kg	
출신학교	파나마 San Judas Tadeo(고)		연봉	130만 달러	

2025시즌 기록

평균자책점	경기	승	패	홀드	세이브
2.60	30	15	8	0	0
승률	이닝	피안타	피홈런	볼넷	사구
0.652	197 1/3	177	17	36	4
삼진	실점	자책점			
142	65	57			

주무기 강력한 무브먼트의 싱커와 체인지업, 최다 이닝·QS에 빛나는 탄탄한 내구성.

야구 주머니는 실존했다. 이렇게 꾸준하고 이렇게 탄탄한 투수가 또 어디 있을까. 압도적인 이닝 소화 능력(이닝 이터)과 정교한 제구력은 삼성 선발진의 가장 확실한 상수다. 150km/h에 육박하는 투심 패스트볼과 체인지업, 커브 등 다양한 구종을 자유자재로 구사하며 타자의 타이밍을 뺏는 노련미가 일품이다. 계산이 서는 투구로 불펜 소모를 최소화할 수 있는 '코너 워크의 마술사'로서, 2026시즌 삼성의 우승 도전을 이끌 '승리 보증 수표'로 평가받는다. '토종 에이스' 원태인과의 케미를 보는 것도 즐겁다.

투수(좌투좌타)

Jack O'Loughlin

64 오러클린

생년월일/국적	2000년 3월 14일 / 호주		신장/체중	196cm / 101kg	
출신학교	호주 Seaton(고)		연봉	5만 달러(6주)	

2025시즌 기록

평균자책점	경기	승	패	홀드	세이브
-	-	-	-	-	-
승률	이닝	피안타	피홈런	볼넷	사구
-	-	-	-	-	-
삼진	실점	자책점			
-	-	-			

주무기 큰 키에서 억박지르는 강력한 구위. ABS에서도 장점 기대되는 제구.

급한 불을 끄기 위해 호주행 비행기마저 막아섰다. 맷 매닝의 갑작스러운 팔꿈치 부상으로 대체 외국인 투수가 시급했던 삼성은 WBC 호주 대표팀에서 맹활약한 잭 오러클린에게 긴급 러브콜을 보냈다. 시즌 초반 선발 로테이션을 버텨줄 자원이자 팀 마운드에 부족한 좌완 투수라는 삼성의 니즈에 정확히 부합했다. 이번 WBC에서 한국을 상대로 3⅓이닝 비자책 역투를 펼치며 실력도 입증한 상태다. 6주 단기 계약으로 합류했지만, 삼성도, 오러클린도 최종 목표는 '정규직 전환'이다. 오러클린이 위기에 빠진 삼성 선발진을 구원할 소방수가 될 수 있을지 관심이 쏠린다.

내야수(좌투좌타)

Lewin Díaz

ㅇ 디아즈

생년월일/국적	1996년 11월 19일 / 도미니카공화국		신장/체중	188cm / 105kg	
출신학교	도미니카 Daniel Smith(고)		연봉	130만 달러	

2025시즌 기록

타율	경기	타석	타수	득점	안타
0.314	144	628	551	93	173
2루타	3루타	홈런	루타	타점	도루
32	0	50	355	158	1
볼넷	삼진	병살타	장타율	출루율	OPS
60	100	15	0.644	0.381	1.025

타격스타일 압도적 파워에 높은 발사각. 찬스에 강한 삼성의 4번타자.

KBO리그 최초의 50홈런-150타점 선수. 라이온즈파크에 최적화된 거포이자, 삼성 타선의 무게감을 책임지는 부동의 4번 타자다. 지난 시즌 이미 검증된 장타력은 물론, 어떤 악송구도 부드럽게 건져 올리는 메이저리그급 1루 수비 능력은 내야진 전체에 안정감을 불어넣는다. 부드러운 스윙 메커니즘에서 나오는 파괴력으로 30홈런 이상이 보장된 자원이며, 찬스에 강한 클러치 능력까지 겸비했다. 팀 동료들과의 융화력도 뛰어나 삼성 팬들의 사랑을 독차지하는 '복덩이' 외인으로, 올해도 라팍의 담장을 수차례 넘길 것이다.

투수(우투우타)

생년월일/국적	1999년 8월 2일 / 일본	신장/체중	186cm / 90kg
출신학교	일본 도카이대	연봉	10만 달러

2025시즌 기록

평균자책점	경기	승	패	홀드	세이브
-	-	-	-	-	-
승률	이닝	피안타	피홈런	볼넷	사구
-	-	-	-	-	-
삼진	실점	자책점			
-	-	-			

주무기	포심 최고 구속 158km, 스플리터, 슬라이더, 커브 등 구종 갖춘 마무리 후보.

이런 투수가 왜 독립리그에 있었지. 아시아쿼터로 영입된 일본 독립리그 출신의 '광속구 투수'. 최고 158km/h를 상회하는 폭발적인 직구 구위 하나만으로도 삼성의 마음을 사로잡았다. 일본 투수 특유의 안정된 밸런스에 공격적인 투구 성향을 더해, 불펜에서 타자를 힘으로 억누르는 '파이터' 기질이 다분하다. 아직 변화구 완성도에 대한 물음표는 있지만, 짧은 이닝을 전력으로 막아내는 불펜 요원으로는 차고 넘치는 재능이다. 강력한 돌직구로 뒷문을 잠글 비밀 병기가 될 잠재력 풍부.

Miyaji Yura

15 미야지

투수(우투우타)

생년월일	1997년 1월 7일	신장/체중	184cm / 104kg
출신학교	서울인헌초-경원중-서울고	연봉	16억 원

2025시즌 기록

평균자책점	경기	승	패	홀드	세이브
4.92	27	8	7	0	0
승률	이닝	피안타	피홈런	볼넷	사구
0.533	124 1/3	128	13	51	12
삼진	실점	자책점			
109	72	68			

전력분석	라팍에선 결국 땅볼형 투수가 필요하다. 가을에 보여줬던 구위와 제구, 이닝 소화능력만 보여 준다면 삼성의 4선발 걱정은 굿바이. '억제기' 강민호의 재계약까지 호재는 많다.
강점	땅볼 유도에 탁월한 투심 패스트볼 보유. 가을 징크스도 안녕~.
약점	147km/h를 넘겨선 안 돼. 구속 욕심 내는 순간 흔들리는 제구, 그리고 기복.

20 최원태

투수(좌투좌타)

생년월일	2002년 5월 19일	신장/체중	183cm / 102kg
출신학교	남도초-경복중-대구상원고	연봉	1억 2천만 원

2025시즌 기록

평균자책점	경기	승	패	홀드	세이브
5.42	25	4	9	0	0
승률	이닝	피안타	피홈런	볼넷	사구
0.308	101 1/3	121	10	46	9
삼진	실점	자책점			
74	64	61			

전력분석	어게인 2024가 절실한 강력한 5선발 후보. 오른손 일색인 선발진에 가장 필요한 왼손 선발. 부상으로 인한 자신감 하락은 해결해야 할 과제.
강점	140km/h 중반의 패스트볼과 각 큰 커브를 구사하는 좌완 선발.
약점	부상 이후 떨어진 자신감과 구위.

57 이승현

투수(우투우타)

62 김재윤

생년월일	1990년 9월 16일		신장/체중	185cm / 91kg	
출신학교	서울도곡초-휘문중-휘문고		연봉	8억 원	

2025시즌 기록

평균자책점	경기	승	패	홀드	세이브
4.99	63	4	7	3	13
승률	이닝	피안타	피홈런	볼넷	사구
0.364	57 2/3	57	10	13	1
삼진	실점	자책점			
43	34	32			

전력분석	통산 193세이브. 삼성에서 가장 마무리 경험이 많은 베테랑 투수. 강력한 수직 무브먼트의 패스트볼과 포크볼을 구사. 146km 이상의 구속 유지가 관건.
강점	묵직한 구위, 풍부한 마무리 경험
약점	구속이 줄면, 정타도 많아진다. 특히 라팍에선 위험 또 위험.

투수(우투우타)

27 김태훈

생년월일	1992년 3월 2일		신장/체중	187cm / 101kg	
출신학교	남부민초-대신중-부경고		연봉	3억 원	

2025시즌 기록

평균자책점	경기	승	패	홀드	세이브
4.48	73	2	6	19	2
승률	이닝	피안타	피홈런	볼넷	사구
0.250	66 1/3	66	8	26	2
삼진	실점	자책점			
74	34	33			

전력분석	6년 연속 두 자릿수 홀드(KBO 역대 두 번째)의 꾸준함과 노련미. 위기 관리 능력이 탁월한 필승조. 다만 부상병동 불펜진 탓에 체력 소모 극심. 체력 배분만 잘 된다면 꾸준함 보장.
강점	날카로운 슬라이더와 포크볼.
약점	체력과 직결되는 제구력.

투수(좌투좌타)

29 백정현

생년월일	1987년 7월 13일		신장/체중	184cm / 80kg	
출신학교	대구옥산초-대구중-대구상원고		연봉	2억 원	

2025시즌 기록

평균자책점	경기	승	패	홀드	세이브
1.95	29	2	0	3	1
승률	이닝	피안타	피홈런	볼넷	사구
1.000	32 1/3	19	1	7	2
삼진	실점	자책점			
31	7	7			

전력분석	불펜으로 전환한 2025년, 특급 셋업맨으로 맹활약했으나 부상으로 완주하지 못한 것이 아쉽다. 신무기 포크볼 위력 검증한 것은 위안. 새 시즌 선보일 변형 슬라이더 완성도도 주목하라.
강점	탁월한 디셉션과 정교한 피칭 터널, 베테랑 경험까지.
약점	부상 여파.

투수(좌투좌타)

28 이승민

| 생년월일 | 2000년 8월 26일 | | 신장/체중 | 174cm / 79kg |
| 출신학교 | 본리초-경상중-대구고 | | 연봉 | 1억 5백만 원 |

2025시즌 기록

평균자책점	경기	승	패	홀드	세이브
3.78	62	3	2	8	0
승률	이닝	피안타	피홈런	볼넷	사구
0.600	64 1/3	61	5	26	3
삼진	실점	자책점			
53	37	27			

전력분석	제구와 디셉션 중심의 기교파에서 지난해 평균 구속을 140km/h 중반까지 끌어올리며 구위형 불펜으로 거듭났다. 정교한 로케이션과 완급조절로 '가을 영웅'으로 거듭난 차세대 좌완 필승조.
강점	구속 상승과 안정적인 제구, 그리고 풍부하게 쌓인 큰 경기(가을) 자신감.
약점	아쉬운 구속과 구위, 실투 시 장타는 필연.

투수(우투우타)

11 최지광

| 생년월일 | 1998년 3월 13일 | | 신장/체중 | 173cm / 85kg |
| 출신학교 | 감천초-대신중-부산고 | | 연봉 | 1억 5천만 원 |

2025시즌 기록

평균자책점	경기	승	패	홀드	세이브
-	-	-	-	-	-
승률	이닝	피안타	피홈런	볼넷	사구
-	-	-	-	-	-
삼진	실점	자책점			
-	-	-			

전력분석	탁월한 디셉션과 공격적인 투구가 특징. 부상 전인 2024시즌 필승조 기억 되살리는 것이 관건. 투구 밸런스가 좋을 때 무의식적으로 나오는 '독도킥'을 주목하라.
강점	높은 회전수의 패스트볼과 고속 슬라이더가 주무기.
약점	부상 여파.

투수(우투우타)

48 김무신

| 생년월일 | 1999년 12월 8일 | | 신장/체중 | 183cm / 94kg |
| 출신학교 | 온양온천초-온양중-북일고 | | 연봉 | 7천만 원 |

2025시즌 기록

평균자책점	경기	승	패	홀드	세이브
-	-	-	-	-	-
승률	이닝	피안타	피홈런	볼넷	사구
-	-	-	-	-	-
삼진	실점	자책점			
-	-	-			

전력분석	건강할 때는 리그 최정상급인 구위와 탈삼진 능력 자랑. 지난해 개명 후 반등 노렸으나 팔꿈치 부상으로 시즌 아웃. 복귀 시 삼성 불펜에 힘을 더할 강력한 구위 자원으로 평가.
강점	150km/h 후반대의 압도적인 강속구.
약점	파이어볼러의 숙명, 제구력.

투수(우투좌타)

17 이재희

생년월일	2001년 10월 11일		신장/체중	187cm / 100kg	
출신학교	대전신흥초-한밭중-대전고		연봉	4천5백만 원	

2025시즌 기록

평균자책점	경기	승	패	홀드	세이브
3.00	11	0	2	4	0
승률	이닝	피안타	피홈런	볼넷	사구
0.000	9	7	0	5	0
삼진	실점	자책점			
9	3	3			

전력분석	오타니라면 다 따라하는 'K-오타니'. 공격적인 투구로 타자 압도하며 지난해 초반 필승조 안착했으나, 팔꿈치 수술로 낙마 불운. 시즌 중반 복귀 유력, 필승조 한 축 담당할 자원으로 평가.
강점	150km/h대의 묵직한 직구와 예리한 슬라이더
약점	수술 후 실전 감각 및 구위 회복 여부

포수(우투우타)

47 강민호

생년월일	1985년 8월 18일		신장/체중	185cm / 100kg	
출신학교	제주신광초-포철중-포철공고		연봉	3억 원	

2025시즌 기록

타율	경기	타석	타수	득점	안타
0.269	127	465	412	37	111
2루타	3루타	홈런	루타	타점	도루
23	1	12	172	71	2
볼넷	삼진	병살타	장타율	출루율	OPS
38	69	16	0.417	0.336	0.753

전력분석	2할대 중반의 타율, 4할대 장타율, 두 자릿수 홈런. 젊은 투수진 확 휘어잡는 베테랑 리드까지. 아직 강민호의 아성을 넘을 포수는 삼성에 없다.
강점	불혹에도 여전한 중장거리 타격 능력, 투수 리드는 말모말모.
약점	적지 않은 나이, 높은 도루 허용률.
수비력	여전히 훌륭한 투수 리드와 블로킹. 저하된 도루 저지 능력.

포수(우투좌타)

52 박세혁

생년월일	1990년 1월 9일		신장/체중	181cm / 86kg	
출신학교	수유초-신일중-신일고-고려대		연봉	4억 원	

2025시즌 기록

타율	경기	타석	타수	득점	안타
0.163	48	93	86	8	14
2루타	3루타	홈런	루타	타점	도루
3	0	2	23	10	1
볼넷	삼진	병살타	장타율	출루율	OPS
5	28	4	0.267	0.215	0.482

전력분석	간결한 스윙 궤적을 가진 좌타 포수. 컨택과 작전 수행 능력에 강점. 삼성 타선에 부족한 좌타 포수이자 베테랑으로서의 정교한 수 싸움 기대.
강점	'우승 포수'의 풍부한 경험과 경기 운영 능력.
약점	상승세에 찾아오는 부상, 그리고 후유증.
수비력	블로킹·경기 운영 능력이 좋은 경험 많은 포수.

내야수(우투좌타)

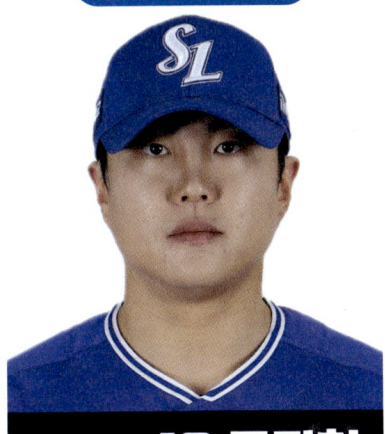

16 류지혁

생년월일	1994년 1월 13일		신장/체중	181cm / 75kg
출신학교	청원초-선린중-충암고		연봉	7억 원

2025시즌 기록

타율	경기	타석	타수	득점	안타
0.280	129	464	400	54	112
2루타	3루타	홈런	루타	타점	도루
14	0	1	129	37	11
볼넷	삼진	병살타	장타율	출루율	OPS
33	73	11	0.323	0.351	0.674

전력분석	젊은 내야진 이끄는 삼성의 내야 사령관. 지난해 전반기 3할 타율의 최고의 시기를 보냈으나, 후반기 체력 문제로 부진한 건 옥에 티. 올해 7kg 감량으로 완벽하게 시즌을 준비했다.
강점	정교한 컨택과 팀 배팅, 젊은 야수진 이끄는 리더십까지.
약점	후반기 체력 이슈, 상승세에 찾아오는 부상 문제.
수비력	넓은 수비 범위와 안정적 송구, 유틸리티도 가능한 다재다능 내야수.

외야수(우투좌타)

58 김지찬

생년월일	2001년 3월 8일		신장/체중	163cm / 64kg
출신학교	백사초(이천시리틀)-모가중-라온고		연봉	2억 3천만 원

2025시즌 기록

타율	경기	타석	타수	득점	안타
0.281	90	373	317	59	89
2루타	3루타	홈런	루타	타점	도루
9	2	0	102	23	22
볼넷	삼진	병살타	장타율	출루율	OPS
38	44	7	0.322	0.364	0.686

전력분석	끈질긴 승부와 빠른 발을 이용한 내야 안타 제조 능력, 지난해 부상 여파 속에서도 성공한 22개의 도루까지. 여전히 팀의 기동력 핵심.
강점	정교한 컨택과 빠른 발, 준수한 작전 수행능력.
약점	지난해 찾아온 잦은 부상, 저조한 득점권 성과.
수비력	빠른 발을 앞세운 넓은 범위와 민첩한 움직임, 기동력 중심의 수비형 내야수.

외야수(좌투좌타)

39 김성윤

생년월일	1999년 2월 2일		신장/체중	163cm / 62kg
출신학교	창신초(부산진구리틀)-원동중-포항제철고		연봉	2억 원

2025시즌 기록

타율	경기	타석	타수	득점	안타
0.331	127	538	456	92	151
2루타	3루타	홈런	루타	타점	도루
29	9	6	216	61	26
볼넷	삼진	병살타	장타율	출루율	OPS
65	54	11	0.474	0.419	0.893

전력분석	들어는 봤나, 3대 500kg. 작은 체구에도 빛나는 화끈한 괴력과 빠른 발, 그리고 피나는 노력까지. 완벽한 5툴 플레이어이자, 루상에서 가장 위협적인 타자 중 한 명이다.
강점	정교하지만 한 방이 있는 타격 능력과 선구안, 단타를 장타로 만들어내는 빠른 발까지.
약점	부상만 없으면 된다.
수비력	빠른 발과 활동량 많은 외야 수비가 강점.

외야수(우투우타)

13 이성규

생년월일	1993년 8월 3일			신장/체중	178cm / 82kg
출신학교	광주대성초-광주동성중-광주동성고-인하대			연봉	1억 1천만 원

2025시즌 기록

타율	경기	타석	타수	득점	안타
0.198	68	154	126	17	25
2루타	3루타	홈런	루타	타점	도루
5	1	6	50	21	2
볼넷	삼진	병살타	장타율	출루율	OPS
15	52	3	0.397	0.327	0.724

전력분석	그의 전완근을 보라. 걸리면 넘어가는 파괴력 하나만큼은 팀 내 독보적인 우타 거포. 컨택의 정교함만 보완된다면 하위 타선에서 상대 투수에게 공포를 심어줄 수 있는 타자.
강점	압도적인 파워 툴, 외야 보살 능력도 수준급.
약점	변화구 대처 능력, 아쉬운 기복.
수비력	강한 어깨와 안정적인 송구, 코너 외야에서 무난한 수비력.

외야수(우투우타)

66 박승규

생년월일	2000년 9월 2일			신장/체중	178cm / 80kg
출신학교	일산초-덕수중-경기고			연봉	8천만 원

2025시즌 기록

타율	경기	타석	타수	득점	안타
0.287	64	200	174	39	50
2루타	3루타	홈런	루타	타점	도루
5	0	6	73	14	5
볼넷	삼진	병살타	장타율	출루율	OPS
21	43	2	0.420	0.377	0.797

전력분석	부상 후 더욱 단단해진 몸과 멘털로 돌아왔다. 수비력은 이미 검증된 자원, 믿고 맡길 수 있는 외야수 '슈퍼 백업'.
강점	허슬플레이, 에너자이저. 지난해 발전한 타격.
약점	변화구 대처 능력, 부상 조심.
수비력	넓은 수비 범위와 적극적인 다이빙 캐치, 에너지 넘치는 외야 수비.

외야수(우투우타)

32 김헌곤

생년월일	1988년 11월 9일			신장/체중	174cm / 81kg
출신학교	회원초-경복중-제주관광고-영남대			연봉	8천만 원

2025시즌 기록

타율	경기	타석	타수	득점	안타
0.225	77	191	173	21	39
2루타	3루타	홈런	루타	타점	도루
6	0	2	51	11	2
볼넷	삼진	병살타	장타율	출루율	OPS
11	29	4	0.295	0.286	0.581

전력분석	좌투수 저격 스페셜리스트. 지난 시즌 가을야구 등 결정적인 순간마다 보여준 해결사 본능은 여전히 유효하다. 승부처 대타나 플래툰 요원으로 팀 승리에 소금 같은 역할을 할 베테랑.
강점	모범적인 멘털과 훈련 태도, 승부처 집중력.
약점	적지 않은 나이, 무뎌진 배트 스피드.
수비력	타구 판단과 노련함은 여전.

44 김대호
투수(우투우타)
생년월일 2001년 10월 15일
출신학교 제주신광초-이평중-군산상고-고려대

2025시즌 기록
우완 선발 기대주, 마이너리거(엄형찬)도 인정한 묵직한 직구.

평균자책점	경기	승	패	홀드	세이브	승률	이닝	피안타
5.14	11	0	1	0	0	0.000	21	25
피홈런	볼넷	사구	삼진	실점	자책점			
3	15	1	19	13	12			

42 양창섭
투수(우투우타)
생년월일 1999년 9월 22일
출신학교 녹천초(노원구리틀)-청량중-덕수고

2025시즌 기록
강력한 5선발 후보, 150km/h대 구속 회복한 일언매직 효과 볼까.

평균자책점	경기	승	패	홀드	세이브	승률	이닝	피안타
3.43	33	3	3	2	0	0.500	63	67
피홈런	볼넷	사구	삼진	실점	자책점			
3	19	9	45	29	24			

19 양현
투수(우언우타)
생년월일 1992년 8월 23일
출신학교 영랑초-한밭중-대전고

2025시즌 기록
베테랑 사이드암의 노련한 피칭 기대.

평균자책점	경기	승	패	홀드	세이브	승률	이닝	피안타
0.00	4	0	0	0	0	-	3 1/3	2
피홈런	볼넷	사구	삼진	실점	자책점			
0	3	0	1	0	0			

4 육선엽
투수(우투우타)
생년월일 2005년 7월 13일
출신학교 백마초-서울신월중-장충고

2025시즌 기록
몸도 마음도 벌크업, 상무 입대까지 포기할 정도로 철저하게 준비했다.

평균자책점	경기	승	패	홀드	세이브	승률	이닝	피안타
5.34	27	0	1	1	0	0.000	28 2/3	23
피홈런	볼넷	사구	삼진	실점	자책점			
4	24	0	19	21	17			

38 임기영
투수(우언우타)
생년월일 1993년 4월 16일
출신학교 대구수창초-경운중-경북고

2025시즌 기록
돌고 돌아 고향에 온 우승청부사, ABS 공략이 관건.

평균자책점	경기	승	패	홀드	세이브	승률	이닝	피안타
13.00	10	1	1	0	0	0.500	9	23
피홈런	볼넷	사구	삼진	실점	자책점			
2	4	0	5	13	13			

26 이승현
투수(우투우타)
생년월일 1991년 11월 20일
출신학교 화순초-진흥중-화순고

2025시즌 기록
위기 상황이나 접전에서 등판하는 삼성 불펜의 '믿을맨'이자 마당쇠.

평균자책점	경기	승	패	홀드	세이브	승률	이닝	피안타
6.31	42	2	1	11	0	0.667	35 2/3	43
피홈런	볼넷	사구	삼진	실점	자책점			
9	11	1	29	26	25			

45 이재익
투수(좌투좌타)
생년월일 1994년 3월 18일
출신학교 삼일초-중앙중-유신고

2025시즌 기록
커쇼 따라 구속 10km/h 늘렸다, 투심에 스위퍼까지 진화하는 슬로스타터.

평균자책점	경기	승	패	홀드	세이브	승률	이닝	피안타
1.23	7	1	0	0	0	1.000	7 1/3	8
피홈런	볼넷	사구	삼진	실점	자책점			
0	2	0	6	1	1			

49 정민성
투수(우투우타)
생년월일 2005년 5월 9일
출신학교 군산중앙초-군산중-군산상일고

2025시즌 기록
역동적인 폼에 지저분한 공, 주무기 스위퍼를 주목하라.

평균자책점	경기	승	패	홀드	세이브	승률	이닝	피안타
36.00	1	0	1	0	0	0.000	1	3
피홈런	볼넷	사구	삼진	실점	자책점			
0	0	2	0	4	4			

37 최하늘
투수(우언우타)
생년월일 1999년 3월 26일
출신학교 서울학동초-자양중-경기고

2025시즌 기록

선발, 롱릴리프 모두 가능한 전천후 자원. 춤추는 변화구가 강점.

평균자책점	경기	승	패	홀드	세이브	승률	이닝	피안타
-	-	-	-	-	-	-	-	-
피홈런	볼넷	사구	삼진	실점	자책점			
-	-	-	-	-	-			

65 홍원표
투수(우투우타)
생년월일 2001년 3월 27일
출신학교 신도초-부천중-부천고

2025시즌 기록

회복해야 할 구속, 고등학교 때의 묵직한 피칭을 기억하라.

평균자책점	경기	승	패	홀드	세이브	승률	이닝	피안타
4.50	2	0	1	0	0	0.000	2	3
피홈런	볼넷	사구	삼진	실점	자책점			
0	2	1	1	1	1			

1 이호성
투수(우투우타)
생년월일 2004년 8월 14일
출신학교 도원초(부천소사리틀)-동인천중-인천고

2025시즌 기록

끊임없는 연구 끝에 구속 증가, 구위 향상. 임시 마무리, 필승조 경험까지 쌓았다.

평균자책점	경기	승	패	홀드	세이브	승률	이닝	피안타
6.34	58	7	4	3	9	0.636	55 1/3	54
피홈런	볼넷	사구	삼진	실점	자책점			
7	29	2	69	44	39			

24 김도환
포수(우투우타)
생년월일 2000년 4월 14일
출신학교 언북초(의정부리틀)-영동중-신일고

2025시즌 기록

한 방이 있는 공격력이 장점, 꾸준히 '제2의 강민호' 평가 받는 포수.

타율	경기	타석	타수	득점	안타	2루타	3루타	홈런
0.286	6	14	14	3	4	1	0	0
루타	타점	도루	볼넷	삼진	병살타	장타율	출루율	OPS
5	1	0	0	4	0	0.357	0.286	0.643

2 김재성
포수(우투좌타)
생년월일 1996년 10월 30일
출신학교 신광초-성남중-덕수고

2025시즌 기록

안방 세대교체에 징검다리 역할해야 할 핵심 포수, 부상 조심 또 조심.

타율	경기	타석	타수	득점	안타	2루타	3루타	홈런
0.127	43	73	63	3	8	2	0	0
루타	타점	도루	볼넷	삼진	병살타	장타율	출루율	OPS
10	4	0	6	23	0	0.159	0.222	0.381

12 박진우
포수(우투우타)
생년월일 2003년 10월 14일
출신학교 글꽃초(대전중구리틀)-현도중-청주고

2025시즌 기록

감독도 감탄한 송구 능력, 2군에서 보여준 타격감도 고평가. 부상만 없었다면.

타율	경기	타석	타수	득점	안타	2루타	3루타	홈런
0.000	1	1	1	0	0	0	0	0
루타	타점	도루	볼넷	삼진	병살타	장타율	출루율	OPS
0	0	0	0	0	0	0.000	0.000	0.000

23 이병헌
포수(우투우타)
생년월일 1999년 10월 26일
출신학교 인천숭의초-인천신흥중-제물포고

2025시즌 기록

사비로 유학갈 정도의 공부하는 포수, 백업 경험으로 쌓은 탄탄한 투수 리드.

타율	경기	타석	타수	득점	안타	2루타	3루타	홈런
0.200	55	59	55	5	11	3	0	1
루타	타점	도루	볼넷	삼진	병살타	장타율	출루율	OPS
17	7	0	3	13	1	0.309	0.254	0.563

46 장승현
포수(우투우타)
생년월일 1994년 3월 7일
출신학교 인천서림초-동산중-제물포고

2025시즌 기록

두산에서 영입한 수비형 포수, 안정적인 블로킹과 송구 강점.

타율	경기	타석	타수	득점	안타	2루타	3루타	홈런
0.000	4	2	2	0	0	0	0	0
루타	타점	도루	볼넷	삼진	병살타	장타율	출루율	OPS
0	0	0	0	0	1	0.000	0.000	0.000

14 김재상
내야수(우투좌타)

생년월일 2004년 7월 26일
출신학교 고명초-덕수중-경기상고

2025시즌 기록

상무 전역 후 합류, 파워를 겸비한 내야 전천후 유망주.

타율	경기	타석	타수	득점	안타	2루타	3루타	홈런
-	-	-	-	-	-	-	-	-
루타	타점	도루	볼넷	삼진	병살타	장타율	출루율	OPS
-	-	-	-	-	-	-	-	-

6 심재훈
내야수(우투우타)

생년월일 2006년 3월 3일
출신학교 삼일초-평촌중-유신고

2025시즌 기록

공수주 삼박자를 갖춘 신예 내야수, 빠른 발과 컨택이 강점.

타율	경기	타석	타수	득점	안타	2루타	3루타	홈런
0.184	31	43	38	8	7	0	0	0
루타	타점	도루	볼넷	삼진	병살타	장타율	출루율	OPS
7	2	3	4	13	0	0.184	0.262	0.446

53 양우현
내야수(우투좌타)

생년월일 2000년 4월 13일
출신학교 남정초-충암중-충암고

2025시즌 기록

작전 수행 능력이 뛰어나고 수비가 견고한 유틸리티 자원.

타율	경기	타석	타수	득점	안타	2루타	3루타	홈런
0.188	14	16	16	3	3	1	0	0
루타	타점	도루	볼넷	삼진	병살타	장타율	출루율	OPS
4	4	0	0	2	0	0.250	0.188	0.438

50 이창용
내야수(우투우타)

생년월일 1999년 6월 3일
출신학교 을지초(노원구리틀)-청량중
-신흥고-강릉영동대

2025시즌 기록

일발 장타력을 보유한 코너 내야수, 퓨처스 거포 유망주.

타율	경기	타석	타수	득점	안타	2루타	3루타	홈런
0.200	11	17	15	2	3	1	0	1
루타	타점	도루	볼넷	삼진	병살타	장타율	출루율	OPS
7	2	1	2	8	0	0.467	0.294	0.761

3 이해승
내야수(우투우타)

생년월일 2000년 8월 1일
출신학교 인천서림초-신흥중-인천고

2025시즌 기록

수비가 강점인 백업 유격수. 콘택트, 작전 수행 능력도 좋다는 평가.

타율	경기	타석	타수	득점	안타	2루타	3루타	홈런
0.200	8	5	5	2	1	0	0	0
루타	타점	도루	볼넷	삼진	병살타	장타율	출루율	OPS
1	1	0	0	2	0	0.200	0.200	0.400

61 전병우
내야수(우투우타)

생년월일 1992년 10월 24일
출신학교 동삼초-경남중-개성고-동아대

2025시즌 기록

1, 3루 커버가 가능한 베테랑, 승부처에서 보여주는 일격.

타율	경기	타석	타수	득점	안타	2루타	3루타	홈런
0.273	59	97	77	11	21	2	0	1
루타	타점	도루	볼넷	삼진	병살타	장타율	출루율	OPS
26	13	1	19	27	3	0.338	0.423	0.761

35 차승준
내야수(우투좌타)

생년월일 2006년 11월 20일
출신학교 무학초-창원신월중-용마고

2025시즌 기록

좌타 거포 자원, 외모 만큼 실력도 최형우를 닮아간다.

타율	경기	타석	타수	득점	안타	2루타	3루타	홈런
0.000	1	1	1	0	0	0	0	0
루타	타점	도루	볼넷	삼진	병살타	장타율	출루율	OPS
0	0	0	0	0	0	0.000	0.000	0.000

8 김재혁
외야수(우투우타)

생년월일 1999년 12월 26일
출신학교 제주남초-제주제일중-제주고
-동아대

2025시즌 기록

외야에 1루 수비까지, 공수주 툴을 갖춘 자원.

타율	경기	타석	타수	득점	안타	2루타	3루타	홈런
0.000	8	4	3	2	0	0	0	0
루타	타점	도루	볼넷	삼진	병살타	장타율	출루율	OPS
0	0	0	1	2	0	0.000	0.250	0.250

25 김태훈
외야수(우투우타)

생년월일 1996년 3월 31일
출신학교 진흥초(안산리틀)-평촌중-유신고

2025시즌 기록
외야 뎁스를 채워주는 풍부한 경험, 가을 한 방을 기억하라.

타율	경기	타석	타수	득점	안타	2루타	3루타	홈런
0.237	51	98	93	4	22	1	0	2
루타	타점	도루	볼넷	삼진	병살타	장타율	출루율	OPS
29	8	1	3	24	0	0.312	0.260	0.572

43 류승민
외야수(좌투좌타)

생년월일 2004년 10월 11일
출신학교 광주화정초-무등중-광주제일고

2025시즌 기록
전역 버프에 호주 유학까지, 제2의 구자욱을 꿈꾸는 외야 유망주.

타율	경기	타석	타수	득점	안타	2루타	3루타	홈런
-	-	-	-	-	-	-	-	-
루타	타점	도루	볼넷	삼진	병살타	장타율	출루율	OPS
-	-	-	-	-	-	-	-	-

31 윤정빈
외야수(우투좌타)

생년월일 1999년 6월 24일
출신학교 신도초-부천중-부천고

2025시즌 기록
강한 타구 생산이 장점인 좌타 거포 유망주, 우완 투수 상대 장타 강점.

타율	경기	타석	타수	득점	안타	2루타	3루타	홈런
0.175	25	46	40	3	7	1	0	0
루타	타점	도루	볼넷	삼진	병살타	장타율	출루율	OPS
8	3	0	4	18	1	0.200	0.239	0.439

40 함수호
외야수(좌투좌타)

생년월일 2006년 3월 10일
출신학교 구미인동초(구미시리틀)
-협성경복중-대구상원고

2025시즌 기록
'상원고 슬러거' 출신, 신인답지 않은 힘과 컨택 밸런스 소유.

타율	경기	타석	타수	득점	안타	2루타	3루타	홈런
0.214	6	14	14	1	3	0	0	0
루타	타점	도루	볼넷	삼진	병살타	장타율	출루율	OPS
3	1	0	0	6	0	0.214	0.214	0.428

51 홍현빈
외야수(우투좌타)

생년월일 1997년 8월 29일
출신학교 수원신곡초-매송중-유신고

2025시즌 기록
빠른 발과 강한 어깨의 외야 유틸리티. '땀은 배신하지 않는다' 문신처럼 노력파.

타율	경기	타석	타수	득점	안타	2루타	3루타	홈런
0.125	32	38	32	8	4	2	0	0
루타	타점	도루	볼넷	삼진	병살타	장타율	출루율	OPS
6	0	0	3	8	0	0.188	0.222	0.410

1라운드 전체 9순위
41 이호범

생년월일	2007년 5월 29일
신장/체중	190cm / 95kg
출신학교	남정초-성남중-서울고

투수(우투우타)

190cm, 95kg의 이상적인 하드웨어에서 나오는 최고 153km/h의 직구가 위력적. 고교 시절엔 최상위권 탈삼진 기록한 구위형 파이어볼러라는 평가를 받았다. 타점이 높고 구위가 묵직해 '제2의 원태인'으로 성장할 잠재력을 갖고 있다.

2라운드 전체 19순위
67 김상호

생년월일	2006년 8월 19일
신장/체중	191cm / 95kg
출신학교	고명초-휘문중-서울컨벤션고

투수(우투우타)

서울컨벤션고의 마운드를 책임졌던 우완 에이스. 우수한 직구 구위를 갖춘 우완 파이어볼러로, 뛰어난 애티튜드도 보유하고 있다는 평가. 유연한 투구 폼과 폭발적인 구위가 강점이다. 150km/h를 상회하는 속구를 던지며, 스태미너도 좋다.

3라운드 전체 29순위
60 장찬희

생년월일	2007년 10월 5일
신장/체중	186cm / 80kg
출신학교	해원초(해운대리틀)-센텀중-경남고

투수(우투우타)

경남고의 전국대회 2관왕을 이끌었고, 봉황대기에선 MVP까지 수상했다. 큰 경기에 강한 '강심장'을 지녔고 팀을 두 번이나 우승시킨 경기 운영 능력도 탁월하다는 평가. 최고 147km/h의 공에 체인지업과 슬러브 등의 다양한 변화구도 갖췄다.

4라운드 전체 39순위
133 이서준

생년월일	2007년 6월 6일
신장/체중	189cm / 95kg
출신학교	도림초-상인천중-인천고

투수(우투우타)

189cm, 95kg의 탄탄한 체격, 이상적인 하드웨어를 보유한 선수. 149km/h의 직구와 낙차 큰 각도의 커브가 주무기다. ABS 존에 적합한 투수라는 평가. 큰 키에서 던지는 릴리스 높이가 평균 이상이고, 높은 타점에서 나오는 직구가 좋다.

5라운드 전체 49순위
68 박용재

생년월일	2007년 3월 24일
신장/체중	195cm / 105kg
출신학교	공주중동초-공주중-공주고

투수(우투우타)

195cm 장신에서 내리꽂는 높은 타점의 패스트볼이 위력적인 우완 투수.

6라운드 전체 59순위
69 정재훈

생년월일	2007년 3월 8일
신장/체중	185cm / 85kg
출신학교	석교초-세광중-전주고

투수(우투우타)

안정적인 투구 밸런스와 4가지 구종 구사 가능한 미래의 삼성 선발 자원.

7라운드 전체 69순위
134 이서준

생년월일	2007년 6월 25일
신장/체중	185cm / 95kg
출신학교	인헌초-성남중-성남고

포수(우투우타)

성남고 4번 타자 출신 거포형 포수 유망주, 우수한 타격에 변화구 대처 능력까지 좋다

8라운드 전체 79순위
135 임주찬

생년월일	2003년 10월 7일
신장/체중	183cm / 83kg
출신학교	송정동초-충장중-동성고-송원대

내야수(우투우타)

대졸 신인다운 성숙한 수비와 뛰어난 운동 능력, 공수주 능력 고루 갖춘 선수.

9라운드 전체 89순위
136 한수동

생년월일	2007년 8월 13일
신장/체중	183cm / 93kg
출신학교	갈산초-양천중-서울고

투수(우투우타)

우수한 직구 구위를 갖춘 구위형 불펜투수, 안정적인 제구력도 덤.

10라운드 전체 99순위
137 황정현

생년월일	2006년 4월 28일
신장/체중	187cm / 90kg
출신학교	인천논현초-동산중-제물포고

투수(우투우타)

신체 스피드 및 유연성 우수, 향후 구속 향상 가능성도 있는 유망주.

11라운드 전체 109순위
138 박주영

생년월일	2007년 7월 11일
신장/체중	183cm / 89kg
출신학교	본리초-경상중-경북고

투수(우투우타)

지역 연고 에이스 출신, 경기 운영 능력 및 변화구 완성도가 높다는 평가.

TEAM PROFILE

구단명 : **NC 다이노스**

연고지 : **경상남도 창원특례시**

창립연도 : **2011년**

구단주 : **김택진**

대표이사 : **이진만**

단장 : **임선남**

감독 : **이호준**

주장 : **박민우**

홈구장 : **창원 NC파크**

영구결번 : **없음**

한국시리즈 우승 : **2020**

UNIFORM

HOME

AWAY

TEAM INFO

팀 분석

2025 팀 순위 (포스트시즌 최종 순위 기준)

5위

최근 5년간 팀 순위

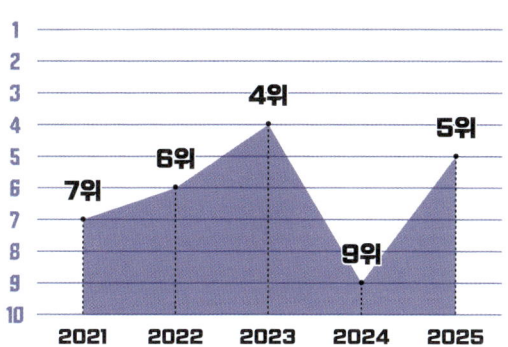

- 2021: 7위
- 2022: 6위
- 2023: 4위
- 2024: 9위
- 2025: 5위

2025시즌 최다 마킹 유니폼

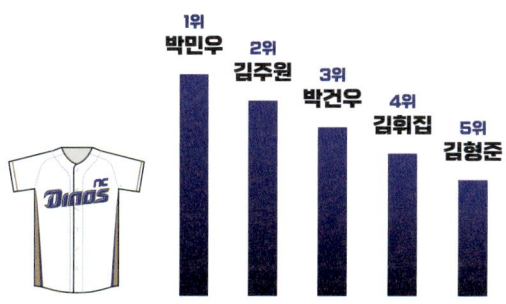

- 1위 박민우
- 2위 김주원
- 3위 박건우
- 4위 김휘집
- 5위 김형준

2025시즌 최다 판매 굿즈

1 플라스틱 응원배트

2 로고볼

3 단디 LED 응원봉

홈구장_창원 NC파크

- 3.3m
- 122m
- 107m / 107m
- 101m / 101m

천연 잔디
(켄터키 블루그래스)

수용인원

17,861석

구장 특성

현존하는 KBO리그 홈 구장들 가운데 가장 아름다운 야구장. 관계자들 사이에서도 "가장 잘 만든 신식 구장"이라는 평가를 받는다. 360도 개방형 콘코스식 구조로 내외야 복도 어디서든 그라운드를 바라볼 수 있고, 관중석에 앉아있을 때 바람이 잘 통하는 편이라 여름에는 조금 덜 덥다. 특히 야간 경기때 조명이 커진 상태에서 외야 잔디석에서 중앙석 방향으로 전경을 바라보면 환상적인 분위기를 느낄 수 있다. 선수단 관련 시설도 쾌적하게 잘 갖춰진 구장. 다만, 지난해 안타까운 관중 사망 사고가 발생하면서 아픔을 가슴에 안고 역사를 써내려가게 된 야구장이기도 하다.

HOME STADIUM GUIDE

팬들을 위한 직관 꿀팁

NC파크를 찾는 타 지역 팬이라면, 마산만의 중독성 있는 매력에 취해보기를 추천한다. 마산역과 마산시외버스터미널에서 접근성이 매우 좋고, 창원이나 김해공항에서도 리무진 연결이 잘 되어있는 편이다. 주차는 운동장내 주차장이 경기 당일에는 다소 혼잡할 수 있으니 인근 공영주차장들을 이용하거나 한 박자 일찍 움직여야 쾌적하게 이동할 수 있다. 야구장 근처 산호동에는 경기 전이나 경기가 끝난 후에 들를 수 있는 중식당, 돈까스집, 이자카야, 고깃집, 카페 등 은근 맛집 리스트가 쏠쏠한 편이다. 또 NC파크는 밀크쉐이크, 떡강정, 크림새우, 만두 등 구장 내에도 '맛도리'들이 즐비하니, '먹플랜'을 잘 짜서 계획적으로 잘 먹어야 야구 보는 재미가 2배가 된다.

또 NC파크는 인천 SSG랜더스필드 외에, 구장 내 스타벅스 매장이 있는 국내 두 번째 야구장이다. 리저브 매장이라 메뉴 선택의 폭도 넓고, NC파크만의 한정 메뉴나 굿즈도 볼 수 있다. 또 그라운드가 내려다보이는 테라스석 패키지 티켓이 있는데, 인기가 매우 많다. 경기가 끝난 후에는 마산 어시장이나 창원 시내로 넘어가 시원한 맥주 한잔을 하는 코스도 추천한다. 단, 마산 인근에는 밤 늦게까지 영업하는 곳이 적어 영업시간 확인은 필수다.

응원단

응원단장
임종덕

부응원단장
이창호

치어리더
김나연

치어리더
김시엘

치어리더
노가현

치어리더
배한비

치어리더
송민주

치어리더
안수연

치어리더
원민주

치어리더
윤가영

치어리더
이주희

장내아나운서
이규래

구단 마스코트 소개

메인 마스코트

단디
경상도 사투리 '단디해라'에서 착안한 이름. 저돌적이고 강하며, 냉철한 판단력을 바탕으로 공격적인 플레이를 하는 유격수.

쎄리
경상도 사투리 '쎄리다'에서 착안한 이름. 듬직하고 강인한 성격을 갖고 있으며, 차분하고 흔들리지 않는 NC의 투수력을 상징한다.

진격의 10연승,
잊고 있던 공룡 DNA가 살아난다

작년에 이것만 잘됐으면 좋았을 텐데

이호준 감독 부임 첫해, 2025년 NC 다이노스가 써 내려간 서사는 그야말로 한 편의 '기적'이었다. 시즌 막판 경이적인 9연승을 내달리며 극적으로 5위(71승67패6무)를 확정 짓고 가을야구 막차에 탑승한 뚝심은 팬들을 열광케 했다. 부상에도 "뛰겠다"라는 의지와 손바닥 골절에도 홈런을 치는 투혼 등, 와일드카드 결정전에서 보여준 모습도 '원팀' NC의 저력을 증명하기 충분했다.

하지만 한 시즌을 돌이켜보면 이 '두 가지'만 정상적으로 흘러갔다면 더 높은 순위에서 마무리할 수 있지 않았을까 하는 짙은 아쉬움이 남는 시즌이기도 하다. 예상치 못한 홈구장 이탈 변수와 무너진 선발 마운드다

지난해 초반, NC는 안타까운 사고로 홈 구장을 쓰지 못했다. 팀은 2개월 동안 안방을 떠나 원정길과 중립 구장(부산, 울산)을 전전해야 했다. 선수단의 피로도는 극에 달했고, 이는 4월 한때 순위가 9위까지 추락하는 치명적인 결과로 이어졌다. 만약 이 시기 정상적으로 홈 팬들의 응원 속에서 시즌을 소화하며 체력을 비축했더라면, 후반기 순위 싸움은 더 높은 곳에서 시작할 수 있었을지도 모른다.

선수단이 '호텔방 특타'까지 불사하며 타격감을 끌어올렸지만, 마운드의 균열은 끝내 발목을 잡았다. 외인 에이스 라일리가 17승을 거두며 분전한 반면, 또 다른 외국인 투수 로건의 후반기 부진과 토종 선발진의 상황이 팀을 돕지 못했다. 유일하게 선발 로테이션을 지킨 신민혁마저 평균 소화 이닝이 5이닝을 채 넘기지 못하는 등 어려운 상황이 이어졌다.

선발이 일찍 무너지며 가중된 불펜의 과부하는 결국 손주환 등 필승조의 줄부상으로 이어졌다. 안정적인 2선발과 계산이 서는 토종 선발 한 명만 더 있었더라면 경기 후반의 체력 부하는 덜했을 것이다.

이러한 악재 속에서도 2025년 NC가 보여준 가을야구는 우승 그 이상의 감동을 남겼다. 포기하지 않고 5강의 기적을 일궈낸 선수들의 독기는 2026년을 향한 가장 강력한 무기가 될 것이다. 새 시즌, 약점으로 지적된 마운드 뎁스만 제대로 보강된다면 '거침없이 가는' 공룡 군단의 포효는 다시 한번 가장 높은 곳을 향할 것이다.

스토브리그 성적표

그동안의 육성에 2026시즌 운명을 맡긴다.

지극히 주관적인 올 시즌 예상 순위와 이유

시즌 막판 10연승(와일드카드 결정전 1차전까지)은 젊은 선수단의 저력과 가능성을 보여준 좋은 사례였다. 젊은 선수들에겐 '위닝 마인드'라는 자신감으로 작용할 터. 박민우, 박건우 등 베테랑과 김휘집, 김주원 등 젊은 피가 조화를 이룬 타선의 파괴력, '건강한 구창모'의 합류로 헐거웠던 토종 선발진의 무게감도 한층 탄탄해졌다. 마운드의 내구성과 불펜의 안정감에 따라 그 이상의 성적(우승권)이 결정될 전망이다.

MANAGER

생년월일	1976년 2월 8일
출신학교	광주중앙초-충장중-광주제일고-(호남대)
주요 경력	해태 타이거즈 선수(1994~2000) -SK 와이번스 선수(00~12)-NC 다이노스 선수(13~17) -NC 다이노스 1군 타격코치(19~21) -LG 트윈스 1군 타격코치(22~23) -LG 트윈스 1군 QC코치(24) -LG 트윈스 1군 수석코치(24) -NC 다이노스 감독(25~)

27
이호준

"위풍당당, 올해는 더 과감하게 빛나겠다"

이호준 감독의 2025년은 '형님 리더십'의 진가를 보여준 기적의 한 해였다. 구장 이탈과 선발진 붕괴, 여러 시행착오 속에 선수단의 독기를 깨워 극적인 가을야구행을 일궈냈다. 초보 사령탑의 위기관리 능력이 제대로 빛을 발했던 시즌이었다. 2026년은 그 리더십이 만개할 진정한 시험대다. '건강한 구창모'의 복귀와 타선의 짜임새가 더해진 만큼, 이제는 끈끈함을 넘어 정교한 마운드 운용 지략을 함께 증명해야 한다. 가을에 흘렸던 감독의 눈물, 특유의 소통에 디테일이 더해진다면 '이호준호'의 종착지는 대권이 될 것이다.

1군

수석코치	타격코치	타격코치	투수코치	불펜코치	배터리코치	작전·주루코치	외야수비코치	내야수비코치
서재응	조영훈	전민수	김경태	이승호	김상훈	박용근	김종호	진종길

QC코치	멘탈코치
이용훈	최건용

퓨처스

퓨처스 감독	타격코치	투수코치	불펜코치	배터리코치	내야수비코치	외야수비코치	작전·주루코치
공필성	김남형	김현종	손정욱	윤수강	지석훈	윤병호	최정민

잔류군

총괄코치	투수코치	배터리코치	타격코치	수비코치
김종민	김건태	권정웅	윤형준	구강현

2026 NC DINOS DEPTH CHART

• 지명타자

 이우성
 박건우

좌익수
권희동
이우성
한석현

 **중견수**
최정원
천재환
고준휘

 **우익수**
박건우
오장한
박시원

유격수
김주원
김휘집
김한별

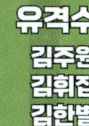

2루수
박민우
김한별
최정원

3루수
김휘집
서호철
신재안

1루수
데이비슨
오영수
도태훈

• 감독

 이호준

포수
김형준
안중열
김정호

• 2026 예상 베스트 라인업

타순	선수	포지션
1번 타자	최정원	중견수
2번 타자	권희동	좌익수
3번 타자	박민우	2루수
4번 타자	데이비슨	1루수
5번 타자	박건우	우익수
6번 타자	김휘집	3루수
7번 타사	김형준	포수
8번 타자	이우성	지명타자
9번 타자	김주원	유격수

• 예상 선발 로테이션

 라일리
 구창모
 테일러
 토다
신민혁

• 필승조

 배재환
 손주환
 김진호
 김영규
 전사민

• 마무리

 류진욱

• 2026 IN & OUT

IN 윤준혁 내야수/보상선수(최원준) | 김태우 투수/자유계약 |
송명기 투수/상무 전역 예정 | 이용준 투수/상무 전역 예정 |
이준호 투수/소집해제 예정

OUT 최원준 외야수/FA 이적_KT | 박세혁 포수/트레이드_삼성 |
안인산 내야수/2차 드래프트_KT | 이용찬 투수/2차 드래프트_두산 |
박주현 투수/방출 | 서의태 투수/방출 |
임형원 투수/방출 | 송승환 외야수/은퇴 |
김민규 투수/상무 입대 | 김세훈 내야수/상무 입대

59
구창모

투수(좌투좌타)

생년월일	1997년 2월 17일
신장/체중	183cm / 85kg
출신학교	천안남산초-덕수중-울산공고
연봉(2026)	9억 원

#엔구행?_건구행!

지난해 가을의 구창모는 '건강한 구창모'가 얼마나 위력적인지 최고의 경기를 보여줬다. 5위 싸움의 결정적인 경기였던 KT전에서의 4이닝 9K 무실점, 삼성과의 와일드카드 결정 1차전에서 기록한 6이닝 1실점은 NC가 왜 이 선수를 그토록 기다려왔는지 제대로 보여준 퍼포먼스였다. '엔구행(NC는 구창모가 있어 행복합니다)'의 이름값을 스스로 증명해낸 그. 수년간 크고 작은 부상으로 잊혀져만 갔던 구창모는 2026년 '건구행(건강한 구창모는 행복합니다)' 모드로 클래스 재증명에 나선다.

#132억_에이스의_'풀타임'

구창모는 2022년 말 NC와 최대 132억 원이라는 대규모 비FA 다년계약을 체결했다. 하지만 이후 잦은 부상과 상무 입대로 인해 그 계약 규모에 걸맞은 폭발력을 팬들에게 온전히 보여주지 못했다. 2026년은 그가 '토종 1선발'의 가치를 스스로 증명해야 하는 해다. 데뷔 후 아직 규정 이닝을 채우지 못했던 그는 올해 건강한 피칭을 통해, 자신이 왜 NC 다이노스의 프랜차이즈 스타이자 미래로 불리는지 실력으로 입증해야 한다.

#초반부터_아끼지_않겠다

이호준 NC 감독은 새 시즌 선발진 첫 퍼즐로 구창모를 꼽았다. "초반부터 아끼지 않고 정상적으로 활용하겠다"라고 말했다. 구창모는 지난해 건강한 모습을 회복했고, 구단 차원에서 WBC까지 고사하며 비시즌 관리도 철저히 했다. 지난 시즌 초반 치고 올라서지 못하면서 5위로 가을야구 턱걸이 한 NC로선 올해는 건강한 구창모를 앞세워 초반부터 치고 나가고자 한다.

TMI 인터뷰

1. 원정 갈때 꼭 챙기는 개인 물건
- 베개. 숙면을 위해 꼭 챙긴다.

2. 요즘 가장 많이 듣는 노래
- 2000년대 초반 발라드를 골고루 듣고 있다.

3. 처음 봤을때 충격받은 야구선수와 그 이유는?
- 오타니. 같은 야구선수이지만 연예인 같은 아우라가 있다. 그리고 덩치가 너무 커서 놀랐다.

4. 야구 선수를 안했다면 지금 뭐하고 있을까?
- 특정 직업을 꼽을 순 없지만, 한 가지에 몰두해서 그 분야의 장인이 되었을 것 같다.

5. 최근 가장 행복했던 순간
- 작년 가을야구 와일드카드 결정전에서 승리했을 때.

팀의 승리를 위해 매 순간 최선을 다하겠습니다.

2025시즌 기록

평균자책점	경기	승	패	홀드	세이브
2.51	4	1	0	0	0
승률	이닝	피안타	피홈런	볼넷	사구
1.000	14 1/3	14	1	3	0
삼진	실점	자책점			
18	4	4			

전력분석	'건강한 구창모'의 위력은 지난 가을 모두 증명이 됐다. 디셉션이 동반된 140km/h 후반의 패스트볼과 면도날 같은 슬라이더, 여기에 포크볼을 섞어 타자의 타이밍을 완벽하게 뺏는 '언터처블' 피칭을 구사한다.
강점	타자가 알고도 못 치는 슬라이더의 구위, 헷갈리는 디셉션.
약점	건강, 건강, 또 건강.

2 ⓒ 내야수(우투좌타)

박민우

생년월일	1993년 2월 6일
신장/체중	185cm / 80kg
출신학교	마포초(용산구리틀)-선린중-휘문고
연봉(2026)	8억 원

#프랜차이즈_캡틴_제2의_이호준

NC 다이노스의 역사는 곧 박민우의 발자취다. 2025년, 뜻하지 않은 사고로 두 달간 안방을 떠나 유랑 생활을 해야 했을 때 흔들리는 선수단을 다독인 것은 박민우였고, 시즌 막판 가을야구로 이어진 흐름 속에서 주장으로서 젊은 선수단의 중심을 잘 잡은 것도 박민우였다. 창단 당시 이호준이 중심을 잘 잡아 팀 분위기를 이끈 것처럼, 10년 전 막내가 이젠 중고참 주장으로서 공룡군단을 잘 이끌어가고 있다.

#공룡_심장_깨우는_KEY_STONE

NC 타선의 폭발력은 여전히 박민우의 출루에서 시작된다. 정교한 콘택트와 탁월한 주루 센스를 바탕으로 한 박민우의 높은 출루율이 NC 타선의 키 포인트. 여기에 지난해 2루수 수비상까지 받으면서 공격형 2루수가 아닌, 팀이 원하는 야구(수비-주루-연결)를 구현하며 2루수의 '기준'을 세웠다.

#호부지_또_울리겠다

지난해 가을, 이호준 감독은 선수들의 투혼에 뜨거운 눈물을 흘렸다. 부상에도 팀 성적을 위해 뛰겠다는 선수들의 의지에 감동을 받은 것이다. 이번에도 남다른 투혼으로 감독을 울리고자 한다. 박민우는 "감독님께서 내 체력 걱정을 하시는 것을 보고 독기를 품었다. 올해는 더 많은 경기에 뛰면서 좋은 성적을 거두겠다"라고 다짐했다.

2025시즌 기록

타율	경기	타석	타수	득점	안타
0.302	117	468	404	64	122
2루타	**3루타**	**홈런**	**루타**	**타점**	**도루**
25	8	3	172	67	28
볼넷	**삼진**	**병살타**	**장타율**	**출루율**	**OPS**
44	64	5	0.426	0.384	0.810

전력분석	KBO 통산 타율 1~2위를 다투는 '컨택 아티스트'. 존 안에 들어오는 공은 결코 밀어치고 당겨치며 안타를 생산한다. 2026시즌에도 출루율 4할을 목표로 하는 NC 공격의 첨병이다.
강점	투수 유형을 가리지 않는 압도적인 컨택 능력. 그리고 최고의 리더십.
약점	줄어든 장타력, 스탯에 직결되는 잔부상.
수비력	넓은 수비 범위와 빠른 풋워크, 리그 탑급 2루 수비.

🎤 TMI 인터뷰

1. 원정 갈때 꼭 챙기는 개인 물건
- 아이패드(영상시청용).

2. 요즘 가장 많이 듣는 노래
- '베베핀' 애니메이션 노래.

3. 처음 봤을때 충격받은 야구선수와 그 이유는?
- 보고 충격을 받은 선수는 따로 없다.

4. 야구 선수를 안했다면 지금 뭐하고 있을까?
- 판검사가 되었을 것이다.

5. 최근 가장 행복했던 순간
- 비시즌 가족과 함께 보냈던 시간.

7 김주원

내야수(우투양타)

생년월일	2002년 7월 30일
신장/체중	185cm / 83kg
출신학교	삼일초(군포시리틀)-안산중앙중-유신고
연봉(2026)	3억 5천만 원

#화려하지만_아슬아슬한_스위치_히터

왼쪽에서도 치고 오른쪽에서도 치는 '스위치 히터' 김주원의 야구는 화려하다. 하지만 동시에 아슬아슬하기도 하다. 펀치력과 수비력을 두루 갖춘 국가대표 유격수지만, 높은 삼진 비율과 타석에서의 기복이 꼬리표처럼 따라붙는다. 하지만 지난해 막판, 팀이 9연승을 달릴 때 승부처마다 번뜩인 그의 해결사 본능과 국가대표에서도 때려낸 홈런 감각은 새 시즌 그의 활약을 기대하게 하기 충분했다.

#혜성이_형_고마워요

김주원은 국가대표에서 소중한 경험을 쌓았다. 바로 메이저리거 김혜성에게 일대일 과외를 받은 것이다. 1월 사이판 전지훈련부터 김혜성의 뒤를 졸졸 따라다닌 김주원은 형에게 끊임없이 질문하며 수비 노하우를 전수받았다. 메이저리거 루틴을 배우고, 또래 야수들과 가장 늦은 시간까지 개인 운동하며 몸을 만든 것도 덤. 새 시즌 한층 발전한 모습을 예고했다.

#국가대표_유격수_메이저리거까지?

메이저리거 김하성이 부상으로 대표팀에서 낙마하면서, 김주원이 국가대표 주전 유격수에 등극했다. 김하성의 노하우와 세계 무대를 누비며 쌓인 경험치까지 올 시즌 그의 활약을 기대하는 이가 많다. 더 나아가 김주원은 향후 메이저리그 진출 후보로 평가받고 있다. "메이저리그에 도전할만한 선수가 되는 것이 우선"이라는 그의 각오대로, 올 시즌을 빅리그 진출의 분수령이 될 소중한 해로 만들 수 있을지 주목된다.

🎤 TMI 인터뷰

1. 원정 갈때 꼭 챙기는 개인 물건
- 베개. 매번 잠자리가 달라지기 때문에 숙면을 위해 베개를 꼭 챙겨 다닌다.

2. 요즘 가장 많이 듣는 노래
- 'Big Love – 검정치마'.

3. 처음 봤을때 충격받은 야구선수와 그 이유는?
- 류현진. 생각했던 것보다 덩치가 훨씬 커서 놀랐다.

4. 야구 선수를 안했다면 지금 뭐하고 있을까?
- 평범하게 흘러가는 대로 살고 있지 않을까 싶다. 공부는 안 했을 것 같다.

5. 최근 가장 행복했던 순간
- 다시 새 시즌이 시작된다는 기분에 설레고 행복했다.

2025시즌 기록

타율	경기	타석	타수	득점	안타
0.289	144	624	539	98	156
2루타	3루타	홈런	루타	타점	도루
26	8	15	243	65	44
볼넷	삼진	병살타	장타율	출루율	OPS
63	111	8	0.451	0.379	0.830

전력분석	좌우 타석에서 모두 홈런을 쏘아 올릴 수 있는 파워를 갖춘 거포형 유격수. 풀스윙을 가져가며 일발 장타를 노리는 스타일로, 중심 타선과 하위 타선의 연결고리 역할을 수행한다. WBC 국가대표 경험까지 갖춰 성장에 가속도까지 붙었다.
강점	유격수 포지션에서 보기 드문 20홈런 잠재력, 스위치 히터로서의 희소성.
약점	높은 삼진 비율. 타격 기복.
수비력	메이저리그급의 탄탄한 수비. 넓은 수비 범위와 빠른 수비 동작.

44
김휘집

내야수(우투우타)

생년월일	2002년 1월 1일
신장/체중	180cm / 92kg
출신학교	양목초(히어로즈리틀)-대치중-신일고
연봉(2026)	2억 4천만 원

#이적생_공룡군단의_상징이_되다

"우리 아직 끝나지 않았습니다." 가을야구가 참 멀어보였던 지난해 어느 초가을 밤, 김휘집의 한 마디 이후 NC는 거짓말 같은 9연승을 달리면서 포스트시즌 막차를 탔다. 그의 울림은 대단했다. NC의 이진만 대표이사는 올해 신년회에서 김휘집의 이름을 콕 찝으며 "구단의 정신과 가치를 상징적으로 보여준 선수"라고 말하며 그의 강인한 정신력과 헌신을 높게 평가했다. 더 이상 그는 트레이드 이적생이 아닌, 공룡군단의 심장이 됐다.

#새벽_2시의_나홀로_스윙

지난 시즌 중반, 이호준 감독은 깜짝 놀랐다. 새벽 2시가 됐는데도 경기장에서 스윙을 하는 선수가 있었기 때문이다. 김휘집이었다. 김휘집은 히어로즈 시절부터 성실한 선수라는 이미지가 강했다. 당시도 김휘집은 시즌 초반 부진에서 벗어나기 위해 구슬땀을 흘렸다. 그렇게 그는 후반기 3할에 가까운 타율(0.291)을 기록하며 반등에 성공했다. 땀은 배신하지 않았다.

#아시안게임_국가대표_그리고_20홈런

올 시즌 강력한 동기가 되는 키워드가 2개 있다. 바로 20홈런과 국가대표다. 김휘집은 지난 5년간 '거포 내야수 유망주'라는 평가를 받아왔지만 아직 20홈런 고지를 밟은 적이 없다. 지난해 홈런 커리어하이를 기록했지만 17개에 그쳤다. 올해 20홈런을 노린다. 이러한 활약에 힘입어 아직 미필인 그는 올 가을 열리는 아이치-나고야 아시안게임 태극마크도 정조준한다. .

2025시즌 기록

타율	경기	타석	타수	득점	안타
0.249	142	500	429	64	107
2루타	3루타	홈런	루타	타점	도루
18	2	17	180	56	10
볼넷	삼진	병살타	장타율	출루율	OPS
40	89	9	0.420	0.349	0.769

전력분석	호쾌한 스윙 메커니즘을 가진 우타 거포. 타구에 힘을 싣는 능력이 탁월하여, 걸리면 넘어가는 비거리 생산 능력을 갖췄다. NC 내야의 차세대 중심 타자로 성장 중이다.
강점	확실한 펀치력과 클러치 능력. 성실성 최고.
약점	변화구 대처 능력.
수비력	강한 어깨 보유, 송구 정확도는 높여야.

🎤 TMI 인터뷰

1. 원정 갈때 꼭 챙기는 개인 물건
- 아이패드. 엔튜브에 나온 '집집로그'를 보면 확인할 수 있다.

2. 요즘 가장 많이 듣는 노래
- '카더가든 - 그대 작은 나의 세상이 되어', '백 넘버 - 히로인'.

3. 처음 봤을때 충격받은 야구선수와 그 이유는?
- 강정호. 처음 봤을 때 덩치가 너무 크셨다.

4. 야구 선수를 안했다면 지금 뭐하고 있을까?
- 비행기 기장이 됐을 것 같다.

5. 최근 가장 행복했던 순간
- 캠프 중 감독님께서 깜짝 하프데이를 주셨을 때.

25
김형준

포수(우투우타)

생년월일	1999년 11월 2일
신장/체중	187cm / 98kg
출신학교	가동초-세광중-세광고
연봉(2026)	2억 원

#부러진_손으로_홈런

지난 가을 김형준이 보여준 투혼은 NC 팬들과 이호준 감독의 눈시울을 붉히게 하기에 충분했다. 배트를 쥐기조차 힘든 유구골 골절 상태에서 이를 악물고 쏘아 올린 기적 같은 홈런은 그가 단순한 유망주를 넘어 팀의 심장으로 자리 잡았음을 알리는 신호탄이었다.

#제가_공격형_포수라고요?

지난해 김형준은 포수 수비상을 받았다. '공격형 포수'라는 평가를 넘어, 경기 운영·블로킹·송구까지 포함한 수비 신뢰로 수비상을 받은 것. 그동안 '양의지의 후계자'라는 무거운 꼬리표와 끊임없이 싸워야 했던 지난 시간들은 그를 단단하게 제련하는 혹독하지만 필수적인 담금질이 됐다.

#진정한_국대_포수

20대 국가대표 포수로서 그동안 꾸준히 국제무대 안방을 지켜온 김형준은 나이를 가리지 않고 최정예 멤버들이 출전한 이번 WBC를 통해 진정한 '국대 포수'로 거듭났다. 압도적인 파워와 리그 최상급의 도루 저지 능력을 갖춘 그는 국대 경험치까지 먹은 채 NC의 안방을 지킨다. 마운드 재건이 필수적인 올해, 건강만 확보되면 김형준은 투수 리드의 중심이자, 큰 경기에서 팀 분위기를 끌어올리는 '서사형 포수'로서 팀의 엔진으로 거듭날 수 있다. .

TMI 인터뷰

1. 원정 갈때 꼭 챙기는 개인 물건
- 세도나에서 구매한 기념품.

2. 요즘 가장 많이 듣는 노래
- 'MC SN - 한양의 밤', '임현정 - 사랑은 봄비처럼 이별은 겨울비처럼', 'ASH ISLAND - OST'.

3. 처음 봤을때 충격받은 야구선수와 그 이유는?
- 나성범. 수비 연습할 때 송구를 받았는데 공의 힘과 송구의 정확성에 놀랐던 기억이 있다.

4. 야구 선수를 안했다면 지금 뭐하고 있을까?
- 검사 아니면 체육교사. 운동과 연관된 직업.

5. 최근 가장 행복했던 순간
- 마지막 홈경기 승리로 가을야구 진출이 확정됐을 때.

2025시즌 기록

타율	경기	타석	타수	득점	안타
0.232	127	415	362	51	84
2루타	3루타	홈런	루타	타점	도루
10	1	18	150	55	3
볼넷	삼진	병살타	장타율	출루율	OPS
45	126	7	0.414	0.320	0.734

전력분석	'공격형 포수'의 계보를 잇는 자원. 묵직한 파워를 바탕으로 한 방을 터뜨릴 수 있으며, 특히 좌투수를 상대로 강한 면모를 보인다. 하위 타선에서 상대에게 공포감을 주는 타자다.
강점	포수로서 준수한 장타력(홈런 생산성)과 투수 리드 능력.
약점	많은 삼진, 타석에서의 끈질긴 승부 필요.
수비력	안정적인 블로킹과 프레이밍, 리그 최정상급의 강견.

37 박건우

외야수(우투우타)

생년월일	1990년 9월 8일
신장/체중	184cm / 80kg
출신학교	역삼초-서울이수중-서울고
연봉(2026)	6억 원

#뛰겠습니다_호부지_울린_투혼

지난 가을, 다리에 두꺼운 테이핑을 칭칭 감고도 멈추지 않았던 박건우의 질주는 야구팬들의 가슴에 깊은 울림을 남겼다. 휴식이 필요한 순간에도 그는 '팀을 위해' 더그아웃을 지켰고, 이 모습은 이호준 감독의 눈물을 불러 일으켰다. 잦은 부상과 사구의 여파로 온전히 경기를 소화하지 못한 아쉬움을 가을 무대에서 스스로의 몸을 불살라 씻어내는 투혼을 발휘했다.

#현역_통산_타율_1위

박건우의 통산 타율은 0.324. KBO리그 현역 타자들 중 단연 1위를 달리고 있다. 2025시즌 거듭된 사구와 부상의 악령 속에서도 그가 끝내 타석에서의 날카로움을 잃지 않았던 건, 수천 번의 타석으로 쌓인 경험과 노력 덕분이었다. 특유의 스프레이 히팅으로 그라운드 구석구석을 찌르는 '타격 기계'의 면모가 그의 장점이다.

#우승_청부사

2026년 '현역 타율 1위'라는 찬란한 타이틀은 개인의 영광을 넘어 NC의 대권 도전을 이끌어야 할 가장 무거운 무기가 됐다. 손아섭이 떠난 타선의 중심에서 박건우가 3번 타자로 뽑아내는 정교함은 팀의 득점권 찬스를 싹쓸이하는 가장 확실하고 치명적인 승리 공식이다. 리그에서 가장 공을 잘 치는 사나이. 그의 스윙 하나하나가 후배들에게 살아있는 교과서가 되어 타선 전체에 전염된다면 '우승 청부사'의 타이틀도 이번 시즌 재현할 수 있다.

2025시즌 기록

타율	경기	타석	타수	득점	안타
0.289	124	442	384	43	111
2루타	3루타	홈런	루타	타점	도루
24	1	9	164	67	6
볼넷	삼진	병살타	장타율	출루율	OPS
47	63	6	0.427	0.370	0.797

전력분석	KBO리그 현역 타율 1위. 꾸준함의 대명사. 어떤 상황에서도 제 스윙을 하며 3할 타율과 두 자릿수 홈런을 보장한다. 우측 밀어치기에 능하며, 득점권 찬스에서 집중력이 돋보이는 해결사다.
강점	기복 없는 타격 밸런스와 검증된 클러치 능력.
약점	전성기 대비 떨어진 배트 스피드와 라인드라이브 타구 비율.
수비력	탁월한 타구 판단 능력과 정확하고 빠른 송구, 안정감 넘치는 우익수 수비.

🎤 TMI 인터뷰

1. 원정 갈때 꼭 챙기는 개인 물건
- 스마트폰(특별하게 챙기는 아이템은 없다).

2. 요즘 가장 많이 듣는 노래
- 훈련 때 나오는 노래를 자연스럽게 듣는다.

3. 처음 봤을때 충격받은 야구선수와 그 이유는?
- 박민우. 장난스러운 면이 있는데, 야구할 때는 정말 잘한다.

4. 야구 선수를 안했다면 지금 뭐하고 있을까?
- CEO가 되었을 것이다.

5. 최근 가장 행복했던 순간
- 오늘 아침 눈을 뜬 그 순간. 매일 행복하게 하루를 시작한다.

투수(우투우타)

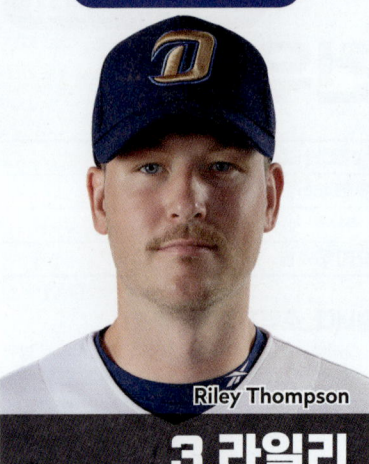

Riley Thompson

3 라일리

생년월일/국적	1996년 7월 9일 / 미국			신장/체중	190cm / 100kg
출신학교	미국 Louisville(대)			연봉	60만 달러

2025시즌 기록

평균자책점	경기	승	패	홀드	세이브
3.45	30	17	7	0	0
승률	이닝	피안타	피홈런	볼넷	사구
0.708	172	136	18	56	3
삼진	실점	자책점			
216	76	66			

주무기 190cm가 넘는 큰 키에서 뿜어져 나오는 위력적인 포심 패스트볼과 수직으로 크게 떨어지는 '파워 커브'의 조합

2025시즌 17승을 거두며 KBO리그 다승왕 타이틀과 구단 단일 시즌 최다 탈삼진 신기록을 동시에 휩쓴 다이노스의 절대적 '에이스'. 메이저리그 경력이 없다는 시즌 전의 우려를 완벽히 불식시키고, 리그 마운드를 폭격하며 가을야구 진출을 이끈 일등공신. 2026시즌을 앞두고 NC와 재계약을 체결하며 2년 연속 창원 팬들과 호흡하게 된 라일리는 페디와 하트의 계보를 잇는 특급 외인 투수 반열에 올랐다. 새 시즌 이호준호의 대권 도전을 향한 가장 든든한 1선발이자, 상대 타선이 가장 두려워하는 마운드의 중심. 3/21 왼쪽 복사근 파열 부상으로 드류 버하겐 단기 대체. 버하겐 6주 최대 10만 달러 계약.

투수(우투우타)

Curtis Taylor

66 테일러

생년월일/국적	1995년 7월 25일 / 캐나다			신장/체중	198cm / 106kg
출신학교	캐나다 British Columbia(대)			연봉	42만 달러

2025시즌 기록

평균자책점	경기	승	패	홀드	세이브
-	-	-	-	-	-
승률	이닝	피안타	피홈런	볼넷	사구
-	-	-	-	-	-
삼진	실점	자책점			
-	-	-			

주무기 평균 150km/h를 상회하는 포심과 예리한 싱커의 움직임이 일품. KBO리그 '언터처블' 스위퍼를 주목하라

2026시즌 새롭게 합류한 외국인 투수. NC 구단 역사상 최초의 캐나다 국적 외국인 선수다. 198cm에 달하는 압도적인 피지컬을 자랑하며, 150km대 빠른 직구에 스위퍼, 컷 패스트볼, 싱커, 체인지업 등 다양한 변화구가 장점. 특히 슬라이더·싱커 중심의 횡적 무브먼트로 땅볼 유도가 탁월한 투수로 평가 받는다. 에릭 해커, 드류 루친스키, 에릭 페디, 카일 하트 등 '역수출' 신화를 쓴 NC 스카우트 팀의 신화가 또 이어질 수 있을지 주목.

내야수(우투우타)

Matt Davidson

24 데이비슨

생년월일/국적	1991년 3월 26일 / 미국			신장/체중	190cm / 104kg
출신학교	미국 Yucaipa(고)			연봉	97만 5천 달러

2025시즌 기록

타율	경기	타석	타수	득점	안타
0.293	112	439	386	63	113
2루타	3루타	홈런	루타	타점	도루
18	0	36	239	97	1
볼넷	삼진	병살타	장타율	출루율	OPS
31	118	10	0.619	0.346	0.965

타격스타일 파워 히터. 자신의 스트라이크 존에 들어오는 실투를 놓치지 않고 풀스윙으로 응수한다.

2024년 46홈런으로 리그 홈런왕을 차지하고, 2025년에도 36홈런 97타점을 기록하며 2년 연속 NC 타선의 중심을 든든하게 지킨 복덩이 거포. 다소 불리한 계약 조건임에도 'NC 퍼스트' 정신을 보여주며 팀에 잔류한 의리는 팬들에게 큰 감동을 안겼다. 철저한 루틴 관리와 타격 분석으로 자신만의 타격 메커니즘을 굳건히 유지하는 연습벌레. 팬들에게 '맷돌'이라는 정겨운 애칭으로 불리는 그는 올 시즌에도 4번 타자 자리에서 해결사 역할을 톡톡히 해내며 창원NC파크의 밤하늘에 쉴 새 없이 아치를 그려낼 것으로 보인다.

투수(우투우타)

Natsuki Toda

11 토다

| 생년월일/국적 | 2000년 7월 22일 / 일본 | | 신장/체중 | 170cm / 80kg |
| 출신학교 | 일본 도카이대부고 | | 연봉 | 10만 달러 |

2025시즌 기록

평균자책점	경기	승	패	홀드	세이브
-	-	-	-	-	-
승률	이닝	피안타	피홈런	볼넷	사구
-	-	-	-	-	-
삼진	실점	자책점			
-	-	-			

| 주무기 | 최고 150km/h의 직구에 포크볼, 슬라이더, 커브, 커터 등 다양한 변화구를 자유자재로 구사한다. |

2026시즌 KBO리그에 새롭게 도입된 아시아 쿼터제를 통해 NC 유니폼을 입은 일본인 투수. 170cm라는 역대 KBO 외국인 투수 최단신 체격 조건이지만, 마운드 위에서의 투지와 묵직한 구위로 극복해 낼 예정. 요미우리 자이언츠 시절부터 탄탄한 기본기와 이닝 소화력을 검증받았으며, 구단 스카우트진이 직접 창원에서 입단 테스트를 진행할 만큼 공을 들인 자원이다. 선발과 불펜을 가리지 않고 전천후로 활약할 수 있는 다재다능함이 가장 큰 무기. 마운드 뎁스 부족에 시달렸던 NC에 소금 같은 역할을 해줄 비밀병기.

투수(좌투좌타)

17 김영규

| 생년월일 | 2000년 2월 10일 | | 신장/체중 | 188cm / 86kg |
| 출신학교 | 광주서석초-무등중-광주제일고 | | 연봉 | 2억 원 |

2025시즌 기록

평균자책점	경기	승	패	홀드	세이브
2.86	45	4	3	21	0
승률	이닝	피안타	피홈런	볼넷	사구
0.571	44	40	3	18	3
삼진	실점	자책점			
35	17	14			

전력분석	NC 불펜의 대체 불가능한 핵심이자 '믿을맨'. 150km/h에 육박하는 직구와 예리한 슬라이더 조합은 좌우 타자를 가리지 않고 압도한다. 멀티 이닝도 소화 가능. 올해도 필승조의 중심을 잡는다.
강점	좌완의 날카로운 슬라이더와 포크볼. 선발과 불펜 안 가리는 '마당쇠'도 문제 없어.
약점	제구 기복, 부상만 조심하자.

투수(우투우타)

54 김진호

| 생년월일 | 1998년 6월 7일 | | 신장/체중 | 183cm / 90kg |
| 출신학교 | 의왕부곡초-성일중-광주동성고 | | 연봉 | 1억 3천만 원 |

2025시즌 기록

평균자책점	경기	승	패	홀드	세이브
3.36	76	4	3	20	6
승률	이닝	피안타	피홈런	볼넷	사구
0.571	72 1/3	53	5	45	9
삼진	실점	자책점			
70	30	27			

전력분석	묵직한 구위로 불펜의 허리를 책임지는 우완 셋업맨. 떨어지는 체인지업으로 헛스윙을 유도하는 능력이 탁월하다. 삼진 잡는 능력이 좋아 주자가 있는 위기 상황에서 진가를 발휘하는 '닥터 K'.
강점	묵직한 구위, 확실한 결정구(체인지업)와 탈삼진 능력.
약점	간간이 나오는 제구 기복.

PLAYERS

투수(우투우타)

생년월일	1996년 10월 10일			신장/체중	189cm / 88kg
출신학교	양정초-개성중-부산고			연봉	2억 원

2025시즌 기록

평균자책점	경기	승	패	홀드	세이브
3.27	62	4	3	0	29
승률	이닝	피안타	피홈런	볼넷	사구
0.571	66	50	6	28	6
삼진	실점	자책점			
57	27	24			

전력분석	29세이브, 30세이브에 딱 한 개 모자랐지만 블론 세이브도 한 개뿐이었다. 배짱 두둑한 피칭이 트레이드 마크인 우완 필승조. 이제는 셋업맨이 아닌 어엿한 공룡군단의 마무리 투수.
강점	강력한 구위를 앞세운 공격적인 피칭.
약점	체력 및 부상 리스크.

41 류진욱

투수(우투우타)

생년월일	2004년 5월 11일			신장/체중	181cm / 83kg
출신학교	효제초-청량중-신일고			연봉	4천2백만 원

2025시즌 기록

평균자책점	경기	승	패	홀드	세이브
6.05	16	3	5	0	0
승률	이닝	피안타	피홈런	볼넷	사구
0.375	58	68	6	42	5
삼진	실점	자책점			
45	42	39			

전력분석	미떼 소년에서 공룡 군단 '유이한' 토종 QS 선발 투수로. 선발 로테이션에 구멍이 났을 때 대체 선발 1순위로 꼽히는 전천후 마당쇠 자원. 해를 거듭할수록 성장세가 뚜렷한 영건.
강점	공격적인 피칭을 앞세운 경기 운영 능력, 변화구 제구도 완급조절도 탁월.
약점	1군 풀타임 경험 부족, 아직은 아쉬운 체력.

20 목지훈

투수(우투우타)

생년월일	2002년 1월 5일			신장/체중	177cm / 85kg
출신학교	영천초-신정중-물금고-동아대			연봉	8천만 원

2025시즌 기록

평균자책점	경기	승	패	홀드	세이브
4.35	52	6	1	7	0
승률	이닝	피안타	피홈런	볼넷	사구
0.857	51 2/3	53	5	19	1
삼진	실점	자책점			
37	29	25			

전력분석	"주환이 덕분에 살았다" 감독의 기대 속 지난해 잘 성장했다. 공격적인 피칭에 상황과 이닝 가리지 않고 투입할 수 있는 '마당쇠' 믿을맨. 후반기 체력 유지 및 결정구 보완이 관건.
강점	정통파 파워피처, 예리한 슬라이더도 무기.
약점	제3의 구종 포크볼의 연마, 체력 및 내구성.

46 손주환

투수(우투우타)

61 배재환

생년월일	1995년 2월 24일			신장/체중	186cm / 95kg
출신학교	가동초-잠신중-서울고			연봉	1억 2천만 원

2025시즌 기록

평균자책점	경기	승	패	홀드	세이브
4.48	70	2	4	24	2
승률	이닝	피안타	피홈런	볼넷	사구
0.333	60 1/3	48	3	37	11
삼진	실점	자책점			
51	36	30			

전력분석	그에게서 다시 선동열이 보인다. 부상 재활 훈련 끝에 '묵직하게' 돌아온 배재환은 젊은 NC 불펜진에 경험치 더해줄 베테랑 투수다. 구창모와 함께 부상 여파 딛고 살아나야 할 '배·구 듀오'.
강점	타자 배트가 밀린다, 살아난 묵직한 구위.
약점	볼넷 억제력, 역시나 부상 여파.

투수(우투우타)

18 신민혁

생년월일	1999년 2월 4일			신장/체중	184cm / 95kg
출신학교	염강초(강서구리틀)-매향중-야탑고			연봉	1억 9천만 원

2025시즌 기록

평균자책점	경기	승	패	홀드	세이브
4.77	28	6	3	0	0
승률	이닝	피안타	피홈런	볼넷	사구
0.667	132	148	23	26	6
삼진	실점	자책점			
84	76	70			

전력분석	큰 경기에 강한 강심장. 구속이 빠르진 않지만, 마구 수준의 체인지업과 칼 같은 제구력으로 타자를 요리한다. 계산이 서는 피칭을 해주기에 토종 선발진의 가장 확실한 상수다.
강점	타자 타이밍 뺏는 체인지업과 빅게임 피처 멘탈.
약점	피홈런 및 장타 억제.

투수(우투우타)

57 전사민

생년월일	1999년 7월 6일			신장/체중	194cm / 85kg
출신학교	연서초(부산동래구리틀)-대신중-부산정보고			연봉	1억 3천만 원

2025시즌 기록

평균자책점	경기	승	패	홀드	세이브
4.26	74	7	7	13	2
승률	이닝	피안타	피홈런	볼넷	사구
0.500	82 1/3	86	3	33	11
삼진	실점	자책점			
62	45	39			

전력분석	NC의 마당쇠. 한 타자 상대도, 멀티 이닝도 문제 없다. 뱀직구를 앞세운 지저분한 공으로 핵심 불펜으로 도약했다. 등판 간격, 이닝만 잘 분산된다면 위력은 엄청날 것으로 보인다.
강점	최고 수준의 뱀직구(투심), 지저분한 변화구, 높은 땅볼 유도율.
약점	지난해 최다 이닝 소화로 인한 누적 피로로, 비교적 높은 WHIP.

투수(좌투좌타)

26 최성영

| 생년월일 | 1997년 4월 28일 | | 신장/체중 | 180cm / 85kg |
| 출신학교 | 영랑초-설악중-설악고 | | 연봉 | 8천2백만 원 |

2025시즌 기록

평균자책점	경기	승	패	홀드	세이브
6.23	35	2	2	4	0
승률	이닝	피안타	피홈런	볼넷	사구
0.500	47 2/3	62	6	28	3
삼진	실점	자책점			
33	33	33			

전력분석	스피드보다는 정교한 제구와 완급 조절로 승부하는 투수. 선발과 불펜을 가리지 않고 팀이 필요한 보직을 묵묵히 수행한다. 팀 투수진의 뎁스를 채워주는 소금 같은 존재.
강점	타자의 허를 찌르는 디셉션과 볼 배합.
약점	구속 느린 피네스 피처의 고질병, 장타 억제.

내야수(우투우타)

13 김한별

| 생년월일 | 2001년 1월 18일 | | 신장/체중 | 177cm / 85kg |
| 출신학교 | 효제초-선린중-배재고 | | 연봉 | 4천8백만 원 |

2025시즌 기록

타율	경기	타석	타수	득점	안타
0.313	76	72	64	14	20
2루타	3루타	홈런	루타	타점	도루
2	0	0	22	5	1
볼넷	삼진	병살타	장타율	출루율	OPS
3	5	2	0.344	0.371	0.715

전력분석	수비 하나만큼은 리그 탑급인 '수비 요정'. 물 흐르는 듯한 풋워크와 핸들링이 장점. 경기 후반 수비 강화가 필요할 때 가장 먼저 호출. 그런데 이젠 타격까지 잘한다. 대수비→대타 1순위.
강점	투수를 편하게 만드는 천재적인 수비 센스.
약점	박민우-김주원의 높은 벽, 타격에서도 두각 드러내야.
수비력	핵심 핫코너 자원, 2루도 가능한 유틸리티.

내야수(우투좌타)

16 도태훈

| 생년월일 | 1993년 3월 18일 | | 신장/체중 | 182cm / 93kg |
| 출신학교 | 양정초-개성중-부산고-동의대 | | 연봉 | 7천3백만 원 |

2025시즌 기록

타율	경기	타석	타수	득점	안타
0.182	61	98	77	9	14
2루타	3루타	홈런	루타	타점	도루
4	1	1	23	8	3
볼넷	삼진	병살타	장타율	출루율	OPS
7	16	2	0.299	0.315	0.614

전력분석	내야 전 포지션을 수준급으로 소화하는 '슈퍼 유틸리티'. 알토란 같은 안타와 작전 수행 능력으로 팀 승리에 기여한다. 중독성 있는 응원가도 장점. 하지만 더 많이 불리려면 타격 강화는 필수.
강점	유틸리티 수비, 좌투수 상대 고타율.
약점	아쉬운 타격, 떨어지는 장타 생산력.
수비력	내야 전역을 담당하는 유틸리티. 돈보이는 허슬플레이.

내야수(우투우타)

5 서호철

생년월일	1996년 10월 16일		신장/체중	179cm / 85kg
출신학교	순천남산초-순천이수중-효천고-동의대		연봉	1억 5천만 원

2025시즌 기록

타율	경기	타석	타수	득점	안타
0.266	103	292	263	25	70
2루타	3루타	홈런	루타	타점	도루
7	1	3	88	30	7
볼넷	삼진	병살타	장타율	출루율	OPS
8	51	7	0.335	0.301	0.636

전력분석	악바리 근성에 구슬땀 솔선수범까지. 시즌 중 임시 주장까지 맡을 정도로 리더십도 뛰어나다. 유틸리티 플레이어지만 잦은 포지션 이동이 오히려 독이 되는 듯. 타격 능력 향상하면 NC 내야 뎁스에 큰 힘.
강점	탁월한 배트 컨트롤과 컨택 능력, 핫코너 수비도 장점.
약점	볼넷 아니면 안타, 모 아니면 도. 타격감 떨어지면 고전. 아쉬운 잔부상.
수비력	전설들이 인정한 리그 탑급 수비력, 안정적인 핸들링과 풋워크.

내야수(우투좌타)

34 오영수

생년월일	2000년 1월 30일		신장/체중	178cm / 93kg
출신학교	사파초-창원신월중-용마고		연봉	6천2백만 원

2025시즌 기록

타율	경기	타석	타수	득점	안타
0.232	67	179	155	14	36
2루타	3루타	홈런	루타	타점	도루
5	0	3	50	23	3
볼넷	삼진	병살타	장타율	출루율	OPS
22	47	0	0.323	0.335	0.658

전력분석	원조 오마산. NC가 오랫동안 공들여 키운 좌타 거포 자원. 타고난 장사라 걸리면 넘어가는 비거리를 자랑한다. 타석에서의 적극성과 변화구 대처 능력이 1군 생존의 열쇠다.
강점	걸리면 넘어간다, 일방장타.
약점	컨택 기복과 아쉬운 선구안.
수비력	무난한 1루수 포구 능력, 수비 범위는 보통, 꾸준함이 강점.

내야수(우투좌타)

14 최정원

생년월일	2000년 6월 24일		신장/체중	176cm / 70kg
출신학교	서원초-청주중-청주고		연봉	8천7백만 원

2025시즌 기록

타율	경기	타석	타수	득점	안타
0.275	91	155	120	40	33
2루타	3루타	홈런	루타	타점	도루
3	0	0	36	11	30
볼넷	삼진	병살타	장타율	출루율	OPS
18	22	0	0.300	0.417	0.717

전력분석	빠른 발과 재치 있는 주루 플레이로 그라운드를 휘젓는 스피드 스타. 내야와 외야를 오가며 수비가 가능하고, 정확한 타격 능력도 갖췄다. 어떤 역할도 가능한, 경기 흐름을 바꾸는 '조커'.
강점	수비를 흔들며 흐름을 바꾸는 발, 뛰어난 타격까지.
약점	장타 생산력, 득점권 타율.
수비력	빠른 발과 넓은 수비 범위. 내외야 어디든 탄탄하다.

외야수(우투우타)

생년월일	1990년 12월 30일		신장/체중	177cm / 85kg
출신학교	동천초-경주중-경주고-경남대		연봉	2억 5천만 원

2025시즌 기록

타율	경기	타석	타수	득점	안타
0.246	136	456	358	56	88
2루타	3루타	홈런	루타	타점	도루
24	0	6	130	39	5
볼넷	삼진	병살타	장타율	출루율	OPS
77	80	10	0.363	0.393	0.756

전력분석	화려하진 않지만 팀에 없어서는 안 될 살림꾼. 뛰어난 선구안과 끈질긴 승부로 투구 수를 늘리면서도 찬스 상황에서 유독 강한 집중력을 발휘한다. 결정적인 한 방을 터뜨리는 해결사 본능까지 보유.
강점	리그 최상급 '눈야구'와 득점권 집중력.
약점	전성기 대비 좁아진 수비 범위와 운동 능력.
수비력	노련한 타구 판단과 수비 범위, 큰 실수 없이 안정적.

36 권희동

외야수(우투우타)

생년월일	1994년 7월 17일		신장/체중	182cm / 95kg
출신학교	대전유천초-한밭중-대전고		연봉	1억 6천만 원

2025시즌 기록

타율	경기	타석	타수	득점	안타
0.250	105	337	300	28	75
2루타	3루타	홈런	루타	타점	도루
22	1	3	108	33	2
볼넷	삼진	병살타	장타율	출루율	OPS
31	66	8	0.360	0.321	0.681

전력분석	NC로 돌아온 우타 거포. 20홈런 이상을 때려낼 수 있는 준수한 장타력을 갖췄다. 찬스에서 해결하는 능력이 좋아 팀 분위기를 끌어올리는 데 큰 역할을 할 것으로 기대된다.
강점	일발 장타력과 타점을 생산하는 클러치 능력.
약점	아쉬운 타구 판단과 송구 정확도, 타격 사이클 기복.
수비력	강한 어깨가 장점, 무난한 외야 수비.

55 이우성

외야수(우투우타)

생년월일	1994년 4월 1일		신장/체중	181cm / 83kg
출신학교	대전신흥초-공주중-화순고-고려대		연봉	1억 원

2025시즌 기록

타율	경기	타석	타수	득점	안타
0.238	129	294	261	47	62
2루타	3루타	홈런	루타	타점	도루
10	3	6	96	31	15
볼넷	삼진	병살타	장타율	출루율	OPS
17	58	3	0.368	0.292	0.660

전력분석	호타준족, 탄탄한 하드웨어와 운동 능력을 갖춘 '툴가이'. 1군 경험을 쌓으며 기량이 만개하고 있어, 기존 외야진을 위협하며 주전 경쟁에 새로운 활력을 불어넣을 다크호스.
강점	파워와 스피드를 겸비한 우수한 운동 능력.
약점	1군 풀타임 경험 부족, 아쉬운 선구안.
수비력	강견에 스피드, 디테일과 타구 판단만 다듬으면 핵심 외야수.

23 천재환

43 신영우
투수(우투우타)

생년월일 2004년 4월 21일
출신학교 센텀초-센텀중-경남고

2025시즌 기록

1라운드 지명 출신. 150km/h 후반 광속구. 제구만 잡는다면 NC 마운드의 희망.

평균자책점	경기	승	패	홀드	세이브	승률	이닝	피안타
7.53	8	1	3	0	0	0.250	14 1/3	8
피홈런	볼넷	사구	삼진	실점	자책점			
2	16	3	19	13	12			

1 김녹원
투수(우투우타)

생년월일 2003년 5월 17일
출신학교 학강초-무등중-광주제일고

2025시즌 기록

성장 가능성 높은 우완, 다양한 변화구가 장점.

평균자책점	경기	승	패	홀드	세이브	승률	이닝	피안타
6.56	21	3	4	1	0	0.429	70	75
피홈런	볼넷	사구	삼진	실점	자책점			
10	47	3	37	53	51			

21 김재열
투수(우투우타)

생년월일 1996년 1월 2일
출신학교 양정초-개성중-부산고

2025시즌 기록

방출생 신화, 묵직한 직구 가진 불펜. 올해 부활 노린다.

평균자책점	경기	승	패	홀드	세이브	승률	이닝	피안타
6.23	22	0	0	2	0	-	21 2/3	32
피홈런	볼넷	사구	삼진	실점	자책점			
5	16	1	16	16	15			

60 김태경
투수(우투우타)

생년월일 2001년 4월 7일
출신학교 김해삼성초-내동중-용마고

2025시즌 기록

선발과 불펜이 모두 가능한 전천후 우완 스윙맨. 구속 회복 필수.

평균자책점	경기	승	패	홀드	세이브	승률	이닝	피안타
10.64	6	0	0	1	0	-	11	18
피홈런	볼넷	사구	삼진	실점	자책점			
4	9	2	10	20	13			

69 김태훈
투수(우투우타)

생년월일 2006년 10월 26일
출신학교 부평남초(부평구리틀)-동인천중
　　　　-소래고

2025시즌 기록

지난해 퓨처스 필승조. 잠재력 넘치는 파이어볼러.

평균자책점	경기	승	패	홀드	세이브	승률	이닝	피안타
5.21	18	0	0	0	0	-	19	17
피홈런	볼넷	사구	삼진	실점	자책점			
4	16	1	9	15	11			

56 박지한
투수(좌투좌타)

생년월일 2000년 10월 21일
출신학교 동일중앙초-부산중-개성고

2025시즌 기록

마무리캠프 MVP. 높은 타점의 좌완 파이어볼러로서 큰 기대.

평균자책점	경기	승	패	홀드	세이브	승률	이닝	피안타
-	-	-	-	-	-	-	-	-
피홈런	볼넷	사구	삼진	실점	자책점			
-	-	-	-	-	-			

63 원종해
투수(우투우타)

생년월일 2005년 4월 9일
출신학교 길동초-건대부중-장충고

2025시즌 기록

'제2의 이재학' 기대되는 사이드암 유망주. 선발 수업도 탄탄.

평균자책점	경기	승	패	홀드	세이브	승률	이닝	피안타
-	-	-	-	-	-	-	-	-
피홈런	볼넷	사구	삼진	실점	자책점			
-	-	-	-	-	-			

68 이세민
투수(우투우타)

생년월일 2005년 8월 8일
출신학교 칠성초-협성경복중-대구상원고

2025시즌 기록

묵직한 구위의 영건 투수. 높은 타점의 공 위력 기대.

평균자책점	경기	승	패	홀드	세이브	승률	이닝	피안타
-	-	-	-	-	-	-	-	-
피홈런	볼넷	사구	삼진	실점	자책점			
-	-	-	-	-	-			

51 이재학
투수(우언우타)

생년월일 1990년 10월 4일
출신학교 대구옥산초-경복중-대구고

2025시즌 기록

창단 멤버이자 베테랑, 체인지업은 여전히 명불허전.

평균자책점	경기	승	패	홀드	세이브	승률	이닝	피안타
-	-	-	-	-	-	-	-	-
피홈런	볼넷	사구	삼진	실점	자책점			

40 이준혁
투수(우투우타)

생년월일 2003년 6월 30일
출신학교 용인포곡초(처인구리틀)-성일중-율곡고

2025시즌 기록

묵직한 구위 가진 우완, 미국 유학 효과 볼까.

평균자책점	경기	승	패	홀드	세이브	승률	이닝	피안타
7.30	25	1	3	0	0	0.250	37	43
피홈런	볼넷	사구	삼진	실점	자책점			
8	20	6	30	33	30			

30 임정호
투수(좌투좌타)

생년월일 1990년 4월 16일
출신학교 성동초-잠신중-신일고-성균관대

2025시즌 기록

좌완 스페셜리스트, 중요 순간 좌타자 막아낼 베테랑.

평균자책점	경기	승	패	홀드	세이브	승률	이닝	피안타
4.82	31	1	1	4	0	0.500	18 2/3	18
피홈런	볼넷	사구	삼진	실점	자책점			
3	9	4	15	13	10			

19 임지민
투수(우투우타)

생년월일 2003년 10월 11일
출신학교 가평목동초(가평리틀)-춘천중-강원고

2025시즌 기록

150km/h 강속구 유망주, 이호준 감독이 콕 찝은 필승조 후보.

평균자책점	경기	승	패	홀드	세이브	승률	이닝	피안타
3.86	7	0	1	1	0	0.000	4 2/3	1
피홈런	볼넷	사구	삼진	실점	자책점			
0	5	0	7	2	2			

47 조민석
투수(우투좌타)

생년월일 1998년 12월 21일
출신학교 천안남산초-천안북중-부천고-원광대

2025시즌 기록

다양한 구종을 보유한 아트 피처. 준수한 제구력이 강점.

평균자책점	경기	승	패	홀드	세이브	승률	이닝	피안타
6.92	6	0	1	0	0	0.000	13	12
피홈런	볼넷	사구	삼진	실점	자책점			
3	11	2	4	10	10			

64 최우석
투수(우투우타)

생년월일 2005년 3월 31일
출신학교 서흥초-동인천중-비봉고

2025시즌 기록

큰 키에서 내리 꽂는 속구, 싸움닭 기질 있는 씩씩한 불펜.

평균자책점	경기	승	패	홀드	세이브	승률	이닝	피안타
8.16	12	0	0	0	0	-	14 1/3	23
피홈런	볼넷	사구	삼진	실점	자책점			
1	9	0	15	16	13			

29 하준영
투수(좌투좌타)

생년월일 1999년 9월 6일
출신학교 서울이수초-성남중-성남고

2025시즌 기록

좌완 파이어볼러. 부상 리스크 지운다면 불펜 큰 힘 될 경험 많은 자원.

평균자책점	경기	승	패	홀드	세이브	승률	이닝	피안타
6.75	10	1	1	1	0	0.500	5 1/3	10
피홈런	볼넷	사구	삼진	실점	자책점			
0	7	0	5	4	4			

42 김정호
포수(우투우타)

생년월일 1998년 7월 13일
출신학교 대구옥산초-경복중-포항제철고-성균관대

2025시즌 기록

창원 카리나의 소중했던 가을의 경험, 성장형 포수.

타율	경기	타석	타수	득점	안타	2루타	3루타	홈런
0.444	8	11	9	3	4	0	0	0
루타	타점	도루	볼넷	삼진	병살타	장타율	출루율	OPS
4	0	0	4	0	0	0.444	0.500	0.944

62 신민우

포수(우투우타)

생년월일 2006년 8월 13일

출신학교 김해우암초(김해리틀)-내동중
-마산고

수준급 어깨와 장타력, 이대호가 인정한 타격폼.

타율	경기	타석	타수	득점	안타	2루타	3루타	홈런
-	-	-	-	-	-	-	-	-
루타	타점	도루	볼넷	삼진	병살타	장타율	출루율	OPS
-	-	-	-	-	-	-	-	-

22 안중열

포수(우투우타)

생년월일 1995년 9월 1일

출신학교 가야초-개성중-부산고
-(영남사이버대)

경험 많은 베테랑, 투수 편안하게 리드하는 조력자.

타율	경기	타석	타수	득점	안타	2루타	3루타	홈런
0.143	33	60	49	2	7	3	0	0
루타	타점	도루	볼넷	삼진	병살타	장타율	출루율	OPS
10	6	0	8	15	0	0.204	0.288	0.492

6 오태양

내야수(우투우타)

생년월일 2002년 4월 25일

출신학교 방배초-대치중-청원고

공수 잠재력 터뜨릴 기회 엿보는 내야 유망주.

타율	경기	타석	타수	득점	안타	2루타	3루타	홈런
0.250	14	13	12	6	3	0	0	0
루타	타점	도루	볼넷	삼진	병살타	장타율	출루율	OPS
3	1	2	1	3	0	0.250	0.308	0.558

35 한재환

내야수(우투우타)

생년월일 2001년 10월 19일

출신학교 기장대청초(기장리틀)-대신중
-개성고

파워 갖춘 코너 내야수, 거포 유망주로 육성 중.

타율	경기	타석	타수	득점	안타	2루타	3루타	홈런
0.185	16	31	27	2	5	0	0	0
루타	타점	도루	볼넷	삼진	병살타	장타율	출루율	OPS
5	4	0	2	14	0	0.185	0.290	0.475

10 홍종표

내야수(우투좌타)

생년월일 2000년 5월 2일

출신학교 동막초-영남중-강릉고

이호준 감독이 대놓고 지켜본다, 빠른 발과 재치 돋보이는 내야 유틸리티.

타율	경기	타석	타수	득점	안타	2루타	3루타	홈런
0.164	62	85	73	16	12	0	0	0
루타	타점	도루	볼넷	삼진	병살타	장타율	출루율	OPS
12	3	1	7	23	0	0.164	0.235	0.399

31 윤준혁

내야수(우투우타)

생년월일 2001년 7월 26일

출신학교 역촌초(은평구리틀)-충암중
-충암고

공수주 전반 활용도 높은 내외야 유틸리티.

타율	경기	타석	타수	득점	안타	2루타	3루디	홈린
0.059	28	18	17	4	1	1	0	0
루타	타점	도루	볼넷	삼진	병살타	장타율	출루율	OPS
2	0	1	0	5	0	0.118	0.059	0.177

58 고승완

외야수(우투좌타)

생년월일 2001년 3월 15일

출신학교 광주대성초-무등중-광주동성고
-연세대

공격적이고 빠른 스윙이 장점. 장타 만들어낼 빠른 주루.

타율	경기	타석	타수	득점	안타	2루타	3루타	홈런
0.200	17	11	10	5	2	0	0	0
루타	타점	도루	볼넷	삼진	병살타	장타율	출루율	OPS
2	0	2	1	5	0	0.200	0.273	0.473

53 박시원

외야수(우투좌타)

생년월일 2001년 5월 30일

출신학교 광주서림초-광주동성중
-광주제일고

파워 툴 갖춘 좌타 외야수, 기회를 잡아라.

타율	경기	타석	타수	득점	안타	2루타	3루타	홈런
0.204	52	60	54	12	11	2	0	1
루타	타점	도루	볼넷	삼진	병살타	장타율	출루율	OPS
16	4	1	5	18	1	0.296	0.271	0.567

65 오장한

외야수(우투좌타)

생년월일 2002년 5월 20일

출신학교 희망대초-매향중-장안고

2025시즌 기록

강한 타구 생산 능력 좋은 내야 거포 자원.

타율	경기	타석	타수	득점	안타	2루타	3루타	홈런
-	-	-	-	-	-	-	-	-
루타	타점	도루	볼넷	삼진	병살타	장타율	출루율	OPS
-	-	-	-	-	-	-	-	-

33 한석현

외야수(좌투좌타)

생년월일 1994년 5월 17일

출신학교 후암초-대천중-경남고

2025시즌 기록

퓨처스 타격왕 출신, 정교한 컨택과 빠른 발이 장점.

타율	경기	타석	타수	득점	안타	2루타	3루타	홈런
0.195	61	138	113	18	22	5	0	3
루타	타점	도루	볼넷	삼진	병살타	장타율	출루율	OPS
36	21	1	12	27	1	0.319	0.306	0.625

ROOKIES

1라운드 전체 2순위
9 신재인

생년월일 2007년 6월 28일

신장/체중 185cm / 83kg

출신학교 함박초(처인구리틀)-매향중-유신고

내야수(우투우타)

2026년 신인드래프트는 이 선수부터 판도가 뒤집어졌다. 모두의 예상을 깨고 선택한, NC가 미래의 에이스로 콕 찝은 기대감 넘치는 유망주. 정교한 타격 센스와 완성도 높은 스윙, 향후 NC 내야진의 세대교체 이끌 '천재형 특급 유망주'.

2라운드 전체 12순위
32 이희성

생년월일 2007년 4월 1일

신장/체중 185cm / 95kg

출신학교 광남초(경기광주시리틀)-성남성일중-원주고

포수(우투우타)

고교 무대 최고 수준이자 프로와 비교해도 뒤지지 않는 압도적인 강견을 자랑. 수준급 투수의 공을 안정적으로 받아내는 캐칭 능력까지 뛰어나 제2의 김형준으로 성장할 주전급 포수 재목.

3라운드 전체 22순위
136 김요엘

생년월일 2007년 4월 4일

신장/체중 185cm / 78kg

출신학교 방배초-이수중-휘문고

투수(우투우타)

사이드암 특유의 무브먼트와 체인지업, 싱커 완성도가 강점. 유연한 투구 메커니즘을 갖춰 향후 구속 상승과 선발 투수로서의 잠재력이 높은 선수.

3라운드 전체 23순위
67 최요한

생년월일 2007년 10월 16일

신장/체중 180cm / 80kg

출신학교 희망대초-송전중-비봉고(용인시야구단)

투수(좌투좌타)

청소년 대표 핵심 필승조. 안정적인 140km/h 초반대의 직구와 뛰어난 제구력과 좋은 운영 능력을 갖췄다. 제구력과 변화구 커맨드, 마운드에서의 기질이 드래프트 대상자 중 최고 수준, 즉시 전력 불펜 기대.

4라운드 전체 32순위
49 고준휘

생년월일 2007년 8월 12일

신장/체중 181cm / 85kg

출신학교 선유초(영등포구리틀)-영동중-전주고

외야수(좌투좌타)

NC의 기존 외야 뎁스를 흔들 유망주, 폴리그 주도한 준수한 컨택 보유. 공수 모두 뛰어난 5툴 플레이어. 공격적인 성향으로 강한 인플레이타구 생산 가능하다는 평가.

4라운드 전체 35순위
52 김건

생년월일 2007년 5월 23일

신장/체중 180cm / 81kg

출신학교 영화초(광명시리틀)-철산중(광명시주니어)-경기항공고

외야수(우투좌타)

탄탄한 체형에서 나오는 파워로 구장 모든 방향으로 강한 타구를 보내는 공격형 유격수. 카운트 및 변화구 대처 능력이 우수하며, 안정적인 수비력도 갖춘 유망주.

5라운드 전체 42순위
140 정튼튼

생년월일	2003년 6월 1일
신장/체중	180cm / 85kg
출신학교	서림초-진흥중-효천고-고려대

투수(좌투좌타)

대졸 좌완 최대어, 최고 148km/h의 직구를 던지는 즉시 전력감.

6라운드 전체 52순위
141 안지원

생년월일	2007년 5월 5일
신장/체중	188cm / 80kg
출신학교	양정초-부산중-부산고

외야수(우투우타)

황금사자기 4관왕 출신. 자신 있는 스윙과 장타 잠재력을 지닌 유망주.

7라운드 전체 62순위
4 허윤

생년월일	2007년 3월 29일
신장/체중	177cm / 73kg
출신학교	역삼초-대치중-충암고

내야수(우투좌타)

최상위급 주력과 컨택, 작전 수행 능력을 겸비한 유틸리티 자원.

8라운드 전체 72순위
143 윤성환

생년월일	2003년 6월 19일
신장/체중	185cm / 97kg
출신학교	범계초(안양시리틀)-개군중 -경기항공고-연세대

투수(우투우타)

185cm 큰 키에서 내리꽂는 묵직한 직구와 정교한 제구력이 일품.

9라운드 전체 82순위
144 김명규

생년월일	2007년 1월 18일
신장/체중	188cm / 93kg
출신학교	와부초(남양주시리틀)-덕수중-장충고

내야수(우투우타)

우수한 피지컬을 바탕으로 공수주 모두 잠재력이 뛰어난 유망주.

10라운드 전체 92순위
145 윤서현

생년월일	2007년 3월 13일
신장/체중	191cm / 98kg
출신학교	대림초(일산서구리틀)-성남중 -서울동산고

투수(우투우타)

191cm 체격에서 최고 147km/h를 던지는 성장세 빠른 에이스 자원.

11라운드 전체 102순위
146 손민서

생년월일	2007년 2월 18일
신장/체중	181cm / 83kg
출신학교	방화초(강서리틀)-강남중-장충고

투수(우투우타)

고교 노히트노런 기록 보유. 날카로운 슬라이더와 탈삼진 능력이 강점.

TEAM PROFILE

구단명 : **KT 위즈**

연고지 : **경기도 수원시**

창립연도 : **2013년**

구단주 : **김영섭**

대표이사 : **이호식**

단장 : **나도현**

감독 : **이강철**

주장 : **장성우**

홈구장 : **수원 KT 위즈파크**

영구결번 : **없음**

한국시리즈 우승 : **2021**

UNIFORM

HOME

AWAY

TEAM INFO

팀 분석

2025 팀 순위 (포스트시즌 최종 순위 기준)

6위

최근 5년간 팀 순위

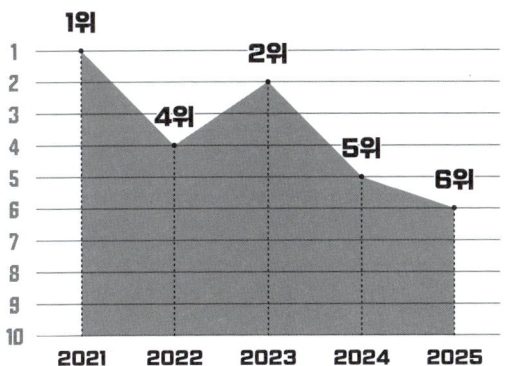

2025시즌 최다 마킹 유니폼

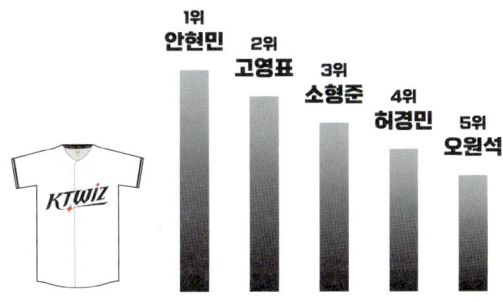

1위 안현민
2위 고영표
3위 소형준
4위 허경민
5위 오원석

2025시즌 최다 판매 굿즈

1 비트배트

2 로고볼

3 배트스틱

PARK FACTOR

홈구장_수원 KT 위즈파크

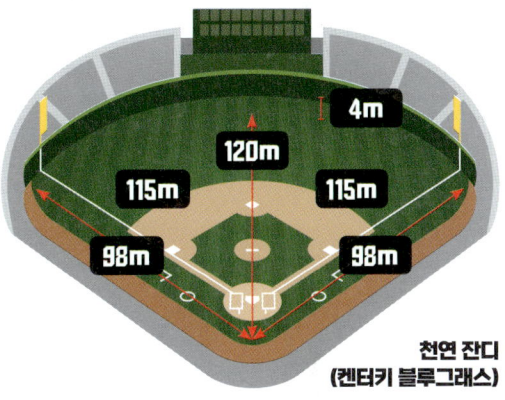

4m
120m
115m   115m
98m   98m

천연 잔디
(켄터키 블루그래스)

수용인원

18,700석

구장 특성

KT가 창단되면서 현대 유니콘스가 쓰던 오래된 수원 야구장이 전면 리모델링을 거쳐 신식 구장으로 탈바꿈했다. 이후로도 여러 차례 시설 개선을 해왔다. 광주 챔피언스필드와 비슷한 느낌이 나는 구조로 개방감과 집중력을 동시에 느낄 수 있다. 외야가 비교적 작아 타자친화형 구장에 속한다. 홈런이 많이 나오는 편이다.

HOME STADIUM
GUIDE

팬들을 위한 직관 꿀팁

은근히가 아니라 대놓고 구장내 맛집이 많다. 수원을 대표하는 맛집 진미통닭과 보영만두가 구장 내에 입점해 있고, 구입 줄이 길더라도 물량이 풍부하고 배달 시스템도 갖춰져 있어 여유를 갖고 기다리기만 하면 구매 자체는 수월한 편이다. 원두맛이 좋은 정지영 로스터리 카페가 입점해 있고, 곱창, 족발, 팥빙수 등 사랑받는 입점 업체들이 많아서 골라 먹는 재미가 있다. 야구장에서 큰길 하나만 건너면 대형마트와 식당가, 여러 체인 카페들이 있어서 관람 전후로 선택의 폭도 넓은 편이다. 외부에서 준비해온 음식들을 먹어도 괜찮고, 주위에서 배달을 시켜서 받아서 입장할 만한 선택지도 많다. 수원 구장을 방문한다면 '먹으면서 야구 보기'는 확실히 달성할 수 있다.

또 위즈파크는 워터페스티벌이나 클럽 댄스 파티 등 재밌는 팬 이벤트를 많이 하는 구장이다. 캠핑존, 잔디존 등 특색 있는 좌석 선택도 재미 중 하나.

다만, 주차와 대중교통은 조금 스트레스가 될 수도 있다. 종합운동장 내 공영주차가 가능하지만, 주말에는 3-4시간 전에 오지 않으면 야구장과 가까운 곳에 주차하기가 힘들고, 경기가 끝난 후에는 출차지옥에 갇힌다. 서울에서 가깝고 사당 직행 버스와 연결돼 있긴 하지만, 이 역시 주말 경기에는 줄이 길다는 점을 감안해야 한다.

응원단

응원단장 김주일

치어리더 계유진

치어리더 권가영

치어리더 김가현

치어리더 김민지

치어리더 김진아

치어리더 김한슬

치어리더 신세희

치어리더 이금주

치어리더 이서윤

치어리더 이예빈

치어리더 정희정

장내아나운서 박수미

구단 마스코트 소개

메인 마스코트 빅 & 또리

팀 이름인 '마법사'를 상징하는 마법 모자를 쓰고 있다. 검정색 마스코트 이름이 빅(Vic), 흰색 마스코트 이름이 또리(Ddory)다. 빨간색 방망이를 들고 있는 빅은 타자와 공격을 뜻하고, 한손에 야구공을 쥐고 다른 손에 글러브를 끼고 있는 또리는 투수와 수비를 상징한다. 두사람의 이름을 합치면 승리라는 뜻의 '빅토리'가 된다.

다시 가을로!
한 경기의 중요성 절감한 마법사 군단

작년에 이것만 잘됐으면 좋았을 텐데

지난해 KT의 포스트시즌 진출 실패에는 외국인 선수의 몫이 적잖은 비중을 차지한다. KT의 선택 자체는 애초 호평이 이어졌다. 정규시즌 MVP 출신의 멜 로하스 주니어를 필두로 윌리엄 쿠에바스, 엔마누엘 데 헤이수스 등 KBO리그 최정상급 외국인 선수로 3명을 구성했기 때문이다. 이들의 동반 부진이 이어질 줄은 KT도 몰랐다. 특히 로하스, 쿠에바스의 부진이 뼈아팠다. KT는 발빠르게 대체 외국인 선수를 영입했지만 앤드류 스티븐슨, 패트릭 머피 모두 당장의 성에 차진 않았다. 설상가상으로 헤이수스도 예년의 압도적인 퍼포먼스를 보여주지 못했다. KT에는 결과론적인 비판이 이어졌다. 이마저도 겸허히 수용한 KT는 발빠르게 움직여 외국인 선수 영입에 나섰다. 올해 1선발로 출발하는 멧 사우어는 지난해 11월 입단 계약서에 사인했다. 이는 10개 구단의 신규 외국인 선수 중에서도 가장 빠른 영입이었다. 사우어는 지난해 LA 다저스의 개막 로스터에도 든 투수다. KT는 외국인 타자 영입에도 열을 올렸다. 프런트에선 해외 스카우트와 머리를 맞대 기존의 영입 리스트를 면밀히 검토했다. 콜로라도 로키스 출신의 샘 힐리어드는 외국인 선수들 사이에서도 출중한 커리어를 갖춘 선수로 유명하다. 한 팀에서 같이 뛰게 된 케일럽 보쉴리도 "힐리어드는 탄탄한 커리어를 갖춘 선수"라고 치켜세웠다. 외국인 선수들이 제 몫을 해준다면 이들의 활약을 뒷받침할 국내 선수들은 이미 탄탄히 갖춰져 있다. KT는 지난해에도 국내 투수진의 기량과 성적이 10개 구단 최고 수준이었다. 야수들도 큰 도움을 줄 수 있다. 선수층은 지난해보다 한층 두꺼워졌다. 힐리어드는 스프링캠프에서도 김현수, 허경민, 김상수 등 베테랑과 함께 훈련하며 KT에 빠르게 적응했다. 힐리어드가 자리 잡는다면 KT는 확고한 중심타자를 얻을 수 있다. 지난해에는 상위타순과 클린업트리오에 빈틈이 번갈아 생겼다. 이 때문에 김민혁을 4번

타자로 기용하려던 계획이 틀어지기도 했다. 올 시즌에는 타선 운영에 한층 안정감이 생기리란 기대감이 있다.

스토브리그 성적표

10개 구단 중 가장 뜨거운 스토브리그를 보냈다. 웬만한 대어 영입 건에는 반드시 거론될 정도로 전력 보강 의지가 강했다. 한승택을 시작으로 김현수, 최원준 등 3명으로 외부 FA 영입 한도도 모두 채웠다. 강백호가 떠났지만 공수 핵심 장성우는 잔류했다. 2차 드래프트에선 안인산, 이원재로 미래 자원을 확보했다. 이강철 감독은 두꺼워진 선수층에 흡족해했다.

지극히 주관적인 올 시즌 예상 순위와 이유

지난해 많은 전문가가 KT를 우승 후보로 꼽았다. 2020년부터 5년 연속 포스트시즌에 진출한 KT는 지난해 승률 0.511로 2024년의 0.507을 뛰어넘었다. 단, 순위 싸움이 너무 치열했다. 0.5경기 차로 6위에 그친 KT는 한 경기의 중요성을 절감했다. 지난겨울 전력 보강에 한층 열을 올린 이유다. KT는 한층 두꺼워진 선수층으로 다시 한번 포스트시즌 진출에 도전한다. KBO리그 최고의 국내 선발진은 여전히 건재하다. 에이스 고영표를 필두로, 소형준, 오원석은 물론, 배제성까지 합류했다. 아이치-나고야 아시안게임이 열릴 올 시즌에는 탄탄한 선발진을 갖춘 팀이 유리하다는 전망도 나온다. 선발진이 탄탄히 갖춰진 KT는 이 같은 변수도 너끈히 버틸 전력을 보유했다. 계약 첫해 남다른 동기를 품은 김현수, 최원준, 한승택의 활약도 기대 요소다.

MANAGER

생년월일	1966년 5월 24일
출신학교	광주서림초-무등중-광주제일고-동국대
주요 경력	해태 타이거즈 선수(1989~1998)
	-삼성 라이온즈 선수(00)-KIA 타이거즈 선수(01~05)
	-KIA 타이거즈 투수코치(06~12)
	-넥센 히어로즈 수석코치(13~16)
	-두산 베어스 2군 감독(17)-두산 베어스 수석코치(18)
	-KT 위즈 감독(19~)

"다시 쓰는 마법사 군단의 역사"

구단 역사상 최장수 감독의 역사를 이어가기 위한 도전이 다시 시작됐다. 선수 시절 해태 타이거즈의 명투수로 활약한 이강철 감독은 '스타플레이어 출신 감독은 성공하지 못한다'는 편견을 깬 명감독으로 거듭났다. KT를 가을야구 단골로 만든 이강철 감독은 지난해 끊긴 연속시즌 포스트시즌 진출 역사를 다시 쓰겠다는 의지. 계약 기간의 마지막 시즌이기 때문에 이강철 감독의 동기부여도 확실하다. KT도 스토브리그에서 전력 보강에 열을 올리며 이강철 감독의 도전을 지원했다. 올 시즌에는 이강철 감독이 쓸 만한 카드도 많이 갖춰졌다. 스프링캠프에는 14명이 새로 합류했다. 이강철 감독은 특유의 부드러운 리더십으로 새 얼굴들을 KT에 빠르게 녹아들게 만들었다. 가을야구 복귀를 향한 준비는 끝났다.

71 이강철

1군

수석코치 김태한	투수코치 제춘모	배터리코치 장재중	불펜코치 전병두	수비코치 박기혁	타격코치 유한준	타격보조코치 김강	주루·수비코치 박경수	작전코치 최만호

QC코치 김호

퓨처스

퓨처스 감독 김태균	투수코치 홍성용	배터리코치 이준수	수비코치 박정환	타격코치 이성열	주루코치 백진우

육성·재활군

투수코치 배우열	배터리코치 최용제	수비코치 백승룡	타격코치 이영수	재활코치 주형광

2026 KT wiz DEPTH CHART

- **지명타자** 김민혁

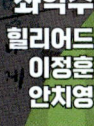

- **좌익수**
  힐리어드
  이정훈
  안치영

- **중견수**
  최원준
  배정대
  유준규

- **우익수**
  안현민
  장진혁
  최성민

- **유격수**
  권동진
  장준원
  이강민

- **2루수**
  김상수
  오윤석
  류현인

- **3루수**
  허경민
  강민성
  김건휘

- **1루수**
  김현수
  문상철
  안인산

- **감독** 이강철

- **포수**
  장성우
  한승택
  조대현

• 2026 예상 베스트 라인업

1번 타자	최원준	중견수
2번 타자	김현수	1루수
3번 타자	안현민	우익수
4번 타자	힐리어드	좌익수
5번 타자	김민혁	지명타자
6번 타자	허경민	3루수
7번 타자	장성우	포수
8번 타자	권동진	유격수
9번 타자	김상수	2루수

• 예상 선발 로테이션

사우어 · 보훨리 · 고영표 · 소형준 · 오원석

• 필승조

원상현 · 손동현

• 마무리

박영현

• 2026 IN & OUT

IN 김현수 외야수/FA 영입/3년 50억 원 | 최원준 외야수/FA 영입/4년 최대 48억 원 |
장성우 포수/FA 잔류/2년 최대 16억 원 | 한승혁 투수/보상선수(강백호) |
안인산 내야수/2차 드래프트 | 이원재 투수/2차 드래프트 |
김정운 투수/상무 전역 | 류현인 내야수/상무 전역

OUT 강백호 포수/FA 이적_한화 | 황재균 내야수/은퇴 |
오재일 내야수/은퇴 | 윤준혁 내야수/보상선수(최원준)_NC |
박민석 내야수/방출 후 울산 입단 | 김건형 외야수/은퇴 |
송민섭 외야수/방출 | 최용준 투수/2차 드래프트_SSG |
문상철 내야수/2차 드래프트_SSG | 이호연 내야수/2차 드래프트_KIA |
김병준 외야수/상무

23 안현민

외야수(우투우타)

생년월일	2003년 8월 22일
신장/체중	183cm / 90kg
출신학교	임호초(김해리틀)-개성중-마산고
연봉(2026)	1억 8천만 원

#떡잎

KT는 안현민의 성공을 의심한 적 없다. 스카우트, 전략데이터 등 프런트의 각 부서에서 "현민이는 됩니다"라고 입을 모은 데는 분명 이유가 있었다. '될성부른 나무'를 알아본 건 지금의 우락부락한 근육질 체형 때문이 아니다. 안현민은 신체의 회전 스피드, 순간적인 힘, 등 힘을 제대로 전달할 자질을 갖고 있었다. 구단 관계자들은 "웨이트 트레이닝으로 장점을 극대화했지만, 그 안에 진짜 재능이 있다"라고 말한다.

#자신과의_싸움

안현민은 지난해 신인상, 골든글러브 등 각종 상을 휩쓸고 다녔다. 그래도 운동을 소홀히 한 적 없었다. 시상식 철에도 "오전에 운동하고 왔습니다"라고 할 정도로 열의가 대단했다. 불과 1년 새 많은 게 달라지는 바람에 빠듯한 일정이 적응되지 않을 법했다. 그럼에도 자기 자신에게 지고 싶지 않은 마음이 컸다. 안현민은 "몸을 유지하려면 비시즌에도 나 자신과 싸움에서 경계를 풀지 않아야 했다"고 말했다

#황소

안현민은 바쁜 와중에도 최상의 컨디션으로 스프링캠프를 떠났다. 1월 초에는 WBC 대표팀의 1차 캠프로 먼저 몸을 푼 덕분에 컨디션이 빠르게 올라 왔다. 안현민은 캠프 초반부터 연신 장타를 만들어냈다. 장외로 날아간 타구도 많았다. 구단 관계자들이 "다른 조보다 구장 밖에 떨어진 공이 더 많다"라고 혀를 내두르기도 했다. 오죽하면 "안현민이 속한 훈련 조에는 힘 좋은 소가 있는 것 같다"는 말도 나왔다.

🎤 TMI 인터뷰

1. 원정 갈때 꼭 챙기는 개인 물건

- 폼롤러, 마사지볼. 뭉친 곳 풀어주면 아주 시원합니다용.

2. 요즘 가장 많이 듣는 노래

- '한로로 - 사랑하게 될 거야.

3. 처음 봤을때 충격받은 야구선수와 그 이유는?

- 로널드 아쿠냐 주니어. 플레이 스타일이 저돌적이다.

4. 야구 선수를 안했다면 지금 뭐하고 있을까?

- 트레이너?

5. 최근 가장 행복했던 순간

- 멜버른에서 쇼핑했을 때!

2025시즌 기록

타율	경기	타석	타수	득점	안타
0.334	112	482	395	72	132
2루타	3루타	홈런	루타	타점	도루
19	4	22	225	80	7
볼넷	삼진	병살타	장타율	출루율	OPS
75	72	4	0.570	0.448	1.018

전력분석	공을 신중히 골라내다 한 번의 스윙에도 엄청난 타구 질의 인플레이 타구를 만들어내는 완성형 타자다. 일명 '면 스윙'으로 어떠한 구종에도 대처 가능한 능력을 갖췄다. 한 가지 놀라운 건 타구를 의식적으로 띄워 치는 것 대신 올바른 힘의 전달과 빼어난 타구 질로 상쇄하는 점이다.
강점	어떠한 코스와 구종도 밀어 쳐서 빼어난 질의 타구를 만들어낼 수 있다.
약점	무언가 잘 풀리지 않으면 돌파구 찾기에 깊게 파고드는 완벽주의 성향
수비력	보살 1위의 강한 어깨가 가장 큰 장점이다. 타구 판단도 일취월장했다.

1
고영표

투수(우언우타)

생년월일	1991년 9월 16일
신장/체중	187cm / 88kg
출신학교	광주대성초-광주동성중-화순고-동국대
연봉(2026)	26억 원

#연구

고영표는 한 곳에 안주하지 않는 투수다. 스프링캠프 기간에도 자기 연구가 끝없이 이어졌다. 자동투구판정시스템(ABS)에 완벽히 적응한 뒤에는 높은 코스 공략으로 투구 완성도가 더 올라갔다. 주무기 체인지업과 궁합을 고려한 결과다. 매년 KBO리그 최정상급 투수의 자리를 지키는 건 구종, 코스 개발과 연구를 멈추지 않은 덕분이다. 고영표는 "타자의 고정관념을 깨기 위해선 늘 연구해야 한다"라고 말한다.

#멘토

고영표가 2022년부터 5년 연속 투수조장을 맡은 덴 이유가 있다. KT의 많은 후배들이 고영표를 롤모델이자 멘토로 삼는다. 고영표는 자신의 시간까지 할애하며 후배들에게 투구 노하우를 전수하고 있다. 임준형은 스프링캠프 기간 고영표에게 고민을 털어낸 뒤, 30분 넘게 섀도 피칭을 하며 피드백을 주고받기도 했다. 임준형을 비롯한 후배들은 "나도 영표 형처럼 후배들에게 배운 걸 가르쳐주고 싶다"라고 말한다.

#욕심

고영표는 2021년부터 5년간 규정이닝을 소화한 리그 전체 투수 중 평균자책점 2점대를 기록한 국내 투수 4명 중 1명이다. 이 기간 퀄리티스타트도 92회로 압도적인 1위다. 리그 에이스 급의 활약에도 시상식과는 인연이 깊지 않았다. 그간 상 욕심을 잘 드러내지 않던 고영표는 "올해는 욕심을 내보고 싶다. 타이틀 홀더나 골든글러브, MVP처럼 큰 목표가 있어야 목표에 가까워지려고 노력한다"라고 말했다.

2025시즌 기록

평균자책점	경기	승	패	홀드	세이브
3.30	29	11	8	0	0
승률	이닝	피안타	피홈런	볼넷	사구
0.579	161	170	10	30	15
삼진	실점	자책점			
154	70	59			

전력분석	한국야구를 대표하는 잠수함 투수다. KBO리그 최고 수준의 컨트롤로 스트라이크존을 자유자재로 활용한다. 주무기 체인지업과 배합할 투심패스트볼, 커터 등 다양한 구종을 개발한 뒤, 위력이 배가 됐다. 국내 투수 중에선 고영표만큼 타자들의 헛스윙을 끌어내는 선수도 드물다.
강점	타자를 헷갈리게 만드는 체인지업과 투심패스트볼로 허를 찌르는 능력.
약점	구속의 작은 변화도 신경 쓰는 완벽주의 성향, 관건은 컨디션 유지다.

🎤 TMI 인터뷰

1. 원정 갈때 꼭 챙기는 개인 물건
- 노트북이나 PS5.

2. 요즘 가장 많이 듣는 노래
- 'Tyla - CHANEL'.

3. 처음 봤을때 충격받은 야구선수와 그 이유는?
- 엄상백. 어린 고등학생이 사이드암으로 정말 잘 던져서.

4. 야구 선수를 안했다면 지금 뭐하고 있을까?
- 야구단 데이터팀 혹은 전력분석팀?

5. 최근 가장 행복했던 순간
- 가족과 함께 맛있는 음식 먹을 때!

13 내야수(우투우타)
허경민

생년월일	1990년 8월 26일
신장/체중	176cm / 69kg
출신학교	송정동초-충장중-광주제일고
연봉(2026)	7억 원

#연습벌레

허경민은 아마추어 시절부터 지독한 연습벌레로 유명했다. 베테랑이 되어서도 달라지지 않은 게 있다면 바로 이 근성이다. 시즌 중에는 경기가 끝나도 구장에 남아 연습하고, 비시즌에도 개인 운동을 위해 수시로 출근한다. 구단에선 "우리 팀에 이런 선수가 있었나"라는 말도 나온다. 김현수가 합류한 뒤로는 훈련 그룹이 생겼다. 김현수는 "이젠 경민이와 나, 준규, 건휘 등 여러 선수가 함께 운동한다"고 말했다.

#밥

허경민은 스프링캠프 기간 호주 질롱의 음식점에서 자주 목격됐다. 허경민의 옆에는 늘 저연차 선수들이 함께 있었다. 허경민은 후배들의 밥을 사주는 건 물론, 훈련 중에도 자신의 노하우를 아낌없이 전수했다. 강민성, 김건휘 등 후배들은 "경민 선배를 통해 많은 걸 배운다"라고 말한다. 허경민에겐 당연한 일이다. 허경민은 "신인 시절 선배들을 통해 보고 배운 걸 후배들에게 돌려줄 뿐"이라고 손사래 쳤다.

#짝수

2026년은 허경민에게 좋은 기운을 가져다줄지도 모른다. 과학적인 논리로 설명하기 어렵지만 기대를 키우는 덴 재미난 이야깃거리가 될 수 있다. 허경민의 타격 성적은 짝수 해 유독 좋았다. 2020년에는 개인 한 시즌 최고 타율 0.332를 기록했다. 매 시즌 0.280 이상의 타율이 보장된 선수지만, 올 시즌엔 왠지 더 큰 도약이 기대된다. 구단에서도 "지난해 비축한 힘을 올해 더 써주면 좋겠다"라는 농담을 한다.

kt 허경민

— 올시즌도 한경민이 화이팅! —

🎤 TMI 인터뷰

1. 원정 갈때 꼭 챙기는 개인 물건
- 에어팟! 버스에서 꼭 필요해서 첫 번째로 챙긴다.

2. 요즘 가장 많이 듣는 노래
- '부활 - 네버 엔딩 스토리'. 언젠가 은퇴하는 날 이 노래가 생각날 것 같은 느낌이라서

3. 처음 봤을때 충격받은 야구선수와 그 이유는?
- 손시헌 코치님. 나의 우상이자 야구선수가 되고 가장 먼저 롤모델이란 걸 알게 해주셨다.

4. 야구 선수를 안했다면 지금 뭐하고 있을까?
- 광주에서 가정 이루고, 부모님과 자주 보며 살았겠죠?

5. 최근 가장 행복했던 순간
- 큰 부상 없이 야구하고 있는 지금 이 순간!

2025시즌 기록

타율	경기	타석	타수	득점	안타
0.283	114	481	420	47	119
2루타	**3루타**	**홈런**	**루타**	**타점**	**도루**
18	0	4	149	44	4
볼넷	**삼진**	**병살타**	**장타율**	**출루율**	**OPS**
39	35	14	0.355	0.362	0.717

전력분석	빼어난 콘택트 능력을 앞세워 라인드라이브 성향의 인플레이 타구를 자주 만들어낼 수 있는 유형의 타자다. 크고 작은 부침에도 늘 꾸준한 성적을 내는 게 허경민의 강점 중 하나다. 투구에 대응하는 측면에서도 '공을 걸대로 친다'는 생각으로 폼을 보완해 전체적인 타격의 완성도를 높였다.
강점	야구는 잘하는 사람이 잘한다. 공수에서 보완점이 생겨도 금세 메운다.
약점	잔부상 관리. 다치지만 않으면 타율 0.280 이상은 거의 보장된 셈이다.
수비력	한국야구를 대표한 3루수다. 베테랑이 된 지금 관건은 타구 판단 타이밍.

kt
2026 V2 가자!

30
소형준

투수(우투우타)

생년월일	2001년 9월 16일
신장/체중	189cm / 92kg
출신학교	호암초(의정부리틀)-구리인창중-유신고
연봉(2026)	3억 3천만 원

#더하기

2023년 팔꿈치 인대 수술로 1년 넘게 재활한 소형준은 2022년 이후 3년 만에 풀타임 선발로 돌아왔다. 소형준은 재활 기간 익힌 습관 하나를 꾸준히 지키고 있다. 보강 운동량이 2~3배, 웨이트 트레이닝의 양도 1.5배가량 늘었다. 소형준은 "재활 기간을 내 습관이나 훈련 방식에 변화를 줄 또 다른 기회로 생각했는데, 그게 좋은 결과로 이어지고 있다. 신체적으로도 더 강해진 느낌을 받고 있다"고 말한다.

#빼기

소형준은 "건강하다면 예전의 퍼포먼스가 다시 나올 거란 확신이 있었다"라고 말한다. 그러려면 건강한 몸이 뒷받침돼야 한다. 소형준은 건강을 위해 식습관도 개선했다. 튀기거나 과하게 구운 음식을 되도록 지양하고, 인스턴트 식품도 더 이상 먹지 않기로 했다. 소형준은 "몸에 좋은 걸 많이 먹는 것만큼이나 안 좋은 걸 안 먹는 것도 중요하다. 스트레스를 받지 않는 선에선 식습관을 지키려고 한다"라고 덧붙였다.

#무기

소형준의 주무기는 투심패스트볼과 커터. 지난 시즌에는 투심패스트볼의 구사율이 50.5%, 커터는 28.1%로 전체 투구에서 차지한 비중이 절대적이었다. 패스트볼로 두 구종을 활용하는 소형준은 소위 '공끝이 지저분한 투수'로 불린다. 올 시즌에는 주무기를 더 날카롭게 다듬을 생각이다. 소형준은 "타자를 헷갈리게 하려면 두 구종의 로케이션, 수싸움이나 제3구종에 대한 연구를 거듭해야 한다"라고 말한다.

2025시즌 기록

평균자책점	경기	승	패	홀드	세이브
3.30	26	10	7	0	1
승률	이닝	피안타	피홈런	볼넷	사구
0.588	147 1/3	155	6	29	3
삼진	실점	자책점			
123	60	54			

전력분석	변형 패스트볼로 땅볼을 유도하는 유형이다. 소형준의 공에는 지난해 타구 발사 각도가 3.2도로 매우 낮았다. KBO리그의 평균이 9.8도인 점을 고려하면 소형준의 공이 결코 공략하기 쉽지 않다는 게 증명된다. 투심패스트볼과 체인지업의 궤적이 거의 유사해 타자를 속이는 데도 능하다.
강점	좌우타자를 상대할 구종 레퍼토리가 두루 잘 갖춰져 있는 투수다.
약점	땅볼 유도형 투수의 숙명이다. 야수들의 수비 뒷받침이 절실해…

🎤 TMI 인터뷰

1. 원정 갈때 꼭 챙기는 개인 물건
- 오메가3 등 각종 영양제.

2. 요즘 가장 많이 듣는 노래
- '한로로 - 사랑하게 될 거야'.

3. 처음 봤을때 충격받은 야구선수와 그 이유는?
- 오타니 쇼헤이. 큰 덩치와 아우라가 느껴져 충격.

4. 야구 선수를 안했다면 지금 뭐하고 있을까?
- 대학교 졸업하고 취준생.

5. 최근 가장 행복했던 순간
- 오랜만에 타자 상대로 라이브 피칭 했을 때.

22 Ⓒ 포수(우투우타)
장성우

생년월일	1990년 1월 17일
신장/체중	187cm / 100kg
출신학교	감천초-경남중-경남고
연봉(2026)	3억 원

#책임감

이강철 감독은 장성우를 KT의 팀 문화를 계승할 적임자로 생각한다. 장성우는 지난해에 이어 2년 연속 주장으로 팀을 이끈다. 2020년부터 5연속 포스트시즌에 진출한 KT는 지난해 승률 0.511로 2024년(0.507)을 웃돌고도 5위와 0.5경기 차로 6위에 그쳤다. 장성우의 책임감은 더 강해졌다. 장성우는 "주장을 맡은 첫해 팀의 가을야구를 이끌지 못해 아쉬웠다. 올 시즌에는 아쉬움을 반드시 털어내겠다"라고 다짐했다.

#자부심

KT는 2021년부터 5년 연속 팀 볼넷 최소 1위를 달렸다. 어느 팀보다 볼넷 수가 적은 건 장성우의 가장 큰 자부심이었다. KT 투수들의 뛰어난 제구력도 뒷받침됐지만 기민한 포수 없이는 불가능한 일이기도 했다. 장성우는 "좋은 투수 없이는 좋은 포수도 없다. 포수가 아무리 뛰어나도 투수가 따라지 못하면 소용이 없다"라고 몸을 낮추면서도 "경기 상황은 늘 볼넷부터 나빠지기에 최소화해야만 한다"고 말했다.

#동기부여

장성우는 올 시즌을 앞두고 개인 2번째 FA 계약을 맺었다. 2022년 첫 FA로 계약할 당시에 비해선 직전 시즌의 다소 저조한 측면이 있었다. 장성우는 지난 4년 계약의 대부분을 팀의 안방마님이자 중심타자로 맹활약했지만, 딱 한 해의 활약이 못내 아쉬웠다. 장성우도 "팀이 포스트시즌에 오르지 못해 아쉬웠다. 개인 성적도 4년 중 유독 좋지 않아 아쉬웠다. 올해 팀과 개인 성적 모두 욕심이 난다"고 말했다.

🎤 TMI 인터뷰

1. 원정 갈때 꼭 챙기는 개인 물건
- 노트북.

2. 요즘 가장 많이 듣는 노래
- 임현정 - 사랑은 봄비처럼 이별은 겨울비처럼'.

3. 처음 봤을때 충격받은 야구선수와 그 이유는?
- 강백호. 갓 성인 된 선수가 공을 정말 잘 쳐서.

4. 야구 선수를 안했다면 지금 뭐하고 있을까?
- 회사원.

5. 최근 가장 행복했던 순간
- 호주 캠프 도착한 첫날.

2025시즌 기록

타율	경기	타석	타수	득점	안타
0.247	129	480	413	44	102
2루타	**3루타**	**홈런**	**루타**	**타점**	**도루**
13	0	14	157	58	0
볼넷	**삼진**	**병살타**	**장타율**	**출루율**	**OPS**
55	96	13	0.380	0.333	0.713

전력분석	구단 관계자 픽 팀 내 최고의 타격 기술자다. 콘택트 능력, 선구안, 인플레이 타구 생산능력 모두 뛰어난 타자다. 깊숙이 들여다보면 좌완 상대로 타이밍을 빼앗는 덴 둘째가라면 서러운 정도다. 좌완 상대 타율이 0.336에 이른다. 이강철 감독이 승부처마다 장성우를 찾는 덴 이유가 있다.
강점	포수로 매년 풀타임 시즌을 치르면서도 중심타선까지 책임지는 견고함.
약점	포수로 매년 800이닝 소화하는 체력, 부담 나눌 동료 어디 없을까?
수비력	투수들과 오랜 신뢰 관계를 바탕으로 한 안정적인 볼배합이 최대 장점.

60
박영현

투수(우투우타)

생년월일	2003년 10월 11일
신장/체중	183cm / 91kg
출신학교	부천북초-부천중-유신고
연봉(2026)	3억 원

#기준

평소 담담한 박영현도 자신의 구위 향상에는 한껏 열을 올린다. 자기만족의 기준은 스프링캠프부터 높게 설정돼 있었다. 박영현은 엑스트라 워크, 야간 훈련까지도 마음에 드는 구위가 나올 때까지 연습했다. 평소 불펜에서 연습 투구의 양이 많기로 유명한 박영현은 "사람들이 '공 좋다'고 해도 내 마음에 들지 않으면 계속 연습한다"라고 말한다. 오죽하면 제춘모 투수코치가 "넌 그만 던지고 쉬라"고 할 정도다.

#2023년

박영현의 기준은 2023년이다. 박영현은 그해 항저우아시안게임에서 시속 156㎞의 포심패스트볼을 앞세워 금메달을 목에 걸었다. 구속만 빠른 건 결코 아니었다. 분당 회전수도 2500회를 웃돌 정도로 높게 측정됐다. 박영현은 "최고의 구위를 보였던 때를 생각하며 연습해야 비슷한 공이라도 던질 수 있지 않겠나. 그때의 투구폼을 밤마다 보며 지금 내게 어떤 훈련이 필요할지 생각해 운동하고 있다"고 말했다.

#믿을맨

박영현은 한국 야구 국가대표팀의 마무리투수로 활약해 왔다. 하지만 올해 WBC에선 한국계 메이저리거 라일리 오브라이언의 합류로 보직이 잠시 모호해지기도 했다. 그럼에도 박영현은 아랑곳하지 않았다. 박영현은 "어떤 상황에서든 팀이 날 필요로 하는 순간 내가 맡은 역할을 완벽히 해내는 게 나의 임무"라고 담담히 말했다. 그 덕에 대표팀에선 최고의 마무리투수를 승부처마다 낼 카드로 활용할 수 있게 됐다.

2025시즌 기록

평균자책점	경기	승	패	홀드	세이브
3.39	67	5	6	1	35
승률	이닝	피안타	피홈런	볼넷	사구
0.455	69	68	9	34	2
삼진	실점	자책점			
77	31	26			

전력분석	한국 최고의 포심패스트볼 보유한 KBO리그 최정상급 마무리투수다. 포심패스트볼로 스트라이크존 상단을 공략해 헛스윙을 이끌어내는 능력도 탁월하다. 포심패스트볼과 체인지업의 터널링이 뛰어나 '직구인 줄 알았다'며 속은 타자가 숱하다. '돌직구'의 분당 회전수는 2500대에 이른다.
강점	50cm는 기본으로 넘는 수직 무브먼트, 공이 솟아오르는 듯한 느낌이다.
약점	지난해 이닝당출루허용이 1.48로 마무리투수치곤 다소 높은 편이었다.

🎤 **TMI 인터뷰**

1. 원정 갈때 꼭 챙기는 개인 물건
- 각종 치료 도구. 몸이 더 좋아질 것 같아서요.

2. 요즘 가장 많이 듣는 노래
- '포스트맨 - 신촌을 못가'

3. 처음 봤을때 충격받은 야구선수와 그 이유는?
- 오승환 선배님. 제가 제일 좋아하고, 받받고 싶고, 존경하는 선수여서 처음 만났을 때 정말 좋았어요.

4. 야구 선수를 안했다면 지금 뭐하고 있을까?
- 정말 야구 하나만 바라보며 달려왔기 때문에 즐겁고 행복하게 야구만 할 수 있는 것 같아요.

5. 최근 가장 행복했던 순간
- WBC 국가대표팀에 뽑힌 게 가장 행복했어요.

투수(우투우타)

Matthew David Sauer

32 사우어

생년월일/국적	1999년 1월 21일 / 미국			신장/체중	193cm / 104kg
출신학교	미국 Righetti(고)			연봉	95만 달러

2025시즌 기록

평균자책점	경기	승	패	홀드	세이브
-	-	-	-	-	-
승률	이닝	피안타	피홈런	볼넷	사구
-	-	-	-	-	-
삼진	실점	자책점			
-	-	-			

주무기 패스트볼 계열의 공으로 타자들의 헛스윙을 유도하는 능력이 탁월하다.

KT는 지난해 11월 사우어의 영입을 발표했다. 신규 외국인 선수의 영입 발표는 10개 구단 중에서도 KT가 가장 빨랐다. 사우어는 KT가 발빠르게 움직여 영입할 만한 투수였다. 지난해 LA 다저스의 개막 로스터에도 포함된 선수로, 기량에는 의심의 여지가 없었다. 여기에 KT는 사우어의 구종, 구질 등 기량이 KBO리그와 궁합이 맞을지 면밀히 따졌다. 사우어는 스프링캠프에서도 "모처럼 외국인 투수다운 외국인 투수가 왔다"는 평가를 들을 정도로 안정적인 기량을 뽐냈다. 평소 요리에도 취미가 있어 한국 음식도 배우고 싶어 한다.

투수(우투우타)

Caleb Boushley

36 보쉴리

생년월일/국적	1993년 10월 1일 / 미국			신장/체중	190cm / 86kg
출신학교	미국 Wisconsin(대)			연봉	100만 달러

2025시즌 기록

평균자책점	경기	승	패	홀드	세이브
-	-	-	-	-	-
승률	이닝	피안타	피홈런	볼넷	사구
-	-	-	-	-	-
삼진	실점	자책점			
-	-	-			

주무기 뛰어난 커맨드를 바탕으로 한 경기 운영 능력, 변화구 구사도 능수능란.

보쉴리는 최상의 컨디션으로 합류하기 위해 개인 훈련 중에도 6~7회 불펜피칭을 소화했다. 철저히 준비한 덕분인지 스프링캠프에선 "150km/h 정도는 돼 보인다"는 말이 나올 정도로 구위가 빼어났다. 보쉴리는 마이너리그 트리플A에서 통산 97경기에 선발로 나선 투수다. KT는 또 다른 외국인 투수 맷 사우어와 원투펀치를 구성했다. 보쉴리는 팀에도 금세 녹아들었다. 동료들과 친해지고 싶어 한 보쉴리는 스프링캠프 첫날 현지 방문객 안내 용도로 제작된 팸플릿을 구단 커뮤니케이션팀에 요청해 동료들의 얼굴과 이름을 미리 익혔다.

내야수(좌투좌타)

Sam Hilliard

34 힐리어드

생년월일/국적	1994년 2월 21일 / 미국			신장/체중	196cm / 107kg
출신학교	미국 Wichita State(대)			연봉	100만 달러

2025시즌 기록

타율	경기	타석	타수	득점	안타
-	-	-	-	-	-
2루타	3루타	홈런	루타	타점	도루
-	-	-	-	-	-
볼넷	삼진	병살타	장타율	출루율	OPS
-	-	-	-	-	-

타격스타일 큰 육각형의 공수주 만능 플레이어, 강한 타구 생산에도 일가견이 있다.

대학 시절 1루수로 뛰다 프로 입단 후 운동 능력을 극대화하기 위해 외야수로 나선 케이스다. 공수주 다방면에서 기존 5툴 플레이어 유형의 외국인 선수들에 비해 한 수 위의 능력을 보유했다고 평가된다. 미국에서도 강한 타구를 많이 생산한 점이 인상적인 선수다. KBO리그의 스트라이크존에만 적응하면 폭발력을 보여줄 것이라는 기대가 있다. KT는 힐리어드의 재능을 몇 년 전부터 유심히 지켜봤다. 힐리어드는 스프링캠프 기간에도 김현수, 허경민, 김상수 등 베테랑 선수들과 한 훈련 조에서 적극적인 자세로 적응하며 구슬땀을 흘렸다.

투수(우투우타)

Sugimoto Koki

11 스기모토

생년월일/국적	2000년 5월 19일 / 일본		신장/체중	182cm / 90kg
출신학교	일본 니혼대		연봉	12만 달러

2025시즌 기록

평균자책점	경기	승	패	홀드	세이브
-	-	-	-	-	-
승률	이닝	피안타	피홈런	볼넷	사구
-	-	-	-	-	-
삼진	실점	자책점			
-	-	-			

주무기	아시아쿼터 버전의 박영현, 최고 155km/h에 이르는 돌직구가 일품.

일본프로야구에서도 탐낸 우완이다. 150km/h대의 포심패스트볼은 물론, 변화구 구사력도 뛰어난 투수다. 일본 독립리그에서도 수준 높기로 유명한 시코쿠 아일랜드 리그에서도 두각을 나타낸 바 있다. 스프링캠프에서도 이강철 감독의 시선을 사로잡았다. 오키나와 2차 스프링캠프에선 다른 팀의 연습경기도 면밀히 관찰할 정도로 적응에 대한 열의를 보였다. 올 시즌 KT의 필승조로 발돋움할지 관심이 쏠리고 있다. 주말에만 던지던 일본 독립리그와 다른 환경에는 적응해야 한다.

투수(우투우타)

26 김민수

생년월일	1992년 7월 24일		신장/체중	188cm / 80kg
출신학교	청원초-청원중-청원고-성균관대		연봉	2억 원

2025시즌 기록

평균자책점	경기	승	패	홀드	세이브
4.96	58	4	3	11	0
승률	이닝	피안타	피홈런	볼넷	사구
0.571	52 2/3	63	5	15	1
삼진	실점	자책점			
36	31	29			

전력분석	두 자릿수 홀드는 너끈한 KT 불펜의 핵심 요원 중 한 명이다. 불펜에서 80이닝 이상 소화한 시즌도 두 차례나 된다. 이강철 감독이 접전에 믿고 기용한 카드 중 하나였다. 올 시즌에는 필승조로 활약하던 시절의 변화구 구위를 되찾는 게 최대 관건이다.
강점	내추럴 커터 성향의 포심패스트볼과 슬라이더가 최고의 무기다.
약점	예년의 예리하고 날카로운 구질을 되찾는 작업이 올해 절실하다.

투수(우투좌타)

19 배제성

생년월일	1996년 9월 29일		신장/체중	189cm / 85kg
출신학교	백마초-성남중-성남고		연봉	2억 원

2025시즌 기록

평균자책점	경기	승	패	홀드	세이브
5.67	8	2	3	0	0
승률	이닝	피안타	피홈런	볼넷	사구
0.400	27	38	2	11	0
삼진	실점	자책점			
23	17	17			

전력분석	KT 역사상 최초로 토종 두 자릿수 승을 달성한 원조 에이스다. 지난해 상무에서 병역의무를 마친 배제성은 팔꿈치 인대 수술 여파를 모두 떨쳐낸 뒤, 스프링캠프에 합류했다. 수술 후 첫 풀타임 시즌을 앞둔 배제성은 다시 한번 선발진 재진입을 노려야 한다.
강점	날카로운 슬라이더, 포심패스트볼과 릴리스 포인트도 일정하다.
약점	팔꿈치 수술 후 잠시 떨어졌던 구속을 되찾는다면….

투수(우투좌타)

41 손동현

생년월일	2001년 1월 23일			신장/체중	183cm / 88kg
출신학교	염창초(강서구리틀)-덕수중-성남고			연봉	1억 5천만 원

2025시즌 기록

평균자책점	경기	승	패	홀드	세이브
3.84	58	5	0	13	1
승률	이닝	피안타	피홈런	볼넷	사구
1.000	58 2/3	66	6	12	3
삼진	실점	자책점			
55	30	25			

전력분석	묵직한 구위를 보유한 KT의 셋업맨이다. 분당 회전수와 수직 무브먼트 모두 뛰어난 포심 패스트볼의 구위가 일품이다. 구위형 불펜이지만 지난 시즌에는 포크볼을 장착해 다양성을 더했다. 타자 입장에서는 손동현을 상대할 때 생각해야 하는 수가 하나 더 늘어난 셈이다.
강점	분당 회전수 1000회 이하의 포크볼, 너클볼 같아 더 헷갈린다.
약점	잘나가다 부상에 발목 잡힌 지난 2년, 예방과 관리가 최우선.

투수(우투우타)

37 이상동

생년월일	1995년 11월 24일			신장/체중	181cm / 88kg
출신학교	대구옥산초-경복중-경북고-영남대			연봉	1억 원

2025시즌 기록

평균자책점	경기	승	패	홀드	세이브
2.49	41	3	0	5	0
승률	이닝	피안타	피홈런	볼넷	사구
1.000	43 1/3	31	4	9	2
삼진	실점	자책점			
34	12	12			

전력분석	KT의 허리를 책임지는 핵심 불펜 중 한 명이다. 포심패스트볼과 포크볼의 위력이 뛰어난 우완이다. 지난해 데뷔 후 최다 이닝을 소화하면서도 가장 낮은 평균자책점을 작성해 처음으로 억대 연봉 대열에 합류했다. 이강철 감독은 필승조 후보로도 언급한다.
강점	구위와 브레이킹이 빼어난 투 피치로 타격 타이밍을 빼앗는다.
약점	145km/h 이상의 구속 유지가 관건, 일관성만 유지한다면….

투수(좌투좌타)

47 오원석

생년월일	2001년 4월 23일			신장/체중	182cm / 80kg
출신학교	수진초-매송중-야탑고			연봉	2억 3천만 원

2025시즌 기록

평균자책점	경기	승	패	홀드	세이브
3.67	25	11	8	0	0
승률	이닝	피안타	피홈런	볼넷	사구
0.579	132 1/3	130	10	52	4
삼진	실점	자책점			
113	60	54			

전력분석	KT로 이적한 뒤 환골탈태한 좌완, 커리어 하이를 작성한 지난 시즌의 성공 뒤에는 체인지업의 활용이 단단히 한몫했다. 오원석은 투수 조련사 이강철 감독의 폼 교정으로 한층 간결해진 뒤, 장성우의 볼배합과 만나 KBO리그 최정상급 좌완 선발로 거듭났다.
강점	이젠 어떤 구종으로도 볼카운트 싸움이 된다.
약점	큰 기복 없이 풀타임 시즌을 소화할 체력이 뒷받침된다면….

투수 (우언우타)

12 우규민

생년월일	1985년 1월 21일		신장/체중	184cm / 75kg
출신학교	성동초-휘문중-휘문고		연봉	2억 원

2025시즌 기록

평균자책점	경기	승	패	홀드	세이브
2.44	53	1	2	9	0
승률	이닝	피안타	피홈런	볼넷	사구
0.333	44 1/3	45	2	3	4
삼진	실점	자책점			
24	12	12			

전력분석	KBO리그 최초의 100승-100홀드-100세이브 대기록에 도전하는 베테랑이다. 기량도 여전하다. 해를 거듭할수록 야구 지능이 더 좋아진다. 구속 조절은 물론, 타자의 허를 찌르는 볼배합에도 재치가 넘친다. 장성우도 덩달아 야구에 대한 재미를 느낄 정도다.
강점	야구계의 신동엽, 재치 넘치는 애드리브 같은 완급 조절이 일품.
약점	우규민의 시간은 거꾸로 간다. 체력 관리가 매 시즌의 최대 관건.

투수 (우투우타)

63 원상현

생년월일	2004년 10월 16일		신장/체중	183cm / 83kg
출신학교	가산초(부산진구리틀)-개성중-부산고		연봉	7천만 원

2025시즌 기록

평균자책점	경기	승	패	홀드	세이브
5.21	52	0	3	14	0
승률	이닝	피안타	피홈런	볼넷	사구
0.000	57	56	8	35	1
삼진	실점	자책점			
45	35	33			

전력분석	KT 필승조의 파워 피처다. 150km/h에 이르는 포심패스트볼과 주무기 파워 커브, 체인지업 등 변화구 구사에도 눈을 떴다. 원상현은 지난해 데뷔 첫 두 자릿수 홀드로 잠재력을 뽐냈다. KT는 원상현-손동현-박영현으로 이어지는 최정상급 필승조를 구축했다.
강점	파워 커브에 가려져 있던 체인지업의 위력, 볼카운트 싸움도 된다.
약점	파워 커브의 컨트롤까지 개선되면 한층 어마무시해질 수 있다.

투수 (우투좌타)

35 한승혁

생년월일	1993년 1월 3일		신장/체중	185cm / 100kg
출신학교	도신초-강남중-덕수고-(남부대)		연봉	3억 원

2025시즌 기록

평균자책점	경기	승	패	홀드	세이브
2.25	71	3	3	16	3
승률	이닝	피안타	피홈런	볼넷	사구
0.500	64	56	4	23	7
삼진	실점	자책점			
53	18	16			

전력분석	강백호의 FA 보상 선수로 KT 유니폼을 입었다. 지난해 한화 이글스의 필승조로 활약했기 때문에 보상 선수로 풀릴 줄 예상하지 못했다. KT에서도 필승조로 자리매김할 가능성이 크다. 파워풀한 패스트볼 계열의 구종으로 타자를 요리하는 우완 파이어볼러다.
강점	포심, 투심패스트볼의 평균 구속 모두 나란히 148km/h를 웃돈다.
약점	3년 만에 3번째 팀 만난 한승혁, 달라진 환경에 다시 적응하라.

포수(우투우타)

45 한승택

생년월일	1994년 6월 21일			신장/체중	174cm / 83kg
출신학교	잠전초(남양주리틀)-잠신중-덕수고			연봉	1억 5천만 원

2025시즌 기록

타율	경기	타석	타수	득점	안타
0.238	15	23	21	3	5
2루타	3루타	홈런	루타	타점	도루
1	0	0	6	0	0
볼넷	삼진	병살타	장타율	출루율	OPS
1	7	1	0.286	0.304	0.590

전력분석	한승택에게는 기록으로 나타나지 않는 게 있다. 어떤 코스의 공도 밀어 칠 타격 메커니즘을 갖고 있다. 과거 출전 기회가 많이 주어지지 않은 탓에 꾸준한 활약을 보일 시간이 없었다. 신체조건이 크지 않아도 영리한 볼배합으로 주전 포수를 노릴 만한 재목이다.
강점	지난해 퓨처스리그에서 타율 0.373을 기록한 정교한 콘택트 능력.
약점	현란한 볼배합 스킬에 묵직함이 더해진다면….
수비력	포구, 송구에서 안정감, 도루 저지 모두 수준급으로 평가된다.

내야수(우투좌타)

52 권동진

생년월일	1998년 9월 12일			신장/체중	182cm / 86kg
출신학교	제주신광초-세광중-세광고-원광대			연봉	7천2백만 원

2025시즌 기록

타율	경기	타석	타수	득점	안타
0.225	123	309	271	34	61
2루타	3루타	홈런	루타	타점	도루
12	3	1	82	25	3
볼넷	삼진	병살타	장타율	출루율	OPS
30	91	8	0.303	0.304	0.607

전력분석	권동진은 지난해 유격수로 풀타임 시즌을 처음 치르며 많은 경험을 쌓았다. 주전 자리가 보장된 건 아니다. 올 시즌에도 장준원, 이강민 등 유격수 후보들과 경쟁해야 한다. 타격에선 변화구 대처 능력이 약했던 과거의 모습이 사라진 게 무엇보다 고무적이다.
강점	뛰어난 콘택트 능력을 앞세워 짧거나 긴 타구를 자유자재로 칠 수 있다.
약점	지난해 경험을 살려 변화구 대처에 대한 물음표를 완전히 지운다면….
수비력	포구와 송구에 더해진 안정감, 멀티 포지션도 소화 가능한 전문 내야수.

내야수(우투우타)

7 김상수

생년월일	1990년 3월 23일			신장/체중	175cm / 68kg
출신학교	대구옥산초-경복중-경북고			연봉	4억 원

2025시즌 기록

타율	경기	타석	타수	득점	안타
0.254	113	423	355	42	90
2루타	3루타	홈런	루타	타점	도루
14	0	5	119	47	3
볼넷	삼진	병살타	장타율	출루율	OPS
52	57	8	0.335	0.349	0.684

전력분석	KT의 센터라인을 책임지는 야전사령관이다. 센터라인의 중심인 2루수, 유격수로 어느 포지션을 맡든 빠른 발과 민첩한 타구 판단으로 안정적인 수비를 펼친다. 타격에선 팀 배팅과 작전 수행은 물론, 빼어난 콘택트 능력으로 타순간 연결을 원활히 한다.
강점	공수주에서 빛을 발하는 야구 센스, 세밀한 플레이로 흐름을 바꾼다.
약점	쓰레기를 잘 줍는다. 준수한 타구 질에도 불운하게 잡힌 경우 다수.
수비력	여전한 타구 판단 타이밍과 민첩한 스텝, 송구로 거미줄 수비.

내야수(우투좌타)

9 류현인

생년월일	2000년 11월 8일		신장/체중	174cm / 80kg
출신학교	광주수창초-진흥중-진흥고-단국대		연봉	3천2백만 원

2025시즌 기록

타율	경기	타석	타수	득점	안타
-	-	-	-	-	-
2루타	3루타	홈런	루타	타점	도루
-	-	-	-	-	-
볼넷	삼진	병살타	장타율	출루율	OPS
-	-	-	-	-	-

전력분석	타격 메커니즘이 견고하다. 상하체 분리에서 비롯되는 타격 과정에 군더더기가 없다. 상무 시절에는 삼진 대비 볼넷 비율이 1.8 이상에 이를 정도로 선구안도 발전했다. 당시 퓨처스리그가 타고투저였던 점은 고려해야 하지만 1군에서 도약이 기대되는 선수다.
강점	나쁜 공에는 손을 내지 않는 침착한 타석 대처 능력이 최대 장점.
약점	퓨처스리그와 1군 투수의 차이에 적응하는 게 올 시즌의 관건.
수비력	2·3루수로 멀티 포지션 소화, 연착륙하려면 타격도 뒷받침돼야….

내야수(우투우타)

24 문상철

생년월일	1991년 4월 6일		신장/체중	184cm / 85kg
출신학교	중대초-잠신중-배명고-고려대		연봉	1억 3천5백만 원

2025시즌 기록

타율	경기	타석	타수	득점	안타
0.214	79	209	173	22	37
2루타	3루타	홈런	루타	타점	도루
6	1	5	60	20	1
볼넷	삼진	병살타	장타율	출루율	OPS
25	44	3	0.347	0.325	0.672

전력분석	2024년 국민거포 박병호와 경쟁을 이겨낸 뒤, KT의 차세대 4번타자로 기대를 모았다. 지난 시즌에는 초반 부진을 이겨내지 못한 게 못내 아쉬웠다. 토종 우완 거포가 귀한 KT에선 문상철의 반등이 필요하다. 경쟁에 대한 심리적 압박을 극복하는 게 숙제다.
강점	부드러운 타격폼에서 나오는 힘, 문상철 하면 힘을 빼놓을 수 없다.
약점	포심패스트볼에 대한 반응이 예년처럼 빨라진다면….
수비력	범위와 실책 관리 모두 뛰어난 1루수, 외국인 타자와 경쟁을 이겨라.

외야수(우투좌타)

53 김민혁

생년월일	1995년 11월 21일		신장/체중	181cm / 71kg
출신학교	광주서석초-배재중-배재고		연봉	2억 9천만 원

2025시즌 기록

타율	경기	타석	타수	득점	안타
0.287	106	417	380	52	109
2루타	3루타	홈런	루타	타점	도루
12	2	0	125	35	11
볼넷	삼진	병살타	장타율	출루율	OPS
25	41	12	0.329	0.341	0.670

전력분석	KT 최고의 타격 기술자다. 인플레이 타구 생산에 있어선 김민혁을 능가할 선수가 많지 않다. 풀타임 시즌을 꾸준히 소화한다면 KBO리그의 수위타자 자리도 노릴 만한 타자다. 이강철 감독과 KT 전략데이터팀이 지난해 김민혁을 4번타자로 민 이유가 있다.
강점	어떤 코스의 공도 맞힐 수 있는 빼어난 콘택트 능력이 최대 장점.
약점	한 시즌을 꾸준히 소화하려면 무엇보다 다치지 않아야….
수비력	준수한 수비 범위, 좌익수로 가치를 다시 증명해야 할 시간이다.

외야수(우투좌타)

10 김현수

생년월일	1988년 1월 12일			신장/체중	188cm / 105kg
출신학교	쌍문초-신일중-신일고			연봉	8억 원

2025시즌 기록

타율	경기	타석	타수	득점	안타
0.298	140	552	483	66	144
2루타	3루타	홈런	루타	타점	도루
24	0	12	204	90	4
볼넷	삼진	병살타	장타율	출루율	OPS
64	73	10	0.422	0.384	0.806

전력분석	자타공인 한국야구 최고의 타격기계다. 김현수의 타격은 경력이 쌓일수록 타석 노하우와 더해져서 빛을 발한다. 스트라이크존을 세세히 나눠도 공략 못 할 코스가 없다. KT 구단 관계자가 "더 이상 김현수를 분석하고 상대하지 않아도 돼 좋다"라며 혀를 내둘렀을 정도다.
강점	140경기 이상 출전에 0.300 전후의 고타율도 너끈한 강한 체력.
약점	쓰레기를 잘 줍자. 인플레이 타구 신의 가호가 뒷받침된다면….
수비력	주 포지션 좌익수에 1루수를 오가도 편안한 타구 처리.

외야수(우투우타)

27 배정대

생년월일	1995년 6월 12일			신장/체중	185cm / 80kg
출신학교	도신초-성남중-성남고-(디지털문예대)			연봉	2억 6천만 원

2025시즌 기록

타율	경기	타석	타수	득점	안타
0.204	99	276	240	25	49
2루타	3루타	홈런	루타	타점	도루
11	2	2	70	28	6
볼넷	삼진	병살타	장타율	출루율	OPS
19	65	4	0.292	0.279	0.571

전력분석	KT를 대표한 호타준족 유형의 외야수다. 준수한 콘택트 능력을 바탕으로 중장거리 타구 생산에도 능한 편이다. KT에서 두 자릿수 도루를 기대할 선수 중 한 명이다. 최근 몇 년간 팀 내 입지가 잠시 좁아졌지만 클럽하우스에선 여전한 존재감의 차기 주장감이다.
강점	기회를 즐기는 진정한 클러치 히터, 배정대 하면 역시 해결사 본능.
약점	거침없이 때리고 달리던 원래 배정대의 모습을 되찾는다면….
수비력	부드러운 타구 판단과 세련된 포구, 올해 반드시 되찾아야 할 모습이다.

외야수(우투좌타)

3 최원준

생년월일	1997년 3월 23일			신장/체중	178cm / 85kg
출신학교	연현초-서울경원중-서울고			연봉	6억 원

2025시즌 기록

타율	경기	타석	타수	득점	안타
0.242	126	449	413	62	100
2루타	3루타	홈런	루타	타점	도루
13	3	6	137	44	26
볼넷	삼진	병살타	장타율	출루율	OPS
23	71	5	0.332	0.289	0.621

전력분석	KT에 꼭 필요했던 유형의 자원이다. 준수한 외야 수비, 빠른 발, 거기에 도루 능력도 갖췄다. 타격에서도 콘택트 능력을 바탕으로 많은 안타 생산이 가능하기 때문에 새 리드오프로 주목받고 있다. 지난해 리드오프로 고심한 이강철 감독에게 괜찮은 카드가 주어졌다.
강점	야구계 천재들이 인정하는 타격 천재, 콘택트 능력과 장타력도 겸비했다.
약점	무언가 잘 풀리지 않을 때 심리적으로 깊게 파고들지 않으면….
수비력	외야 전 포지션 소화 가능, 거기에 수준급 송구 능력까지.

99 강건
투수(우투우타)

생년월일 2004년 7월 12일
출신학교 원일초(영통구리틀)-매향중
-장안고

2025시즌 기록

바닥부터 솟아오르는 듯한 구위, 이강철 감독 눈에 다시 들까?

평균자책점	경기	승	패	홀드	세이브	승률	이닝	피안타
24.55	2	0	1	0	0	0.000	3 2/3	7
피홈런	볼넷	사구	삼진	실점	자책점			
1	7	1	1	10	10			

15 권성준
투수(좌투좌타)

생년월일 2003년 3월 9일
출신학교 옥산초-경북중-경북고

2025시즌 기록

데뷔 후 처음 1군 스프링캠프 합류, 안정된 투구의 팔색조 좌완.

평균자책점	경기	승	패	홀드	세이브	승률	이닝	피안타
-	-	-	-	-	-	-	-	-
피홈런	볼넷	사구	삼진	실점	자책점			
-	-	-	-	-	-			

40 김동현
투수(우투우타)

생년월일 2006년 1월 21일
출신학교 신천초(고양덕양구리틀)-잠신중
-서울고

2025시즌 기록

193cm의 큰 키에서 내리꽂는 우완, 1라운더의 잠재력을 뽐내라.

평균자책점	경기	승	패	홀드	세이브	승률	이닝	피안타
13.50	3	0	0	0	0	-	3 1/3	7
피홈런	볼넷	사구	삼진	실점	자책점			
2	3	0	4	5	5			

61 김정운
투수(우언우타)

생년월일 2004년 4월 21일
출신학교 동천초-경주중-대구고

2025시즌 기록

상무에서 전역한 1라운더, 제2의 고영표를 향해 뛰는 사이드암.

평균자책점	경기	승	패	홀드	세이브	승률	이닝	피안타
-	-	-	-	-	-	-	-	-
피홈런	볼넷	사구	삼진	실점	자책점			
-	-	-	-	-	-			

18 문용익
투수(우투우타)

생년월일 1995년 2월 4일
출신학교 덕양초-양천중-청원고
-세계사이버대

2025시즌 기록

대체 선발 1순위, 7선발 준비한 이강철 감독의 비밀병기 될까?

평균자책점	경기	승	패	홀드	세이브	승률	이닝	피안타
3.14	20	1	0	0	0	1.000	28 2/3	21
피홈런	볼넷	사구	삼진	실점	자책점			
3	19	0	31	11	10			

46 박건우
투수(우투우타)

생년월일 2006년 11월 28일
출신학교 행당초(성동구유소년야구단)
-충암중-충암고

2025시즌 기록

평소 담담한 성향의 우완 기대주, 지난해 막판의 구위 한 번 더.

평균자책점	경기	승	패	홀드	세이브	승률	이닝	피안타
2.70	6	0	0	0	0	-	6 2/3	4
피홈런	볼넷	사구	삼진	실점	자책점			
1	4	0	9	2	2			

64 이원재
투수(좌투좌타)

생년월일 2003년 5월 7일
출신학교 수영초-경남중-경남고

2025시즌 기록

2차 드래프트로 이적한 좌완, 상무에서 전역 후 유니폼도 환복.

평균자책점	경기	승	패	홀드	세이브	승률	이닝	피안타
-	-	-	-	-	-	-	-	-
피홈런	볼넷	사구	삼진	실점	자책점			
-	-	-	-	-	-			

21 이정현
투수(우투우타)

생년월일 1997년 12월 5일
출신학교 마산무학초-마산동중-용마고

2025시즌 기록

KT가 전체 1순위로 지명한 최고의 재능, 유망주 꼬리표를 떼라.

평균자책점	경기	승	패	홀드	세이브	승률	이닝	피안타
16.62	6	0	0	0	0	-	4 1/3	9
피홈런	볼넷	사구	삼진	실점	자책점			
0	4	1	3	8	8			

17 이채호
투수(우언우타)
생년월일 1998년 11월 23일
출신학교 동광초(김해시리틀)-원동중
-용마고

2025시즌 기록

2022년 주요 불펜으로 활약한 사이드암, 1군에서 재기 정조준.

평균자책점	경기	승	패	홀드	세이브	승률	이닝	피안타
6.17	10	0	0	0	0	-	11 2/3	12

피홈런	볼넷	사구	삼진	실점	자책점			
1	5	2	8	8	8			

14 임준형
투수(좌투좌타)
생년월일 2000년 11월 16일
출신학교 서석초-진흥중-진흥고

2025시즌 기록

KT의 좌완 기대주, 음악 경연 프로그램 우승이 전부는 아니다.

평균자책점	경기	승	패	홀드	세이브	승률	이닝	피안타
5.19	10	0	0	0	0	-	8 2/3	11

피홈런	볼넷	사구	삼진	실점	자책점			
0	7	1	6	7	5			

29 전용주
투수(좌투좌타)
생년월일 2000년 2월 12일
출신학교 양진초(안성시리틀)-성일중
-안산공고

2025시즌 기록

좌완 기대주, 경쟁 끝낼 최종 관문은 실전 물음표 지우기.

평균자책점	경기	승	패	홀드	세이브	승률	이닝	피안타
3.95	21	0	1	4	0	0.000	13 2/3	18

피홈런	볼넷	사구	삼진	실점	자책점			
0	7	1	11	8	6			

54 조이현
투수(우투좌타)
생년월일 1995년 6월 27일
출신학교 송정동초-배재중-제주고

2025시즌 기록

위기의 순간 KT를 구한 에이스 킬러, 대체 선발 꼬리표를 떼라.

평균자책점	경기	승	패	홀드	세이브	승률	이닝	피안타
5.40	3	1	2	0	0	0.333	11 2/3	17

피홈런	볼넷	사구	삼진	실점	자책점			
2	0	1	3	7	7			

38 주권
투수(우투우타)
생년월일 1995년 5월 31일
출신학교 청주우암초-청주중-청주고

2025시즌 기록

KT 불펜의 간판, 주무기 체인지업 앞세워 예전 명성 회복할까?

평균자책점	경기	승	패	홀드	세이브	승률	이닝	피안타
4.43	34	0	1	0	0	0.000	40 2/3	48

피홈런	볼넷	사구	삼진	실점	자책점			
3	13	0	19	23	20			

16 최동환
투수(우투우타)
생년월일 1989년 9월 19일
출신학교 인헌초-선린중-경동고

2025시즌 기록

KT에서 재기 노리는 베테랑 우완 불펜, 또 한번 반등 도전한다.

평균자책점	경기	승	패	홀드	세이브	승률	이닝	피안타
8.68	20	1	1	0	0	0.500	18 2/3	27

피홈런	볼넷	사구	삼진	실점	자책점			
4	12	1	9	19	18			

2 한차현
투수(우투우타)
생년월일 1998년 11월 30일
출신학교 사능초(남양주리틀)-청원중
-포항제철고-성균관대

2025시즌 기록

퓨처스리그 챔피언 결정전 우수투수로 발돋움한 선발 기대주.

평균자책점	경기	승	패	홀드	세이브	승률	이닝	피안타
16.20	4	0	0	0	0	-	1 2/3	4

피홈런	볼넷	사구	삼진	실점	자책점			
0	2	0	1	3	3			

55 강현우
포수(우투우타)
생년월일 2001년 4월 13일
출신학교 원종초(부천시리틀)-부천중
-유신고

2025시즌 기록

고관절 수술 후 절치부심한 KT 안방 미래, 다시 백업 경쟁터로.

타율	경기	타석	타수	득점	안타	2루타	3루타	홈런
0.188	40	78	64	5	12	1	0	1

루타	타점	도루	볼넷	삼진	병살타	장타율	출루율	OPS
16	8	0	10	14	1	0.250	0.293	0.543

44 김민석
포수(우투우타)

생년월일 2005년 7월 22일
출신학교 창영초-동인천중-제물포고

2025시즌 기록

퓨처스리그 챔피언 결정전 초대 MVP로 우뚝 선 KT 안방 미래.

타율	경기	타석	타수	득점	안타	2루타	3루타	홈런
-	2	0	0	0	0	0	0	0
루타	타점	도루	볼넷	삼진	병살타	장타율	출루율	OPS
0	0	0	0	0	0	-	-	-

42 조대현
포수(우투우타)

생년월일 1999년 8월 6일
출신학교 길동초-매송중-유신고

2025시즌 기록

KT의 차기 주전 포수, 장성우의 뒤 이을 투수왕국의 안방마님.

타율	경기	타석	타수	득점	안타	2루타	3루타	홈런
0.187	64	90	75	7	14	4	0	0
루타	타점	도루	볼넷	삼진	병살타	장타율	출루율	OPS
18	11	0	7	22	0	0.240	0.274	0.514

5 강민성
내야수(우투우타)

생년월일 1999년 12월 8일
출신학교 대구옥산초-경상중-경북고

2025시즌 기록

멀티 포지션으로 가치 증명한 핵심 기대주, 이제는 도약할 때.

타율	경기	타석	타수	득점	안타	2루타	3루타	홈런
0.033	25	36	30	0	1	0	0	0
루타	타점	도루	볼넷	삼진	병살타	장타율	출루율	OPS
1	1	0	5	15	1	0.033	0.167	0.200

50 안인산
내야수(우투우타)

생년월일 2001년 2월 27일
출신학교 군포오금초(안양리틀)-평촌중
-야탑고

2025시즌 기록

2차 드래프트로 이적한 최고의 재능, 이젠 타자로 만개할 시간.

타율	경기	타석	타수	득점	안타	2루타	3루타	홈런
0.000	4	7	6	0	0	0	0	0
루타	타점	도루	볼넷	삼진	병살타	장타율	출루율	OPS
0	1	0	0	3	0	0.000	0.000	0.000

25 오서진
내야수(우투우타)

생년월일 2006년 6월 8일
출신학교 수원신곡초-수원북중-유신고

2025시즌 기록

내야 유망주로 기대 모은 수원 로컬보이, 공격력 증명할 시간.

타율	경기	타석	타수	득점	안타	2루타	3루타	홈런
-	3	0	0	0	0	0	0	0
루타	타점	도루	볼넷	삼진	병살타	장타율	출루율	OPS
0	0	0	0	0	0	-	-	-

4 오윤석
내야수(우투우타)

생년월일 1992년 2월 24일
출신학교 화중초-자양중-경기고-연세대

2025시즌 기록

원조 박경수의 후계자, 내야 유틸리티로 1군에서 재도약할까?

타율	경기	타석	타수	득점	안타	2루타	3루타	홈런
0.256	77	184	156	30	40	8	1	0
루타	타점	도루	볼넷	삼진	병살타	장타율	출루율	OPS
50	19	0	12	41	4	0.321	0.335	0.656

56 장준원
내야수(우투우타)

생년월일 1995년 11월 21일
출신학교 경운초(김해시리틀)-개성중
-경남고

2025시즌 기록

불의의 부상에 멈춘 KT 센터라인의 일원, 백업 꼬리표 뗄 시간.

타율	경기	타석	타수	득점	안타	2루타	3루타	홈런
0.207	73	154	140	10	29	3	0	1
루타	타점	도루	볼넷	삼진	병살타	장타율	출루율	OPS
35	11	0	8	27	5	0.250	0.248	0.498

8 안치영
외야수(우투좌타)

생년월일 1998년 5월 29일
출신학교 중동초(원미구리틀)-천안북중
-북일고

2025시즌 기록

1군에서 경쟁력 보인 익산의 희망, 백업 외야수로 입지 키우기.

타율	경기	타석	타수	득점	안타	2루타	3루타	홈런
0.227	47	56	44	9	10	1	0	1
루타	타점	도루	볼넷	삼진	병살타	장타율	출루율	OPS
14	6	0	4	13	1	0.318	0.327	0.645

PLAYERS

67 유준규
외야수(우투좌타)

생년월일 2002년 8월 16일
출신학교 군산신풍초-군산중-군산상고

2025시즌 기록
이강철 감독 눈에 밟히는 핵심 기대주, 이륙할 준비는 끝났다.

타율	경기	타석	타수	득점	안타	2루타	3루타	홈런
0.118	35	41	34	13	4	2	0	0
루타	타점	도루	볼넷	삼진	병살타	장타율	출루율	OPS
6	3	2	7	13	0	0.176	0.268	0.444

33 이정훈
외야수(우투좌타)

생년월일 1994년 12월 7일
출신학교 교문초-배재중-휘문고-경희대

2025시즌 기록
원정 숙소에서도 방망이 놓지 않는 열정, 1군에서 입지 키우기.

타율	경기	타석	타수	득점	안타	2루타	3루타	홈런
0.258	59	148	132	20	34	4	0	4
루타	타점	도루	볼넷	삼진	병살타	장타율	출루율	OPS
50	14	0	13	48	4	0.379	0.338	0.717

51 장진혁
외야수(우투좌타)

생년월일 1993년 9월 30일
출신학교 광주화정초-충장중-광주제일고-단국대

2025시즌 기록
공수주 모두 능한 만능 호타준족, KT의 영입 이유를 증명하라.

타율	경기	타석	타수	득점	안타	2루타	3루타	홈런
0.209	86	157	139	19	29	3	1	4
루타	타점	도루	볼넷	삼진	병살타	장타율	출루율	OPS
46	19	1	13	46	1	0.331	0.275	0.606

31 최성민
외야수(좌투좌타)

생년월일 2002년 7월 5일
출신학교 송정동초-무등중-광주동성고

2025시즌 기록
KT의 외야 기대주, 이강철 감독에게 다시 한번 눈도장 찍을까?

타율	경기	타석	타수	득점	안타	2루타	3루타	홈런
0.105	32	21	19	3	2	0	0	0
루타	타점	도루	볼넷	삼진	병살타	장타율	출루율	OPS
2	2	1	1	5	0	0.105	0.150	0.255

1라운드 전체 6순위
66 박지훈

생년월일	2007년 1월 19일
신장/체중	188cm / 90kg
출신학교	천안남산초-개군중-전주고

투수(우투우타)

150km/h의 속구를 뿌리는 신인은 흔치 않다. 구종 습득력이 뛰어난 신인은 더욱 흔치 않다. 데뷔 첫해부터 즉시전력감으로 분류되는 고졸 신인은 더더욱 흔치 않다. 박지훈은 다 해당된다. 스프링캠프에선 킥체인지에 눈도장을 찍었다.

2라운드 전체 16순위
6 이강민

생년월일	2007년 1월 27일
신장/체중	181cm / 82kg
출신학교	송호초-경기중앙중-유신고

내야수(우투우타)

KT의 신인드래프트 전략 중 하나는 이강민을 사수하는 것이었다. 당시 2라운드에 좋은 투수 재목들이 적잖게 남아 있었으나, KT는 "한 바퀴 더 돌았다간 다른 팀이 이강민을 지명할 것"으로 판단했다. 데뷔 첫해 주전을 꿰찰 재목이다.

3라운드 전체 26순위
97 김건휘

생년월일	2007년 9월 11일
신장/체중	180cm / 86kg
출신학교	청주석교초-양천중-충암고

내야수(우투우타)

충암고의 중심타자로 활약한 차세대 거포. KT는 김건휘가 프로에서도 괴력을 발휘할 날이 올 것이라고 믿고 있다. 올해 1군 스프링캠프 명단에도 포함된 그는 안현민, 안인산과 한 훈련 조로 연일 장타 대결을 펼치기도 했다.

4라운드 전체 36순위
94 임상우

생년월일	2003년 1월 3일
신장/체중	180cm / 75kg
출신학교	안현초(광명시리틀)-영동중-경기고 -단국대

내야수(우투좌타)

대학리그 최정상급 타자였다. 경기고 시절 신인드래프트에서 지명되지 못한 임상우는 단국대에서 일취월장해 프로 무대를 밟게 됐다. KT는 미래의 유격수 후보로 거듭날 성장 가능성도 확인했다. 수비 스텝과 송구가 뛰어나다.

5라운드 전체 46순위
68 고준혁

생년월일	2005년 5월 29일
신장/체중	186cm / 81kg
출신학교	인천문학초-연수중-중앙고 -동원과기대

투수(좌투좌타)

이강철 감독이 1군 스프링캠프 명단에도 포함한 좌완 기대주다. 고준혁은 150km/h에 가까운 공을 뿌리는 좌완 파이어볼러의 유형으로, KT의 유일한 대졸 신인 투수다.

6라운드 전체 56순위
105 이재원

생년월일	2007년 4월 27일
신장/체중	180cm / 80kg
출신학교	양덕초-창원신월중-마산고

외야수(우투좌타)

안현민의 마산고 동문 후배로, 신체 스피드와 운동 능력이 남다른 유망주다. KT는 공격에 특화된 이재원의 타격 극대화를 위해 내야에서 외야로 포지션을 변경해 등록했다.

7라운드 전체 66순위
109 김경환

생년월일	2007년 1월 4일
신장/체중	181cm / 78kg
출신학교	백운초-덕수중-배재고

외야수(우투좌타)

빠른 주력과 넓은 수비 범위, 강한 어깨를 가진 외야 기대주다. KT는 김경환의 수비에 주목하고 있지만, 파워를 보강한다면 타격에서도 한 단계 더 성장할 것이라고 판단한다.

8라운드 전체 76순위
111 정현우

생년월일	2006년 2월 10일
신장/체중	190cm / 90kg
출신학교	단봉초(인천서구리틀)-동산중-인천고

투수(우투좌타)

190cm의 큰 키에서 꽂는 공의 위력이 뛰어난 우완 기대주다. 정현우의 커브, 슬라이더는 훨씬 더 꺾여 떨어지는 구질의 특성이 있다. KT는 원상현의 파워 커브를 떠올린다.

9라운드 전체 86순위
112 이민준

생년월일	2007년 6월 14일
신장/체중	190cm / 93kg
출신학교	고양original산초(일산자이언츠유소년) -양천중-휘문고

투수(좌투좌타)

190cm의 장신으로 높은 위치에서 내리꽂는 유형의 좌완이다. 큰 신체 조건에도 간결한 투구폼과 유연성, 다양한 변화구를 보유하고 있다. KT는 이민준을 미래의 선발로 육성할 방침이다.

10라운드 전체 96순위
113 김휘연

생년월일	2007년 8월 10일
신장/체중	183cm / 83kg
출신학교	군포신기초(군포시리틀)-평촌중 -장안고

투수(우투좌타)

포심패스트볼의 평균 구속은 140km/h대 초반이지만 묵직한 구위가 인상적인 우완이다. 제구력도 준수하다. 릴리스 포인트에서 공을 때리듯 던지는 임팩트가 탁월하다.

11라운드 전체 106순위
114 김유빈

생년월일	2007년 1월 1일
신장/체중	184cm / 90kg
출신학교	이리동산초(익산시리틀)-전라중 -전주고

포수(우투우타)

전주고 시절 박지훈과 배터리를 이룬 포수 기대주다. KT는 타격의 잠재력에 높은 점수를 주고 있다. 기록에 없는 김유빈의 숨은 재능을 봤다. 포수로서 기본기도 탄탄하다.

TEAM PROFILE

구단명 : **롯데 자이언츠**

연고지 : **부산광역시**

창립연도 : **1982년**

구단주 : **신동빈**

대표이사 : **이강훈**

단장 : **박준혁**

감독 : **김태형**

주장 : **전준우**

홈구장 : **부산 사직야구장**

영구결번 : **10 이대호 11 최동원**

한국시리즈 우승 : **1984 1992**

UNIFORM

HOME

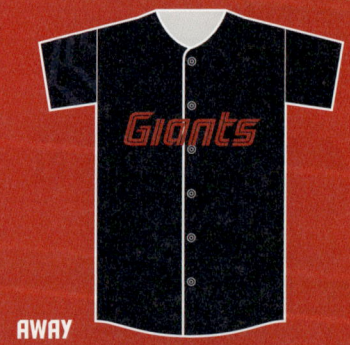

AWAY

TEAM INFO

팀 분석

2025 팀 순위 (포스트시즌 최종 순위 기준)

7위

최근 5년간 팀 순위

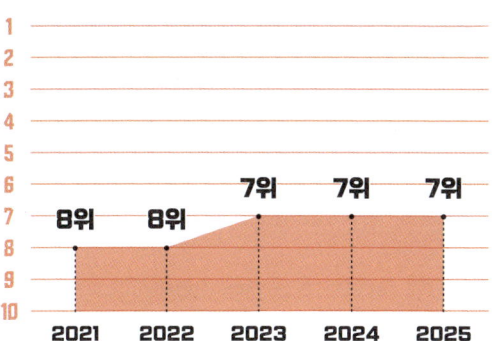

8위 8위 7위 7위 7위
2021 2022 2023 2024 2025

2025시즌 최다 마킹 유니폼

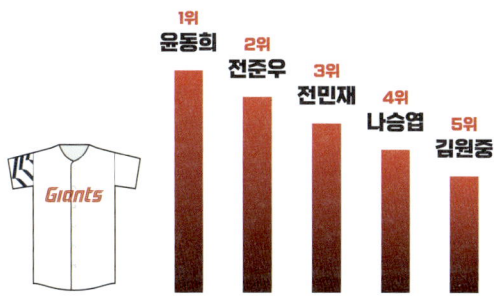

1위 윤동희
2위 전준우
3위 전민재
4위 나승엽
5위 김원중

2025시즌 최다 판매 굿즈

1 자이언츠 X포켓몬 피카츄 짝짝이

2 자이언츠 홈 짝짝이

3 누리 짝짝이

PARK FACTOR

홈구장_부산 사직야구장

4.8m
120.5m
95.8m 95.8m

천연 잔디

수용인원

23,200석

구장 특성

1985년에 개장한 사직구장은 현재 우리나라 프로야구단이 쓰는 구장 중 가장 오래되고, 가장 노후화됐다. 여러 차례 리모델링과 시설 개선 공사를 거쳤지만, 어쩔 수 없는 공간의 한계와 낡은 세월의 흔적이 역력하다. 오래된 만큼 관중석도 아주 쾌적하지는 않지만, 실제로 야구장 안에 들어가보면 묘한 압도감이 있다. 특히 1층부터 꼭대기까지 단절 없이 둥글고도 완만하게 놓인 관중석의 특성은 응원이 시작되면 왜 이곳이 '사직야구장'으로 불리는지 알 수 있을만큼 짜릿한 에너지를 느끼게 해준다.

HOME STADIUM GUiDE

팬들을 위한 직관 꿀팁

볼 것도, 할 것도, 즐길 것도 많은 부산. 외국인 관광객들도 쉽게 볼 수 있을 만큼 이제 사직야구장은 '부산 여행'의 정석 코스 중 하나다. 부산역이나 김해공항을 이용해 부산을 방문할 경우, 사직구장과의 거리가 꽤 되기 때문에 시간 계산을 잘해서 이동하는 요령이 필요하다.

사직구장 내에도 인기있는 맛집들이 여럿 들어와 있지만, 구장 밖으로 나가면 근처에 꽤 이름난 식당들이 있다. 특히 주문진막국수나 오륙도낙지 낙곱새를 비롯해 부산의 상징 같은 돼지국밥 맛집을 들렀다 야구장에 가는 것도 추천. 야구장 인근에 깔끔한 비즈니스 호텔들이 있지만, 야구 경기가 열리거나 주말이면 방값이 폭등하는 사례도 있으니 숙소는 꼭 미리 예약하는 것을 추천한다.

해운대, 광안리에서는 거리가 조금 있어도 서면에서는 대중교통, 택시 이동이 어렵지 않아 서면에 베이스캠프를 차리고 야구장을 오가는 것도 장거리 이동 직관팬들을 위한 추천 경로. 최근 부산에서 가장 '핫한' 이재모피자 서면점에서 테이크아웃으로 포장해 야구장 가는 시간에 맞춰 가져가는 것 역시 더 맛있게 경기를 즐길 수 있는 팁이다.

야구장내 공영주차장 주차도 가능하지만, 3시간 전에 오지 않으면 자리가 없기 때문에 '주차 지옥'을 감안하고 움직여야 한다. 가능하면 대중교통을 추천하나, 가까운 홈플러스에 주차를 해두고 야구장에서 필요한 식음료들을 구매해서 방문하는 팬들도 자주 볼 수 있다.

응원단

응원단장
조지훈

부응원단장
김정석

치어리더
공서윤

치어리더
김가현

치어리더
김나현

치어리더
목나경

치어리더
박담비

치어리더
박수연

치어리더
박예빈

치어리더
설유진

치어리더
심영원

치어리더
오효정

치어리더
이윤서

치어리더
이정원

치어리더
이조은

치어리더
이하은

구단 마스코트 소개

원지

'롯린이' 출신으로 23시즌 신인 드래프트에서 영입됐다. 빠르고 날렵한 슈퍼루키 양투양타 툴가이.

누리

늘 웃음을 잃지 않는 스마일맨. 자이언츠의 미래를 상징하고, 갈매기리그 4번타자로 활약하고 있으며 야구에 대한 감각이 뛰어나다.

아라

예쁘게 귀여운 외모로 '안티'가 없고, 아이들을 잘 돌보며 깜찍하고 친절하며 사람들에게 사랑받는다.

피니

야구장의 장난꾸러기로 자유분방하며 거침없고 매우 친근하다. 야구장에서 생기는 모든 문제를 해결하는 만능해결사. 우울한 날 없이 언제나 기분 좋은 자이언츠 복덩이.

더 이상 미룰 수 없다
거인의 반등, 사직의 가을

작년에 이것만 잘됐으면 좋았을 텐데

롯데의 가을야구 도전이 또 다시 용두사미로 끝났다. 롯데는 지난해 정규시즌을 7위로 마쳤다. 2018년부터 이어진 연속 포스트시즌 진출 실패 기록은 8시즌으로 늘었다. 프로야구 원년 구단 롯데의 8연속 실패는 이번이 처음이었다. 애초 롯데를 포스트시즌 진출 후보로 평가한 전문가가 드물었던 게 사실이다. 김태형 감독은 이를 비웃기라도 하듯 전반기를 3위로 마쳤다. 팀 득실점으로 계산하는 피타고리안 승률로 포스트시즌 진출 확률을 산정했을 때, 이 수치가 약 95%까지 치솟기도 했다.

단, 구심점 없이 이뤄낸 성과는 오래 가지 못했다. 일명 '윤나고황손'의 잇단 부진과 부상이 뼈아팠다. 베테랑 전준우에게만 기댈 수도 없는 노릇이었다. 야수 전력에선 부상이 가장 뼈아팠다. 황성빈의 공백을 메우던 장두성은 타격 사이클이 물올랐을 무렵 견제구에 맞아 불의의 폐출혈로 전열을 이탈했다. 주축 선수들의 부상 공백을 메우던 선수들마저 다치기에 이르렀다. 김태형 감독도 "내 지도자 인생에서 부상자가 이렇게나 많았던 건 아마 처음일 것"이라며 허탈해했다.

야수 전력의 공백만큼이나 컸던 건 마운드의 엇박자다. 외국인 투수의 부진도 큰 비중을 차지했지만 못내 아쉬운 건 박세웅 등 국내 선발진의 기복이다. 선발진의 몫을 메우던 불펜도 후반기 들어선 한계를 드러냈다. 막판 승부처에는 김태형 감독이 쓸 만한 카드가 마땅치 않았다. 8월 7일 사직 KIA 타이거즈전부터 이어진 12연패의 악몽도 아쉬웠다. 롯데가 12연패에 빠진 건 8개 구단 체제에서 최하위를 기록한 2003년 이후 22년 만이었다. 연패 기간에는 나균안을 제외한 선발진의 기복이 심했다.

부상 악령도 드리웠다. 공교롭게도 전준우의 햄스트링 부상과 연패 시기가 맞물렸다. 전준우가 이탈한 타선은 연패 기간 경기당 2.93점밖에 내지 못했다. 계속된 투타 엇박자 속에서 야수들의 수비 집중력도 떨어졌다. 올 시즌에는 이 모든 퍼즐이 잘 끼워질까? '올해는 다르다'는 말, 속는 셈치고 한 번 더 믿어야 할까? 남은 건 선수들의 몫이다.

스토브리그 성적표

B+

지갑을 함부로 열지 않는 것도 결단이다. 롯데는 FA 영입 대신 내실을 다지기로 했다. 엄밀히 육성은 아니다. 도약의 문턱 앞에 선 기대주들의 앞길을 막지 않는 게 핵심이었다. 그렇다고 보강이 없었던 건 아니다. 2차 드래프트로 김주완, 김영준, 최충연 등 투수 3명을 영입했다. 셋 모두 상위 지명자로, 전 소속팀이 미처 보호하지 못한 선수도 포함됐다.

지극히 주관적인 올 시즌 예상 순위와 이유

5위

구단 역사상 최장의 암흑기가 드리웠다. 그래도 희망적인 건 롯데의 체질 개선 의지다. 롯데는 직접 지명하고 육성한 주축 선수들의 성장을 막지 않기 위해 FA 시장에도 뛰어들지 않았다. 구단 안에선 "민낯을 보고도 언제까지 덧칠로 눈속임만 할 텐가"라는 말도 나왔다. 시즌 준비 과정서는 기운 빠지는 날들도 있었다. 고승민, 나승엽, 김동혁, 김세민이 캠프 기간 대만의 한 사행성 게임장에 출입했다 중도 귀국 조처됐다. 이는 프런트, 선수단의 기강 해이를 다잡는 시간으로 이어졌다. 이제 남은 건 선수들의 몫이다. 그라운드 안에서든, 밖에서든 더 이상 팬들을 실망시켜선 곤란하다. 롯데도 이를 잘 알고 있다.

MANAGER

88 김태형

생년월일	1967년 9월 12일
출신학교	화계초-신일중-신일고-단국대
주요 경력	OB·두산 베어스 선수(1990~2001)
	-두산 베어스 배터리코치(02~11)
	-SK 와이번스 배터리코치(12~14)
	-두산 베어스 감독(15~22)
	-롯데 자이언츠 감독(24~)

"다시 한번 가을의 승부사로"

롯데가 지난해 전반기를 3위로 마친 것에는 김태형 감독의 역량이 큰 비중을 차지했다. 2024년 주축 선수로 발돋움한 일명 '윤나고황손'이 잇달아 다치거나 부진했다. 김태형 감독은 기존의 백업, 퓨처스 선수의 컨디션을 기민하게 파악해 빈틈을 메웠다. 반면 한계도 뚜렷했다. 후반기에는 전력의 민낯이 드러났다. 특히 김태형 감독의 '믿을맨'으로 활약한 불펜들이 지친 기색을 보였다. 투수들의 부진은 야수들도 덩달아 지치게 만들었다. 김태형 감독은 지도자 데뷔 후 처음으로 2년 연속 포스트시즌 진출 실패의 쓴맛을 보게 됐다. 3년 계약의 마지막 시즌, 김태형 감독에게는 성과가 절실해졌다. 가을의 승부사는 돌아올 수 있을까?

1군

수석코치	투수총괄코치	투수코치	투수코치	타격코치	타격코치	배터리코치	수비코치	수비코치
강석천	카네무라 사토루	김상진	이재율	이병규	이성곤	백용환	문규현	이현곤

작전·주루코치	S&C코치
조재영	히사무라 히로시

퓨처스

퓨처스 감독	수석코치	투수코치	투수코치	타격코치	배터리코치	수비코치	작전·주루코치
김용희	조원우	김현욱	진해수	정경배	정상호	김민호	황진수

드림팀

총괄코치	타격코치	배터리코치	수비코치	퍼포먼스코치
문동환	유민상	용덕한	박정현	임경완

2026 LOTTE GIANTS DEPTH CHART

• 지명타자

전준우

좌익수
레이예스
김동현
한승현

중견수
황성빈
장두성
손호영

우익수
윤동희
조세진
신윤후

유격수
전민재
이호준
박승욱

2루수
고승민
한태양
최항

3루수
나승엽
박찬형
배인혁

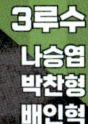

1루수
한동희
김민성
노진혁

• 감독

김태형

포수
유강남
정보근
손성빈

• 2026 예상 베스트 라인업

1번 타자	윤동희	우익수
2번 타자	고승민	2루수
3번 타자	레이예스	좌익수
4번 타자	한동희	1루수
5번 타자	나승엽	3루수
6번 타자	전준우	지명타자
7번 타자	유강남	포수
8번 타자	전민재	유격수
9번 타자	황성빈	중견수

• 예상 선발 로테이션

로드리게스

비슬리

박세웅

나균안

김진욱

• 필승조

정철원

최준용

• 마무리

김원중

• 2026 IN & OUT

IN	김상수 투수/FA 잔류/1년 3억원	한동희 내야수/상무 전역
	이진하 투수/상무 전역	이태연 투수/상무 전역
	김주완 투수/2차 드래프트	김영준 투수/2차 드래프트
	최충연 투수/2차 드래프트	

OUT	정훈 내야수/은퇴	박진형 투수/2차 드래프트 키움
	진해수 투수/은퇴	김도규 투수/방출
	심재민 투수/방출	이주찬 내야수/방출

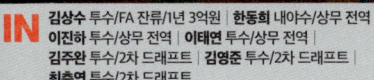

25
한동희

내야수(우투우타)

생년월일	1999년 6월 1일
신장/체중	182cm / 108kg
출신학교	부산대연초-경남중-경남고
연봉(2026)	1억 6천2백만 원

#모범

한동희는 상무 시절 모범적인 군 생활로 눈길을 끌었다. 박치왕 상무 감독은 "선수들과 보통 머리 길이로 얼굴 붉히는 경우가 많은데, 한동희와는 그런 일이 일절 없었다. 생활 면에서도 타의 모범이 될 만한 행동만 한다"라고 칭찬했다. 한동희는 "상무에선 경기 시작 2시간 전부터 전자기기 사용을 자제하고, 아침 식사를 거르지 않는 규율 같은 게 있었는데, 그런 것들도 다 잘 지키려고 노력했던 것 같다"라고 돌아봤다.

#연구

한동희는 자신의 타격을 끊임없이 연구했다. 상무에선 박치왕 감독과 주 시력을 전환하는 연습부터 골반을 시작으로 차례로 힘을 전달하는 방법을 새로 익히기도 했다. 전역 전후로는 쉴 새도 없었다. 지난해 체코, 일본과 WBC 대비 평가전을 치른 뒤, 오타니의 동작 연구로 유명한 일본 쓰쿠바대에서 타격 메커니즘을 다듬었다. 한동희는 "비시즌이 순식간에 지나가 버린 것 같다. 올해 정말 잘하고 싶다"고 말했다.

#기둥

불과 1년 반 사이에 많은 게 달라졌다. 한동희가 믿고 따르던 선배들은 하나둘씩 은퇴하거나 팀을 떠났다. 신인 시절부터 의지한 정훈도 지난 시즌을 끝으로 은퇴했다. 한동희는 "몇 년 전만 해도 내 밑으로 몇 명 없었는데, 이젠 위로 몇 분 안 계신다"라며 멋쩍어했다. 책임감은 더 강해졌다. 한동희는 "동생들과 힘을 합치면 우리도 분명 높은 데로 올라갈 수 있다고 믿는다. 팀 성적에 대한 책임감이 크다"고 말했다.

🎤 TMI 인터뷰

1. 원정 갈때 꼭 챙기는 개인 물건
- 이어폰, 이동 시간이 길기 때문에 음악을 듣거나, 영상을 보기 위해 가져간다.

2. 요즘 가장 많이 듣는 노래
- 어떤 한 곡을 듣기보다 국내 인기 가요 전체를 듣는다.

3. 처음 봤을때 충격받은 야구선수와 그 이유는?
- 안현민. 지난해 타석에서의 모습이 인상적이었다.

4. 야구 선수를 안했다면 지금 뭐하고 있을까?
- 어릴 때부터 야구를 했기 때문에 다른 것을 하고 싶다는 생각을 해보지 않았다.

5. 최근 가장 행복했던 순간
- 전역 이후 가족과 함께 보냈던 시간이 행복했다.

2025시즌 기록

타율	경기	타석	타수	득점	안타
-	-	-	-	-	-
2루타	3루타	홈런	루타	타점	도루
-	-	-	-	-	-
볼넷	삼진	병살타	장타율	출루율	OPS
-	-	-	-	-	-

전력분석	롯데의 현재이자 미래다. 한동희는 상무에서 한 뼘 더 성장해 돌아왔다. 지난해 퓨처스리그 남부리그에선 안타, 홈런, 타점, 장타율, 득점 등 5개 부문 1위를 차지했다. 퓨처스리그와 1군의 차이에 대한 시선을 없애는 게 중요하다. 혹자는 "멀리 치는 능력에는 타고투저가 없다"라고 말했다.
강점	KBO리그 최고의 타구 질, 탄환 같은 타구로 멀리 치는 능력까지 장착.
약점	1·3루 꿰뚫는 빠른 타구, 새 포지션에서 타구 방향 적응이 최대 관건.
수비력	1루수 겸업의 첫 시즌이다. 다른 내야수들의 송구 안정감이 확 달라졌다.

91 외야수(우투우타)
윤동희

생년월일	2003년 9월 18일
신장/체중	187cm / 85kg
출신학교	현산초-대원중-야탑고
연봉(2026)	1억 8천만 원

#국가대표
2024년 롯데의 주축 선수로 발돋움한 윤동희는 한국 야구 대표팀에서도 세대교체의 중심에 서 있었다. 윤동희는 항저우아시안게임을 시작으로 APBC, 프리미어12에서 대표팀의 주전 우익수로 활약했다. 타석에서도 해결사 역할을 했다. 하지만 지난 시즌에는 부상, 부진 탓에 태극마크를 달지 못했다. 윤동희에게는 또 다른 동기부여가 됐다. 롯데의 체면을 살리던 윤동희는 다시 한번 태극마크를 달겠다는 의지다.

#야구소년
윤동희가 어릴 적 한 포털 사이트의 지식 공유 플랫폼에 질문이 공개돼 화제가 됐다. 해당 포털 사이트의 오류로 유명 정치인, 연예인, 운동선수가 과거 익명으로 작성한 질문이나 답변이 노출됐는데, 그 중 윤동희가 포함돼 있었다. 흥미로운 건 당시 윤동희의 질문이 온통 재활, 규칙 등 야구에 대한 이야기뿐이었던 점이다. 윤동희도, 팬들도 '야구에 진심인 소년이 잘 성장했다'라며 이번 일을 해프닝으로 마무리했다.

#전성시대
윤동희는 한동희와 함께 롯데의 미래를 이끌 간판타자로 평가된다. 한동희가 상무에서 병역의무를 이행하는 동안 윤동희가 롯데를 지탱했다. 공교롭게도 롯데의 성적 부진 탓에 8년 연속 포스트시즌 진출 실패의 그림자가 드리웠다. 윤동희는 롯데의 암흑기 탈출에 앞장서는 건 물론, 새로운 전성기를 반드시 이끌겠다는 각오다. 윤동희는 올 시즌에도 롯데의 공수 핵심으로 9년 만의 가을야구 진출에 힘을 보태려고 한다.

2025시즌 기록

타율	경기	타석	타수	득점	안타
0.282	97	399	330	54	93
2루타	3루타	홈런	루타	타점	도루
21	1	9	143	53	4
볼넷	삼진	병살타	장타율	출루율	OPS
49	65	12	0.433	0.386	0.819

전력분석	공수주에서 수준급 기량을 보유한 롯데의 핵심 전력이다. 지난해 허벅지 근육 부상 탓에 기량을 유지하기 어려웠다. 그럼에도 매 시즌 0.8 이상의 OPS를 보장할 만한 타자는 여전히 윤동희뿐이다. 상대 팀에서도 롯데를 공략할 때면 여전히 "윤동희는 반드시 조심해야 한다"고 경계한다.
강점	몸쪽에는 여지없다. 섣불리 몸쪽 직구로 승부했다간 얻어맞기 일쑤다.
약점	지난해 발목을 잡은 건 햄스트링 부상. 예방과 관리가 더 중요해졌다.
수비력	중견수, 우익수 어느 곳에서든 넓은 수비 범위와 강한 어깨를 뽐낸다.

TMI 인터뷰

1. 원정 갈때 꼭 챙기는 개인 물건
- 베개. 수면을 중요하게 생각해서 항상 챙겨 다닌다.

2. 요즘 가장 많이 듣는 노래
- '최근에 몰랐죠 - 오연하'.

3. 처음 봤을때 충격받은 야구선수와 그 이유는?
- 오타니 쇼헤이. MLB 서울시리즈 때 처음 봤는데 피지컬과 작은 얼굴 등 모두 충격적이었다.

4. 야구 선수를 안했다면 지금 뭐하고 있을까?
- 이제 막 대학을 졸업할 나이라 취업에 대해 많이 고민했을 것 같다.

5. 최근 가장 행복했던 순간
- 휴일에 조식 먹고 여유롭게 산책할 때.

8 **C** 외야수(우투우타)

전준우

생년월일	1986년 2월 25일
신장/체중	184cm / 98kg
출신학교	홍무초-경주중-경주고-건국대
연봉(2026)	7억 원

#영원한캡틴

전준우는 2024년부터 3년 연속 주장을 맡았다. 주장으로 팀을 이끈 시즌은 총 5시즌으로 늘었다. 롯데에서 5시즌 이상 주장을 맡는 건 전준우가 유일하다. 박정태, 조성환 등 롯데의 대표적인 리더로 알려진 레전드들도 3시즌 이상 팀을 이끈 적은 없었다. 전준우는 자신의 뒤를 이를 차기 주장을 찾고 있지만 롯데는 여전히 그를 필요로 한다. 클럽하우스, 그라운드 안팎에서 존재감은 예나 지금이나 달라진 게 없다.

#역사

전준우는 우타자의 역사를 써내려가고 있다. 지난해 통산 2000안타를 넘어선 전준우는 올 시즌 안타 144개를 추가하면 이대호를 넘어 역대 5위에 오를 수 있다. 롯데 프랜차이즈 역사에선 이대호보다 더 많은 안타를 기록한 원클럽맨은 없었다. 유강남이 평소 전준우를 따라다니며 "한국야구의 역대급 우타자"라며 치켜세우는 데는 다 이유가 있다. 롯데도 구단의 각종 기록 간판들을 전준우의 얼굴로 하나씩 바꿔야 한다.

#한국시리즈

삼성으로 이적한 오랜 동료 강민호에 이어 손아섭이 지난해 한화 이글스로 이적한 뒤, 한국시리즈 무대에 오르며 전준우 홀로 남게 된 기록이 하나 있다. 한국시리즈 출전 경험이 없는 현역 선수 중 최다 출장 기록을 전준우가 갖게 됐다. 친구 강민호는 "이제 준우가 한국시리즈 무대를 밟을 차례"라고 응원했다. 전준우에게도 또 다른 동기부여가 되고 있다. 전준우는 롯데의 가을야구 진출은 물론, 더 높은 곳까지 이끌겠다는 각오다.

하나로 뭉쳐서 끝까지 싸운다!

🎤 TMI 인터뷰

1. 원정 갈때 꼭 챙기는 개인 물건
- 장갑, 모자, 양말 등 여분이 필요한 것들을 먼저.

2. 요즘 가장 많이 듣는 노래
- 보이넥스트도어 노래를 자주 듣는다. 딸이 최근에 많이 듣고 있다.

3. 처음 봤을때 충격받은 야구선수와 그 이유는?
- 빅터 레이예스. 남미 선수가 한국 문화와 야구에 빠르게 적응해서.

4. 야구 선수를 안했다면 지금 뭐하고 있을까?
- 평범하게 살면서 야구를 즐기고 있지 않을까.

5. 최근 가장 행복했던 순간
- 비시즌 동안 가족과 식사하면서 보낸 시간들.

2025시즌 기록

타율	경기	타석	타수	득점	안타
0.293	114	472	410	50	120
2루타	3루타	홈런	루타	타점	도루
26	1	8	172	70	2
볼넷	삼진	병살타	장타율	출루율	OPS
44	71	9	0.420	0.369	0.789

전력분석	여전한 콘택트 능력, 여전한 장타력으로 여전히 롯데의 기둥으로 활약하고 있다. 매 시즌 두 자릿수 홈런을 보장할 만한 몇 안 되는 타자 중 한 명이다. 불혹에 접어든 뒤에도 콘택트 관련 수치들이 여전히 팀 내 정상급으로 유지되고 있다. 공격에 있어서도 믿고 맡길 수 있는 타자다.
강점	되살아난 해결사 본능, 가장 중요한 순간 한 방 쳐줄 타자는 전준우뿐.
약점	지난해 발목을 잡은 건 잦은 연이은 부상. 예방과 관리가 중요해졌다.
수비력	한층 개선된 실책 관리, 좌익수로 출전 비중을 좀 더 나눈다면….

29 외야수(우투양타)

레이예스
Victor Reyes

생년월일/국적	1994년 10월 5일 / 베네수엘라
신장/체중	196cm / 87kg
출신학교	베네수엘라 Dr. Felipe Guevara(고)
연봉(2026)	140만 달러

#여의봉
스트라이크존을 9개 구간으로 나눈 핫 & 콜드 존을 보면 벌겋지 않은 곳을 찾기 어렵다. 타율이 가장 낮은 곳이 우타석 몸쪽 상단의 0.289다. KBO리그 최고의 배드볼 히터인 레이예스는 배트를 여의봉처럼 늘려 곳곳의 공을 공략한다. 투수들의 공략에도 아랑곳하지 않고 대처해낸다. 오죽하면 상대 감독들이 "다 친다. 던질 데가 없다. 찬스 때 나오면 거르고 싶다"며 공개적으론 말 못 해도 푸념하듯 하소연할 정도다.

#재계약
지난겨울 레이예스의 재계약을 놓고 예상 밖의 갑론을박이 이어졌다. 레이예스는 지난해 팀 내 최다 13홈런을 쳤지만 장타력이 부족하다는 비판을 들어야 했다. 롯데의 팀 홈런이 10개 구단 중 최하위였기 때문이다. 레이예스는 장타력만으로 설명할 수 없지만 다른 가치들이 평가 절하된 측면이 있었다. 롯데는 의심하지 않았다. 롯데는 레이예스와 재계약 의사를 일찌감치 전달한 뒤, 해를 넘기기 전 계약을 마무리했다.

#3연속
레이예스는 2024년 202안타로 KBO리그 역대 한 시즌 최다 안타 신기록을 세웠다. 지난 시즌에는 187안타로 이 부문 1위를 차지했다. 2년 연속 최다 안타 타이틀을 거머쥔 레이예스는 올 시즌 3년 연속 정상을 지키려고 한다. 3년 연속 수상한 건 LG 트윈스의 레전드 이병규가 유일하다. 레이예스가 올 시즌에도 이 타이틀을 지킨다면 역대 외국인 선수 중에선 최초다. 올해 레이예스의 방망이에 많은 시선이 쏠리고 있다.

2025시즌 기록

타율	경기	타석	타수	득점	안타
0.326	144	643	573	75	187
2루타	3루타	홈런	루타	타점	도루
44	1	13	272	107	7
볼넷	삼진	병살타	장타율	출루율	OPS
58	66	25	0.475	0.386	0.861

전력분석	지난 시즌에도 83%의 콘택트 비율을 작성할 정도로 정교한 타격에는 변함이 없다. 롯데의 장타력 부족을 해소할 중장거리 유형의 타자다. 찬스 상황에선 주자를 불러들이는 능력도 탁월했다. 지난 2간간 팀 내 수위타자의 면모를 유감없이 발휘했다.
강점	스트라이크존 어느 곳에 꽂히든 다 쳐낼 수 있는 배드볼 히터.
약점	팀 내 유일한 2년 연속 전 경기 출장, 누가 체력 부담 나눌까….
수비력	준수한 범위와 타구 판단 능력, 허슬 플레이로 모든 걸 상쇄한다.

TMI 인터뷰

1. 원정 갈때 꼭 챙기는 개인 물건
- 마사지건. 근육을 풀어주는 것이 필요하다.

2. 요즘 가장 많이 듣는 노래
- 라틴 음악, BPM이 빠른 곡들을 즐겨 듣는다.

3. 처음 봤을때 충격받은 야구선수와 그 이유는?
- 프란시스코 린도어, 야구를 대하는 태도가 정말 프로답고 실력에 또 한번 충격받았다.

4. 야구 선수를 안했다면 지금 뭐하고 있을까?
- 농구 선수.

5. 최근 가장 행복했던 순간
- 가족들과 함께 있을 때.

21

투수(우투우타)

박세웅

생년월일	1995년 11월 30일
신장/체중	182cm / 85kg
출신학교	대구경운초-경운중-경북고
연봉(2026)	21억 원

#에이스

그럼에도 롯데의 에이스는 박세웅이다. 박세웅의 진정한 가치는 책임감이다. 박세웅은 2021년부터 5년 연속 150이닝 이상을 소화했다. 2020년부터 누적 이닝 수는 KBO리그 전체 투수 중 1위다. 각 팀의 에이스들도 박세웅의 이닝 소화력을 뛰어넘진 못했다. 지난해로 롯데에서 200경기에 선발등판한 박세웅은 앞으로 29경기 추가 등판 시 구단 역대 에이스 계보의 송승준, 염종석을 제치고 구단 역대 1위로 올라선다.

#시련

박세웅은 지난해 극과 극의 투구 내용을 보였다. 시즌 초 개인 8연승으로 승승장구하다 갑작스러운 부진에 빠졌다. 이후 8경기에서 단 1승에 그쳤다. 후반기에는 반등의 조짐을 보이다 다시 부진했다. 구속, 수직 무브먼트 등 트래킹 데이터에는 아무런 이상이 없었다. 지난 시즌의 시련은 박세웅의 올 시즌 준비에 있어 큰 자산이 됐다. 박세웅은 로케이션, 볼배합 등 다른 영역에서 반등의 계기를 마련하겠다는 의지다.

#태극마크

2023년 WBC에선 한국 야구 대표팀 투수들의 잇단 부진에도 박세웅의 활약이 몇 안 되는 위안거리였다. 여기서 절치부심한 박세웅은 그해 항저우아시안게임에서 와일드카드 선수로 금메달 획득에 큰 힘을 보탰다. 하지만 지난 시즌의 기복 탓에 올해 WBC에선 뛰지 못하게 됐다. 대표팀 단골에서 다시 태극마크를 노려야 한다. KBO리그 최정상급 투수임을 다시 증명해야 하는 박세웅에게는 또 다른 동기부여가 될 수 있다.

🎤 TMI 인터뷰

1. 원정 갈때 꼭 챙기는 개인 물건
- 목 베개. 경기 종료 후 늦은 시간 부산으로 돌아올 때 필요하다.

2. 요즘 가장 많이 듣는 노래
- 오래된 명곡을 많이 듣는 편이다.

3. 처음 봤을때 충격받은 야구선수와 그 이유는?
- 엘빈 로드리게스의 첫 불펜 투구가 인상 깊었다.

4. 야구 선수를 안했다면 지금 뭐하고 있을까?
- 커피 내리는 것에 흥미가 있어서 그 쪽 방향으로 일을 하고 있지 않았을까 생각한다.

5. 최근 가장 행복했던 순간
- 동생과 함께 1군 캠프 와서 운동했던 것.

2025시즌 기록

평균자책점	경기	승	패	홀드	세이브
4.93	29	11	13	0	0
승률	이닝	피안타	피홈런	볼넷	사구
0.458	160 2/3	183	15	54	8
삼진	실점	자책점			
156	99	88			

전력분석	평균 140km/h 중후반의 포심패스트볼과 슬라이더, 커브, 스플리터를 구사하는 우완 정통파다. 2024년에는 슬라이더의 구속 차이를 둬 두 구종으로 나눠 던지다 지난해 하나로 통일했다. 가장 자신 있는 고속 슬라이더에 집중한다. 가장 박세웅다운 투구 레퍼토리로 반등에 도전한다.
강점	몇 점을 주든 긴 이닝 소화로 동료들을 쉬게 해주려는 책임감.
약점	꼬리에 꼬리를 무는 생각, 트래킹 데이터는 오히려 좋아졌는데….

43 투수(우투우타)

나균안

생년월일	1998년 3월 16일
신장/체중	186cm / 109kg
출신학교	무학초-창원신월중-용마고
연봉(2026)	1억 8천만 원

#투수

포수에서 투수로 전환한 지 어느덧 6년째가 됐다. 나균안은 투수다운 투수로 거듭났다. 2023년 항저우아시안게임에선 한국 야구 대표팀의 동료로 함께한 삼성 라이온즈의 에이스 원태인이 "우에하라 고지의 공 같다"며 나균안의 포크볼을 배우기도 했다. 130이닝은 이제 너끈한 나균안은 지난해 풀타임 선발로도 확고히 자리매김했다. 김태형 감독은 스프링캠프 명단 구성 단계부터 나균안을 일찌감치 4선발로 확정했다.

#불운

나균안이 지난해 28경기에서 올린 승수는 단 3승에 불과했다. 하지만 승패라는 결과가 오롯이 투수만의 영역이 아니기에 나균안의 진가를 모두 확인할 순 없었다. 실제로 롯데 타자들은 지난해 나균안이 선발등판한 날 경기당 1.96점밖에 지원해주지 못했다. 이는 팀 내 최하위자, 130이닝 이상 소화한 리그 전체 투수 중에서도 가장 적었다. 나균안은 계속된 불운에도 팀의 연승을 잇고, 연패를 끊기 위해 매 경기 고군분투했다.

#기둥

롯데는 지난 시즌에도 선발과 불펜의 엇박자로 마운드 운영에 애를 먹었다. 선발진에선 외국인부터 국내 투수까지 잇단 부진에 시달렸다. 그런 가운데서도 롯데의 선발진을 지탱한 게 나균안이다. 나균안은 계속된 불운 속에서도 롯데의 실질적인 에이스 역할을 했다. 김태형 감독은 순위 싸움이 한창일 때 나균안을 자주 찾기도 했다. 실제로 지난해 나균안의 후반기 평균자책점은 3.02, 이닝당출루허용은 1.09로 출중했다.

2025시즌 기록

평균자책점	경기	승	패	홀드	세이브
3.87	28	3	7	0	0
승률	**이닝**	**피안타**	**피홈런**	**볼넷**	**사구**
0.300	137 1/3	143	13	50	5
삼진	**실점**	**자책점**			
116	67	59			

전력분석	어엿한 선발로 거듭났다. 타자를 맞춰 잡으며 효율적인 투구에 대한 생각도 정립됐다. 뛰어난 컨트롤을 바탕으로 묵직한 포심패스트볼과 포크볼 등 변화구 구사도 나날이 개선되고 있다. 포크볼은 KBO리그 최고로 꼽힐 만큼 구위와 구질이 남다르다. 풀타임 시즌을 치러낼 체력도 갖췄다.
강점	뛰어난 손 감각으로 던지는 KBO리그 최고의 포크볼, 구종 가치 1위.
약점	이닝은 잘 마무리하지만 적지만은 않았던 볼넷, 안정감 향상이 관건.

🎤 TMI 인터뷰

1. 원정 갈때 꼭 챙기는 개인 물건
- 긴 베개, 경기 후 버스에서 쉴 때 사용한다.

2. 요즘 가장 많이 듣는 노래
- Day 6 노래들을 최근 즐겨 듣고 있다.

3. 처음 봤을때 충격받은 야구선수와 그 이유는?
- 제레미 비슬리 선수의 라이브 피칭을 보면서 감탄을 했다. 직구, 변화구 등 전체적으로 완성도가 높았다.

4. 야구 선수를 안했다면 지금 뭐하고 있을까?
- 회사에 다니며 롯데를 응원하고 있었을 것 같다.

5. 최근 가장 행복했던 순간
- 비시즌 동안 몸을 착실히 만들어가고 있다는 성취감이 느껴질 때 행복했다.

투수(우투우타)

Elvin Rodríguez

31 로드리게스

| 생년월일/국적 | 1998년 3월 31일 / 도미니카공화국 | | 신장/체중 | 193cm / 97kg |
| 출신학교 | 도미니카 Cenapec Online(고) | | 연봉 | 100만 달러 |

2025시즌 기록

평균자책점	경기	승	패	홀드	세이브
-	-	-	-	-	-
승률	이닝	피안타	피홈런	볼넷	사구
-	-	-	-	-	-
삼진	실점	자책점			
-	-	-			

주무기 빠른 게 다가 아냐. 50cm 이상의 수직 무브먼트, 공이 솟아오른다.

다른 9개 구단의 단장, 감독들이 서로 "롯데가 최고의 외국인 투수를 영입했다"고 부러워한다. 지난해 외국인 투수 영입에 대한 생각이 달라진 뒤, 롯데는 KBO리그의 환경에 잘 적응할 외국인 투수를 찾으려고 백방으로 뛰어다녔다. 그 결과 일본프로야구에서 아시아 야구를 경험한 강속구 투수 로드리게스를 영입했다. 로드리게스는 도미니카공화국에서 스프링캠프가 차려진 대만으로 이동한 뒤, 며칠 되지 않아 나선 불펜피칭에서 곧장 150km/h대 초중반의 포심패스트볼을 뿌리며 주위를 놀라게 했다. 이제 뚜껑을 열 시간이다.

투수(우투우타)

Jeremy Beasley

23 비슬리

| 생년월일/국적 | 1995년 11월 20일 / 미국 | | 신장/체중 | 188cm / 106kg |
| 출신학교 | 미국 ToombsCounty(고)-미국 Clemson(대) | | 연봉 | 90만 달러 |

2025시즌 기록

평균자책점	경기	승	패	홀드	세이브
-	-	-	-	-	-
승률	이닝	피안타	피홈런	볼넷	사구
-	-	-	-	-	-
삼진	실점	자책점			
-	-	-			

주무기 전 구종의 트래킹 데이터가 KBO리그 평균 이상, 적응만 남았다.

비슬리는 메이저리그와 일본프로야구를 두루 경험한 선발 자원이다. 비슬리의 강점 중 하나는 단연 포심패스트볼이다. 토론토 블루제이스 시절이던 2022년에는 약 153.5km/h의 직구를 던졌다. 한신 타이거스에선 2023년 150.3km/h, 이듬해 148.0km/h로 내려갔다가 지난해 149.8km/h로 반등했다. 일본에선 최근 풀타임 시즌을 치르지 못했지만 KBO리그에선 과거의 경험을 살려 연착륙해야 한다. ABS의 스트라이크존과 궁합도 기대되는 요소 중 하나다. 남은 건 얼마나 빨리 적응하느냐다.

투수(우투우타)

Kyoyama Masaya

48 쿄야마

| 생년월일/국적 | 1998년 7월 4일 / 일본 | | 신장/체중 | 183cm / 80kg |
| 출신학교 | 일본 오미고 | | 연봉 | 15만 달러 |

2025시즌 기록

평균자책점	경기	승	패	홀드	세이브
-	-	-	-	-	-
승률	이닝	피안타	피홈런	볼넷	사구
-	-	-	-	-	-
삼진	실점	자책점			
-	-	-			

주무기 150km/h 너끈하고 선발, 불펜 모두 소화 가능한 아시아쿼터 선수.

아시아쿼터로 영입한 쿄야마는 회전력이 높은 직구와 낙차가 큰 포크볼이 장점인 선수로, 일본프로야구에서 선발과 중간 투수로 등판한 경험을 바탕으로 선발 투수진에 힘을 보탤 수 있을 것이다. ABS 적응이 중요하다. 스프링캠프에선 김진욱, 이민석, 박진, 박준우와 5선발 경쟁을 펼쳤다. 김태형 감독은 쿄야마를 이민석과 함께 롱릴리프로 기용할 생각이다. 선발진에 변수가 발생하면 언제든 대체 선발로 기용될 공산이 높다. 제구 불안 해소가 관건이다.

투수(우투좌타)

19 김강현

생년월일	1995년 2월 27일			신장/체중	177cm / 84kg
출신학교	고명초-청원중-청원고			연봉	9천만 원

2025시즌 기록

평균자책점	경기	승	패	홀드	세이브
4.00	67	2	2	4	0
승률	이닝	피안타	피홈런	볼넷	사구
0.500	72	69	9	21	7
삼진	실점	자책점			
36	37	32			

전력분석	구속으로 상대를 압도하지 않아도 공격적인 투구로 타자를 맞춰 잡는다. 포수에서 투수로 전향한 지 어느덧 3년째다. 롯데 불펜의 마당쇠로 수많은 접전을 버티며 한 원동력으로 자리 잡았다. 김태형 감독의 '애니콜'로 단기간 내 빠르게 등판 경험을 쌓았다.
강점	독특한 수평 무브먼트의 포심패스트볼, 흡사 싱커처럼 휘는 게 특징이다.
약점	투수로 첫 풀타임 시즌부터 70이닝 돌파, 관리가 필요해….

투수(우투좌타)

34 김원중

생년월일	1993년 6월 14일			신장/체중	192cm / 96kg
출신학교	학강초-광주동성중-광주동성고			연봉	8억 원

2025시즌 기록

평균자책점	경기	승	패	홀드	세이브
2.67	53	4	3	0	32
승률	이닝	피안타	피홈런	볼넷	사구
0.571	60 2/3	58	4	33	2
삼진	실점	자책점			
69	21	18			

전력분석	롯데 역사상 최고의 마무리투수로 거듭났다. 30세이브도 너끈히 올린다. 자신을 괴롭히던 피치클록에도 빠르게 적응했다. 묵직한 포심패스트볼과 낙차 큰 포크볼 조합으로 타자를 요리한다. 올 시즌에는 로케이션, 수싸움에서 한층 기민해진 모습이 기대된다.
강점	패스트볼처럼 뻗다 뚝 떨어지는 포크볼, 제대로 긁히면 알고도 못 친다.
약점	적잖은 출루 허용, 삼진은 여전히 잘 잡는데 볼넷 비율도 스멀스멀….

투수(우투우타)

44 박진

생년월일	1999년 4월 2일			신장/체중	182cm / 106kg
출신학교	부산대연초-부산중-부산고			연봉	9천5백만 원

2025시즌 기록

평균자책점	경기	승	패	홀드	세이브
5.32	51	3	3	3	1
승률	이닝	피안타	피홈런	볼넷	사구
0.500	69 1/3	76	10	22	1
삼진	실점	자책점			
50	42	41			

전력분석	선발과 불펜 모두 가능한 롯데 마운드의 '애니콜' 중 한 명이다. 포심패스트볼과 포크볼 위주의 투구 레퍼토리로 공격적인 승부를 펼친다. 5선발 경쟁 후보 중에도 늘 포함되는 자원으로, 올 시즌에는 비로소 확실한 역할을 부여받을지 관심이 쏠리고 있다.
강점	스트라이크존을 과감히 공략하는 적극성, 공격 성향은 팀 내 최고 수준.
약점	마당쇠로 활약한 지 벌써 몇 년째, 보직 확실해지면 구위 더 좋아질까?

투수(우투우타)

55 윤성빈

생년월일	1999년 2월 26일		신장/체중	197cm / 90kg
출신학교	동일중앙초-경남중-부산고		연봉	4천5백만 원

2025시즌 기록

평균자책점	경기	승	패	홀드	세이브
7.67	31	1	2	0	0
승률	이닝	피안타	피홈런	볼넷	사구
0.333	27	26	3	20	4
삼진	실점	자책점			
44	23	23			

전력분석	미완의 대기에서 필승조 후보로 환골탈태했다. 김태형 감독의 신뢰 속에서 성공 경험을 쌓았다. 입단 초 선발로 기대를 모았지만 불펜이 더 어울리는 옷일지 모르겠다. 포심패스트볼뿐만 아니라 140km/h대 중반의 포크볼도 일품이다. 알고도 치기 어렵다.
강점	최고 160km/h에 이르는 포심패스트볼, 해외에서도 주목하는 남다른 구위
약점	어느 구종이든 구위는 믿고 볼 수 있다. 남은 건 제구력 안정뿐….

투수(우투우타)

37 이민석

생년월일	2003년 12월 10일		신장/체중	189cm / 95kg
출신학교	부산수영초-대천중-개성고		연봉	8천만 원

2025시즌 기록

평균자책점	경기	승	패	홀드	세이브
5.26	20	2	5	0	0
승률	이닝	피안타	피홈런	볼넷	사구
0.286	87 1/3	104	10	56	2
삼진	실점	자책점			
61	56	51			

전력분석	팔꿈치 뼛조각 수술 여파를 떨쳐낸 뒤, 롯데 선발진의 희망으로 떠올랐다. 윤성빈, 홍민기와 롯데의 구속 혁명을 이끄는 투수다. 선발로 5이닝 이상을 소화하면서도 평균 150km/h대의 포심패스트볼을 던진다. 올 시즌에는 5선발 자리를 굳히는 게 최우선 목표다.
강점	강속구와 섞을 구종 레퍼토리도 적절히 갖춘 투수, 공만 빠른 게 아니다.
약점	후반기로 갈수록 맞아나간 빈도 상승, 풀타임 시즌 소화할 체력도 필수다.

투수(우투우타)

65 정철원

생년월일	1999년 3월 27일		신장/체중	192cm / 95kg
출신학교	역북초-송전중-안산공고		연봉	1억 8천만 원

2025시즌 기록

평균자책점	경기	승	패	홀드	세이브
4.24	75	8	3	21	0
승률	이닝	피안타	피홈런	볼넷	사구
0.727	70	72	4	28	7
삼진	실점	자책점			
55	34	33			

전력분석	최고 150km/h대 초반에 이르는 포심패스트볼을 앞세우는 파워 피처 유형의 우완 정통파다. 지난해 롯데로 트레이드 된 뒤, 김태형 감독의 '믿을맨'으로 자리 잡았다. 불펜 운영에 애를 먹던 롯데도 한숨 돌렸다. 최준용, 김원중으로 이어지는 필승조도 구축됐다.
강점	포심패스트볼의 위력 더하는 낙차 큰 포크볼, 승부처에선 최고의 무기다.
약점	매 시즌 70이닝 소화는 끈끈한 투수지만, 관리가 뒷받침되지 않으면….

투수(좌투좌타)

57 정현수

| 생년월일 | 2001년 5월 10일 | | 신장/체중 | 180cm / 84kg |
| 출신학교 | 부산대연초-부산중-부산고-송원대 | | 연봉 | 9천만 원 |

2025시즌 기록

평균자책점	경기	승	패	홀드	세이브
3.97	82	2	0	12	0
승률	이닝	피안타	피홈런	볼넷	사구
1.000	47 2/3	34	4	26	2
삼진	실점	자책점			
47	23	21			

전력분석	좌타자 스페셜리스트로 자리매김한 롯데의 희망이다. 첫 풀타임 시즌부터 리그 최다 등판 타이틀을 얻게 됐다. 캐치볼부터 워터볼, 튜빙 훈련까지 단 하루도 루틴을 어기지 않고 살았다. 구사성을 연상케 하는 특유의 디셉션으로 타자의 타이밍을 빼앗는다.
강점	주무기 커브만큼 위력적인 포심패스트볼과 슬라이더, 무브먼트도 수준급.
약점	몸만 푼 날까지 더하면 웬만한 야수 수준으로 뛰었다. 관리가 필요해….

투수(우투우타)

56 최준용

| 생년월일 | 2001년 10월 10일 | | 신장/체중 | 185cm / 85kg |
| 출신학교 | 부산수영초-대천중-경남고 | | 연봉 | 1억 4천만 원 |

2025시즌 기록

평균자책점	경기	승	패	홀드	세이브
5.30	49	4	4	17	1
승률	이닝	피안타	피홈런	볼넷	사구
0.500	54 1/3	50	5	16	6
삼진	실점	자책점			
62	35	32			

전력분석	롯데 불펜의 상징적인 투수로 자리매김했다. 어깨 수술 여파에서 벗어난 뒤, 구위에도 큰 변화가 일어났다. 평균 150km/h대의 포심패스트볼을 던질 수 있게 됐다. '최고의 직구'로 이름을 알린 2021년보다 위력이 더 세졌다. 타자와 타이밍 싸움에도 능해졌다.
강점	롯데 최고의 '돌직구'가 돌아왔다. 패스트볼로 3연속 헛스윙도 이끌어낸다.
약점	상대적으로 많았던 주자 있을 때의 출루 허용, 더 쓰렸던 큰 것 한 방.

투수(좌투좌타)

38 홍민기

| 생년월일 | 2001년 7월 20일 | | 신장/체중 | 185cm / 85kg |
| 출신학교 | 법동초-한밭중-대전고 | | 연봉 | 6천만 원 |

2025시즌 기록

평균자책점	경기	승	패	홀드	세이브
3.09	25	0	2	3	0
승률	이닝	피안타	피홈런	볼넷	사구
0.000	32	24	0	11	2
삼진	실점	자책점			
39	13	11			

전력분석	선발과 필승조로 모두 발전 가능성 보인 롯데의 좌완 파이어볼러다. 150km/h대 후반의 포심패스트볼로 보더라인을 공략한다. 윤성빈, 이민석, 최준용 등 롯데의 구속 혁명에 앞장서는 투수 중 한 명이다. 올 시즌에는 첫 풀타임 시즌 도전을 앞두고 있다.
강점	평균 150km/h 이상의 포심패스트볼, 국내 좌완 중에선 두 손가락 안에 든다.
약점	위력 더하려면 좀 더 정확한 투구가 필요해. 제구 기복 줄인다면….

포수(우투우타)

27 유강남

생년월일	1992년 7월 15일		신장/체중	182kg / 88kg	
출신학교	청원초-휘문중-서울고		연봉	7억 원	

2025시즌 기록

타율	경기	타석	타수	득점	안타
0.274	110	350	303	35	83
2루타	3루타	홈런	루타	타점	도루
18	0	5	116	38	0
볼넷	삼진	병살타	장타율	출루율	OPS
26	66	11	0.383	0.352	0.735

전력분석	무릎 부상과 수술에서 완전히 돌아온 후, 공수 양면에서 반등의 발판을 마련했다. 2년 만의 풀타임 시즌에도 주전 포수의 존재감을 다시 보여줬다. 타격에선 예년의 공격력을 되찾았다. 수비에선 김태형 감독의 혹독한 볼배합 지도 속에서 한층 견고한 포수로 거듭났다.
강점	팀 내 상위권의 타구 속도, 풀타임 포수로 뛰면서도 타구 질을 유지한다.
약점	타율에선 반등 이뤄냈지만 두 자릿수 홈런에 대한 갈증은 아직….
수비력	어느덧 롯데 4년 차, 투수들이 공을 던질 때 느끼는 안정감이 달라졌다.

내야수(우투좌타)

2 고승민

생년월일	2000년 8월 11일		신장/체중	189cm / 92kg	
출신학교	군산신풍초-배명중-북일고		연봉	1억 8천5백만 원	

2025시즌 기록

타율	경기	타석	타수	득점	안타
0.271	121	538	469	71	127
2루타	3루타	홈런	루타	타점	도루
21	2	4	164	45	5
볼넷	삼진	병살타	장타율	출루율	OPS
56	83	8	0.350	0.350	0.700

전력분석	과거 유틸리티 플레이어로 활약한 경험이 큰 도움이 됐다. 지난해에는 1·2루수는 물론이고, 외야에서도 제 몫을 해냈다. 올해 연봉 계약에서 칼바람을 맞지 않고 동결된 건 사실상 고승민이 유일하다. 타격에선 예년에 비해 저조했지만 공헌도로 이를 상쇄했다.
강점	안정된 타격 메커니즘으로 빼어난 질의 타구 생산, 한동희와 투톱 형성.
약점	중장거리 유형의 타자지만 기대 밑도는 장타 생산, OPS도 하향세로….
수비력	탁월한 운동 능력, 내외야 어느 포지션에서든 능숙하고 안정감 뽐낸다.

내야수(우투좌타)

51 나승엽

생년월일	2002년 2월 15일		신장/체중	190cm / 82kg	
출신학교	남정초-선린중-덕수고		연봉	9천5백만 원	

2025시즌 기록

타율	경기	타석	타수	득점	안타
0.229	105	392	328	40	75
2루타	3루타	홈런	루타	타점	도루
12	2	9	118	44	0
볼넷	삼진	병살타	장타율	출루율	OPS
55	65	10	0.360	0.347	0.707

전력분석	2024년 롯데의 주축 선수로 발돋움한 '윤나고황'의 중심 타자 중 한 명이다. 지난 시즌에는 잇단 부상과 부진 탓에 제 기량을 펼치지 못했다. 설상가상으로 1군 엔트리에서 말소된 뒤에는 송구에 맞아 병원 신세도 졌다. 다시 한번 재능을 꽃피울 날이 올까?
강점	타석에서 신중한 접근, 투구를 충분히 지켜본 뒤 볼넷 얻어내는 선구안.
약점	때론 지나치게 신중한 면모가 타격 적극성에는 부정적인 영향으로….
수비력	1루선 포구 안정감이 떨어졌다. 아마추어 시절 주 포지션인 3루선?

내야수(우투좌타)

30 이호준

생년월일	2004년 3월 20일	신장/체중	172cm / 72kg
출신학교	대구옥산초-대구경운중-대구상원고	연봉	5천5백만 원

2025시즌 기록

타율	경기	타석	타수	득점	안타
0.242	99	153	132	20	32
2루타	3루타	홈런	루타	타점	도루
7	4	3	56	23	1
볼넷	삼진	병살타	장타율	출루율	OPS
14	33	3	0.424	0.327	0.751

전력분석	지난해 스프링캠프에서 코칭스태프의 시선이 집중된 이유가 있었다. 이호준은 한 차례 성장통을 겪은 뒤, 내야 유틸리티 플레이어로 자리매김했다. 공수에서 굵직한 활약을 펼치며 롯데의 미래를 밝히기도 했다. 김태형 감독도 이호준의 수비력은 인정한다.
강점	빠르고 기민한 수비·주루, 이호준의 민첩한 움직임은 공수에서 돋보인다.
약점	저조한 타구 질, 발사 각도가 낮아 땅볼이 많다. 강한 타구가 절실해⋯.
수비력	까다로운 타구 많은 유격수 자리에서도 스텝부터 송구까지 빠르고 안정적.

내야수(우투우타)

13 전민재

생년월일	1999년 6월 30일	신장/체중	181cm / 73kg
출신학교	천안남산초-천안북중-대전고	연봉	1억 1천만 원

2025시즌 기록

타율	경기	타석	타수	득점	안타
0.287	101	369	331	39	95
2루타	3루타	홈런	루타	타점	도루
15	0	5	125	34	3
볼넷	삼진	병살타	장타율	출루율	OPS
22	63	7	0.378	0.337	0.715

전력분석	지난해 롯데로 트레이드 된 뒤, 주전 유격수로 거듭났다. 롯데의 숙원사업인 유격수 갈증을 해소한 건 물론이고, 타석에서도 매달 3할 안팎의 월간 타율로 팀의 기대에 부응했다. 타격에선 큰 약점 없이 콘택트 능력을 앞세워 많은 인플레이 타구를 만들었다.
강점	핫 & 콜드존에서 벌겋지 않은 곳을 찾기 어렵다. 최소 0.250은 다 넘네⋯.
약점	콘택트 능력과 반비례한 타구 질, 인플레이 타구가 더 많이 안타 되려면⋯.
수비력	범위와 어깨, 실책 관리 모두 평균 이상으로 정상급 유격수 될 자질 충분.

내야수(우투우타)

6 한태양

생년월일	2003년 9월 15일	신장/체중	181cm / 76kg
출신학교	역삼초-언북중-덕수고	연봉	7천만 원

2025시즌 기록

타율	경기	타석	타수	득점	안타
0.274	108	267	230	42	63
2루타	3루타	홈런	루타	타점	도루
14	2	2	87	22	3
볼넷	삼진	병살타	장타율	출루율	OPS
32	69	3	0.378	0.367	0.745

전력분석	아마추어 시절 전문 유격수로 성장한 유망주에서 내야 유틸리티 플레이어로 존재감을 나타냈다. 타석에선 힘 있는 스윙으로 빼어난 타구 질을 만들어낸다. 수비에선 유격수 출신답게 어느 포지션에서든 기민한 움직임을 보인다. 주전으로 가는 단계에 있다.
강점	공을 세게, 강하게 잘 친다. 김태형 감독도 주목한 수준급의 타구 질.
약점	공이 몰려도 전력, 안 몰려도 전력으로, 펀치력과 완급의 공존 가능할까?
수비력	2·3루수, 유격수 중 어느 곳에서든 빛나는 유격수 출신의 운동 능력.

외야수(우투우타)

33 손호영

생년월일	1994년 8월 23일			**신장/체중**	182cm / 88kg
출신학교	의왕부곡초-평촌중-충훈고			**연봉**	9천5백만 원

2025시즌 기록

타율	경기	타석	타수	득점	안타
0.250	97	375	328	39	82
2루타	**3루타**	**홈런**	**루타**	**타점**	**도루**
12	0	4	106	41	7
볼넷	**삼진**	**병살타**	**장타율**	**출루율**	**OPS**
22	66	9	0.323	0.313	0.636

전력분석	2024년 트레이드 된 뒤, 롯데의 중심타자로 금세 발돋움했다. 지난해에는 잇단 부진 탓에 제 기량을 펼치지 못했다. 타석에선 특유의 공격 성향이 되레 공략의 빌미를 제공했다. 공수에서 과감했던 성향이 단 1년 만에 성공과 실패로 180도 다르게 나타났다.
강점	호쾌한 타구 만드는 과감성, 스트라이크존 안에 들어오면 여지없이 스윙.
약점	과감한 성향의 양면성, 때론 지나친 성향 탓에 투구수 늘리는 데 난항.
수비력	3루수에서 중견수로 겸업 도전, 외야수로 타구 판단도 준수하다는 평가다.

외야수(우투좌타)

7 장두성

생년월일	1999년 9월 16일			**신장/체중**	176cm / 75kg
출신학교	축현초-재능중-동산고			**연봉**	7천5백만 원

2025시즌 기록

타율	경기	타석	타수	득점	안타
0.262	118	284	248	51	65
2루타	**3루타**	**홈런**	**루타**	**타점**	**도루**
3	3	0	74	25	17
볼넷	**삼진**	**병살타**	**장타율**	**출루율**	**OPS**
24	64	3	0.298	0.332	0.630

전력분석	백업에서 주전 문턱까지 갔지만 지난해 불의의 부상에 발목을 잡혔다. 타석에선 중견수 경쟁 후보 중 가장 타격 메커니즘이 안정적이라고 평가된다. 수비에서도 민첩한 타구 판단이 눈길을 끈다. 올 시즌에는 알을 깨고 한 단계 도약할지 관심이 쏠리고 있다.
강점	야구는 한 베이스 싸움, 빠른 주력은 공수주 다방면에서 활용성 최고다.
약점	공격첨병으로서 그라운드의 공기를 바꾸는 기질이 더해진다면….
수비력	타구 판단, 범위, 송구, 실책 관리까지 수준급, 다만 기회가 적을 뿐이다.

외야수(우투좌타)

0 황성빈

생년월일	1997년 12월 19일			**신장/체중**	172cm / 76kg
출신학교	관산초-안산중앙중-소래고-경남대			**연봉**	1억 1천만 원

2025시즌 기록

타율	경기	타석	타수	득점	안타
0.256	79	273	246	43	63
2루타	**3루타**	**홈런**	**루타**	**타점**	**도루**
4	4	1	78	22	25
볼넷	**삼진**	**병살타**	**장타율**	**출루율**	**OPS**
18	46	3	0.317	0.315	0.632

전력분석	롯데의 '게임 체인저'다. 스트라이크존 안에 꽂히는 공이면 못 맞힐 게 없다. 빼어난 콘택트 능력과 빠른 발로 안타를 생산한다. 한 베이스 더 뛰는 능력도 탁월하다. 김태형 감독은 "1번타자로 기질 면에선 성빈이가 남다른 무언가를 갖고 있다"고 평가한다.
강점	그라운드의 공기 바꾸는 빠른 발과 허슬 플레이, 황성빈의 최고 무기다.
약점	출루가 좀 더 뒷받침된다면 갖고 있는 무기도 한층 부각될 텐데….
수비력	매 시즌 발전하는 수비력, 타구 판단부터 허슬 플레이까지 나날이 는다.

22 구승민
투수(우투우타)

생년월일 1990년 6월 12일
출신학교 동일초(도봉구리틀)-청원중
-청원고-홍익대

2025시즌 기록
2+2년 계약의 반환점 앞둔 롯데 불펜 역사, 필승조 복귀 도전.

평균자책점	경기	승	패	홀드	세이브	승률	이닝	피안타
7.00	11	0	1	1	0	0.000	9	9
피홈런	볼넷	사구	삼진	실점	자책점			
1	7	1	10	10	7			

35 김영준
투수(우투우타)

생년월일 1999년 1월 12일
출신학교 인천연학초-선린중
-선린인터넷고

2025시즌 기록
2차 드래프트로 이적한 투수 재목, 새 팀에서 잠재력 터질까?

평균자책점	경기	승	패	홀드	세이브	승률	이닝	피안타
-	-	-	-	-	-	-	-	-
피홈런	볼넷	사구	삼진	실점	자책점			
-	-	-	-	-	-			

15 김진욱
투수(좌투좌타)

생년월일 2002년 7월 5일
출신학교 수원신곡초-춘천중-강릉고

2025시즌 기록
아시안게임의 해가 밝았다. 5선발 기회 다시 잡아야 다음이 있다.

평균자책점	경기	승	패	홀드	세이브	승률	이닝	피안타
10.00	14	1	3	0	0	0.250	27	42
피홈런	볼넷	사구	삼진	실점	자책점			
10	16	2	24	32	30			

24 김태혁
투수(우투우타)

생년월일 1988년 1월 2일
출신학교 신자초(자이언츠리틀)-자양중
-신일고-(방송통신대)

2025시즌 기록
김상수에서 김태혁으로 개명, 800경기 대업 향해 새롭게 출발.

평균자책점	경기	승	패	홀드	세이브	승률	이닝	피안타
6.38	45	0	1	3	2	0.000	36 2/3	48
피홈런	볼넷	사구	삼진	실점	자책점			
4	18	3	27	26	26			

41 박세진
투수(좌투좌타)

생년월일 1997년 6월 27일
출신학교 본리초-경운중-경북고

2025시즌 기록
형 박세웅 아성 넘겠다던 포부, 1군 좌완 한 자리 꿰차기 특명.

평균자책점	경기	승	패	홀드	세이브	승률	이닝	피안타
-	-	-	-	-	-	-	-	-
피홈런	볼넷	사구	삼진	실점	자책점			
-	-	-	-	-	-			

62 박시영
투수(우투우타)

생년월일 1989년 3월 10일
출신학교 축현초-인천신흥중
-제물포고-(영남사이버대)

2025시즌 기록
친정 롯데로 복귀한 지도 1년, 필승조 시절의 구위를 되찾아라.

평균자책점	경기	승	패	홀드	세이브	승률	이닝	피안타
11.05	11	1	0	0	0	1.000	7 1/3	9
피홈런	볼넷	사구	삼진	실점	자책점			
0	9	2	10	9	9			

58 박준우
투수(우투우타)

생년월일 2005년 5월 27일
출신학교 상동초(부천시리틀)-부천중
-유신고

2025시즌 기록
3년 차 접어든 장신 우완 기대주, 사직 카리나 수식어 떨칠까?

평균자책점	경기	승	패	홀드	세이브	승률	이닝	피안타
8.03	11	1	2	1	0	0.333	12 1/3	21
피홈런	볼넷	사구	삼진	실점	자책점			
0	6	1	11	11	11			

59 송재영
투수(좌투좌타)

생년월일 2002년 6월 20일
출신학교 수원잠원초(수원영통구리틀)
-매향중-라온고

2025시즌 기록
패기의 안경 쓴 좌완, 좌타자 스페셜리스트로 존재감 알릴까?

평균자책점	경기	승	패	홀드	세이브	승률	이닝	피안타
4.00	46	1	0	3	0	1.000	27	19
피홈런	볼넷	사구	삼진	실점	자책점			
3	24	1	28	13	12			

40 이영재
투수(좌투좌타)

생년월일 2006년 10월 20일
출신학교 태봉초(의정부시유소년야구단)
　　　　-신흥중-신흥고

2025시즌 기록
지난해 1군 데뷔한 좌완 기대주, 1군 스프링캠프에서도 두각.

평균자책점	경기	승	패	홀드	세이브	승률	이닝	피안타
9.00	3	0	0	0	0	-	2	5
피홈런	볼넷	사구	삼진	실점	자책점			
1	0	1	2	2	2			

45 이진하
투수(우투우타)

생년월일 2004년 6월 2일
출신학교 백송초(일산리틀)-영남중-장충고

2025시즌 기록
롯데가 미국의 투수 전문 아카데미로 연수 보낸 우완 기대주.

평균자책점	경기	승	패	홀드	세이브	승률	이닝	피안타
-	-	-	-	-	-	-	-	-
피홈런	볼넷	사구	삼진	실점	자책점			
-	-	-	-	-	-			

18 정성종
투수(우투좌타)

생년월일 1995년 11월 16일
출신학교 광주서석초-무등중-광주제일고
　　　　-인하대

2025시즌 기록
1군 재진입 노리는 파이어볼러, 선발과 불펜 모두 가능한 자원.

평균자책점	경기	승	패	홀드	세이브	승률	이닝	피안타
3.86	2	0	0	0	0	-	2 1/3	3
피홈런	볼넷	사구	삼진	실점	자책점			
1	0	0	0	1	1			

49 최이준
투수(우투우타)

생년월일 1999년 4월 10일
출신학교 서울이수초-대치중-장충고

2025시즌 기록
어깨 부상 털고 복귀한 파이어볼러, 지친 불펜에 힘 보탤 1순위.

평균자책점	경기	승	패	홀드	세이브	승률	이닝	피안타
-	-	-	-	-	-	-	-	-
피홈런	볼넷	사구	삼진	실점	자책점			
-	-	-	-	-	-			

61 최충연
투수(우투우타)

생년월일 1997년 3월 5일
출신학교 대구수창초-대구중-경북고

2025시즌 기록
2차 드래프트로 이적한 우완, 김상진 코치의 매직과 부활 도전.

평균자책점	경기	승	패	홀드	세이브	승률	이닝	피안타
37.80	4	0	0	0	0	-	1 2/3	7
피홈런	볼넷	사구	삼진	실점	자책점			
1	2	1	1	8	7			

1 한현희
투수(우언우타)

생년월일 1993년 6월 25일
출신학교 동삼초-경남중-경남고

2025시즌 기록
FA 계약의 결실 필요한 잠수함 투수, 천리길도 1군 재진입부터.

평균자책점	경기	승	패	홀드	세이브	승률	이닝	피안타
6.23	3	0	0	1	0	-	8 2/3	13
피홈런	볼넷	사구	삼진	실점	자책점			
2	2	1	8	6	6			

17 현도훈
투수(우투좌타)

생년월일 1993년 1월 13일
출신학교 퐁양초(남양주리틀)-서울신일중
　　　　-일본 교토고쿠사이고-일본 큐슈교리츠대

2025시즌 기록
1군 엔트리 등록 없이 퓨처스리그에서만 한 시즌, 도약이 절실.

평균자책점	경기	승	패	홀드	세이브	승률	이닝	피안타
-	-	-	-	-	-	-	-	-
피홈런	볼넷	사구	삼진	실점	자책점			
-	-	-	-	-	-			

26 박재엽
포수(우투우타)

생년월일 2006년 1월 23일
출신학교 부산대연초-개성중-부산고

2025시즌 기록
김태형의 남자로 떠오른 롯데 안방의 미래, 1군 백업 꿰찰까?

타율	경기	타석	타수	득점	안타	2루타	3루타	홈런
0.286	9	16	14	2	4	1	0	1
루타	타점	도루	볼넷	삼진	병살타	장타율	출루율	OPS
8	3	0	2	5	0	0.571	0.375	0.946

28 손성빈
포수(우투우타)

생년월일 2002년 1월 14일
출신학교 희망대초-경기신흥중-장안고

2025시즌 기록

메이저리그 급 팝타임의 차기 주전 포수, 포인트는 타격 향상.

타율	경기	타석	타수	득점	안타	2루타	3루타	홈런
0.145	51	69	62	6	9	0	0	1
루타	타점	도루	볼넷	삼진	병살타	장타율	출루율	OPS
12	3	0	4	20	1	0.194	0.209	0.403

42 정보근
포수(우투우타)

생년월일 1999년 8월 31일
출신학교 부산수영초-경남중-경남고

2025시즌 기록

김태형 감독의 진실의 방에서 한 뼘 더, 올해 백업 딱지 뗄까?

타율	경기	타석	타수	득점	안타	2루타	3루타	홈런
0.186	93	152	129	4	24	4	1	1
루타	타점	도루	볼넷	삼진	병살타	장타율	출루율	OPS
33	15	0	18	39	4	0.256	0.291	0.547

16 김민성
내야수(우투우타)

생년월일 1988년 12월 17일
출신학교 고명초-잠신중-덕수정보고
-(영남사이버대)

2025시즌 기록

롯데 지탱한 핵심 베테랑, 내야 유틸리티로 더 견고해진 입지.

타율	경기	타석	타수	득점	안타	2루타	3루타	홈런
0.243	96	254	214	25	52	13	0	3
루타	타점	도루	볼넷	삼진	병살타	장타율	출루율	OPS
74	35	0	33	48	7	0.346	0.353	0.699

5 김세민
내야수(우투우타)

생년월일 2003년 6월 14일
출신학교 강릉중앙초-하슬라중-강릉고

2025시즌 기록

차기 유격수 후보 중 한 명, 김태형 감독 눈길 끈 남다른 센스.

타율	경기	타석	타수	득점	안타	2루타	3루타	홈런
-	-	-	-	-	-	-	-	-
루타	타점	도루	볼넷	삼진	병살타	장타율	출루율	OPS
-	-	-	-	-	-	-	-	-

52 노진혁
내야수(우투좌타)

생년월일 1989년 7월 15일
출신학교 광주대성초-광주동성중
-광주동성고-성균관대

2025시즌 기록

FA 계약의 마지막 시즌, 1군 재진입 위한 배수의 진을 칠 시간.

타율	경기	타석	타수	득점	안타	2루타	3루타	홈런
0.270	28	69	63	11	17	1	2	1
루타	타점	도루	볼넷	삼진	병살타	장타율	출루율	OPS
25	5	0	5	20	0	0.397	0.333	0.730

53 박승욱
내야수(우투좌타)

생년월일 1992년 12월 4일
출신학교 칠성초-경복중-대구상원고

2025시즌 기록

주전 유격수에서 다시 백업 후보로, 좁아진 입지 다시 키울까?

타율	경기	타석	타수	득점	안타	2루타	3루타	홈런
0.190	54	92	84	10	16	3	0	0
루타	타점	도루	볼넷	삼진	병살타	장타율	출루율	OPS
19	5	1	5	30	0	0.226	0.244	0.470

60 박찬형
내야수(우투좌타)

생년월일 2002년 10월 17일
출신학교 중대초-언북중-배재고

2025시즌 기록

고깃집 아르바이트 병행하다 1년 만에 롯데 최고 기대주 우뚝.

타율	경기	타석	타수	득점	안타	2루타	3루타	홈런
0.341	48	148	129	21	44	8	2	3
루타	타점	도루	볼넷	삼진	병살타	장타율	출루율	OPS
65	19	1	11	26	1	0.504	0.419	0.923

69 이태경
내야수(우투우타)

생년월일 2002년 11월 24일
출신학교 광주송정동초-무등중
-광주제일고-한일장신대

2025시즌 기록

지난해 육성선수로 입단한 우타 내야수, 1군의 맛 잊지 말아야.

타율	경기	타석	타수	득점	안타	2루타	3루타	홈런
0.000	2	1	1	0	0	0	0	0
루타	타점	도루	볼넷	삼진	병살타	장타율	출루율	OPS
0	0	0	0	1	0	0.000	0.000	0.000

14 최항

내야수(우투좌타)

생년월일 1994년 1월 3일
출신학교 대일초-매송중-유신고

2025시즌 기록

롯데 내야 숨통 틔웠던 유틸리티 플레이어, 입지 다시 키울까?

타율	경기	타석	타수	득점	안타	2루타	3루타	홈런
0.167	8	7	6	1	1	0	0	0
루타	타점	도루	볼넷	삼진	병살타	장타율	출루율	OPS
1	1	0	1	4	0	0.167	0.286	0.453

64 김동현

외야수(우투우타)

생년월일 2004년 12월 30일
출신학교 인천병방초(인천서구리틀)-재능중
-제물포고-부산과학기술대

2025시즌 기록

지난해 울산 폴 리그에서 보여준 가능성, 1군에서도 보여줄까?

타율	경기	타석	타수	득점	안타	2루타	3루타	홈런
-	-	-	-	-	-	-	-	-
루타	타점	도루	볼넷	삼진	병살타	장타율	출루율	OPS
-	-	-	-	-	-	-	-	-

50 김동혁

외야수(좌투좌타)

생년월일 2000년 9월 15일
출신학교 서화초-상인천중-제물포고
-강릉영동대

2025시즌 기록

몸 아끼지 않는 허슬 플레이의 백업 중견수, 타격도 필요하다.

타율	경기	타석	타수	득점	안타	2루타	3루타	홈런
0.225	93	114	89	19	20	4	1	0
루타	타점	도루	볼넷	삼진	병살타	장타율	출루율	OPS
26	6	13	18	26	3	0.292	0.373	0.665

3 신윤후

외야수(우투우타)

생년월일 1996년 1월 5일
출신학교 무학초-마산중-마산고-동의대

2025시즌 기록

1군과 퓨처스리그 오간 지 벌써 몇 년, 더 이상 물러날 곳 없다.

타율	경기	타석	타수	득점	안타	2루타	3루타	홈런
0.167	12	13	12	1	2	0	0	0
루타	타점	도루	볼넷	삼진	병살타	장타율	출루율	OPS
2	0	1	0	3	0	0.167	0.167	0.334

12 조세진

외야수(우투우타)

생년월일 2003년 11월 21일
출신학교 장안초(성남중원구리틀)-선린중
-서울고

2025시즌 기록

전준우 닮겠다던 공수주 만능 기대주, 타고난 재능을 꽃피워라.

타율	경기	타석	타수	득점	안타	2루타	3루타	홈런
0.143	12	9	7	1	1	0	0	0
루타	타점	도루	볼넷	삼진	병살타	장타율	출루율	OPS
1	0	0	2	4	0	0.143	0.333	0.476

1라운드 전체 4순위
67 신동건

투수(우투우타)

생년월일	2007년 10월 5일
신장/체중	193cm / 85kg
출신학교	수유초-자양중-동산고

동산고의 마운드를 책임진 장신 우완. 고교 최동원상 수상의 영예를 안았다. 높은 릴리스 포인트에서 낙차 큰 커브로 위력을 발휘한다. 제구와 경기 운영 능력도 뛰어난 투수로 평가되고 있다. 구속도 더 오르고 있어 고무적이다.

3라운드 전체 24순위
63 이서준

내야수(우투우타)

생년월일	2007년 10월 10일
신장/체중	183cm / 83kg
출신학교	부산수영초-경남중-부산고

파워 툴을 갖춘 유격수로, 부산 출신 로컬보이다. 김태형 감독은 지난해 일본 미야자키에서 열린 수비강화 캠프에도 이서준을 포함해 기량과 성장 가능성을 확인했다. 롯데의 장타력 부족을 해소할 거포 유망주로 기대를 모은다.

5라운드 전체 44순위
95 김한울

외야수(우투좌타)

생년월일	2006년 12월 12일
신장/체중	189cm / 83kg
출신학교	도곡초-휘문중-휘문고

신체조건이 이미 잘 갖춰진 유망주다. 롯데는 김한울의 타격 메커니즘에서 잠재력을 확인했다. 강한 어깨와 빠른 발 등 툴도 적잖이 갖추고 있어 큰 기대를 모으고 있다.

7라운드 전체 64순위
54 이준서

투수(우투우타)

생년월일	2006년 8월 5일
신장/체중	177cm / 77kg
출신학교	늘푸른초(용인처인구리틀)-매송중-유신고

불펜의 다양성 확보에 열 올린 롯데는 변화구 구사 능력이 뛰어난 이준서의 성장 가능성에도 주목했다. 이준서는 자신의 신체를 잘 활용하는 데다 경기도 곧잘 운영한다.

9라운드 전체 84순위
32 정문혁

포수(우투우타)

생년월일	2007년 2월 24일
신장/체중	185cm / 95kg
출신학교	양덕초-밀양DMBC-경남고

김태형 감독이 지난해 일본 미야자키에서 열린 수비 강화 캠프 명단에 포함한 재목이다. 강한 어깨는 물론, 최근 향상된 배트 스피드 등 타격에서도 눈길 끌 요소가 많다.

11라운드 전체 104순위
141 김현수

투수(우투우타)

생년월일	2007년 9월 19일
신장/체중	186cm / 90kg
출신학교	부안초(안양시리틀)-영동중-장충고

최고 150km/h의 포심패스트볼이 주무기인 우완 기대주다. 롯데는 김현수의 성장 가능성에 주목하고 있다. 패스트볼의 무브먼트는 물론, 투심패스트볼 구사도 뛰어난 투수다.

2라운드 전체 14순위
36 박정민

투수(우투좌타)

생년월일	2003년 9월 26일
신장/체중	188cm / 95kg
출신학교	서당초-매송중-장충고-한일장신대

1군 스프링캠프 명단에 포함된 유일한 신인. 한일장신대 시절 최대어로 분류됐다. 즉시전력으로 손색없는 우완으로, 캠프 첫 라이브 피칭에서 147km/h의 포심패스트볼을 던져 주위를 놀라게 했다. 차기 필승조 후보로 분류한다.

4라운드 전체 34순위
137 김화중

투수(좌투좌타)

생년월일	2006년 2월 27일
신장/체중	188cm / 91kg
출신학교	홍릉초(의정부리틀)-청량중-덕수고

최고 150km/h대의 포심패스트볼을 뿌리는 좌완 기대주. 잠재력이 터지면 높은 고점을 찍을 것으로 판단하고 있다. 평균 140km/h대 중후반의 구속을 찍으면서도 제구가 안정됐다. 수도권 출신이지만 롯데를 꾸준히 응원했다.

6라운드 전체 54순위
140 김한결

투수(우투우타)

생년월일	2006년 7월 24일
신장/체중	193cm / 93kg
출신학교	문창초(광명시리틀)-성남중-성남고

최고 147km/h의 포심패스트볼을 보유한 우완으로, 우월한 신체조건과 체력을 갖춘 유망주다. 롯데는 잠재력에 주목했다. 주무기 스플리터의 구종 가치도 높아 눈길을 끈다.

8라운드 전체 74순위
139 남해담

투수(좌투좌타)

생년월일	2007년 6월 5일
신장/체중	186cm / 78kg
출신학교	감천초-신정중-물금고

140km/h대 중후반의 힘 있는 포심패스트볼과 슬라이더, 스플리터가 남다른 각도로 휘는 좌완 기대주다. 부산 출신의 로컬보이로, 고향 팀에서 프로 무대에 오르게 됐다.

10라운드 전체 94순위
138 이로화

내야수(우투우타)

생년월일	2006년 7월 31일
신장/체중	177cm / 80kg
출신학교	광주송정동초(광주광산구리틀)-광주충장중-광주제일고

롯데는 이로화의 수비력에 주목하고 있다. 이로화는 내야 어느 포지션에서든 어려운 타구를 안정적으로 처리한다. 롯데의 숙원사업이자 약점을 보완할 재목 중 한 명이다.

TEAM PROFILE

UNIFORM

구단명 : **KIA 타이거즈**

연고지 : **광주광역시**

창립연도 : **1982년**(해태 타이거즈), **2001년**(KIA 타이거즈)

구단주 : **송호성**

대표이사 : **최준영**

단장 : **심재학**

감독 : **이범호**

주장 : **나성범**

홈구장 : **광주 기아 챔피언스필드**

영구결번 : **7 이종범 18 선동열**

한국시리즈 우승 : **1983 1986 1987 1988 1989 1991**
1993 1996 1997 2009 2017 2024

HOME

AWAY

TEAM INFO

팀 분석

2025 팀 순위 (포스트시즌 최종 순위 기준)

8위

최근 5년간 팀 순위

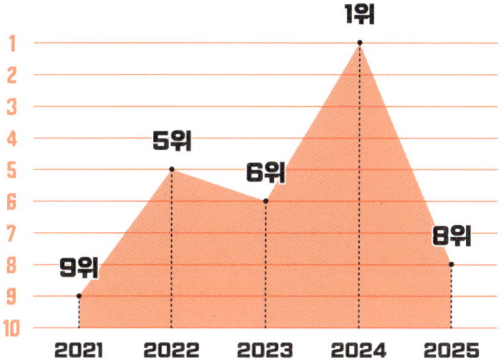

- 2021: 9위
- 2022: 5위
- 2023: 6위
- 2024: 1위
- 2025: 8위

2025시즌 최다 마킹 유니폼

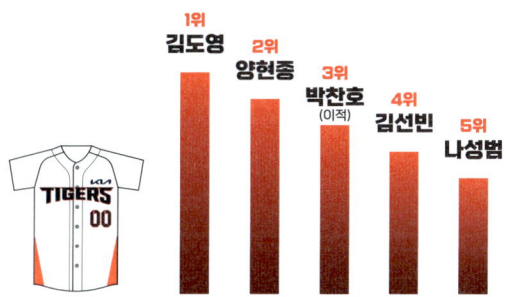

- 1위 김도영
- 2위 양현종
- 3위 박찬호 (이적)
- 4위 김선빈
- 5위 나성범

2025시즌 최다 판매 굿즈

1 페이퍼 스틱스

2 왕부채

3 응원타월

PARK FACTOR

홈구장_광주 기아챔피언스필드

- 2.6m
- 121m
- 116m
- 116m
- 99m
- 99m

천연 잔디 (켄터키 블루그래스)

수용인원

20,500석

구장 특성

타이거즈의 2017, 2024 우승을 함께 한 두번째 홈 구장. 오픈 콘코스형 구조와 잔디석이 넓게 배치된 외야 관중석 특성으로 인해 야구장 안에 들어섰을 때 개방감이 크게 느껴진다. 한국 최초의 개방형 야구장으로 최근 지어진 신식 구장들보다 앞서 트렌드를 따랐다. 홈런이 많이 나오는 구장은 아니나, 우측 외야에 마련된 기아자동차 홈런존이 하이라이트. 해당 존으로 홈런볼이 떨어지면, 타자는 기아자동차의 최신형 차를 선물로 받는다.

HOME STADIUM GUIDE

팬들을 위한 직관 꿀팁

맛의 고장답게 야구 경기 관람만큼이나 맛집 투어하기 좋은 곳이 광주. 야구장에서 멀지 않은 곳에 오리탕 골목이 있고, 육전, 한정식, 해산물 등 광주를 상징하는 대표 먹거리들을 즐기기 쉽다. 궁전제과, 베비에르, 창억떡 등 은근히 디저트 맛집 찾는 재미도 쏠쏠하다. 상추에 오징어튀김을 싸먹는 상추 튀김도 광주에서만 맛볼 수 있는 별미. 사실 야구장 내부에도 즐길 거리가 있다. 어마어마한 크기와 규모를 자랑하는 인크커피 챔피언스필드점에서 커피와 빵을 사서 입장을 기다리는 재미도 쏠쏠하고, 구장 내에도 크림새우, 버거 등 유명한 가게들은 줄이 길기 때문에 아주 빨리, 혹은 늦게 사는 게 꿀팁이다.

야구장내 지하 주차장이 있지만 3-4시간 전에 오지 않으면 주말에는 주차가 쉽지 않고, 인근 공영주차장 주차를 추천한다. 출차 시간이 몰리는 것을 감안해 돌아갈 때는 조금 빨리 움직이는 게 좋다. 원정팬들의 경우 광주송정역이나 광주공항에서 택시로 이동하더라도 최소 30분은 소요되는 것을 감안하는 게 좋다. 버스터미널은 비교적 도보 이동이 가능한 거리인데, 너무 덥거나 추운 날은 걷기에는 조금 멀 수 있다. 기차를 이용해 광주를 방문하는 직관러라면 송정시장의 국밥거리와 떡갈비골목 맛집들도 추천한다.

응원단

응원단장 서한국	치어리더 강민지	치어리더 고가빈	치어리더 김민서	치어리더 김예원
치어리더 문채원	치어리더 박성은	치어리더 오의주	치어리더 유세리	치어리더 이소은
치어리더 이예은	치어리더 이은혜	치어리더 임채령	치어리더 임채빈	치어리더 조다빈
치어리더 최지원	장내아나운서 윤호준			

구단 마스코트 소개

메인 마스코트 호걸이 & 호연이

팬 공모를 통해 지은 이름. '영웅호걸', '호연지기'에서 착안했다. 강인하고 용맹한 호걸이는 뛰어난 체격 조건과 야구 재능으로 타이거즈에 승리의 기운을 불어넣고, 호걸이의 여자친구인 호연이는 호걸이에게 페어플레이 정신과 동행 정신, 팬서비스 중요성을 일깨워주는 존재다.

서브 마스코트 하랑이

아기 백호 마스코트. 무등산에 살고 있다가 챔피언스필드에 우연히 내려왔는데, 팬들의 응원 열기에 반해 타이거즈 팬이 됐다.

KIA를 좌우하는 김도영의 한계가 존재하는지 확인할 시간

작년에 이것만 잘됐으면 좋았을 텐데

KIA 타이거즈는 곧 김도영이다. 김도영이 햄스트링 부상으로 30경기 밖에 뛰지 못하는 변수가 없었다면, 8위까지 추락한 불상사는 없었을 것이라는 게 중론. 2024년 3할-30홈런-100타점 맹타를 휘두른 MVP 타자가 개막전부터 이탈하는 예상치 못한 변수에 당황한 KIA는 끝내 만회하지 못한 채 시즌을 마쳤다.

강타선의 핵심인 나성범과 김선빈의 부상 장기 이탈 역시 KIA가 흔들린 포인트였다. 나성범은 지난 시즌 KIA 이적 후 최악의 성적표를 남기기도. 그래도 시즌 직전 긍정적인 요소는 지난 3월 열린 2026년 WBC(월드베이스볼클래식)에 출전한 김도영이 자신의 기량을 충분히 발휘하며 건강까지 증명한 것. 김도영과 나성범, 김선빈의 시너지효과가 절실하다.

지난 시즌 또 하나의 아쉬움은 초반 주전 중견수의 부재였다. 주전으로 낙점했던 최원준(현 KT 위즈)이 극심한 슬럼프에 빠지면서 팀도 같이 흔들렸다. 주전 좌익수로 기용한 이우성(현 NC 다이노스)까지 같이 부진하면서 외야 수비 붕괴로 이어졌다. 5월 중순부터 김호령을 주전 중견수로 기용하면서 뒤늦게나마 안정감을 찾을 수 있었고, 만년 2군 선수로 머물 위기였던 오선우가 이우성이 부진한 틈을 파고들어 1군에 안착하면서 그나마 남은 시즌을 버텼다. 김호령과 오선우는 올해 진정한 주전 시험대에 오른다. 김호령은 주전 중견수, 오선우는 주전 1루수로 시즌을 맞이할 예정.

지난해는 마운드에도 부상자가 쏟아졌다. 왼손 필승조 곽도규와 선발 윤영철이 나란히 팔꿈치 수술로 시즌 아웃. 황동하가 불의의 교통사고로 장기 이탈하면서 롱릴리프 요원이 갑자기 사라진 것도 후반기 마운드 붕괴의 큰 이유였다. 전반기부터 정해영 조상우 전상현 등 필승조 3명에게 의존도가 지나치게 높았던 것도 문제였다. 여름부터 신예

성영탁이 나타나 부담을 덜긴 했지만, 이미 3명이 거의 체력을 소진한 뒤였다. KIA가 지난해 불펜 평균자책점 5.22에 그쳐 9위에 머문 배경이다. 팀 전체가 부상에 휘청거린 2025년이었고, KIA는 올해 트레이닝 파트를 전면 개편해 부상 악재를 반복하지 않겠다고 선언했다.

스토브리그 성적표

 내부 FA 박찬호와 최형우를 단속하지 못해 성난 팬심, 스토브리그 막판 조상우 김범수 홍건희 불펜 3인 싹쓸이 영입으로 다소 만회.

지극히 주관적인 올 시즌 예상 순위와 이유

 개막하기 전까지 절대 1강으로 평가 받은 지난해와 전력이 아주 크게 달라지진 않았다. 박찬호를 대신할 호주 국가대표 유격수 제리드 데일의 내부 평가가 좋고, 최형우의 공백은 올해 김도영과 나성범 김선빈이 함께 건강하게 한 시즌을 뛰면 충분히 만회 가능하다는 계산. 새 외국인 타자 해럴드 카스트로의 화력을 지켜볼 필요는 있다. 스토브리그 마운드 보강도 성공적인 편. 지난해 부상으로 이를 악물고 시즌을 준비한 김도영이 2024년처럼 다시 한번 폭발한다면, 충분히 상위권 도약이 가능할 전망이다.

MANAGER

생년월일	1981년 11월 25일
출신학교	대구수창초-경운중-대구고-목원대
주요 경력	한화 이글스 선수(2000~2009) -소프트뱅크 호크스 선수(10) -KIA 타이거즈 선수(11~19) -KIA 타이거즈 2군 총괄코치(21) -KIA 타이거즈 1군 타격코치(22~23) -KIA 타이거즈 감독(24~)

"5강 충분히 갑니다"

감독 첫 시즌은 우승. 2번째 시즌은 8위. 1년 사이 극과 극을 달렸다. 감독 3년 차인 올해 순위가 이범호 감독에게는 매우 중요해졌다. 줄부상에 울었던 지난 시즌을 교훈 삼아 마무리캠프부터 스프링캠프까지 뎁스 강화에 주력했다. 올해도 같은 실수를 반복한다면, 감독의 한계라 평할 것이기에 어느 해보다 철저히 시즌을 준비하는 모습. 첫해 우승이 단순히 운이 아닌 실력이라는 것을 증명할 중요한 한 해가 될 전망이다. 우승 직후 KIA가 왜 3년 26억 원 최고 대우로 재계약했는지 보여줘야 할 때다. 이범호 감독은 "올해 5강은 충분히 간다"고 자신감을 보였다.

71
이범호

1군

수석코치	타격코치	타격코치	투수코치	불펜코치	배터리코치	작전주루코치	외야수비·주루코치	수비코치
손승락	김주찬	조승범	이동걸	김지용	이해창	고영민	김연훈	박기남

퓨처스

퓨처스 감독	타격코치	투수코치	투수코치	배터리코치	작전주루코치	수비코치
진갑용	홍세완	타카하시 켄	박정배	정범모	박효일	김민우

잔류군

잔류군코치	잔류군코치	잔류군코치	잔류군코치
김석연	최희섭	이상화	서덕원

2026 KIA TIGERS DEPTH CHART

• 지명타자

 나성범
 김선빈

좌익수
카스트로
이창진
김석환

 중견수
김호령
박정우
박재현

 우익수
나성범
오선우
박정우

유격수
데일
김도영
정현창

 2루수
김선빈
윤도현
박민

 1루수
오선우
윤도현
변우혁

3루수
김도영
박민
데일

• 감독

 이범호

 포수
김태군
한준수
주효상

• 2026 예상 베스트 라인업

1번 타자	김호령	중견수
2번 타자	윤도현	1루수
3번 타자	김도영	3루수
4번 타자	나성범	지명타자
5번 타자	카스트로	좌익수
6번 타자	오선우	우익수
7번 타자	김선빈	2루수
8번 타자	김태군	포수
9번 타자	데일	유격수

• 예상 선발 로테이션

 네일
 올러
양현종
이의리
김태형

• 필승조

 전상현
조상우
 성영탁
 김범수
 홍건희

• 마무리

 최지민
 정해영

• 2026 IN & OUT

 IN
양현종 투수/FA 잔류/2+1년 최대 45억원 |
김범수 투수/FA 영입/3년 최대 20억원 | 조상우 투수/FA 잔류/2년 최대 15억원 |
이준영 투수/FA 잔류/3년 최대 12억원 | 이태양 투수/2차 드래프트 |
이호연 내야수/2차 드래프트 | 홍건희 투수/자유 계약/1년 7억원 |
강효종 투수/상무 전역 예정

 OUT
최형우 외야수/FA 이적_삼성 | 박찬호 내야수/FA 이적_두산 |
한승택 포수/FA 이적_KT | 양수호 투수/보상선수(김범수)_한화 |
임기영 투수/2차 드래프트_삼성 | 서건창 내야수/방출 후 키움 이적 |
박준표 투수/방출 | 예진원 외야수/방출 후 울산 이적 |
박건우 투수/은퇴

47 C 외야수(좌투좌타)

나성범

생년월일	1989년 10월 3일
신장/체중	183cm / 100kg
출신학교	광주대성초-진흥중-진흥고-연세대
연봉(2026)	8억 원

#150억_증명

나성범의 올해 목표는 무조건 풀타임 소화. KIA와 6년 150억 원 FA 대박을 터트렸지만, 144경기를 다 뛴 시즌은 2022년 첫해가 유일하다. 지난 3년 동안 부상에 시달리지 않은 적이 없다. 벌써 FA 계약 5년 차. 부동의 4번타자 최형우가 이탈한 지금, 타선에서 나성범의 비중은 어느 해보다 커졌다. 해럴드 카스트로가 콘택트 중심의 중장거리형 타자인 점을 고려하면 나성범이 4번타자를 맡아 공격을 이끄는 게 이상적이다. 올해는 반드시 30홈런-100타점 거포의 부활이 절실하다.

#종아리부상_제발_안녕

나성범은 몸 관리를 단 한번도 소홀히 한 적이 없지만, 해마다 햄스트링과 종아리 근육이 버티질 못했다. NC 다이노스 시절인 2019년 오른쪽 무릎 ACL(전방십자인대) 수술을 받은 이후 연쇄 부상의 늪에 빠졌다. 실제로 현재 한쪽 종아리가 가늘어져 밸런스가 깨진 상태. 트레이닝 파트에서 양쪽 종아리 근육의 밸런스를 최대한 맞출 수 있게 노력 중이다. 부상이 없어야 수비력 저하 문제도 해결할 수 있다. 올해부터는 지명타자로 출전 시간을 늘리며 부상 관리에 더 공을 들일 예정.

#주장_나성범

2024년 통합 우승을 이끈 캡틴. 지난해도 올해도 KIA의 주장은 나성범이다. 주장을 맡은 동안 부상으로 자리를 비운 적이 많지만, 이범호 감독은 팀의 변함없는 리더로 나성범을 또 믿어줬다. 나성범은 지난해 개인 성적 부진과 부상, 또 팀의 8위 추락으로 지난 시즌을 마친 뒤 반성하고 또 반성했다. 똑같은 실수는 반복하지 않겠다는 마음으로 어느 해보다 치열하게 비시즌을 보냈다. 우승 주장 나성범과 KIA의 반등을 한번 믿어보자.

🎤 TMI 인터뷰

1. 원정 갈때 꼭 챙기는 개인 물건
- 영양제와 태블릿 PC.

2. 요즘 가장 많이 듣는 노래
- 그냥 댄스곡, 힙합 등 신나는 노래.

3. 처음 봤을때 충격받은 야구선수와 그 이유는?
- 이대호 선수. 어떠한 상황에서도 홈런을 만들어낼 수 있는 좋은 타자.

4. 야구 선수를 안했다면 지금 뭐하고 있을까?
- 직장인.

5. 최근 가장 행복했던 순간
- 2024시즌 한국시리즈 우승.

2025시즌 기록

타율	경기	타석	타수	득점	안타
0.268	82	310	261	30	70
2루타	3루타	홈런	루타	타점	도루
16	0	10	116	36	0
볼넷	삼진	병살타	장타율	출루율	OPS
42	79	6	0.444	0.381	0.825

전력분석	기존 능력만 발휘한다면, 타율 3할 이상-25~30홈런-100타점은 무조건 쳐야 하는 타자. 3번 또는 4번 타순 적합한 중심타자. 장타력을 갖췄고, 콘택트 능력도 있다.
강점	어떤 상황에서도 자기 배팅을 할 수 있는 타자다.
약점	상대팀에 약점을 공략당했을 때 대처가 약한 편. 스트라이크존 상단에 약점이 많다. 스프링캠프 동안 스윙 교정에 중점.
수비력	냉정히 이제 수비력은 과거보다 많이 떨어진다. 종아리 부상 여파. 다만 어깨는 여전히 좋아 코너 외야 수비할 때 중요한 상황에서 한번씩 도움된다.

54
양현종

투수(좌투좌타)

생년월일	1988년 3월 1일
신장/체중	183cm / 91kg
출신학교	학강초-광주동성중-광주동성고
연봉(2026)	8억 원

#2+1년_그리고_3000이닝

양현종은 지난 시즌을 마치고 생애 3번째 FA 자격을 얻어 KIA와 2+1년 총액 45억원 계약을 마쳤다. 보장된 기간은 2년, 옵션을 충족하면 +1년 조건이 발동된다. 양현종은 통산 2656 ⅔이닝을 기록, 역대 2위에 올라 있다. 다음 목표는 KBO 역대 2번째 통산 3000이닝 고지를 밟는 것. 일단 보장된 2년 동안 부지런히 시즌 150이닝 이상을 던져야 +1년 옵션 발동과 함께 대업 달성을 기대할 수 있다.

#역대최초_고무팔

타의 추종을 불허하는 이닝이터 능력을 자랑한다. 2024년에는 리그 최초로 10시즌 연속 170이닝 투구를 달성했고, 2025년은 리그 최초로 11시즌 연속 150이닝 투구라는 금자탑을 쌓았다. 어느덧 불혹의 나이를 앞둔 양현종이 한 시즌에 150이닝 이상 책임지는 것도 사실 엄청난 일. KIA는 대기록도 중요하지만, 더 중요한 양현종의 선수 생활을 위해 가능하면 이닝을 조절할 계획을 세우고 있다. 물론 양현종의 몸 상태가 허락한다면, 올해는 역대 최초 12년 연속 150이닝 역사에 도전할 전망이다.

#1988년생_최고령

최형우가 떠나고 양현종은 팀 내 최고령 선수가 됐다. 1988년생. KIA의 영원한 막내일 줄 알았던 그가 최고참이 될 줄이야. 양현종은 "이제는 믿기 싫지만 팀에서 가장 나이가 많은 선수가 됐다"라며 허탈하게 웃었다. 양현종은 지난 9년 동안 최형우에게 배웠던 것들을 최대한 비슷하게 따라해 동생들을 이끌어 보겠다고 다짐했다.

2025시즌 기록

평균자책점	경기	승	패	홀드	세이브
5.06	30	7	9	0	0
승률	**이닝**	**피안타**	**피홈런**	**볼넷**	**사구**
0.438	153	171	12	57	4
삼진	**실점**	**자책점**			
109	101	86			

전력분석	원래는 구위형 투수지만, 지금은 구속이 떨어진 상태. 이닝이터로서 책임감이 있어 완급 조절에 더 집중하는 스타일. 슬라이더와 체인지업을 승부구로 활용할 수 있고, 타자에 따라서 투구 패턴도 바꿀 수 있는 노련미가 있다.
강점	상대 분석. 또 본인의 강점을 잘 알고 있어 상대의 약점을 파고들며 좋은 결과를 얻는 편.
약점	갈수록 이닝마다 구위가 빨리 떨어지고 있다. 나이가 들면서 가중되고 있음.

🎤 TMI 인터뷰

1. 원정 갈때 꼭 챙기는 개인 물건
- 태블릿.

2. 요즘 가장 많이 듣는 노래
- '영화 <위대한 쇼맨> OST - This Is Me'.

3. 처음 봤을때 충격받은 야구선수와 그 이유는?
- 이종범 선배님. TV에서 보던 선수가 내 이름을 불러주고 함께 같은 야구장에서 뛴 것만으로도 신기했다.

4. 야구 선수를 안했다면 지금 뭐하고 있을까?
- 그냥 평범하게 회사에 다녔을 거 같다.

5. 최근 가장 행복했던 순간
- 3번의 KS 우승 직후!

5

내야수(우투우타)

김도영

생년월일	2003년 10월 2일
신장/체중	183cm / 85kg
출신학교	광주대성초-광주동성중-광주동성고
연봉(2026)	2억 5천만 원

#KIA=김도영

어린 선수의 어깨에 팀의 운명이 걸렸다. 김도영의 잠재력이 대폭발한 2024년 KIA는 통합 우승을 차지했고, 김도영이 부상으로 신음한 2025년은 8위로 추락했다. KIA는 곧 김도영이라는 말이 나오는 이유다. 야구는 어느 한 선수에 의해 좌우되는 스포츠가 아니지만, 건강한 김도영을 앞세운 KIA는 분명 난적이다. 올해 김도영이 건강히 풀타임을 뛴다면, KIA는 충분히 상위권으로 도약할 수 있다.

#유도영

고교 특급 유격수 김도영을 1군에서 볼 날이 머지 않았다. 지난해까지 주전 유격수였던 박찬호가 두산 베어스로 FA 이적하면서 KIA는 차기 주전 유격수로 김도영을 낙점했다. 단 올해는 징검다리 시즌. 아시아쿼터 선수로 유격수 제리드 데일을 영입했다. 부상 복귀 시즌에 2026 WBC에도 출전해야 하는데 유격수로 바로 전환시키기는 무리라고 판단했다. '유도영(유격수 김도영)'의 본격적인 시즌은 2027년부터. 올해는 유격수를 병행하며 맛만 볼 예정.

#미친놈처럼

"미친놈처럼 안 뛰는 게 이상하죠." 김도영은 올해도 달린다. 햄스트링 부상 재발을 조심해야 하는 것은 맞지만, 그 준비는 겨울에 다 끝냈다. 그라운드에서는 주저하지 않고 미친 듯이 달린다. 그게 김도영의 야구고, 그게 김도영이다. 뛰는 김도영이 올해 풀타임을 버틴다면, 햄스트링 악몽에서도 자유로워질 수 있다.

TMI 인터뷰

1. 원정 갈때 꼭 챙기는 개인 물건
- 블루투스 스피커.

2. 요즘 가장 많이 듣는 노래
- '이기찬 – 미인'.

3. 처음 봤을때 충격받은 야구선수와 그 이유는?
- 김선빈 선배님. '저렇게 하면 오랫동안 야구를 할 수 있구나'라는 것을 보여준 선수

4. 야구 선수를 안했다면 지금 뭐하고 있을까?
- 야구가 아닌 다른 종목의 운동 선수.

5. 최근 가장 행복했던 순간
- 2024시즌 한국시리즈 우승.

2025시즌 기록

타율	경기	타석	타수	득점	안타
0.309	30	122	110	20	34
2루타	**3루타**	**홈런**	**루타**	**타점**	**도루**
9	0	7	64	27	3
볼넷	**삼진**	**병살타**	**장타율**	**출루율**	**OPS**
10	23	3	0.582	0.361	0.943

전력분석	장타력과 콘택트 능력 모든 게 리그 톱. 2024년 21살 나이에 괜히 MVP를 차지하고 역대 최연소 30홈런-30도루를 달성한 게 아니다. 이정후와는 또 다른 결의 천재타자다.
강점	빼어난 운동 능력에서 나오는 엄청난 폭발력. 과감하고 공격적인 플레이.
약점	부상. 천재타자도 아프면 소용없다.
수비력	2024년 30실책을 저질렀지만, 3루수가 처음이라 나온 실수들. 이제는 포지션에 적응한 상태라 걱정 없다. 실제로 지난해 부상 탓에 경기 수는 적었으나 수비는 안정적이었다. 누구보다 반응 속도가 좋은 선수기에 유격수 병행도 충분히 가능하다는 내부 판단.

40
네일
James Naile

생년월일/국적	1993년 2월 8일 / 미국
신장/체중	193cm / 83kg
출신학교	미국 Alabama at Birmingham(대)
연봉(2026)	200만 달러

#200만달러의_사나이
네일은 올해 KIA와 3년 연속 동행을 확정했다. 미국 메이저리그 구단의 영입 제의는 있었지만, KIA에서 에이스 대우를 받고 한 시즌을 뛰는 것보다 나은 조건의 오퍼는 없었다. 게다가 200만 달러는 리그 외국인 선수 최고 대우. 마다할 이유가 없었다. 한국과 KIA를 사랑하는 네일은 올해도 에이스가 되기로 했다.

#진화하는_에이스
네일은 일본 아마미오시마 스프링캠프 초반 아담 올러와 불펜 피칭을 하면서 계속 대화를 나눴다. 올해는 더 긴 이닝을 끌어야 한다는 책임을 알기에 진화를 준비했다. 하체에 조금 더 중심을 두고 투구하는 게 목적. 구속 증가는 물론, 이닝이터 능력을 키우기 위해서도 꼭 필요한 변화라 판단했다. 이 노력이 마운드에서 결실을 볼지 함께 지켜보자.

#오타니보다_네일
아마미오시마 캠프에서 신인 투수 김현수는 네일에게 스위퍼 던지는 법을 물었다. 김현수는 고교시절 슈퍼스타 오타니 쇼헤이(LA 다저스)의 투구 영상을 보고 스위퍼를 독학해 배웠다고. 심재학 KIA 단장은 "오타니 말고 우리 팀에 스위퍼 최고인 선수한테 물어봐"라며 김현수 앞에 네일을 불러줬고, 한동안 특별 수업이 진행됐다. 적어도 KIA에서 스위퍼는 오타니보다 네일이다.

2025시즌 기록

평균자책점	경기	승	패	홀드	세이브
2.25	27	8	4	0	0
승률	**이닝**	**피안타**	**피홈런**	**볼넷**	**사구**
0.667	164 1/3	135	6	41	15
삼진	**실점**	**자책점**			
152	46	41			

전력분석	투심 패스트볼과 스위퍼를 확실하게 좌우 무브먼트를 활용하는 유형의 투수. 무브먼트 자체가 상대 타자로 하여금 한 코스를 노리지 못하게 한다. KBO리그 2년 차였던 지난해는 커터와 체인지업을 더 적극적으로 활용했다. 네일의 구종이 상대 타자들의 눈에 익을 때쯤 커터와 체인지업을 섞어 좋은 효과 봤다.
강점	2년 연속 2점대 평균자책점이 설명하듯 구위가 좋고, 경기 운영 능력도 빼어난 투수. 가장 기대되는 1선발.
약점	이닝. 투구 수가 적어도 6이닝 이상은 버거워하는 편. 6~7이닝을 끌고 갈 수 있는 체력을 키우는 게 올 시즌의 관건.

TMI 인터뷰

1. 원정 갈때 꼭 챙기는 개인 물건
- 헤드폰.

2. 요즘 가장 많이 듣는 노래
- Kid Cudi, J. Cole, Lupe Fiasco 같은 올드 힙합.

3. 처음 봤을때 충격받은 야구선수와 그 이유는?
- 알버트 푸홀스. 야구 역사상 최고의 타자 중 한 명이고, 어릴 때부터 팬이었기 때문에 그라운드에서 함께 뛸 수 있었던 순간은 정말 특별한 기억으로 남아 있다.

4. 야구 선수를 안했다면 지금 뭐하고 있을까?
- 영업, 관련 일이나 사업을 했을 것 같다.

5. 최근 가장 행복했던 순간
- 얼마 전 맞은 생일. 내년도 동료들과 함께 하고 싶다.

3
김선빈

내야수(우투우타)

생년월일	1989년 12월 18일
신장/체중	165cm / 77kg
출신학교	화순초-화순중-화순고
연봉(2026)	6억 원

도전!

#다이어트

지난 시즌을 마치고 김선빈은 이범호 감독에게 다이어트를 공언했다. 목표 감량 무게는 10㎏. 반복되는 종아리 부상과 둔해진 수비 움직임에 스스로 내린 처방. 스프링캠프를 앞두고 김선빈을 만난 이범호 감독은 깜짝 놀랐다. 목표치 이상으로 체중 감량에 성공했기 때문. 운동과 식단 관리를 병행하며 독하게 겨울을 준비한 결과였다. 이 변화가 올해 어떤 결과를 불러올지 궁금하다.

#지명타자_낯설다

부상 관리와 젊은 내야수들의 육성을 위해 KIA는 김선빈을 올해부터 지명타자로 적극 기용할 예정이다. 김선빈은 "지명타자를 해서 도움이 되면 좋겠지만, 안 해봤기 때문에 어떨지 모르겠다. 사람마다 루틴이 있는데, 수비를 계속 나갔던 선수가 지명타자로만 나가면 밸런스가 안 맞을 수도 있다. 일단 해봐야 될 것 같다"고 했다. 낯선 자리가 딱 맞는 자리가 될 수 있을지 지켜볼 일이다.

#원클럽맨

김선빈은 2024년 1월 KIA와 3년 30억원에 2번째 FA 계약을 마쳤다. 올 시즌을 마치면 다시 시장의 평가를 받는다. 2008년부터 올해까지 19년 동안 걸어온 원클럽맨의 길. 선수 생활 연장을 위해서라도 올해 반등이 중요하다. 박찬호와 최형우를 놓쳤던 KIA가 김선빈은 붙잡을지. 다가올 스토브리그의 관전 포인트다.

🎤 TMI 인터뷰

1. 원정 갈때 꼭 챙기는 개인 물건
- 장모님이 준비해주시는 한약.

2. 요즘 가장 많이 듣는 노래
- '이보람 - 형', '이보람 - 당신을 위하여'.

3. 처음 봤을때 충격받은 야구선수와 그 이유는?
- 김도영. 타고난 운동 신경.

4. 야구 선수를 안했다면 지금 뭐하고 있을까?
- 평범한 한 가정의 가장.

5. 최근 가장 행복했던 순간
- 24시즌 통합 우승 및 한국시리즈 MVP.

2025시즌 기록

타율	경기	타석	타수	득점	안타
0.321	84	308	271	31	87
2루타	3루타	홈런	루타	타점	도루
18	1	3	116	46	4
볼넷	삼진	병살타	장타율	출루율	OPS
31	35	9	0.428	0.395	0.823

전력분석	최고의 콘택트 능력. KIA에서 변화구 대처 능력이 가장 좋다. 스윙 메커니즘이 좋고, 투수들을 워낙 잘 안다. 좌우로 흘러나가는 구종에는 본인의 존이 확실하게 그려져 있어 쫓아나가지 않는다. 덕분에 볼카운트를 유리하게 가져가는 편.
강점	구위가 좋은 투수들 상대로는 타이밍이 늦는 경우도 있지만, 노림수가 상당히 좋아 노린 구종은 놓치지 않고 쳐서 결과를 만들어내는 타자다.
약점	몸쪽 높은 공에 약하다. 그런데 그런 유형의 투수의 공마저 노림수를 갖고 쳐서 약점을 이겨내는 편.
수비력	전성기와 비교하면 떨어져 있는 편. 2루수지만, 타이트한 상황에는 백업 야수를 활용해 체력을 안배해 주는 쪽이 팀에 유리하다. 체력 안배를 위해 지명타자를 병행할 예정.

62

투수(우투우타)

정해영

생년월일	2001년 8월 23일
신장/체중	189cm / 98kg
출신학교	광주대성초-광주동성중-광주제일고
연봉(2026)	2억 원

#선동열_뛰어넘다

정해영은 지난 시즌 선동열(통산 132세이브)을 뛰어넘어 타이거즈 역대 최다 세이브를 달성했다. 통산 148세이브. 팀의 승리를 지킬 때마다 타이거즈의 역사를 새로 쓰는 중. 2020년 1차지명으로 KIA에 입단해 프로 2년 차였던 2021년부터 전문 마무리투수로 성장했다. 24살 어린 나이에 타이거즈의 전설 선동열의 기록을 갈아치운 것은 박수 받아 마땅하다.

#처음_넘어지다

지난 시즌 정해영의 평균자책점은 3.79. 프로 데뷔 이래 최악의 성적이었다. 27세이브를 챙기고도 박수보다는 비판을 받았던 이유. 피안타율이 0.299에 이를 정도로 맞아나가는 공이 많았다. 데뷔 이래 승승장구만 하던 정해영이 처음 넘어진 시즌이었다. 결국 약점을 극복해야 한다. 구위를 믿고 던지는 것을 뛰어넘어 다양한 패턴을 고민해야 할 때다. 몸쪽 공략과 스트라이크 상단 활용이 올해의 주요 포인트가 될 전망이다.

#폭풍영입_그래도_정해영

KIA는 비시즌에 불펜 보강에 전력을 다했다. 2차 드래프트로 스윙맨 이태양을 영입했고, 필승조 경험이 풍부한 김범수와 홍건희까지 품었다. 그럼에도 마무리투수 정해영은 흔들리지 않는다. 이범호 감독은 마무리 정해영, 셋업맨 전상현은 고정하고 조상우 성영탁 김범수 홍건희 등으로 필승조를 꾸릴 예정이다. 정해영은 여전히 불펜의 기둥이다.

2025시즌 기록

평균자책점	경기	승	패	홀드	세이브
3.79	60	3	7	0	27
승률	**이닝**	**피안타**	**피홈런**	**볼넷**	**사구**
0.300	61 2/3	75	4	18	3
삼진	**실점**	**자책점**			
72	30	26			

전력분석	우타자 바깥쪽 코스를 많이 활용하는 투수. 몸쪽과 스트라이크존 상단 활용이 필요한 시기다. 몸쪽 직구와 커브를 활용해 구종의 다양성을 개선하는 중. 지난 시즌 도중 고치려는 의지가 있었지만, 타이트한 상황에는 결국 제자리였다.
강점	마무리투수의 기질을 갖췄다.
약점	너무 한 코스만 활용한다. 다양한 패턴 준비가 필요한 시점이다.

🎤 TMI 인터뷰

1. 원정 갈때 꼭 챙기는 개인 물건

- 핸드폰.

2. 요즘 가장 많이 듣는 노래

- '그래 늦지 않았어'.

3. 처음 봤을때 충격받은 야구선수와 그 이유는?

- 전상현 선배. 마운드에서 남자다운 모습이 인상적이었음.

4. 야구 선수를 안했다면 지금 뭐하고 있을까?

- 골프선수.

5. 최근 가장 행복했던 순간

- 2024시즌 한국시리즈 마지막 삼진 잡았을 때.

투수(우투우타)

Adam Oller

33 올러

생년월일/국적	1994년 10월 17일 / 미국			신장/체중	193cm / 102kg
출신학교	미국 Alabama at Birmingham(대)			연봉	120만 달러

2025시즌 기록

평균자책점	경기	승	패	홀드	세이브
3.62	26	11	7	0	0
승률	이닝	피안타	피홈런	볼넷	사구
0.611	149	125	8	47	8
삼진	실점	자책점			
169	64	60			

주무기	리그에서도 손에 꼽을 구종 가치를 지닌 슬라이더를 던진다. 슬라이더로 여러 무브먼트를 활용해 던질 수 있다. 커브도 마찬가지. 같은 구종으로도 다양한 패턴과 무브번트를 만들 수 있는 게 최고 장점.

KIA 내부적으로 가장 구위가 좋은 선수란 평가를 듣는다. 구위 자체는 에이스 네일보다 좋을지도. 괜히 지난해 홀로 팀 내에서 10승 투수가 된 게 아니다. 지난해 전반기 막바지 팔꿈치 염증으로 2개월 가까이 이탈했던 게 유일한 흠. KIA는 여러 차례 메디컬 체크를 거친 끝에 재계약을 택했다. 건강히 풀시즌을 뛸 수 있으면 네일과 리그 최강 원투펀치를 구축할 듯. 한국과 광주에 푹 빠진 외국인. 한국 음식 중에서는 한우와 오리탕을 특히 사랑한다. 2년 연속 KIA 유니폼을 입어 이보다 행복할 수 없는 요즘이다.

외야수(우투좌타)

Harold Castro

26 카스트로

생년월일/국적	1993년 11월 30일 / 베네수엘라			신장/체중	183cm / 88kg
출신학교	베네수엘라 U.E.N. Luis Mariano Rivera(고)			연봉	100만 달러

2025시즌 기록

타율	경기	타석	타수	득점	안타
-	-	-	-	-	-
2루타	3루타	홈런	루타	타점	도루
-	-	-	-	-	-
볼넷	삼진	병살타	장타율	출루율	OPS
-	-	-	-	-	-

타격스타일	콘택트 좋은 중장거리 유형 타자. 지난 시즌 마이너리그 트리플A에서 21홈런을 쳤다. KBO리그에서도 20홈런-90타점까지는 가능하다고 판단. 찬스에서도 강하다.

2024년까지 KIA에서 뛰었던 소크라테스 브리토를 떠올리게 하는 유형의 타자다. 메이저리그에서 6시즌, 마이너리그 트리플A에서 3시즌을 보낸 꽤 경험 있는 선수. 미국에서는 내야수로 더 많이 뛰었지만, KIA는 최상의 라인업을 짜기 위해 카스트로를 좌익수로 활용할 예정이다. 미국에서는 포수를 제외한 모든 포지션을 다 경험한 특이한 이력을 자랑한다. 아버지의 가르침으로 포지션을 가리지 않고 다 뛰었다고. KIA는 카스트로가 정통 거포는 아니지만, 4번타자를 맡을 수 있는 정교함과 클러치 능력을 갖췄다고 판단해 기대가 크다.

내야수(우투우타)

Jarryd Dale

32 데일

생년월일/국적	2000년 9월 11일 / 호주			신장/체중	185cm / 88kg
출신학교	호주 McKinnon(고)			연봉	15만 달러

2025시즌 기록

타율	경기	타석	타수	득점	안타
-	-	-	-	-	-
2루타	3루타	홈런	루타	타점	도루
-	-	-	-	-	-
볼넷	삼진	병살타	장타율	출루율	OPS
-	-	-	-	-	-

타격스타일	스윙 자체만 보면 콘택트형 타자는 아니지만, 타구가 나가는 스피드나 발사각을 보면 중거리형 타자 정도는 된다. 타격이 여기서 끝이 아닌, 성장 가능성이 있는 선수기에 지켜보는 재미도 있을 것. 2번 또는 하위 타선에 적합한 스타일.

KIA가 선택한 첫 아시아쿼터 선수. 나머지 9개 구단이 모두 투수를 뽑을 때 KIA만 야수를 선택했다. 데일은 수비 하나로 KIA와 계약했다고 해도 과언이 아니다. 센터라인의 핵심인 주전 유격수를 맡는다. 호주프로야구(ABL)와 미국 마이너리그를 거쳐 지난해 일본프로야구(NPB) 오릭스 버팔로즈 육성 외국인으로 뛰었다. 2000년생 젊은 선수지만, 10년 넘는 기간 여러 리그를 거치며 쌓은 경험도 하나의 무기다.

투수(좌투좌타)

48 이의리

생년월일	2002년 6월 16일		신장/체중	185cm / 90kg
출신학교	광주수창초-충장중-광주제일고		연봉	1억 3천만 원

2025시즌 기록

평균자책점	경기	승	패	홀드	세이브
7.94	10	1	4	0	0
승률	이닝	피안타	피홈런	볼넷	사구
0.200	39 2/3	41	6	31	3
삼진	실점	자책점			
42	37	35			

전력분석	외국인 전수 제외 KIA 국내 투수 중 구위 1위. 직구, 슬라이더, 커브, 체인지업 모든 구종 무브먼트 리그 상위권. 체인지업도 무브먼트도 2가지 유형으로 바꿔 던질 수 있음.
강점	뛰어난 구위.
약점	항상 제구. 2024년 토미존 수술이 후 지난해까지는 몸이 완전히 올라오지 않았음.

투수(우투우타)

11 조상우

생년월일	1994년 9월 4일		신장/체중	186cm / 97kg
출신학교	서화초-상인천중-대전고		연봉	4억 원

2025시즌 기록

평균자책점	경기	승	패	홀드	세이브
3.90	72	6	6	28	1
승률	이닝	피안타	피홈런	볼넷	사구
0.500	60	64	5	27	6
삼진	실점	자책점			
55	29	26			

전력분석	전성기와 비교하면 구속이 떨어졌지만, 147~148km/h는 나왔으니 느린 것은 아님. 150km/h 웃도는 강속구가 무기였지만, 지난 시즌 중간에는 투심 패스트볼을 던지고, 구종을 다양하게 던지면서 생존법 찾음. 올해는 다시 구위형으로 돌아올지, 구속 저하를 인정하고 다양한 패턴으로 싸울지 지켜보자.
강점	부진했던 지난해도 볼 회전수가 2400rpm은 나올 정도로 좋았다. 구속만 더 올라오면 변화구가 위력을 발휘할 것.
약점	스트라이크존 상단 활용이 떨어진다. ABS 시스템에서는 상단 활용이 중요.

투수(우투우타)

52 홍건희

생년월일	1992년 9월 29일		신장/체중	187cm / 97kg
출신학교	화순초-화순중-화순고		연봉	6억 5천만 원

2025시즌 기록

평균자책점	경기	승	패	홀드	세이브
6.19	20	2	1	0	0
승률	이닝	피안타	피홈런	볼넷	사구
0.667	16	18	2	15	0
삼진	실점	자책점			
15	13	11			

전력분석	직구 자체에 커터 무브먼트가 있음. 직구와 슬라이더의 스피드 차이도 있지만, 무브먼트 차이가 더 짧게 들어오느냐 크게 들어오느냐에 따라서 타자들이 타이밍을 많이 뺏김. 직구와 슬라이더에 포크볼을 활용, 좌우로 찢어주는 무브먼트를 조금 더 활용할 수 있음. 커브도 좋음.
강점	ABS존 상단을 잘 쓴다. 좌우는 물론 상하 로케이션도 적극적으로 활용하면서 1~2이닝은 확실히 막아줌.
약점	지난해 부상. 부상 이슈 최대한 안 나오게 관리 필요.

투수(좌투좌타)

49 김범수

생년월일	1995년 10월 3일		신장/체중	181cm / 92kg	
출신학교	온양온천초-온양중-북일고		연봉	4억 원	

2025시즌 기록

평균자책점	경기	승	패	홀드	세이브
2.25	73	2	1	6	2
승률	이닝	피안타	피홈런	볼넷	사구
0.667	48	30	0	22	4
삼진	실점	자책점			
41	17	12			

전력분석	구위형 투수. 특히 좌타자 상대할 때 공의 무브먼트 자체가 굉장히 까다로움. 왼손 스페셜리스트로 활용할 가능성 큼. 원래 직구와 슬라이더밖에 없는 투수였는데, 지난해 커브 장착하면서 특급 불펜으로 급성장해 FA 대박까지.
강점	커브가 매력적. 구위 좋은 투수가 오프 스피드 구종을 장착하니 매력이 커짐. 커브의 낙차 폭도 크고 퀄리티 자체가 좋음.
약점	제구의 기복만 줄이면 됨.

투수(우투우타)

41 황동하

생년월일	2002년 7월 30일		신장/체중	183cm / 96kg	
출신학교	진북초-전라중-인상고		연봉	8천만 원	

2025시즌 기록

평균자책점	경기	승	패	홀드	세이브
5.30	18	1	2	0	0
승률	이닝	피안타	피홈런	볼넷	사구
0.333	35 2/3	38	4	10	3
삼진	실점	자책점			
31	21	21			

전력분석	직구 자체의 테일링이 있다. 무브먼트가 투심 패스트볼에 가까움. 슬라이더가 타자들이 생각하지 않은 곳으로 휘는 경우가 많고, 슬라이더의 비율이 좋다. 커브와 포크볼도 좋음.
강점	모든 구종을 두루 잘 던짐.
약점	상대 분석 더 필요. 본인 능력을 더 활용할 수 있도록 연구해야 한다. 본인을 알아야 5선발 경쟁 가능.

투수(우투우타)

10 김태형

생년월일	2006년 12월 15일		신장/체중	184cm / 95kg	
출신학교	화순초-거원중-덕수고		연봉	6천만 원	

2025시즌 기록

평균자책점	경기	승	패	홀드	세이브
4.56	8	0	3	0	0
승률	이닝	피안타	피홈런	볼넷	사구
0.000	23 2/3	25	4	7	5
삼진	실점	자책점			
14	12	12			

전력분석	지난 시즌 막판부터 구위 급상승. 슬라이더와 커브를 적절히 활용해 타자 상대하는 유형. 5선발 경쟁한다.
강점	구속과 볼의 무브먼트도 좋지만, 타자를 피하지 않고 과감하게 승부하는 게 매력적.
약점	아직 어린 선수라 순간순간 대처가 미흡할 때가 있음.

투수(우투우타)

51 전상현

생년월일	1996년 4월 18일			신장/체중	180cm / 88kg
출신학교	남도초-경복중-대구상원고			연봉	3억 1천만 원

2025시즌 기록

평균자책점	경기	승	패	홀드	세이브
3.34	74	7	5	25	1
승률	이닝	피안타	피홈런	볼넷	사구
0.583	70	64	4	20	2
삼진	실점	자책점			
50	30	26			

전력분석	직구와 슬라이더. 본인 구종이 확실히 있음. 지난 시즌 가장 좋았던 구종은 커브와 포크볼. 두 구종의 완성도가 좋아지면서 더 강력해짐.
강점	커브와 포크볼의 완성도를 올해 더 높이면, 불펜의 확실한 기둥.
약점	한 코스만 던진다. 몰리는 상황에 본인이 잘 던지는 구종으로만 가려는 성향 있음.

투수(우투좌타)

44 이태양

생년월일	1990년 7월 3일			신장/체중	192cm / 97kg
출신학교	여수서초-여수중-효천고			연봉	2억 7천만 원

2025시즌 기록

평균자책점	경기	승	패	홀드	세이브
3.97	14	0	1	0	0
승률	이닝	피안타	피홈런	볼넷	사구
0.000	11 1/3	14	0	5	1
삼진	실점	자책점			
8	5	5			

전력분석	직구와 변화구의 볼배합을 잘해서 타자를 잡는 스타일. 포크볼이 좋고, 슬라이더와 커브도 완급 능력이 있어 템포 싸움을 잘한다. 선발과 불펜 모두 가능한 다재다능한 스타일.
강점	직구와 포크볼의 터널링이 좋음.
약점	경험 많은 베테랑이지만, 지난 1년 동안 부족해진 1군 경기 감각.

투수(좌투좌타)

0 곽도규

생년월일	2004년 4월 12일			신장/체중	185cm / 90kg
출신학교	도척초-공주중-공주고			연봉	9천만 원

2025시즌 기록

평균자책점	경기	승	패	홀드	세이브
13.50	9	0	0	3	0
승률	이닝	피안타	피홈런	볼넷	사구
-	4	3	0	6	2
삼진	실점	자책점			
5	6	6			

전력분석	좌타자들이 무서워하고 상대하기 어려운 유형. 투구 폼의 이점을 확실히 살리는 게 좋음. 지난해 팔꿈치 수술로 개막부터 합류는 어렵고, 복귀하면 필승조를 맡을 좌완.
강점	공의 무브먼트가 상당히 좋음.
약점	우타자 상대할 때 포크볼이나 체인지업 계열의 구종을 마스터할 필요 있음.

투수(우투우타)

65 성영탁

| 생년월일 | 2004년 7월 28일 | | 신장/체중 | 180cm / 89kg |
| 출신학교 | 동주초(부산서구리틀)-개성중-부산고 | | 연봉 | 1억 2천만 원 |

2025시즌 기록

평균자책점	경기	승	패	홀드	세이브
1.55	45	3	2	7	0
승률	이닝	피안타	피홈런	볼넷	사구
0.600	52 1/3	38	2	13	0
삼진	실점	자책점			
30	11	9			

전력분석	직구 자체의 테일링이 좋음. 직구와 슬라이더 2구종으로도 타자를 충분히 상대할 수 있음. 투심 패스트볼의 무브먼트가 슬라이더랑 같은 각에서 떨어진다.
강점	본인을 믿는다.
약점	커브 활용이나 몸쪽 활용 능력을 조금 더 키우고, 구종 다양성을 확보하면 더 좋을 듯.

포수(우투좌타)

25 한준수

| 생년월일 | 1999년 2월 13일 | | 신장/체중 | 184cm / 95kg |
| 출신학교 | 광주서석초-광주동성중-광주동성고 | | 연봉 | 1억 원 |

2025시즌 기록

타율	경기	타석	타수	득점	안타
0.225	103	276	244	33	55
2루타	3루타	홈런	루타	타점	도루
12	1	7	90	26	0
볼넷	삼진	병살타	장타율	출루율	OPS
26	48	4	0.369	0.304	0.673

전력분석	공격형 포수. 베테랑 김태군과 올해도 출전 수 비슷하게 유지할 예정. 중장거리 유형의 타자다.
강점	직구 잘 친다. 전력분석팀을 찾아 볼배합 공부 많이 하는 편.
약점	타석에서는 변화구 대처가 약하고, 수비는 경험 부족으로 인한 아쉬운 볼배합.
수비력	볼배합 능력이 아직은 팀의 기대 이하. 공격형 포수 이미지를 조금은 벗을 필요 있다.

포수(우투우타)

42 김태군

| 생년월일 | 1989년 12월 30일 | | 신장/체중 | 182cm / 92kg |
| 출신학교 | 양정초-대동중-부산고 | | 연봉 | 6억 원 |

2025시즌 기록

타율	경기	타석	타수	득점	안타
0.258	100	274	236	20	61
2루타	3루타	홈런	루타	타점	도루
10	1	5	88	31	0
볼넷	삼진	병살타	장타율	출루율	OPS
17	20	9	0.373	0.331	0.704

전력분석	팀의 리더. 투수를 많이 알기에 타석에서 노림수를 잘 가져감. 투수 분석을 열심히 해서 어떤 구종을 많이 던지고, 어떤 구종을 칠 때 유리한지 알기에 카운트를 만들어 결과를 잘 낸다.
강점	중요한 상황에 믿고 낼 수 있는 주전 포수.
약점	상황에 맞는 타격을 조금 더 보여줘야 한다.
수비력	투수 리드 능력 가장 안정적. 체력 관리 위한 수비 이닝 조절은 필요.

포수(우투좌타)

22 주효상

생년월일	1997년 11월 11일		신장/체중	183cm / 95kg
출신학교	역북초-강남중-서울고		연봉	5천5백만 원

2025시즌 기록

타율	경기	타석	타수	득점	안타
0.333	8	17	15	1	5
2루타	3루타	홈런	루타	타점	도루
2	0	0	7	1	0
볼넷	삼진	병살타	장타율	출루율	OPS
2	4	0	0.467	0.412	0.879

전력분석	가진 재능 자체가 좋음. 타격은 본인이 공부하면서 완성도를 높이려고 연습 많이 했다. 한준수의 라이벌로 성장하길 기대.
강점	강한 어깨.
약점	2022년 11월 트레이드할 때부터 어깨 부상이 있어 지금까지 고생. 그동안 경기를 많이 못 뛴 공백 채우는 게 중요.
수비력	도루 저지 능력 팀 내 포수 1위.

내야수(좌투좌타)

56 오선우

생년월일	1996년 12월 13일		신장/체중	186cm / 95kg
출신학교	성동초-자양중-배명고-인하대		연봉	1억 2천만 원

2025시즌 기록

타율	경기	타석	타수	득점	안타
0.265	124	474	437	58	116
2루타	3루타	홈런	루타	타점	도루
17	1	18	189	56	0
볼넷	삼진	병살타	장타율	출루율	OPS
34	158	11	0.432	0.323	0.755

전력분석	거포 유형. 올해부터 주전 1루수. 장타력을 활용해 홈런과 타점을 많이 생산해야 한다. 지난 시즌 성적 유지만 해줘도 성공. 20홈런 가까이 치는 게 쉬운 게 아님. 20홈런-80타점 이상이면 최형우 공백 반은 채움.
강점	장타력.
약점	리그에서 스윙 가장 많고, 삼진 많다. 그래서 유인구에 약점.
수비력	단점 많지만, 지난해 스프링캠프부터 연습량 늘려 성장. 풋워크와 핸들링 가장 중요.

내야수(우투우타)

16 윤도현

생년월일	2003년 5월 7일		신장/체중	181cm / 84kg
출신학교	광주화정초-무등중-광주제일고		연봉	5천5백만 원

2025시즌 기록

타율	경기	타석	타수	득점	안타
0.275	40	160	149	24	41
2루타	3루타	홈런	루타	타점	도루
7	2	6	70	17	2
볼넷	삼진	병살타	장타율	출루율	OPS
8	36	1	0.470	0.316	0.786

전력분석	거침없는 스윙이 최고의 장점. 기다리지 않고 초구부터 적극적으로 타격하는데, 그 적극성이 좋은 결과로 이어졌다. 수비는 중간 정도. 1군에서 경험이 조금 더 필요함.
강점	타격 확실히 재능 있음.
약점	제발 아프지 마라. 유인구는 제발 참아라.
수비력	송구 능력 떨어짐. 출전 경험 부족으로 인한 긴장감 줄여야.

내야수(우투좌타)

14 김규성

생년월일	1997년 3월 8일			신장/체중	185cm / 88kg
출신학교	갈산초-선린중-선린인터넷고			연봉	9천만 원

2025시즌 기록

타율	경기	타석	타수	득점	안타
0.233	133	222	193	30	45
2루타	3루타	홈런	루타	타점	도루
4	0	3	58	16	5
볼넷	삼진	병살타	장타율	출루율	OPS
21	49	1	0.301	0.313	0.614

전력분석	수비형 백업. 내야 유틸리티 플레이어로 어느 포지션에 둬도 안정감이 있음. 타격은 계속 좋아지고 있는 편.
강점	매우 안정적인 수비.
약점	주전으로 도약하려면 결국 타격이 터져야 산다.
수비력	내야 포지션 가리지 않는 안정감 최고 장점. 대수비 1번 카드.

외야수(우투우타)

27 김호령

생년월일	1992년 4월 30일			신장/체중	178cm / 85kg
출신학교	관산초-안산중앙중-군산상고-동국대			연봉	2억 5천만 원

2025시즌 기록

타율	경기	타석	타수	득점	안타
0.283	105	381	332	46	94
2루타	3루타	홈런	루타	타점	도루
26	3	6	144	39	12
볼넷	삼진	병살타	장타율	출루율	OPS
34	94	4	0.434	0.359	0.793

전력분석	자타공인 우리나라에서 수비 가장 잘하는 중견수. 지난해 타격까지 증명하면서 주전으로 도약. 어깨랑 골반이 빠지면서 타구가 빗나가는 문제를 이범호 감독이 타격 폼을 수정해주면서 교정, 날개를 달았다.
강점	'호령존'이 말해주는 엄청난 수비 범위.
약점	변화구 대응.
수비력	엄청난 수비 범위. 빠른 발과 판단력 모두 빼어남.

외야수(좌투좌타)

1 박정우

생년월일	1998년 2월 1일			신장/체중	175cm / 68kg
출신학교	역삼초-언북중-덕수고			연봉	6천만 원

2025시즌 기록

타율	경기	타석	타수	득점	안타
0.274	53	75	62	17	17
2루타	3루타	홈런	루타	타점	도루
2	0	0	19	4	2
볼넷	삼진	병살타	장타율	출루율	OPS
10	12	1	0.306	0.400	0.706

전력분석	나성범이 지명타자로 빠졌을 경우 우익수 1순위 후보. 콘택트 능력이 좋고, 발이 아주 빠른 편은 아니지만 주루 능력 자체는 나쁘지 않음. 상황에 따라서는 주전으로 뛸 수 있는 능력은 충분히 있음.
강점	KIA 외야수 중에는 안정적인 수비.
약점	경기 적응력. 백업으로만 뛰다 보니 긴박한 경기에서 불안감 해소 필요.
수비력	중견수도 가능한 수비력 갖췄지만, 경기 경험 부족해 접전에는 쓰기 어려움.

17 김현수
투수(우투우타)

생년월일 2000년 7월 10일
출신학교 효제초-홍은중-장충고

2025시즌 기록

KIA에서 운동 열심히 하는 선수 1위. 지난해 평균자책점 2.45. 가능성을 계속 보여줘.

평균자책점	경기	승	패	홀드	세이브	승률	이닝	피안타
2.45	18	0	0	0	0	-	18 1/3	17

피홈런	볼넷	사구	삼진	실점	자책점			
2	13	1	11	5	5			

28 이형범
투수(우투우타)

생년월일 1994년 2월 27일
출신학교 화순초-화순중-화순고

2025시즌 기록

갈수록 줄어드는 기회. 반전이 필요해.

평균자책점	경기	승	패	홀드	세이브	승률	이닝	피안타
11.70	12	0	0	0	0	-	10	21

피홈런	볼넷	사구	삼진	실점	자책점			
0	5	0	6	16	13			

43 김건국
투수(우투우타)

생년월일 1988년 2월 2일
출신학교 한서초(서부리틀)-청량중-덕수고

2025시즌 기록

투수조의 감초. 은퇴 위기에서 돌아온 절실함이 무기.

평균자책점	경기	승	패	홀드	세이브	승률	이닝	피안타
6.85	26	0	3	1	0	0.000	46	59

피홈런	볼넷	사구	삼진	실점	자책점			
11	17	5	31	38	35			

60 김도현
투수(우투우타)

생년월일 2000년 9월 15일
출신학교 길원초(동대문구리틀)-잠신중
-신일고

2025시즌 기록

KIA 우완 에이스 0순위. 오른 팔꿈치 미세 피로골절 회복 여부가 관건.

평균자책점	경기	승	패	홀드	세이브	승률	이닝	피안타
4.81	24	4	7	0	0	0.364	125 1/3	149

피홈런	볼넷	사구	삼진	실점	자책점			
11	33	10	71	79	67			

38 장재혁
투수(우투우타)

생년월일 2001년 8월 2일
출신학교 부산금강초(부산동래구리틀)
-대신중-경남고

2025시즌 기록

퓨처스 육성의 결실 볼까. 지난 시즌은 추격조로 쓰임 확인.

평균자책점	경기	승	패	홀드	세이브	승률	이닝	피안타
6.00	3	0	0	0	0	-	3	3

피홈런	볼넷	사구	삼진	실점	자책점			
1	3	0	2	2	2			

66 이도현
투수(우투우타)

생년월일 2005년 1월 7일
출신학교 가동초-휘문중-휘문고

2025시즌 기록

하루종일 야구만 생각하는 선수. 올해 제2의 성영탁을 기대할 만하다.

평균자책점	경기	승	패	홀드	세이브	승률	이닝	피안타
6.92	6	1	1	0	0	0.500	13	17

피홈런	볼넷	사구	삼진	실점	자책점			
1	8	1	9	11	10			

61 김시훈
투수(우투우타)

생년월일 1999년 2월 24일
출신학교 양덕초-마산동중-마산고

2025시즌 기록

구속 회복 관건. 충분히 필승조 도약 가능.

평균자책점	경기	승	패	홀드	세이브	승률	이닝	피안타
8.06	24	1	0	0	0	1.000	25 2/3	33

피홈런	볼넷	사구	삼진	실점	자책점			
7	10	0	18	25	23			

63 이호민
투수(우투우타)

생년월일 2006년 8월 26일
출신학교 해남북일초(해남군리틀)
-이평중BC-전주고

2025시즌 기록

체격을 덜 키워 구속은 아직 느리지만, 1군 타자들과 싸울 배짱은 두둑하다.

평균자책점	경기	승	패	홀드	세이브	승률	이닝	피안타
8.59	13	1	0	0	0	1.000	14 2/3	21

피홈런	볼넷	사구	삼진	실점	자책점			
0	9	2	7	14	14			

46 김정엽
투수(우투우타)

생년월일 2006년 4월 18일
출신학교 부산수영초-개성중-부산고

2025시즌 기록

지난해 여름 미국 트레드 어틀레틱스에 파견해 업그레이드.

평균자책점	경기	승	패	홀드	세이브	승률	이닝	피안타
18.00	2	0	0	0	0	-	1	0
피홈런	볼넷	사구	삼진	실점	자책점			
0	1	1	0	2	2			

58 이성원
투수(우투우타)

생년월일 2006년 5월 18일
출신학교 호동초(화성B리틀)-안산중앙중
-유신고

2025시즌 기록

역동적인 투구폼으로 150km/h 육박하는 직구와 슬라이더 던지지만, 육성 더 필요.

평균자책점	경기	승	패	홀드	세이브	승률	이닝	피안타
16.88	4	0	0	0	0	-	2 2/3	3
피홈런	볼넷	사구	삼진	실점	자책점			
0	4	3	3	7	5			

20 이준영
투수(좌투좌타)

생년월일 1992년 8월 10일
출신학교 군산남초-군산중-군산상고
-중앙대

2025시즌 기록

3년 12억원에 생애 첫 FA 계약 성공. KIA가 믿는 원손 스페셜리스트.

평균자책점	경기	승	패	홀드	세이브	승률	이닝	피안타
4.76	57	3	1	7	0	0.750	34	36
피홈런	볼넷	사구	삼진	실점	자책점			
6	11	1	34	18	18			

67 홍민규
투수(우투좌타)

생년월일 2006년 9월 11일
출신학교 서울논현초(용산구리틀)-대원중
-야탑고

2025시즌 기록

FA 이적생 박찬호의 보상선수. 마운드에서 싸움닭 기질로 높은 평가.

평균자책점	경기	승	패	홀드	세이브	승률	이닝	피안타
4.59	20	2	1	0	1	0.667	33 1/3	37
피홈런	볼넷	사구	삼진	실점	자책점			
4	15	1	17	19	17			

4 유지성
투수(좌투좌타)

생년월일 2000년 11월 15일
출신학교 수유초-자양중-북일고

2025시즌 기록

빼어난 신체 조건에 비해 아쉬운 느린 구속.

평균자책점	경기	승	패	홀드	세이브	승률	이닝	피안타
0.00	1	0	0	0	0	-	1	0
피홈런	볼넷	사구	삼진	실점	자책점			
0	0	0	0	0	0			

13 윤영철
투수(좌투좌타)

생년월일 2004년 4월 20일
출신학교 창서초(서대문구리틀)-충암중
-충암고

2025시즌 기록

올해는 안식년. 지난해 전반기를 마치고 팔꿈치 수술을 받은 김에 쉬어 가기로.

평균자책점	경기	승	패	홀드	세이브	승률	이닝	피안타
5.58	13	2	7	0	0	0.222	50	52
피홈런	볼넷	사구	삼진	실점	자책점			
4	30	1	43	37	31			

21 김사윤
투수(좌투좌타)

생년월일 1994년 6월 8일
출신학교 광주화정초-무등중-화순고

2025시즌 기록

KIA 트레이드 이후 여전히 잠잠. 지난해 1군 0경기.

평균자책점	경기	승	패	홀드	세이브	승률	이닝	피안타
-	-	-	-	-	-	-	-	-
피홈런	볼넷	사구	삼진	실점	자책점			
-	-	-	-	-	-			

39 최지민
투수(좌투좌타)

생년월일 2003년 9월 10일
출신학교 강릉율곡초(강릉리틀)-경포중
-강릉고

2025시즌 기록

고질병 제구 난조 해결하면, 좌완 필승조 부활 가능.

평균자책점	경기	승	패	홀드	세이브	승률	이닝	피안타
6.58	66	2	4	9	0	0.333	53 1/3	46
피홈런	볼넷	사구	삼진	실점	자책점			
5	51	4	39	40	39			

53 김기훈

투수(좌투좌타)

생년월일 2000년 1월 3일
출신학교 광주수창초-무등중-광주동성고

2025시즌 기록

2019년 1차지명 이후 잠재력을 다 터트리지 못했다. KIA의 아픈 손가락에서 벗어날까.

평균자책점	경기	승	패	홀드	세이브	승률	이닝	피안타
3.25	24	1	1	0	0	0.500	27 2/3	25
피홈런	볼넷	사구	삼진	실점	자책점			
2	10	1	27	11	10			

69 김대유

투수(좌투좌타)

생년월일 1991년 5월 8일
출신학교 부산중앙초-부산중-부산고

2025시즌 기록

LG 트윈스 필승조 시절 구위는 어디로. KIA의 인내심은 언제까지.

평균자책점	경기	승	패	홀드	세이브	승률	이닝	피안타
9.72	15	0	1	1	0	0.000	8 1/3	12
피홈런	볼넷	사구	삼진	실점	자책점			
1	4	1	3	9	9			

19 윤중현

투수(우언우타)

생년월일 1995년 4월 25일
출신학교 광주서석초-무등중-광주제일고
　　　　　-성균관대

2025시즌 기록

다른 사이드암 투수들과 마찬가지로 ABS 도입 이후 하락세. 돌파구가 필요하다.

평균자책점	경기	승	패	홀드	세이브	승률	이닝	피안타
4.35	13	1	0	0	0	1.000	10 1/3	10
피홈런	볼넷	사구	삼진	실점	자책점			
2	7	1	7	5	5			

23 최정용

내야수(우투좌타)

생년월일 1996년 10월 24일
출신학교 서원초-세광중-세광고

2025시즌 기록

2군 3할 타자. 그러나 1군에서는 한계가 뚜렷하다.

타율	경기	타석	타수	득점	안타	2루타	3루타	홈런
0.167	4	6	6	0	1	0	0	0
루타	타점	도루	볼넷	삼진	병살타	장타율	출루율	OPS
1	0	0	0	2	1	0.167	0.167	0.334

29 변우혁

내야수(우투우타)

생년월일 2000년 3월 18일
출신학교 일산초-현도중-북일고

2025시즌 기록

KIA가 반드시 터트릴 거포 유망주. 백업 1루수로 자리만 잡아도 올해는 성공.

타율	경기	타석	타수	득점	안타	2루타	3루타	홈런
0.218	47	153	142	11	31	7	0	0
루타	타점	도루	볼넷	삼진	병살타	장타율	출루율	OPS
38	17	0	10	47	3	0.268	0.275	0.543

2 박민

내야수(우투우타)

생년월일 2001년 6월 5일
출신학교 갈산초-성남중-야탑고

2025시즌 기록

수비는 박민처럼 수비 안정감으로는 백업 내야수 1등.

타율	경기	타석	타수	득점	안타	2루타	3루타	홈런
0.202	71	105	94	11	19	5	0	1
루타	타점	도루	볼넷	삼진	병살타	장타율	출루율	OPS
27	6	1	5	33	1	0.287	0.265	0.552

34 황대인

내야수(우투우타)

생년월일 1996년 2월 10일
출신학교 군산신풍초-자양중-경기고

2025시즌 기록

KIA팬들이 간절히 기다리는 만년 거포 유망주. 퓨처스 폭격기는 그만.

타율	경기	타석	타수	득점	안타	2루타	3루타	홈런
0.189	18	57	53	3	10	3	0	1
루타	타점	도루	볼넷	삼진	병살타	장타율	출루율	OPS
16	8	0	3	14	0	0.302	0.228	0.530

12 정현창

내야수(우투좌타)

생년월일 2006년 7월 14일
출신학교 김해부곡초-부산토현중
　　　　　-부산공고

2025시즌 기록

수비는 차기 주전 유격수감. 아직 20살 어린 선수기에 타격 성장 속도가 관건.

타율	경기	타석	타수	득점	안타	2루타	3루타	홈런
0.263	16	21	19	4	5	0	0	0
루타	타점	도루	볼넷	삼진	병살타	장타율	출루율	OPS
5	0	0	2	5	0	0.263	0.333	0.596

36 이호연
내야수(우투좌타)

생년월일 1995년 6월 3일
출신학교 광주수창초-진흥중-광주제일고
-성균관대

2025시즌 기록
2차 드래프트 이적생. 타격에 강점 있어 대타 1순위 카드.

타율	경기	타석	타수	득점	안타	2루타	3루타	홈런
0.343	32	75	70	8	24	7	0	1
루타	타점	도루	볼넷	삼진	병살타	장타율	출루율	OPS
34	8	0	3	14	2	0.486	0.378	0.864

50 박상준
내야수(좌투좌타)

생년월일 2001년 8월 21일
출신학교 석교초-세광중-세광고
-강릉영동대

2025시즌 기록
2022년 육성선수. 장타력은 있지만, 선구안이 좋지 않음.

타율	경기	타석	타수	득점	안타	2루타	3루타	홈런
-	-	-	-	-	-	-	-	-
루타	타점	도루	볼넷	삼진	병살타	장타율	출루율	OPS
-	-	-	-	-	-	-	-	-

8 이창진
외야수(우투우타)

생년월일 1991년 3월 4일
출신학교 신도초-동인천중-인천고-건국대

2025시즌 기록
부상과 부진에 울었던 지난해. 이제는 백업 외야수 자리도 위태롭다.

타율	경기	타석	타수	득점	안타	2루타	3루타	홈런
0.161	37	113	93	11	15	3	0	1
루타	타점	도루	볼넷	삼진	병살타	장타율	출루율	OPS
21	9	0	16	22	2	0.226	0.295	0.521

35 김석환
외야수(좌투좌타)

생년월일 1999년 2월 28일
출신학교 광주서석초-광주동성중
-광주동성고

2025시즌 기록
거포 기대주. 김석환이 터지면 KIA의 외야 고민 한 방에 해결.

타율	경기	타석	타수	득점	안타	2루타	3루타	홈런
0.265	47	134	117	14	31	1	2	2
루타	타점	도루	볼넷	삼진	병살타	장타율	출루율	OPS
42	16	0	14	55	0	0.359	0.351	0.710

57 고종욱
외야수(우투좌타)

생년월일 1989년 1월 11일
출신학교 역삼초-대치중-경기고-한양대

2025시즌 기록
LG 염경엽 감독도 인정하는 타격 장인. 그러나 최악의 수비. 올해도 조커로 활약 기대.

타율	경기	타석	타수	득점	안타	2루타	3루타	홈런
0.296	46	123	115	13	34	2	0	3
루타	타점	도루	볼넷	삼진	병살타	장타율	출루율	OPS
45	16	2	5	17	2	0.391	0.317	0.708

15 박재현
외야수(우투좌타)

생년월일 2006년 12월 8일
출신학교 동막초-재능중-인천고

2025시즌 기록
중견수 육성 기대주. 아직 자신의 잠재력을 잘 모르는 듯.

타율	경기	타석	타수	득점	안타	2루타	3루타	홈런
0.081	58	69	62	11	5	1	0	0
루타	타점	도루	볼넷	삼진	병살타	장타율	출루율	OPS
6	3	4	6	26	0	0.097	0.159	0.256

31 한승연
외야수(우투우타)

생년월일 2003년 6월 9일
출신학교 군산신풍초-군산중-전주고

2025시즌 기록
맞으면 넘어갈 정도로 힘은 장사. 콘택트율을 높여야 1군에 온다.

타율	경기	타석	타수	득점	안타	2루타	3루타	홈런
-	-	-	-	-	-	-	-	-
루타	타점	도루	볼넷	삼진	병살타	장타율	출루율	OPS
-	-	-	-	-	-	-	-	-

9 정해원
외야수(우투우타)

생년월일 2004년 5월 21일
출신학교 제주신광초-덕수중-휘문고

2025시즌 기록
고교야구 홈런왕 출신. 퓨처스리그는 폭격 중. 이범호 감독이 꾸준히 주시하는 기대주.

타율	경기	타석	타수	득점	안타	2루타	3루타	홈런
0.075	24	46	40	5	3	0	0	0
루타	타점	도루	볼넷	삼진	병살타	장타율	출루율	OPS
3	0	0	5	14	4	0.075	0.196	0.271

2라운드 전체 20순위
64 김현수

생년월일	2007년 11월 8일
신장/체중	189cm / 97kg
출신학교	송정동초-화순중-광남BC

투수(우투우타)

우완 정통파. 선발투수 육성 예정. 부드러운 투구 메커니즘과 안정적인 밸런스로 경기 운영 능력 우수, 피지컬과 잠재력 면에서 성장 가능성 높다. 고교 시절 오타니 쇼헤이의 영상을 보면서 독학으로 배운 스위퍼 관심 집중.

3라운드 전체 30순위
37 김민규

생년월일	2007년 1월 26일
신장/체중	180cm / 73kg
출신학교	서울도곡초-휘문중-휘문고

외야수(우투우타)

신체 능력이 좋고, 빠른 발을 이용한 넓은 수비 범위와 강한 어깨를 보유했다. 준수한 배트 스피드로 평균적인 타구 속도와 변화구 대응이 약해 보완이 필요하긴 하다. 스프링캠프 합류로 일단 눈도장.

5라운드 전체 50순위
45 정찬화

생년월일	2006년 6월 10일
신장/체중	183cm / 90kg
출신학교	천안남산초-천안북중-경기청담고

투수(우투우타)

짧은 팔스윙에서 구사하는 디셉션 동작이 좋고, 높은 직구 회전력과 수직 무브먼트가 우수해 제구력이 안정적이다. 고등학교 1학년 때 투수로 전향해 경기 운영 및 전체적인 피칭 디테일은 보완해야 한다. 중간투수 유형.

6라운드 전체 60순위
132 지현

생년월일	2007년 7월 13일
신장/체중	180cm / 86kg
출신학교	인천동막초-연수중-제물포고

투수(우투우타)

중간투수 유형. 예리한 너클 커브를 주무기로 활용해 탈삼진 비율이 높음. 이닝이터 능력도 갖춤. 다만 너클커브 의존도가 높아 구종 다양성과 완성도 향상이 모두 필요하다.

7라운드 전체 70순위
133 박종혁

생년월일	2007년 10월 5일
신장/체중	190cm / 88kg
출신학교	서울왕북초-대치중-덕수고

내야수(우투우타)

평균 이상의 배트 스피드와 강한 손목 힘으로 빠른 공에 강점을 보임. 수비할 때는 안정적인 포구로 잔 실수가 적고, 정확성 높은 송구 능력을 보유. 불안정한 타격 타이밍과 떨어지는 변화구 약점은 보완 필요.

8라운드 전체 80순위
147 최유찬

생년월일	2007년 12월 3일
신장/체중	187cm / 90kg
출신학교	서울상일초-휘문중-아산BC

투수(좌투좌타)

선발투수 유형. 투구 감각이 좋아 제구력이 일정하다. 다양한 변화구를 구사해 타이밍을 잡기가 까다로움. 좌우타자를 가리지 않고 체인지업을 구사함. 체력 훈련을 통한 구속 상승 기대.

9라운드 전체 90순위
119 한준희

생년월일	2007년 7월 1일
신장/체중	183cm / 80kg
출신학교	상인초-상인천중-인천고

내야수(우투우타)

변화구에 대처할 때 하체 중심 이동이 무너지지 않고, 배트 컨트롤이 양호해 콘택트 능력도 좋음. 타구 처리 능력 좋고, 정확도 높은 송구력 갖춤. 근력과 파워 보완 필요.

10라운드 전체 100순위
121 김상범

생년월일	2002년 10월 28일
신장/체중	190cm / 100kg
출신학교	광주화정초-광주충장중-광주제일고-송원대

투수(우투우타)

큰 키를 활용한 구위형 투수. 위에서 내려꽂는 각도가 좋고, 묵직한 구위로 타자를 압도한다. 다만 전체적인 변화구 완성도가 떨어짐. 롱릴리프 유형.

11라운드 전체 110순위
135 이도훈

생년월일	2007년 1월 6일
신장/체중	179cm / 88kg
출신학교	송정동초-광주동성중-광주동성고

포수(우투우타)

타격할 때 공격적인 성향. 강한 손목 힘으로 순간 임팩트가 좋아 장타 생산력 갖춤. 기본기는 안정적이나 민첩성이 다소 떨어져 블로킹 반응 속도 늦음.

UNIFORM

구단명 : **두산 베어스**

연고지 : **서울특별시**

창립연도 : **1982년(OB 베어스), 1999년(두산 베어스)**

구단주 : **박정원**

대표이사 : **고영섭**

단장 : **김태룡**

감독 : **김원형**

주장 : **양의지**

홈구장 : **서울종합운동장 야구장**

영구결번 : **21 박철순 54 김영신**

한국시리즈 우승 : **1982 1995 2001 2015 2016 2019**

HOME

00

AWAY

TEAM INFO

팀 분석

2025 팀 순위 (포스트시즌 최종 순위 기준)

9위

최근 5년간 팀 순위

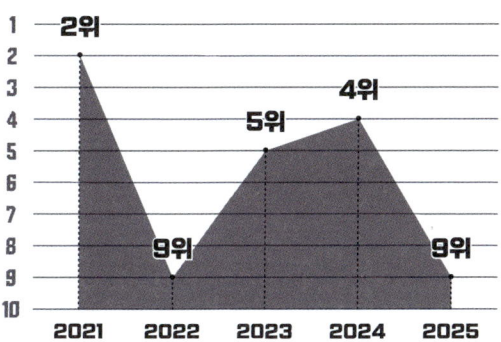

- 2위 (2021)
- 9위 (2022)
- 5위 (2023)
- 4위 (2024)
- 9위 (2025)

2025시즌 최다 마킹 유니폼

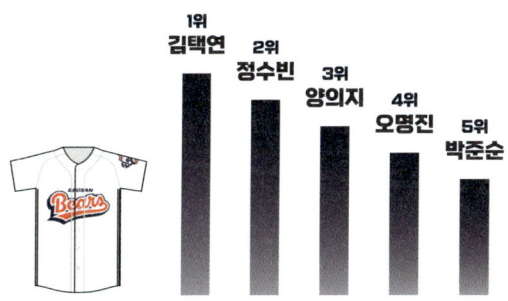

- 1위 김택연
- 2위 정수빈
- 3위 양의지
- 4위 오명진
- 5위 박준순

2025시즌 최다 판매 굿즈

1 망곰 짝짝이
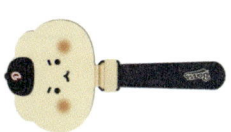

2 망곰 타월

3 최강두산 타월
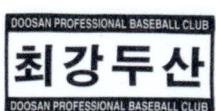

홈구장_서울종합운동장 야구장 (잠실야구장)

- 2.6m
- 125m
- 120m / 120m
- 100m / 100m

천연 잔디
(켄터키 블루그래스)

수용인원

23,750석

구장 특성

LG 트윈스와 함께 사용하고 있는 공동 홈구장. 대표적인 투수친화형 구장으로 웅장한 크기를 자랑한다. 잠실야구장은 올 시즌을 끝으로 철거 작업에 돌입하고, 새로 지어질 잠실 돔구장 공사에 돌입한다. 돔구장 개장까지는 약 5년의 시간이 필요한데, 그 기간 동안 두산과 LG는 바로 옆 잠실 주경기장을 리모델링해서 사용하게 된다. 1982년 개장해 프로야구의 역사 전체를 함께 한 살아있는 전설 같은 야구장. 두산 왕조 시절의 영광을 함께했고 팬들에게도 많은 추억이 서려 있는 구장. 올해는 마지막 모습을 영원히 기억하기 위해 잠실을 방문할 야구팬들이 더 많지 않을까.

HOME STADIUM
GUiDE

팬들을 위한 직관 꿀팁

'먹산'의 자존심을 쉽게 내려놓을 수는 없지. 야구장에서 맛있는 음식을 먹고, 시원한 맥주를 들이켜는 즐거움을 아는 두산팬들이다. 잠실구장 내에도 유명한 맛집들이 있지만, 사실 팬들의 니즈를 완벽히 충족시키기에는 아쉬운 것도 사실이다. 서울 한복판에 위치한 구장의 특성상 이곳만의 특별한 메뉴는 적기 때문. 때문에 도보로 이동이 가능한 신천 새마을시장이나 삼성 현대백화점 지하 푸드코트, 인근 대형마트나 롯데월드몰 등에서 미리 본인 입맛에 쏙 맞는 음식들을 준비해서 입장하는 경우가 많다. 배달 어플로 야구장내 스팟에서 직접 받는 것도 좋은 팁.

LG와 같은 홈구장을 쓰고 있어서 교통편이나 주차 팁은 동일하다. 단, 종합운동장내 행사가 있을 때마다 인근 교통이 마비되기 때문에 가능하면 대중교통이나 택시 이용을 추천한다.

응원단

응원단장
한재권

부응원단장
이준열

부응원단장
최동환

치어리더
김인영

치어리더
김주선

치어리더
나지원

치어리더
류현주

치어리더
문혜진

치어리더
박기량

치어리더
백지혜

치어리더
서현숙

치어리더
안혜지

치어리더
정다혜

치어리더
정아련

치어리더
조나현

치어리더
주예지

치어리더
황래경

치어리더
후지모토 아야카

장내아나운서
유창근

구단 마스코트 소개

메인 마스코트 철웅이

두산의 상징 동물인 곰을 로봇 캐릭터로 형상화했다. 강인하고 역동적인 플레이를 펼치는 로봇 야구 곰돌이.

서브 마스코트 베밀리

베망이　　**베글이**　　**베공이**

철웅이의 야구 친구들. 야구공, 야구 배트, 야구 글러브를 각각 상징한다.

모든 걸 다 바꿨다,
'어린왕자'와 함께 시작된 변화의 시간

작년에 이것만 잘됐으면 좋았을 텐데

모든 톱니바퀴가 어긋난다면 이런 결과가 나올 수 있는 걸까. 시범경기부터 '토종 에이스' 곽빈이 부상으로 이탈했고, '이 선수가 KBO리그에 온다고?'라는 평가를 들었던 외국인투수 콜 어빈은 기대에 미치지 못했다. 또 다른 외인투수 토마스 해치는 시즌에 들어가기 전 계약 해지했다. 그나마 '플랜B'였던 잭 로그가 10승을 했지만, 두산이 짜놓은 시즌 계획은 시작부터 곳곳에서 꼬였다.

우여곡절 끝에 시즌에 들어갔지만, 투타 엇박자가 났다. 선발의 부진은 불펜의 과부하로 이어졌다. 입단 첫 해부터 마무리투수로 거듭나 신인왕을 받았던 김택연은 24개의 세이브를 했지만, 9개의 블론을 기록하며 '2년 치 징크스'를 씌우지 못했다.

수비 공백 역시 컸다. FA 자격을 얻은 허경민은 KT로 이적했고, 김재호가 은퇴했다. 확실하게 대안이 준비되지 않은 가운데 '경쟁 체제'에 기대봤지만, 젊은 선수의 성장은 생각보다 더뎠다.

타선에서는 양의지가 타율 3할-20홈런으로 버팀목이 됐다. 그러나 양석환 김재환 등 베테랑 타자가 침묵하면서 구심점을 잃은 모습이었다. 외국인타자 케이브는 강력한 한 방을 기대하기에는 무언가 부족했다.

분위기가 계속해서 떨어지면서 결단을 내렸다. 계약 마지막 해를 맞이했던 이승엽 감독은 전반기가 끝나기 전에 자리에서 물러났다.

지휘봉을 받은 조성환 감독대행은 체질 개선에 나섰다. 베테랑을 과감하게 뺐고, 젊은 선수의 성장 무대를 열었다. 7, 8월 두 달간 승률이 3위(0.535)에 달하며 '화수분 야구' 부활을 기대하게 했다. 그러나 돌풍은 짧았다. 경험이 부족한 젊은 선수가 단기간에 주전으로 올라서기에는 많은 것이 부족했다. 결국 9위라는 성적표 시즌을 마쳤다.

믿었던 베테랑의 부진과 이를 채우지 못한 백업 자원들은 두산의 숙제를 확인하게 했다. 최악의 시즌을 보낸 두산은 비시즌 재도약을 위한 적극적인 행보를 보였다. 우승 경험이 있는 김원형 감독을 제 12대 감독으로 선임했고, '취임 선물'로 FA 박찬호를 영입했다. 신구조화와 '허슬두' 부활을 내걸고 명가 재건이라는 목표를 안고 새로운 시즌을 준비하고 있다.

스토브리그 성적표

'천재' 이후의 갈증. 드디어 해소된다. 그러나 김재환과 홍건희의 '공짜 이탈'은 너무나 뼈아팠다.

지극히 주관적인 올 시즌 예상 순위와 이유

박찬호의 가세로 두산은 확실한 테이블세터를 얻었다. 동시에 탄탄해진 수비로 투수진 또한 안정을 찾을 가능성이 높다. '우승 청부사' 김원형 감독은 '어린 왕자'라는 선수 시절의 이미지와 달리 카리스마 넘치는 지도자다. 젊은 선수를 하나로 묶기에 적임자라는 평가다. 9위라는 세금을 먹었고, 이제는 결과를 낼 시간이다. 가을야구 복귀는 꿈이 아니다.

MANAGER

생년월일 1972년 7월 5일

출신학교 전주중앙초-전주동중-전주고

주요 경력 쌍방울 레이더스·SK 와이번스 선수(1991~2011)
-SK 와이번스 1군 투수코치(14~16)
-롯데 자이언츠 1군 수석코치(17~18)
-두산 베어스 1군 투수코치(19~20)
-SSG 랜더스 감독(21~23)
-두산 베어스 감독(26~)

"기필코 우승의 한을 풀고, 진짜 강팀으로"

'어린 왕자'가 6년 만에 다시 베어스 유니폼을 입었다. 2025년 9위라는 성적표를 든 두산의 선택은 '검증된 지도자'였다. 김원형 감독은 그 누구보다 '이기는 방법'을 아는 지도자다. 2019년에는 투수코치로 두산의 통합 우승을 이끌었고, 2022년 SSG 랜더스를 KBO리그 최초 '와이어 투 와이어' 우승을 달성했다. 부드러운 인상 속에 숨겨진 강한 카리스마는 김원형 감독의 강력한 무기다. '명투수 조련사'로 마운드 재건을 이끌 예정. '취임 선물'인 외부 FA 박찬호의 영입은 득점력을 올려줄 전망이다. 돌아온 '어린 왕자'에게 '무너진 왕조 재건'이라는 막중한 임무가 주어졌다.

70 김원형

1군

수석코치	QC코치	타격총괄코치	타격코치	투수코치	불펜코치	배터리코치	작전·주루코치	작전·주루코치
홍원기	손시헌	이진영	조중근	정재훈	가득염	조인성	고토 코지	임재현

수비코치	트레이닝코치	트레이닝코치	트레이닝코치
손지환	천종민	조광희	유종수

퓨처스·잔류군

퓨처스 감독	타격코치	투수코치	투수코치	배터리코치	작전·주루코치	작전·주루코치	수비코치	잔류군 투수코치
니무라 토오루	이도형	오노 카즈요시	조웅천	김진수	김재현	서예일	전형도	권명철

잔류군 투수코치	잔류군 배터리코치	잔류군 작전·주루코치	트레이닝코치	트레이닝코치	트레이닝코치	트레이닝코치
윤명준	조경택	김동한	이덕현	곽성욱	권범준	김용우

2026 DOOSAN BEARS DEPTH CHART

• 지명타자

 김인태

 강승호

 김민혁

좌익수
김민석
김인태
김주오

중견수
정수빈
조수행
박지훈

우익수
카메론
김대한
김동준

유격수
박찬호
박계범
이유찬

2루수
오명진
박준순
이유찬

3루수
안재석
임종성
박지훈

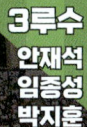

1루수
양석환
강승호
홍성호

포수
양의지
김기연
윤준호

• 감독

 김원형

• 2026 예상 베스트 라인업

1번 타자	박찬호	유격수
2번 타자	정수빈	중견수
3번 타자	안재석	3루수
4번 타자	양의지	포수
5번 타자	카메론	우익수
6번 타자	오명진	2루수
7번 타자	양석환	1루수
8번 타자	김인태	지명타자
9번 타자	김민석	좌익수

• 예상 선발 로테이션

 플렉센

 잭로그

 곽빈

 이영하

 최민석

• 필승조

 최원준

 박치국

 타무라

 박신지

 최지강

• 마무리

 김택연

• 2026 IN & OUT

IN 박찬호 내야수/FA 영입/4년 최대 80억원 |
이영하 투수/FA 잔류/4년 최대 52억원 | 최원준 투수/FA 잔류/4년 최대 38억원 |
조수행 외야수/FA 잔류/4년 최대 16억원 | 이용찬 투수/2차 드래프트 |
이상혁 외야수/2차 드래프트 | 김동주 투수/상무 전역 예정 |
김영현 투수/상무 전역 예정

OUT 김재환 외야수/옵트아웃 이적_SSG | 홍건희 투수/옵트아웃 이적_KIA |
고효준 투수/방출 | 추재현 외야수/2차 드래프트 키움 |
장승현 포수/2차 드래프트 삼성 | 이원재 투수/2차 드래프트_KT |
권휘 투수/은퇴 | 이승진 투수/은퇴 | 박준영 내야수/은퇴 |
조제영 투수/방출 후 울산 이적 | 남호 투수/방출 후 울산 이적 |
이민석 내야수/방출 후 울산 이적 | 박지호 투수/상무 입대 |
여동건 내야수/상무 입대 | 이상혁 외야수/상무 입대

25 ⓒ 포수(우투우타)
양의지

생년월일	1987년 6월 5일
신장/체중	180cm / 95kg
출신학교	송정동초-무등중-진흥고
연봉(2026)	42억 원

#타격왕

30대 후반의 나이. 양의지는 '타격왕'에 올랐다. NC로 이적한 첫 해였던 2019년 이후 6년 만에 차지한 타격왕 타이틀이자 포수 포지션에서 나온 두 번째 타격왕이다. '나이는 숫자에 불과하다'는 걸 다시 한 번 증명하면서 올 시즌 활약을 예고했다. 올해 두산은 FA로 박찬호를 영입했다. 양의지가 지난해 기량만 보여준다면 두산의 득점력은 한층 더 올라갈 수 있다. 부상만 없다면 충분히 가능한 일이다.

#두목곰

2년 연속 두산의 '캡틴'으로 시즌을 맞이한다. 지난해 9위로 마치면서 양의지는 무거운 마음을 내비쳐왔다. 동시에 2026년에는 반드시 반등하겠다는 각오를 새롭게 다졌다. 올해 두산은 대대적인 변화에 나선다. 사령탑이 바뀌었고, 전력 구성도 크게 변할 예정이다. 주장의 역할이 그 어느 때보다 중요하다. 양의지 역시 "귀찮은 일을 도맡을 것"이라며 남다른 책임감을 보여줬다. 동시에 "3~4년 뒤에 야구를 그만할 생각"이라고 하며 후배 성장에도 많은 신경을 쓰겠다는 뜻을 밝혔다. 또한 더그아웃에서도 분위기메이커로 나서겠다고 선언했다.

#황금장갑_역사

지난해 개인 통산 10번째 골든글러브를 수상하며 이승엽 전 감독과 역대 최다 수상 타이 기록을 세웠다. 2023년 시즌을 앞두고 4+2년 총액 152억원에 두산과 계약을 한 양의지는 계약 4년 차 시즌을 보내게 됐다. '예비 FA'와 같지만, 개인 성적보다는 '팀 재건'을 목표로 내걸었다. 그러나 두산의 재건은 '양의지 활약'이 있어야 가능하다. 11번째 수상은 '베어스 부활' 상징이 될 수도 있다.

TMI 인터뷰

1. 원정 갈때 꼭 챙기는 개인 물건
- 에어팟.

2. 요즘 가장 많이 듣는 노래
- '화사 - Good Goodbye'.

3. 처음 봤을때 충격받은 야구선수와 그 이유?
- 없음.

4. 야구 선수를 안했다면 지금 뭐하고 있을까?
- 재벌집 막내 아들.

5. 최근 가장 행복했던 순간
- 딸들과 놀아줄 때.

부상 없이 많은 경기에 출장하기

2025시즌 기록

타율	경기	타석	타수	득점	안타
0.337	130	517	454	56	153
2루타	**3루타**	**홈런**	**루타**	**타점**	**도루**
27	1	20	242	89	4
볼넷	**삼진**	**병살타**	**장타율**	**출루율**	**OPS**
50	63	10	0.533	0.406	0.939

전력분석	명실상부 KBO 최고 포수. 2025년 타격왕을 차지할 정도로 정확성 높은 타격을 하고, 홈런 20개를 기록하며 파워까지 증명했다. 포수라는 포지션이지만, 높은 OPS로 뛰어난 공격 생산력을 보여주면서 중심타자 역할을 완벽하게 소화했다. 박찬호 영입으로 테이블세터가 보강되면서 타점 향상도 기대된다.
강점	장타력과 출루율을 고루 갖춘 OPS형 타자. 득점권에서도 강하다.
약점	세월의 흔적. 부상 방지가 중요하다.
수비력	리드와 포구, 블로킹 모두 상급. 도루 저지율은 예전보다 떨어졌다.

붓상 없이 가을야구 가자!

47

곽빈

투수(우투우타)

생년월일	1999년 5월 28일
신장/체중	187cm / 95kg
출신학교	서울학동초-자양중-배명고
연봉(2026)	3억 5백만 원

#에이스_부활

2024년 15승을 하며 다승왕에 올랐지만, 2025년 시작부터 부상으로 5승에 머물렀다. 연봉도 3억8000만원에서 3억 500만원으로 20% 삭감됐다. 2026년 다시 한 번 부활을 선언했다. 두산의 반등을 위해서는 곽빈의 활약이 절실하다. 곽빈도 2026년 스프링캠프에서 "내 목표는 3선발이 아니라 개막전 선발(1선발)이다"라고 선언했다. 두산의 국내투수가 개막전에 나선 건 2009년 김선우가 마지막이다.

#158.7km/h

부진했던 지난해 마무리는 화려했다. 158.7km/h를 던지면서 개인 통산 최고 구속을 새롭게 썼다. 곽빈이 안우진과 더불어 리그 최고의 패스트볼 보유자로 꼽히고 있다는 걸 숫자로 증명한 순간이었다. 2026년 WBC를 준비하면서 곽빈은 일찌감치 150km/h가 넘는 직구를 던지면서 최고의 몸 상태를 뽐냈다. 대표팀 에이스이자 두산의 재건을 이끌 최고 선발로서 2026년 활약을 예고했다.

#미래의_메이저리거

곽빈은 스프링캠프에서 조심스럽게 해외 진출에 대한 꿈을 내비쳤다. 기량은 충분하다. 위력적인 패스트볼에 슬라이더와 체인지업 등 변화구도 뛰어나다. 2026년 WBC와 아시안게임 등 세계에 기량을 알릴 시간은 많다. 국제대회에서 한 경기를 확실하게 책임지는 에이스의 모습을 보여주며 '큰 경기에 약하다'는 물음표를 뗀다면 또 한 명의 메이저리거 탄생도 기대할 수 있다.

2025시즌 기록

평균자책점	경기	승	패	홀드	세이브
4.20	19	5	7	0	0
승률	이닝	피안타	피홈런	볼넷	사구
0.417	109 1/3	96	9	41	2
삼진	실점	자책점			
107	55	51			

전력분석	리그 최고의 파이어볼러로서 2025년 159km/h까지 나왔다. 빠른 공으로 타자를 윽박지를 수 있는 유형. 직구뿐 아니라 변화구 구종 가치도 상당히 높다. 제구에 약점이 있었지만, 지난해 볼넷을 눈에 띄게 줄이면서 개선된 모습을 보여줬다.
강점	뛰어난 직구 구위에 좌우 타자 가리지 않고 구사할 수 있는 변화구까지 갖추고 있다.
약점	'에이스'라고 불리기에는 이닝 소화력이 다소 아쉽다.

🎤 TMI 인터뷰

1. 원정 갈때 꼭 챙기는 개인 물건
- 가습기, 아이패드.

2. 요즘 가장 많이 듣는 노래
- '김진호 - 가족사진'.

3. 처음 봤을때 충격받은 야구선수와 그 이유는?
- 양의지 선배. 볼 배합에 충격, 타격에 더 충격, 프로의 벽을 느꼈다.

4. 야구 선수를 안했다면 지금 뭐하고 있을까?
- 회사원.

5. 최근 가장 행복했던 순간
- 매순간이 행복.

31
정수빈

외야수(좌투좌타)

생년월일	1990년 10월 7일
신장/체중	175cm / 70kg
출신학교	수원신곡초-수원북중-유신고
연봉(2026)	6억 원

#유일_프랜차이즈_종신_두산?
2020년 시즌을 마치고 두산과 6년 총액 56억원에 FA 계약을 했다. 6시즌 동안 도루왕 1회를 비롯해 두 자릿수 도루를 내내 기록하는 등 건재함을 뽐냈다. 그사이 '90즈'로 불리던 친구들은 모두 이적하고 이제 유일한 프랜차이즈 스타가 됐다. 시즌을 마치고 정수빈은 다시 한 번 FA 자격을 얻는다. '동갑' 박해민이 4년 총액 64억원에 대형 계약을 했다. 정수빈 계약에 이정표가 세워졌다.

#타격폼만_N번째
한 시즌에도 몇 차례씩 바꾸는 타격폼은 꾸준한 노력의 증거다. 정수빈은 "한 경기에서도 여러 차례 바뀌기도 한다"고 밝히기도 했다. 김태균, 이대호 등 '타격 레전드' 선배들의 걱정도 이어졌지만, 정수빈은 "타고난 선수가 아니라 변화를 줘야 한다"고 나름의 확고한 기준을 이야기하기도 했다. 시즌 동안 변화할 정수빈의 타격폼을 관찰하는 것도 또 하나의 볼거리다.

#꿈의_101_3루타
'도루왕' 출신 정수빈의 빠른 발은 타격할 때도 빛난다. 2025 시즌까지 통산 91개의 3루타를 기록한 정수빈은 전준호 해설위원이 가지고 있는 100 3루타를 정조준하고 있다. 2023년 11개의 3루타를 치면서 KBO리그 유일의 한 시즌 두 자릿수 3루타를 기록하기도 했다. 지난 2년 간 총 7개의 3루타를 친 만큼, '통산 3루타 신기록'은 언제 나와도 이상하지 않을 기록이다.

 **TMI 인터뷰**

1. 원정 갈때 꼭 챙기는 개인 물건
- 아이패드.

2. 요즘 가장 많이 듣는 노래
- '임재범 - 이름'.

3. 처음 봤을때 충격받은 야구선수와 그 이유는?
- 타자 윤석민. 몸관리를 철저하게 하는 모습.

4. 야구 선수를 안했다면 지금 뭐하고 있을까?
- 축구선수.

5. 최근 가장 행복했던 순간
- 아들과 영상통화.

2025시즌 기록

타율	경기	타석	타수	득점	안타
0.258	132	546	462	89	119
2루타	3루타	홈런	루타	타점	도루
16	4	6	161	38	26
볼넷	삼진	병살타	장타율	출루율	OPS
61	57	7	0.348	0.355	0.703

전력분석	타석에서 끈질긴 승부를 펼치면서 투수를 물고 늘어지는 모습이 뛰어나다. 매년 두 자릿수 도루를 기록할 정도로 단독 도루 능력이 있고, 작전 수행 능력 역시 수준급이라 득점 생산력이 좋다.
강점	그라운드에서의 근성이 있고, 상황을 이해하는 능력이 좋다.
약점	리드오프로 기대되는 출루율에는 다소 미치지 못한다.
수비력	리그 최고의 중견수로 넓은 수비 범위에 포구 능력이나 송구도 좋다.

두산 외부 FA 영입 = 우승

7

내야수(우투우타)

박찬호

생년월일	1995년 6월 5일
신장/체중	178cm / 72kg
출신학교	신답초-건대부중-장충고
연봉(2026)	8억 원

#2026_1호
2026년 FA 시장 1호 계약은 박찬호에게 돌아갔다. 김재호 이후 확실한 유격수가 아쉬웠던 두산은 FA 시장이 열리자마자 박찬호에게 접촉했다. 두산뿐 아니라 복수의 구단이 관심을 보였지만, 결국 경쟁을 이겨내고 4년 총액 80억원의 계약을 이끌어냈다. 학창시절 서울에서 야구를 한 박찬호는 어릴 적 '베어스 야구'를 보면서 꿈을 키워왔다. 두산은 센터라인 보강과 함께 '도루왕 출신' 테이블세터를 얻으면서 공수 모두 확실한 보강에 성공했다.

#선배미_제대로
두산에 이적하자마자 박찬호는 안재석 박지훈 오명진 등 내야수와 투수 박치국, KIA에서 한솥밥을 먹었던 박민 박정우와 오키나와 캠프를 떠났다. 11박 12일이라는 짧지 않은 기간이었지만, 박찬호는 체제비를 모두 지원했다. 아직 낯설 수 있는 사이였지만, 박찬호는 빠르게 두산에 녹아드는 모습을 보여줬다. 박찬호는 "구단이 나에게 투자한 금액에는 후배를 챙기는 몫도 있다"며 '선배미'를 뽐냈다. 또한 등 번호를 양보한 이교훈에게는 명품백을 선물하며 제대로 보답했다.

#콘텐츠_괴물
박찬호의 영입으로 구단 유튜브 관계자는 매우 바빠졌다. 이적 이후 모든 행동이 콘텐츠가 되고 있다. 본인도 구단 영상에 적극 협조하고 있다. 의도하지 않더라도 행동 하나 하나가 재미를 선사하고 베어스 팬의 마음을 설레게 할 그림이 되고 있다. 이제는 '내야 사령관'으로서 명품 플레이를 보여주며 수많은 영상을 생산해낼 차례다.

2025시즌 기록

타율	경기	타석	타수	득점	안타
0.287	134	595	516	75	148
2루타	3루타	홈런	루타	타점	도루
18	2	5	185	42	27
볼넷	삼진	병살타	장타율	출루율	OPS
62	69	7	0.359	0.363	0.722

전력분석	안정적인 출루를 바탕으로 상대 배터리를 흔들 수 있는 빠른 주력을 갖췄다. 좋은 컨택 능력을 바탕으로 공격적인 스윙을 하며 꾸준하게 인플레이 타구를 만들어 결과를 내려고 한다. 볼넷 비율도 개선되면서 테이블세터로 득점력을 높일 수 있는 타자로 기대된다. 8년 연속 130경기 이상 출전으로 '강강불괴'로서의 모습까지 증명됐다.
강점	리그 정상급 주력과 꾸준한 출루 능력.
약점	잠실구장 적응과 꾸준한 출루와 도루가 이뤄져야 하는 상황에서의 체력 및 컨디션 관리 변수.
수비력	리그 최정상급. 넓은 수비 범위에 포구 능력도 좋다.

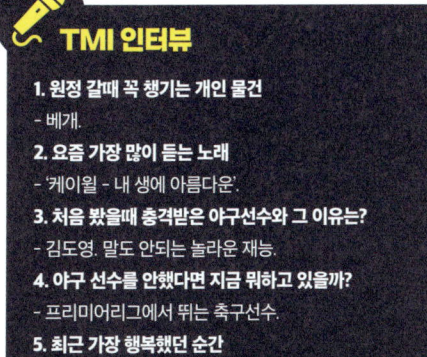

🎤 TMI 인터뷰

1. 원정 갈때 꼭 챙기는 개인 물건
- 베개.

2. 요즘 가장 많이 듣는 노래
- 케이윌 - 내 생에 아름다운.

3. 처음 봤을때 충격받은 야구선수와 그 이유는?
- 김도영. 말도 안되는 놀라운 재능.

4. 야구 선수를 안했다면 지금 뭐하고 있을까?
- 프리미어리그에서 뛰는 축구선수.

5. 최근 가장 행복했던 순간
- 지금 이 순간.

모두가 부상없이 가장 늦게까지 야구하기! ㄴ?!!
63

63
김택연

투수(우투우타)

생년월일	2005년 6월 3일
신장/체중	181cm / 88kg
출신학교	동막초-상인천중-인천고
연봉(2026)	2억 2천만 원

#극적_태극마크

국제 무대에서 당차게 공을 던지며 미국과 일본 무대까지 놀라게 했던 그였다. 그러나 이번 WBC 최종 엔트리 탈락이라는 충격적인 소식을 들었다. 예비 투수 명단에 이름을 올리긴 했지만, 다시 부름이 있을지는 미지수였던 상황. 그러나 메이저리거 오브라이언의 부상으로 오키나와 대표팀 캠프에 극적으로 합류할 수 있었다. WBC에 나서는 만큼, 올 시즌 얼마나 체력 관리를 잘하고 '세이브왕' 자리에 도전할 수 있을지 과제가 주어졌다.

#2년차_징크스

신인왕을 차지한 뒤 맞이한 두 번째 시즌. 김택연은 24개의 세이브로 성공적인 1년을 보냈다. 그러나 결코 완벽하지는 않았다. 지난해 최다 블론세이브(9개)의 주인공이 됐고, 시즌 중간에는 마무리투수 자리를 내려놓기도 했다. 그래도 비교적 순조롭게 넘어간 '2년 차 징크스'. 이제 '불펜투수는 3년 연속 잘하기 힘들다'는 속설에 도전장을 내밀었다.

#포크볼_장인

성장을 위해서는 '투피치'에서 벗어나야 한다는 과제를 품었던 김택연에게 '은인'이 나타났다. 두산 마무리 투수로 활약했던 '레전드' 정재훈 코치가 다시 두산의 투수코치로 돌아온 것. 정재훈 코치는 김택연을 전담해 '포크볼' 전수에 나섰다. 2026년 포크볼 장착이 완료된다면 세이브왕 도전도 청신호가 들어올 수 있게 된다.

TMI 인터뷰

1. 원정 갈때 꼭 챙기는 개인 물건
- 페이스 타월.

2. 요즘 가장 많이 듣는 노래
- '한로로 - 사랑하게 될거야'.

3. 처음 봤을때 충격받은 야구선수와 그 이유는?
- 스펜서 스트라이더. 크지 않은 체구에서 나오는 강력한 패스트볼이 충격적.

4. 야구 선수를 안했다면 지금 뭐하고 있을까?
- 다른 스포츠 무엇이든 도전해봤을 것.

5. 최근 가장 행복했던 순간
- 겨우내 연습했던 구종들이 스텝업을 했다고 느꼈을 때.

2025시즌 기록

평균자책점	경기	승	패	홀드	세이브
3.53	64	4	5	0	24
승률	이닝	피안타	피홈런	볼넷	사구
0.444	66 1/3	47	6	31	5
삼진	실점	자책점			
79	31	26			

전력분석	두산의 마무리투수. 강한 패스트볼로 상대를 압도하는 피칭을 한다. 강한 회전을 바탕으로 수직 무브먼트 수치가 리그 정상급으로 타자로서는 알고도 치기가 쉽지 않다. 제구 또한 안정적이라서 볼넷 대비 삼진율이 크게 높다.
강점	리그 최정상급 직구 구위.
약점	직구와 슬라이더를 받쳐줄 3구종이 필요.

50
이영하

투수(우투우타)

생년월일	1997년 11월 1일
신장/체중	192cm / 91kg
출신학교	영일초-강남중-선린인터넷고
연봉(2026)	6억 원

#52억원_책임감

지난 시즌을 마치고 FA 자격을 얻은 이영하는 두산과 4년 총액 52억원에 계약했다. 선발과 구원 모두 가능한 이영하에게 복수의 구단이 접근했지만, 이영하의 선택은 두산과의 의리였다. 성공적으로 첫 FA 권리 행사를 마친 1월초 박신지 박웅과 함께 일본 노베오카에서 개인 훈련을 했다. 후배들의 체제비를 전액 지원하면서 선배의 품격을 제대로 보여줬다.

#뜨빔면

2018년 스프링캠프에서 룸메이트였던 이용찬과 비빔면을 먹기로 했던 이영하. 자신 있게 비빔면을 들고 왔는데 식히지 않은 채 김이 펄펄 나는 상태로 들고 '뜨빔면(뜨거운 비빔면)'이라는 별명이 붙었다. 2021년 FA로 NC로 떠났던 이용찬은 올 시즌을 앞두고 2차드래프트로 다시 두산으로 왔다. 비빔면을 만들어본 적도 없는 후배에게 심부름을 시켰다고 괜한 욕(?)을 먹었던 이용찬은 그게 아니고 이영하가 자신 있게 나섰던 것이라며 억울함을 내비치기도 했다.

#17승_에이스_부활_선언

이영하의 최고 전성기가 언제인지 묻는다면 누구나 2019년을 이야기한다. 선발투수로서 17승을 거뒀던 해. FA 계약 당시 몇몇 구단은 '선발 보장'을 내걸기도 했다. 이영하에게 선발은 '커리어하이'의 기억이자, 다시 한 번 도전하고 싶은 과제다. 2019년 투수코치였던 김원형 감독은 이영하에게 선발 준비를 맡겼다. 리그 최고의 에이스로 활약하면 2019년 모습을 회복한다면 두산의 가을야구 진출의 길을 한층 더 수월해질 수 있다.

2025시즌 기록

평균자책점	경기	승	패	홀드	세이브
4.05	73	4	4	14	0
승률	이닝	피안타	피홈런	볼넷	사구
0.500	66 2/3	63	4	39	6
삼진	실점	자책점			
72	33	30			

전력분석	강한 직구에 슬라이더를 스트라이크존에 공격적으로 넣어서 타자의 방망이를 이끌어내는 능력이 좋다. 투 피치에 가까운 스타일이지만, 지난해에는 커브 비율을 높여가기 시작했다. 삼진율이 꾸준하게 높아지고 있다.
강점	선발과 불펜 모두 가능한 전천후 투수. 내구성도 좋아 활용도가 높다.
약점	투 피치로 투구 패턴이 다소 단조롭다. 피칭 디자인을 어떻게 하는지가 중요하다.

 **TMI 인터뷰**

1. 원정 갈때 꼭 챙기는 개인 물건
- 아이패드.
2. 요즘 가장 많이 듣는 노래
- '엔믹스 - 블루 발렌타인'.
3. 처음 봤을때 충격받은 야구선수와 그 이유는?
- 박동원 선배. 스윙이 인상적이었다.
4. 야구 선수를 안했다면 지금 뭐하고 있을까?
- 유튜버.
5. 최근 가장 행복했던 순간
- 둘째가 태어났을 때.

투수(좌투좌타)

39 잭로그
Zach Logue

| 생년월일/국적 | 1996년 4월 23일 / 미국 | | | 신장/체중 | 183cm / 84kg |
| 출신학교 | 미국 Archbishop Moeller(고)-미국 Kentucky(대) | | | 연봉 | 110만 달러 |

2025시즌 기록

평균자책점	경기	승	패	홀드	세이브
2.81	30	10	8	1	0
승률	이닝	피안타	피홈런	볼넷	사구
0.556	176	146	8	39	17
삼진	실점	자책점			
156	66	55			

주무기 독특한 투구폼에서 나오는 스위퍼.

토마스 해치의 부상으로 '플랜B' 영입이었지만, 지난해 두산에서 유일하게 10승을 거두며 재계약까지 성공했다. 영입 당시에는 2선발 정도로 여겨졌다. 그러나 마운드에서 타자와 싸우는 모습이 좋아 사실상 에이스의 역할까지 소화했다. 특히 후반기 평균자책점 2.14를 기록하며 좌투수 1위에 오르기도 했다. 150km/h대까지 나오는 포심과 투심 커터를 비롯해 주무기인 스위퍼가 위력적이다. 기량은 물론 클럽하우스 내에서의 태도 역시 리그 최고 수준이라는 평가를 받으며 KBO 생존에 성공했다.

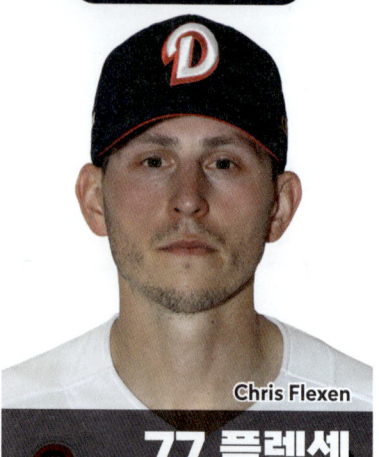

투수(우투우타)

77 플렉센
Chris Flexen

| 생년월일/국적 | 1994년 7월 1일 / 미국 | | | 신장/체중 | 190cm / 99kg |
| 출신학교 | 미국 Newark Memorial(고) | | | 연봉 | 100만 달러 |

2025시즌 기록

평균자책점	경기	승	패	홀드	세이브
-	-	-	-	-	-
승률	이닝	피안타	피홈런	볼넷	사구
-	-	-	-	-	-
삼진	실점	자책점			
-	-	-			

주무기 PS 5경기에서 32탈삼진 아무나 잡나. 타자를 압도하는 직구 구위.

6년 만에 돌아온 두산의 에이스. 발등 부상으로 2020년 정규시즌에는 21경기밖에 뛰지 못했지만, 8승 4패 평균자책점 3.01으로 준수한 성적을 남겼다. 부상을 모두 털어낸 포스트시즌에서는 5경기 나와 2승 1패 1세이브 평균자책점 1.91를 기록하며 두산의 한국시리즈 진출을 이끌었다. 이후 메이저리그에 진출해 첫해 시애틀에서 14승을 올리는 등 KBO리그 역수출 성공 사례가 됐다. 직구 구위는 과거보다 떨어졌다는 평가지만, 타자와 승부를 펼치기에는 충분하다. 여기에 메이저리그에서의 성공 경험까지 더해졌다. 4/3 오른쪽 견갑하근 부상으로 웨스 벤자민 단기 대체. 벤자민 6주 5만 달러 계약.

외야수(우투우타)

24 카메론
Daz Cameron

| 생년월일/국적 | 1997년 1월 15일 / 미국 | | | 신장/체중 | 183cm / 83kg |
| 출신학교 | 미국 Eagle's Landing(고) | | | 연봉 | 100만 달러 |

2025시즌 기록

타율	경기	타석	타수	득점	안타
-	-	-	-	-	-
2루타	3루타	홈런	루타	타점	도루
-	-	-	-	-	-
볼넷	삼진	병살타	장타율	출루율	OPS
-	-	-	-	-	-

타격스타일 '거포'는 아니지만, 빠른 배트 스피드를 앞세워 강한 타구를 만들어낼 수 있다.

지난해 타율 0.299에 16홈런을 친 케이브와 결별하고 영입했다. 휴스턴에 1라운드 지명을 받은 MLB 최상위 유망주 출신이다. 아버지 마이크 카메론도 메이저리그 올스타 출신으로 '유전자의 힘'을 보여줬다. 외야 전 포지션에서 최상급의 수비력을 가지고 있고, 배트 스피드가 빨라서 공 대처가 수월하고 라인 드라이브성 타구도 곧잘 만들어낸다. 타격 메커니즘도 좋아서 간결한 스윙에도 힘있는 타구를 만들어내는 능력이 좋은 평가를 받았다. 외야 전포지션을 수준급으로 소화할 수 있어 공격은 물론 수비에서도 큰 도움을 줄 예정이다.

투수(우투좌타)

Tamura Ichiro

18 타무라

생년월일/국적	1994년 9월 19일 / 일본		신장/체중	173cm / 79kg	
출신학교	일본 릿쿄대		연봉	20만 달러	

2025시즌 기록

평균자책점	경기	승	패	홀드	세이브
-	-	-	-	-	-
승률	이닝	피안타	피홈런	볼넷	사구
-	-	-	-	-	-
삼진	실점	자책점			
-	-	-			

주무기	안정적인 밸런스에서 나오는 패스트볼은 구위과 커맨드를 모두 갖췄다.

NPB에서 9시즌을 뛰며 182⅔이닝 평균자책점 3.40을 기록했다. 지난해 1군과 2군을 오갔고, 특히 2군에서는 마무리투수로 나와 7개의 세이브를 올리기도 했다. 주로 불펜으로 나왔던 만큼, 두산에서도 필승조로 기용될 가능성이 높다. 기본기를 앞세운 일본 투수의 모습이 그대로 녹아 있다. 안정적인 제구력을 바탕으로 위력적인 공을 던지며 기대를 모았다. NPB 2군에서 마무리투수로 뛴 경험이 있는 만큼, 위기 상황을 극복하는 능력이나 배짱 등은 어느 정도 검증됐다. 두산 사무실 첫 방문부터 한국어로 '안녕하십니까'라고 인사할 정도로 적응에 진심이다.

투수(우언우타)

61 최원준

생년월일	1994년 12월 21일		신장/체중	182cm / 91kg	
출신학교	수유초-신일중-신일고-동국대		연봉	4억 원	

2025시즌 기록

평균자책점	경기	승	패	홀드	세이브
4.71	47	4	7	9	0
승률	이닝	피안타	피홈런	볼넷	사구
0.364	107	105	18	38	4
삼진	실점	자책점			
62	59	56			

전력분석	선발과 중간 가리지 않고 전천후로 나설 수 있는 투수. 구단도 이를 높게 평가해 4년 총액 38억원의 계약을 안겼다. 기본적으로 제구가 돼 경기 운영이 가능하다. 지난해 팔 각도를 높이고 구위를 끌어올렸고, 포크볼 완성도를 높이면서 좌타자 상대 승부도 좋아졌다.
강점	선발 경험이 있는 만큼 경기 체력 자체가 좋다.
약점	피홈런 팀 1위. 장타 허용률.

투수(좌투좌타)

28 최승용

생년월일	2001년 5월 11일		신장/체중	190cm / 87kg	
출신학교	양오초-모가중-소래고		연봉	1억 5천5백만 원	

2025시즌 기록

평균자책점	경기	승	패	홀드	세이브
4.41	23	5	7	0	0
승률	이닝	피안타	피홈런	볼넷	사구
0.417	116 1/3	121	8	36	6
삼진	실점	자책점			
71	60	57			

전력분석	직구를 비롯해 커터 슬라이더 포크 등 다양한 구종을 좌우 가리지 않고 던지며 선발진 한 자리를 차지했다. 제구 또한 큰 기복이 없어 계산이 서는 경기력을 보여줬다. 손가락 물집으로 시즌 중간 이탈하기도 했지만, 지난해 무너진 두산 선발진에 버팀목 역할을 했다.
강점	다양한 변화구를 어떤 순간에도 던질 수 있다.
약점	부상이 걱정. 데뷔 이후 아직 규정 이닝을 소화한 시즌이 없다.

투수(우언우타)

1 박치국

생년월일	1998년 3월 10일		신장/체중	177cm / 78kg
출신학교	인천숭의초-인천신흥중-제물포고		연봉	1억 8천7백만 원

2025시즌 기록

평균자책점	경기	승	패	홀드	세이브
3.75	73	4	4	16	2
승률	이닝	피안타	피홈런	볼넷	사구
0.500	62 1/3	58	4	21	7
삼진	실점	자책점			
57	35	26			

전력분석	사이드암 투수임에도 150km/h에 달하는 빠른 공을 던진다. 지난해 데뷔 이후 가장 많은 경기에 출전해 핵심 불펜으로서 역할을 했다. 체인지업이 있지만, 직구와 커브 '투 피치'로 주로 경기를 풀어가는 스타일. 예비 FA로서 그 어느 때보다 의욕을 가지고 시즌에 돌입한다.
강점	직구 구위는 정상급.
약점	좌타자 상대 확실한 승부구가 부족하다.

투수(우투우타)

68 최민석

생년월일	2006년 7월 2일		신장/체중	188cm / 84kg
출신학교	중대초-양천중-서울고		연봉	6천3백만 원

2025시즌 기록

평균자책점	경기	승	패	홀드	세이브
4.40	17	3	3	0	0
승률	이닝	피안타	피홈런	볼넷	사구
0.500	77 2/3	72	7	34	5
삼진	실점	자책점			
53	41	38			

전력분석	성공적인 1년 차를 보냈다. 투심과 스위퍼의 움직임이 상당해 타자가 정타를 만들기 힘들다. 지난해보다 내야진이 탄탄해져 땅볼 유도가 많은 최민석에게는 조금 더 유리한 1년이 될 전망. 2년 차 징크스를 얼마나 피하는지가 관건이다.
강점	리그에서도 상위급으로 꼽히는 투심과 스위퍼 완성도.
약점	분석은 시작됐다. 3구종 완성도를 얼마나 끌어올릴 수 있을까.

투수(우투좌타)

42 최지강

생년월일	2001년 7월 23일		신장/체중	180cm / 88kg
출신학교	광주서석초-광주동성중-광주동성고-강릉영동대		연봉	8천7백만 원

2025시즌 기록

평균자책점	경기	승	패	홀드	세이브
6.34	39	2	5	5	0
승률	이닝	피안타	피홈런	볼넷	사구
0.286	32 2/3	41	3	13	2
삼진	실점	자책점			
38	25	23			

전력분석	압도적인 구위를 바탕으로 타자와 힘 대 힘 승부가 가능하다. 투심을 던져 공의 움직임이 커 타자가 공략하기 어렵다. 중요한 포인트에서 상대의 흐름을 끊어줄 수 있는 능력이 있다. 2024년 엄청난 퍼포먼스를 보여주며 2025년 기대가 높았다. 그러나 시즌 초반부터 부상이 찾아오면서 아쉬운 1년을 보냈다.
강점	타자를 압도하는 구위.
약점	한 시즌을 완벽하게 소화할 수 있는 부상 관리.

투수(좌투좌타)

29 이병헌

생년월일	2003년 6월 4일		신장/체중	183cm / 95kg
출신학교	역삼초-영동중-서울고		연봉	9천4백만 원

2025시즌 기록

평균자책점	경기	승	패	홀드	세이브
6.23	22	0	0	4	0
승률	이닝	피안타	피홈런	볼넷	사구
-	13	11	1	10	0
삼진	실점	자책점			
9	9	9			

전력분석	좌투수로서 2024년 두산 좌완 최연소 20홀드를 기록했다. 지난해 부상 여파로 마운드에서 불안정한 모습이 이어지고 자신감도 잃어 밸런스까지 흔들렸다. 직구와 슬라이더 '투 피치' 비율이 높지만, 두 구종 모두 결정구로 사용할 수 있을 정도로 위력이 좋다.
강점	타자가 까다롭게 느낄 투구폼에 위력적인 패스트볼.
약점	흔들리는 제구에 카운트 싸움이 쉽지 않다.

투수(우투우타)

49 박신지

생년월일	1999년 7월 16일		신장/체중	185cm / 75kg
출신학교	목암초(의정부리틀)-영동중-경기고		연봉	7천만 원

2025시즌 기록

평균자책점	경기	승	패	홀드	세이브
2.85	54	2	4	5	0
승률	이닝	피안타	피홈런	볼넷	사구
0.333	60	55	3	29	5
삼진	실점	자책점			
36	24	19			

전력분석	지난해 불펜으로 60이닝을 던져주면서 무너진 두산 투수진에 중요한 역할을 해줬다. 150km/h가 넘는 직구에 체인지업과 커브 등 변화구도 좋다. 선발 경험이 있어 롱릴리프는 물론, 연투 능력도 있어 전천후 활용이 가능하다.
강점	좌우타자 가리지 않고 승부가 가능하다.
약점	승부처에 기용하기에는 부족한 안정감.

포수(우투우타)

22 김기연

생년월일	1997년 9월 7일		신장/체중	178cm / 106kg
출신학교	광주수창초-진흥중-진흥고		연봉	9천5백만 원

2025시즌 기록

타율	경기	타석	타수	득점	안타
0.247	100	245	219	19	54
2루타	3루타	홈런	루타	타점	도루
9	0	2	69	24	1
볼넷	삼진	병살타	장타율	출루율	OPS
19	44	8	0.315	0.307	0.622

전력분석	양의지의 뒤를 받칠 제 2의 포수. 차분하게 경기를 풀어가는 능력이 뛰어나다. 지난해 양의지가 출전 시간을 늘리면서 경기에 나갈 시간이 많지 않아 스탯이 다소 떨어졌지만, 기본적인 펀치력이 뛰어난 '공격형 포수'다.
강점	승부처에서도 한 방을 칠 수 있는 타격 능력.
약점	공격력 기대에 비해 떨어지는 수비력.
수비력	경험이 쌓이고 있지만, 블로킹이나 도루 저지율 향상은 필요하다.

내야수(우투우타)

53 양석환

생년월일	1991년 7월 15일		신장/체중	185cm / 90kg
출신학교	백운초-신일중-신일고-동국대		연봉	3억 원

2025시즌 기록

타율	경기	타석	타수	득점	안타
0.248	72	294	262	32	65
2루타	3루타	홈런	루타	타점	도루
16	0	8	105	31	1
볼넷	삼진	병살타	장타율	출루율	OPS
24	82	6	0.401	0.320	0.721

전력분석	20~30홈런을 칠 수 있는 장타력을 갖춘 내야수. 타석에서 공격적으로 풀스윙을 하면서 장타를 생산하는 능력이 탁월하다. 지난해에는 부침을 겪으면서 '커리어로우' 시즌을 보내 명예회복이 절실하다.
강점	맞으면 넘어가는 파워.
약점	높은 헛스윙률. 삼진이 많다.
수비력	안정적인 포구 능력을 바탕으로 리그 평균 수비는 보여주고 있다.

내야수(우투우타)

23 강승호

생년월일	1994년 2월 9일		신장/체중	178cm / 88kg
출신학교	순천북초-천안북중-북일고		연봉	2억 9천8백만 원

2025시즌 기록

타율	경기	타석	타수	득점	안타
0.236	115	400	360	51	85
2루타	3루타	홈런	루타	타점	도루
19	3	8	134	37	14
볼넷	삼진	병살타	장타율	출루율	OPS
24	113	7	0.372	0.302	0.674

전력분석	장타력을 갖춘 내야수로 두자릿수 홈런과 도루 모두 가능하다. 지난해 3루수로 준비했지만, 초반부터 잘 풀리지 않으면서 전반적으로 스탯이 하락했다. 시즌 중후반 포지션을 옮겨다녔고, 부주장으로서의 부담 또한 안고 있었다. 젊은 내야수 사이에서 중심을 잡아야 한다.
강점	정타를 만들 경우 장타로 이어질 확률이 높다.
약점	높은 헛스윙률과 힘을 내지 못했던 득점권 타석.
수비력	내야 곳곳을 수준급으로 지킬 수 있다. 간혹 나오는 실책은 보완점.

내야수(우투좌타)

62 안재석

생년월일	2002년 2월 15일		신장/체중	185cm / 75kg
출신학교	성내초(강동구리틀)-배재중-서울고		연봉	6천7백만 원

2025시즌 기록

타율	경기	타석	타수	득점	안타
0.319	35	147	135	25	43
2루타	3루타	홈런	루타	타점	도루
16	1	4	73	20	2
볼넷	삼진	병살타	장타율	출루율	OPS
11	27	3	0.541	0.370	0.911

전력분석	장타력도 있고, 득점권 타율 5할을 기록하며 찬스 해결 능력까지 증명했다. 입대 전에도 팀 내 상위권에 속하는 타구 스피드로 강한 타구를 곧잘 생산했지만, 군대에서 벌크업한 후 한층 더 힘이 붙은 모습이다. 3루수로 옮기면서 공격에 더 집중할 것이다.
강점	어느 타순에 넣어도 적합한 넓은 활용도.
약점	풀타임 몸관리에 대한 물음표. 기복이 왔을 때 얼마나 컨디션을 잘 유지할 수 있을지가 관건.
수비력	1차지명 이유 중 하나는 수비력. 3루수 적응이 관건.

내야수(우투우타)

52 박준순

생년월일	2006년 7월 13일		신장/체중	180cm / 80kg
출신학교	배봉초(동대문구리틀)-청량중-덕수고		연봉	6천9백만 원

2025시즌 기록

타율	경기	타석	타수	득점	안타
0.284	91	298	282	34	80
2루타	3루타	홈런	루타	타점	도루
11	2	4	107	19	10
볼넷	삼진	병살타	장타율	출루율	OPS
10	56	6	0.379	0.307	0.686

전력분석	신인으로서 가능성을 보여준 1년을 보여줬다. 100안타까지 기대되는 타격 능력을 보여주기도 했지만, 후반 페이스가 꺾였다. 고교 시절 2루수를 했던 만큼, 3루수보다는 2루수가 안정적인 모습. '2년 차 징크스' 극복 및 한 시즌을 완전히 소화할 체력이 관건이다.
강점	공을 맞히는 능력이 뛰어나다.
약점	아직 자신의 S존이 명확하지 않다.
수비력	어색했던 3루수 옷. 그래도 신체 능력은 높은 수비 성장 가능성을 보이고 있다.

내야수(우투좌타)

6 오명진

생년월일	2001년 9월 4일		신장/체중	179cm / 79kg
출신학교	대전신흥초-한밭중-세광고		연봉	1억 1천2백만 원

2025시즌 기록

타율	경기	타석	타수	득점	안타
0.263	107	371	331	38	87
2루타	3루타	홈런	루타	타점	도루
14	4	4	121	41	5
볼넷	삼진	병살타	장타율	출루율	OPS
27	94	3	0.366	0.321	0.687

전력분석	내야 전 포지션 소화가 가능한 유틸리티 플레이어. 지난해 전반기만 보면 주전으로 도약하나 싶었지만, 후반기 꺾인 모습이 아쉬웠다. 중장거리 타자로 타율 또한 충분히 좋게 가지고 갈 수 있고, 필요한 순간 한 방을 만들어주는 능력도 좋다. 홈런이 많은 편은 아니지만, 타구질이 좋았다.
강점	높은 수비 활용도와 힘있는 타구를 만들 수 있는 능력.
약점	한 번 무너지면 완전히 흔들릴 수 있다. 루틴 유지하며 기복 없는 1년이 중요하다.
수비력	내야 전포지션을 모두 수준급으로 채워줄 수 있다.

내야수(우투우타)

13 이유찬

생년월일	1998년 8월 5일		신장/체중	175cm / 68kg
출신학교	동막초-천안북중-북일고		연봉	1억 1천2백만 원

2025시즌 기록

타율	경기	타석	타수	득점	안타
0.242	89	311	269	36	65
2루타	3루타	홈런	루타	타점	도루
8	1	1	78	16	12
볼넷	삼진	병살타	장타율	출루율	OPS
33	66	4	0.290	0.328	0.618

전력분석	내야수뿐 아니라 외야수까지 소화가 가능한 유틸리티 플레이어. 수비에 있어서는 완전히 안정권에 들어왔다. 3년 연속 두 자릿수 도루를 기록하는 등 주력도 뛰어나 다양한 득점 루트를 만들 수 있다. 결혼으로 책임감이 더해진 시즌을 맞이하게 됐다.
강점	상위 레벨의 주력과 좌투수를 상대로 강하다.
약점	S존을 벗어나는 공 대처가 아쉽다.
수비력	내외야를 모두 소화할 수 있는 센스. 송구도 우수하다.

내야수(우투우타)

37 박지훈

생년월일	2000년 9월 7일		신장/체중	183cm / 80kg
출신학교	김해삼성초-경남중-마산고		연봉	5천2백만 원

2025시즌 기록

타율	경기	타석	타수	득점	안타
0.417	37	55	48	11	20
2루타	3루타	홈런	루타	타점	도루
4	0	1	27	8	1
볼넷	삼진	병살타	장타율	출루율	OPS
5	12	1	0.563	0.481	1.044

전력분석	지난해 9월 타율 0.452을 기록하는 등 뛰어난 타격 능력을 보여줬다. 거포 유형은 아니지만, 안정적인 컨텍을 바탕으로 빠른 발을 이용해 장타를 만드는 능력도 탁월하다. 무엇보다 강한 어깨를 바탕으로 포수를 제외한 모든 포지션 소화가 가능해 활용도를 높였다.
강점	내·외야 모두 수준급으로 커버 가능. 어느 포지션에 들어가도 기본 이상을 해준다.
약점	풀타임 경험이 없다. 상대 분석이 세밀하게 들어올 경우 어떻게 극복할지가 관건.
수비력	빠른 발에 강한 어깨. 어느 포지션에서도 기본 이상은 해준다.

외야수(우투좌타)

51 조수행

생년월일	1993년 8월 30일		신장/체중	178cm / 73kg
출신학교	노암초-경포중-강릉고-건국대		연봉	2억 원

2025시즌 기록

타율	경기	타석	타수	득점	안타
0.244	108	140	119	30	29
2루타	3루타	홈런	루타	타점	도루
4	0	0	33	9	30
볼넷	삼진	병살타	장타율	출루율	OPS
14	29	1	0.277	0.323	0.600

전력분석	한 점이 필요한 순간 가장 필요한 카드. 2024년 64도루로 도루왕에 오르는 등 리그 최고의 주력을 갖추고 있다. 주루와 수비에 있어서는 리그 최고 수준. 이런 활약을 인정받아 '스페셜리스트'임에도 FA 계약을 하면서 가치를 인정받았다.
강점	리그 최고의 주력.
약점	빠른 발을 100% 활용하지 못하는 출루율.
수비력	빠른 발을 이용한 넓은 수비 범위. 포구와 송구 역시 리그 상위급.

외야수(좌투좌타)

33 김인태

생년월일	1994년 7월 3일		신장/체중	178cm / 78kg
출신학교	포항제철서초-천안북중-북일고		연봉	8천7백만 원

2025시즌 기록

타율	경기	타석	타수	득점	안타
0.213	106	225	183	17	39
2루타	3루타	홈런	루타	타점	도루
10	1	3	60	25	0
볼넷	삼진	병살타	장타율	출루율	OPS
36	57	2	0.328	0.356	0.684

전력분석	두산의 벤치 리더 역할을 하면서 더그아웃 분위기를 만들어주고 있다. 출루율도 0.350 이상으로 준수하고, 장타 생산 능력도 있다. 대타 타율이 0.341에 달할 정도로 중요한 순간 결정력도 좋다.
강점	중요한 순간 확실하게 해결해준다.
약점	교체 출전의 강한 임팩트가 오히려 선발 출전 효과를 떨어트린다.
수비력	주전으로 도약하기 위해서는 수비력이 절실하다.

45 이용찬
투수(우투우타)

생년월일 1989년 1월 2일
출신학교 신원초-양천중-장충고

2025시즌 기록

배짱 두둑 포크볼 장인, 산전수전 다 겪은 투수 리더가 돌아왔다.

평균자책점	경기	승	패	홀드	세이브	승률	이닝	피안타
10.57	12	1	2	1	0	0.333	15 1/3	23
피홈런	볼넷	사구	삼진	실점	자책점			
1	12	4	14	18	18			

46 김명신
투수(우투우타)

생년월일 1993년 11월 29일
출신학교 남도초-대구중-경북고-경성대

2025시즌 기록

좌우타자 가리지 않고 안정적인 제구력. 김원형 감독 만나 신무기 장착 '전환점 도전'.

평균자책점	경기	승	패	홀드	세이브	승률	이닝	피안타
5.40	8	0	0	0	0	-	8 1/3	13
피홈런	볼넷	사구	삼진	실점	자책점			
0	3	1	6	8	5			

19 김민규
투수(우투좌타)

생년월일 1999년 5월 7일
출신학교 장평초(광진구리틀)-잠신중-휘문고

2025시즌 기록

아직도 잊지 못할 '가을 남자' 기억. 기복 없는 피칭이면 1군 활용도는 무궁무진하다.

평균자책점	경기	승	패	홀드	세이브	승률	이닝	피안타
4.66	7	1	1	0	0	0.500	9 2/3	9
피홈런	볼넷	사구	삼진	실점	자책점			
1	6	4	6	5	5			

55 김유성
투수(우투우타)

생년월일 2002년 1월 1일
출신학교 김해삼성초-내동중-김해고-(고려대)

2025시즌 기록

구위는 검증됐다. 이제 활용할 제구만 찾으면 선발 불펜 타자 압도할 수 있다.

평균자책점	경기	승	패	홀드	세이브	승률	이닝	피안타
8.83	7	0	2	0	0	0.000	17 1/3	17
피홈런	볼넷	사구	삼진	실점	자책점			
3	14	4	22	17	17			

16 김정우
투수(우투우타)

생년월일 1999년 5월 15일
출신학교 소래초-동산중-동산고

2025시즌 기록

강렬한 임펙트를 남기는 데 성공했다. 이제 도약의 시간이다.

평균자책점	경기	승	패	홀드	세이브	승률	이닝	피안타
3.86	18	0	0	1	1	-	21	26
피홈런	볼넷	사구	삼진	실점	자책점			
1	9	3	13	12	9			

104 김지윤
투수(우투우타)

생년월일 2004년 1월 13일
출신학교 서흥초-인천신흥중-인천고-여주대

2025시즌 기록

육선 선수 출신의 '파이어볼러'. 비밀 무기, 히든카드로 1군 데뷔를 기다리고 있다.

평균자책점	경기	승	패	홀드	세이브	승률	이닝	피안타
-	-	-	-	-	-	-	-	-
피홈런	볼넷	사구	삼진	실점	자책점			
-	-	-	-	-	-			

95 김한중
투수(우투우타)

생년월일 2004년 11월 3일
출신학교 고명초-덕수중-경기상고-여주대

2025시즌 기록

육성선수에서 1군 데뷔까지 성공. 자기 캐릭터만 확실히 잡으면 눈도장 받을 수 있다.

평균자책점	경기	승	패	홀드	세이브	승률	이닝	피안타
0.00	2	0	0	0	0	-	2	1
피홈런	볼넷	사구	삼진	실점	자책점			
0	0	0	0	1	0			

56 김호준
투수(좌투좌타)

생년월일 1998년 5월 17일
출신학교 원주일산초-성남성일중-안산공고

2025시즌 기록

4연투 투혼과 열정. 좌완 스페셜리스트로 가치 증명해야 한다.

평균자책점	경기	승	패	홀드	세이브	승률	이닝	피안타
6.75	19	0	1	1	0	0.000	10 2/3	14
피홈런	볼넷	사구	삼진	실점	자책점			
2	7	0	7	11	8			

17 박정수
투수(우언좌타)

생년월일 1996년 1월 29일
출신학교 서울청구초-서울이수중-야탑고

2025시즌 기록

준수한 제구력을 바탕으로 계산이 서는 피칭이 장점. 안정성만 그대로 잘 보여주면 된다.

평균자책점	경기	승	패	홀드	세이브	승률	이닝	피안타
4.10	29	1	0	3	0	1.000	26 1/3	31
피홈런	볼넷	사구	삼진	실점	자책점			
1	8	4	15	13	12			

30 양재훈
투수(우투우타)

생년월일 2003년 5월 1일
출신학교 부산수영초-사직중-개성고
-동의과학대

2025시즌 기록

1군 첫 해에 깜짝 세이브. 직구-커브 이을 3구종만 더해지면 1군 도약 문제없다.

평균자책점	경기	승	패	홀드	세이브	승률	이닝	피안타
4.24	19	0	0	0	1	-	23 1/3	19
피홈런	볼넷	사구	삼진	실점	자책점			
3	8	0	19	11	11			

65 윤태호
투수(우투우타)

생년월일 2003년 10월 10일
출신학교 상인천초-동인천중-인천고

2025시즌 기록

직구 구위가 좋고, 수직 무브먼트가 뛰어나다. 쌍둥이 형제 투수 맞대결 기대.

평균자책점	경기	승	패	홀드	세이브	승률	이닝	피안타
6.75	10	0	1	1	0	0.000	17 1/3	16
피홈런	볼넷	사구	삼진	실점	자책점			
2	5	0	16	14	13			

36 이교훈
투수(좌투좌타)

생년월일 2000년 5월 29일
출신학교 구리초(남양주리틀)-청원중
-서울고

2025시즌 기록

사이드암으로 투구폼 변신. 또 한 명의 '좌승사자' 나올 수 있다.

평균자책점	경기	승	패	홀드	세이브	승률	이닝	피안타
1.17	10	1	0	0	0	1.000	7 2/3	4
피홈런	볼넷	사구	삼진	실점	자책점			
0	4	1	7	2	1			

43 이주엽
투수(우투우타)

생년월일 2001년 3월 26일
출신학교 서울이수초-성남중-성남고

2025시즌 기록

미완의 1차지명. 부상 털고 본격적인 성장의 시간 시작됐다.

평균자책점	경기	승	패	홀드	세이브	승률	이닝	피안타
-	-	-	-	-	-	-	-	-
피홈런	볼넷	사구	삼진	실점	자책점			
-	-	-	-	-	-			

101 최우인
투수(우투우타)

생년월일 2002년 8월 9일
출신학교 가동초-대치중-서울고

2025시즌 기록

사령탑이 찍은 강속구 투수. 제구 잡히면 1이닝 삭제 충분하다.

평균자책점	경기	승	패	홀드	세이브	승률	이닝	피안타
-	-	-	-	-	-	-	-	-
피홈런	볼넷	사구	삼진	실점	자책점			
-	-	-	-	-	-			

40 최종인
투수(우투우타)

생년월일 2001년 5월 1일
출신학교 해강초-센텀중-부산고

2025시즌 기록

불펜 가능성 증명. 위력적 직구에 변화구도 수준급. 1군 도약만 남았다.

평균자책점	경기	승	패	홀드	세이브	승률	이닝	피안타
5.40	3	0	0	0	0	-	1 2/3	1
피홈런	볼넷	사구	삼진	실점	자책점			
0	3	0	5	1	1			

59 최준호
투수(우투우타)

생년월일 2004년 6월 3일
출신학교 온양온천초-온양중-북일고

2025시즌 기록

떨어진 구위 되찾으면 선발진에 단비 됐던 1라운더 모습 다시 볼 수 있다.

평균자책점	경기	승	패	홀드	세이브	승률	이닝	피안타
8.44	9	1	2	0	0	0.333	16	18
피홈런	볼넷	사구	삼진	실점	자책점			
4	9	2	11	15	15			

67 류현준
포수(우투우타)

생년월일 2005년 3월 25일

출신학교 문정초(송파구리틀)-배재중
-장충고

2025시즌 기록

포수가 3할 5푼의 타율을 기록했다고? 1군 경험까지 장착. 경쟁 본격 시작됐다.

타율	경기	타석	타수	득점	안타	2루타	3루타	홈런
0.136	17	22	22	2	3	0	0	0
루타	타점	도루	볼넷	삼진	병살타	장타율	출루율	OPS
3	1	0	0	6	1	0.136	0.136	0.272

26 박민준
포수(우투우타)

생년월일 2002년 10월 21일

출신학교 아라초-마산동중-용마고-동강대

2025시즌 기록

수비는 수준급. 공격력만 보강하면 1군 경쟁 뛰어들 수 있다.

타율	경기	타석	타수	득점	안타	2루타	3루타	홈런
0.000	7	2	2	0	0	0	0	0
루타	타점	도루	볼넷	삼진	병살타	장타율	출루율	OPS
0	0	0	0	1	0	0.000	0.000	0.000

27 윤준호
포수(우투우타)

생년월일 2000년 11월 14일

출신학교 부산안락초(해운대리틀)-센텀중
-경남고-동의대

2025시즌 기록

상무에서 수비, 송구 모두 발전. 퓨처스 뒤흔든 타격까지 보여주면 양의지 후계자 가능.

타율	경기	타석	타수	득점	안타	2루타	3루타	홈런
-	-	-	-	-	-	-	-	-
루타	타점	도루	볼넷	삼진	병살타	장타율	출루율	OPS
-	-	-	-	-	-	-	-	-

11 김동준
내야수(좌투좌타)

생년월일 2002년 9월 4일

출신학교 군산신풍초-군산중-군산상고

2025시즌 기록

괜히 1R로 뽑았겠나. 우수한 체격 조건에 높은 기대치. 결국 1군 도약 키워드는 장타력.

타율	경기	타석	타수	득점	안타	2루타	3루타	홈런
0.237	36	100	93	8	22	3	0	2
루타	타점	도루	볼넷	삼진	병살타	장타율	출루율	OPS
31	10	1	5	30	2	0.333	0.283	0.616

10 김민혁
내야수(우투우타)

생년월일 1996년 5월 3일

출신학교 광주대성초-광주동성중
-광주동성고

2025시즌 기록

올해도 믿고 기다린다. 장타력 터지면 홈런왕 판도 모른다.

타율	경기	타석	타수	득점	안타	2루타	3루타	홈런
0.118	10	21	17	2	2	0	0	1
루타	타점	도루	볼넷	삼진	병살타	장타율	출루율	OPS
5	1	0	4	6	0	0.294	0.286	0.580

14 박계범
내야수(우투우타)

생년월일 1996년 1월 11일

출신학교 순천북초-순천이수중-효천고

2025시즌 기록

심증 완료된 만능 내야 유틸리티. 적지 않은 나이에 내야 무한 생존 경쟁 시작됐다.

타율	경기	타석	타수	득점	안타	2루타	3루타	홈런
0.263	94	198	175	23	46	9	2	1
루타	타점	도루	볼넷	삼진	병살타	장타율	출루율	OPS
62	27	3	14	45	4	0.354	0.319	0.673

3 임종성
내야수(우투우타)

생년월일 2005년 3월 3일

출신학교 본리초-대구중-경북고

2025시즌 기록

히트 상품이 되나 싶었는데 부상이 찾아왔다. 최정 이을 거포 3루수가 두산에서 성장 중.

타율	경기	타석	타수	득점	안타	2루타	3루타	홈런
0.277	33	89	83	7	23	4	0	2
루타	타점	도루	볼넷	삼진	병살타	장타율	출루율	OPS
33	11	1	3	26	1	0.398	0.307	0.705

32 김대한
외야수(우투우타)

생년월일 2000년 12월 6일

출신학교 숭인초(강북구리틀)-덕수중
-휘문고

2025시즌 기록

이보다 아픈 손가락 있을까. '잠실 거포' 등번호 달았다. 이제는 터져야 한다.

타율	경기	타석	타수	득점	안타	2루타	3루타	홈런
0.194	16	37	36	1	7	0	0	1
루타	타점	도루	볼넷	삼진	병살타	장타율	출루율	OPS
10	5	0	1	6	0	0.278	0.216	0.494

2 김민석
외야수(우투좌타)

생년월일 2004년 5월 9일
출신학교 신도초-휘문중-휘문고

2025시즌 기록

신인 100안타 재능은 아무나 못 갖는다. 장점인 컨택을 다시 한 번 잘 살려야 한다.

타율	경기	타석	타수	득점	안타	2루타	3루타	홈런
0.228	95	247	228	21	52	7	3	1

루타	타점	도루	볼넷	삼진	병살타	장타율	출루율	OPS
68	21	3	12	62	3	0.298	0.269	0.567

9 전다민
외야수(우투좌타)

생년월일 2001년 8월 21일
출신학교 길동초-청원중-설악고
 -강릉영동대

2025시즌 기록

빠른 발에 타격 능력까지 갖춘 자원. 스페셜리스트 가치 보여주면 주전까지 가능.

타율	경기	타석	타수	득점	안타	2루타	3루타	홈런
0.083	22	12	12	5	1	0	0	0

루타	타점	도루	볼넷	삼진	병살타	장타율	출루율	OPS
1	0	3	0	0	1	0.083	0.083	0.166

34 홍성호
외야수(우투좌타)

생년월일 1997년 7월 15일
출신학교 인헌초-선린중-선린인터넷고

2025시즌 기록

강렬한 인상 남기며 이제 터지나 했는데 갑작스런 부상. 김재환 공백 채울 슬러거.

타율	경기	타석	타수	득점	안타	2루타	3루타	홈런
0.346	9	27	26	3	9	1	0	2

루타	타점	도루	볼넷	삼진	병살타	장타율	출루율	OPS
16	3	0	1	8	0	0.615	0.370	0.985

1라운드 전체 7순위

66 김주오

외야수(우투우타)

생년월일	2007년 9월 14일
신장/체중	178cm / 95kg
출신학교	마산무학초-마산동중-마산용마고

'이 선수가 1라운드에'라는 말이 나올 정도로 모두의 예상을 뒤집은 선택이었다. '물음표'라는 평가지만, 두산은 확실한 믿음이 있다. 고교 무대에서 가장 빠른 타구 속도를 기록한 장타자로 선구안과 컨택 능력까지 갖췄다.

2라운드 전체 17순위

15 최주형

투수(좌투좌타)

생년월일	2006년 8월 19일
신장/체중	174cm / 70kg
출신학교	거제고현초(거제시리틀)-외포중 -마산고

두산의 투수 첫 픽. 투구 동작이 다소 독특하며 뛰어난 디셉션 동작으로 타자가 타이밍을 잡기 어려운 스타일이다. 체격이 큰 편은 아니지만, 유연성을 갖추고 있다. 팔 높이가 낮은 편으로 빠른 팔 스윙과 채찍 같이 손목 활용을 잘한다.

3라운드 전체 27순위

41 서준오

투수(우투우타)

생년월일	2005년 3월 5일
신장/체중	178cm / 83kg
출신학교	마산월포초(와이번스리틀) -연수MBC-동산고-(한양대)

대졸 투수로서 최고 150km/h의 공을 던진다. 직구 회전력이 좋아 타자에게 위력적으로 들어가고, 커터성의 빠른 슬라이더를 결정구로 기용한다. 공격적인 피칭이 장점으로 짧은 이닝 동안 강한 공을 던지는 만큼 불펜 한 자리도 충분하다.

4라운드 전체 37순위

38 신우열

외야수(우투우타)

생년월일	2001년 12월 30일
신장/체중	182cm / 100kg
출신학교	화곡초-영남중-배재고 -미국 Miami Dade College(대)

고교 시절 미국 무대로 건너갔던 해외 유턴파. 스윙이 간결하고 허리 회전력 및 손목 임펙트가 좋아 강한 타구를 생산해낼 수 있다. 실력도 실력이지만, 멘탈과 워크에식이 좋아 더그아웃에 긍정적 에너지를 불어넣을 것으로 기대받고 있다.

5라운드 전체 47순위

35 이주호

투수(좌투좌타)

생년월일	2006년 11월 21일
신장/체중	177cm / 83kg
출신학교	가평초(가평리틀)-성일중-경기항공고

긴 팔에서 나오는 임팩트 있는 공과 효율적인 매커니즘을 가지고 있다. 프로에서 근력을 강화한다면 '좌완 파이어볼러' 가능성 충분하다.

6라운드 전체 57순위

114 엄지민

외야수(우투좌타)

생년월일	2005년 11월 22일
신장/체중	178cm / 87kg
출신학교	유천초-한밭중-공주고-동의과학대

공수주를 고루 갖춘 '툴가이'. 고른 능력치에 성장 가능성이 높아 한 번 잠재력이 터지면 1군 한 자리는 충분히 차지할 수 있다.

7라운드 전체 67순위

115 임종훈

투수(우투좌타)

생년월일	2007년 5월 7일
신장/체중	179cm / 78kg
출신학교	관산초-중앙중-상동고

안정적인 투구 매커니즘. 뛰어난 제구력을 갖추고 있어 한 단계 스텝업만 이뤄진다면 선발 로테이션에 노전칭을 낼 수 있다.

8라운드 전체 77순위

116 임현철

외야수(우투좌타)

생년월일	2007년 10월 21일
신장/체중	180cm / 70kg
출신학교	축현초-동인천중-제물포고

뛰어난 주력. 공수주 모두 센스가 좋다. 유틸리티 자원이자 테이블세터로 성장 가능성이 높다.

9라운드 전체 87순위

117 심건보

내야수(우투좌타)

생년월일	2003년 11월 17일
신장/체중	183cm / 85kg
출신학교	백마초-신일중-소래고-한양대

안정적인 수비력에 높은 점수를 받았다. 정타를 만드는 능력이 좋아 파워만 보강하면 '박찬호 후계자' 문 열린다

10라운드 전체 97순위

118 남태웅

내야수(우투우타)

생년월일	2007년 1월 8일
신장/체중	175cm / 78kg
출신학교	복명초(수성구리틀)-대구중 -대구상원고

매순간 전력질주를 하는 근성 넘치는 루키. 작은 신장이지만 다부진 체격으로 열정만으로도 '존재감 가득'.

11라운드 전체 107순위

119 정성헌

투수(우투우타)

생년월일	2006년 9월 11일
신장/체중	183cm / 92kg
출신학교	석교초-세공중-대전제일고

손목을 사용할 줄 알아 볼끝에 힘이 좋다. 아직은 미완의 투수이지만, 경험만 쌓는다면 가파른 성장 가능성 충분하다.

TEAM PROFILE

구단명 : **키움 히어로즈**

연고지 : **서울특별시**

창립연도 : **2008년**(서울 히어로즈),
　　　　　2010년(넥센 히어로즈), **2019년**(키움 히어로즈)

구단주 : **박세영**

대표이사 : **위재민**

단장 : **허승필**

감독 : **설종진**

주장 : **임지열**

홈구장 : **서울 고척스카이돔**

영구결번 : **없음**

한국시리즈 우승 : **없음**

UNIFORM

HOME

AWAY

TEAM INFO

2025 팀 순위 (포스트시즌 최종 순위 기준)

10위

최근 5년간 팀 순위

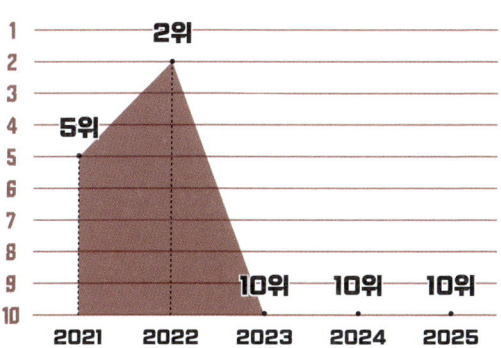

5위 (2021), 2위 (2022), 10위 (2023), 10위 (2024), 10위 (2025)

2025시즌 최다 마킹 유니폼

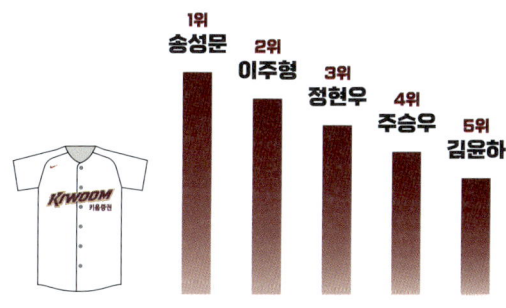

1위 송성문
2위 이주형
3위 정현우
4위 주승우
5위 김윤하

2025시즌 최다 판매 굿즈

1 응원배트 (핑크)

2 응원타월 (핑크)

3 춘배와친구들 춘배 응원배트

PARK FACTOR

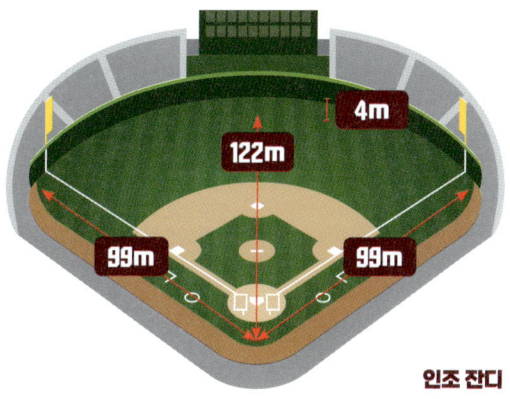

4m
122m
99m
99m

인조 잔디

수용인원

16,000석

구장 특성

국내 최초, 국내 유일의 돔구장. 2015년 개장 후 히어로즈가 서울시로부터 임대해서 사용하고 있다. 하지만 국내 유일한 돔이기 때문에 야구 시즌에도 각종 콘서트, 공연, 단체 임대로 쉴 틈 없는 장소이기도 하다. 돔구장이라 관리 때문에 인조잔디가 깔려 있어 수비할 때나 주루할 때에도 좀 더 유심히 신경을 써야 할 부분이 있다. 사실 유일한 돔구장이어도 적은 관중석 규모나 부족한 시설 때문에 아쉬움을 토로하는 팬들도 많은데, 그나마 메이저리그 '서울시리즈' 경기 이후 서울시가 일부 시설을 개선한 상태다. 도쿄돔과 다르게 생각보다 홈런을 치기 쉬운 구장은 아니다.

HOME STADIUM
GUIDE

팬들을 위한 직관 꿀팁

서울이지만 주차가 워낙 까다롭다. 구장 내 지하주차장 이용이 어렵기 때문에 인근 공영주차장이나 사설주차장을 이용해야 한다. 또 지하철역은 1호선 구일역이 가까운데, 시내버스 접근성이 조금 더 좋은 편이고 택시를 이용하는 관람객들도 많아서 경기가 열리는 날이면 인근 도로가 많이 혼잡해진다. 그래도 대중교통 이용을 가능한 추천한다. 인근에 대학가가 있어 상권이 나쁘지 않다. 야구장 앞 유명 만두집이나 유명 중국집, 프랜차이즈 카페 등은 경기가 열릴 때면 줄이 길게 늘어설 정도. 구장 내에도 치킨과 새우튀김, 아이스크림 츄러스 등 인기 아이템들이 있다. 일단 유일한 돔구장이라 추위와 더위, 비와 상관이 없다는 게 가장 큰 장점. 특히 한여름에도 더위를 피해서 시원하게 야구를 볼 수 있다는 게 고

척돔 최고의 장점이라 '야구 피서'가 가능하다. 이른 봄에 열리는 주중 야간 경기에도 쌀쌀한 날씨를 피할 수 있어 좋다.

응원단

응원단장
박승건

부응원단장
조성주

치어리더
강수경

치어리더
서예은

치어리더
송민교

치어리더
용경아

치어리더
윤소예

치어리더
이채원

치어리더
정차연

치어리더
차예나

치어리더
최혜린

치어리더
홍예빈

장내아나운서
유재환

구단 마스코트 소개

메인 마스코트 턱돌이

활발하고 유쾌한 성격으로 악동 이미지를 가지고 있지만, 승리를 위한 에너지를 발산하는 영웅.

서브 마스코트 영웅군단

슈퍼돔돔이

동글이

귀여운 매력의 소유자. 큰 눈에 뾰족한 헬멧, 황금 망토와 글러브, 포수 보호대를 가진 동글이는 투수와 포수의 복합체이며 승리를 위한 활력을 준다.

돔돔이

고척돔을 형상화한 히어로즈의 수호 로봇. 빅사이즈 로봇에 탑승해 슈퍼 돔돔이로 합체도 가능하다.

더 이상의 시련은 없다, 영웅들이 되찾을 승리의 이름

작년에 이것만 잘됐으면 좋았을 텐데

키움의 2025년은 시작부터 별났다. 야시엘 푸이그, 루벤 카데나스를 영입하며 외국인 타자 2명이라는 파격적인 실험으로 열린 시즌. 공격력의 극대화를 노린 이 승부수는 신선해 보였지만, 가뜩이나 헐거웠던 마운드에 과부하를 안기며 결국 팀 전체를 흔드는 부메랑으로 되돌아왔다. 결국 키움은 푸이그를 방출하고 알칸타라를 영입하면서 외국인 타자 2인 체제는 무리수였음을 자인했다.

다른 팀과 비교해 객관적인 전력에서 밀린다는 건 인정할 수밖에 없는 사실이었다. 최상의 시나리오대로 흘러갈 수 없다는 건 알았지만, 그나마 기대했던 부분들도 제대로 풀리지 않았다. 간절했던 젊은 피들의 성장은 더뎠다. 경험이 많지 않은 선수들이 대부분인 키움은 외국인 선수에 대한 의존도가 높은데, 데려오는 선수들마다 줄부상을 당하면서 악순환이 계속되고 말았다. 2025시즌 키움을 거쳐간 외국인 선수만 7명. 카데나스의 부상에 스톤 개릿이 부상 대체 외국인 선수로 합류했고, 로젠버그의 부상에 라클란 웰스, C.C 메르세데스가 키움 유니폼을 입었다.

이런 난기류 속에서 키움은 올스타 휴식기였던 7월 홍원기 감독과 고형욱 단장을 동시에 경질했고, 설종진 코치가 감독대행으로 지휘봉을 잡았다. 후반기를 남겨두고 시즌 전적은 27승 61패 3무. KBO 최초의 100패 굴욕 가능성까지 거론될 정도로 암울한 분위기가 이어졌다. 다행히 키움은 100패의 불명예는 막았지만, 47승 93패 4무로 정규시즌을 끝내며 최하위를 기록한 최근 3년 중에서도 가장 저조한 0.336의 승률을 기록했다.

그나마 위안이 있다면 원맨쇼라고 할 만한 '캡틴' 송성문의 활약이었다. 김혜성이 미국으로 떠나고 가장의 무게를 짊어진 송성문은 2024시즌에 이어 또 한 번의 커리어 하이를 달성, 리그 정상급 내야수로 자리매김하며 3루수 골든글러브를 품에 안았다.

이제 송성문마저 메이저리그로 향했고, 키움은 익숙하고도 낯선 이별과 함께 새로운 시즌을 맞이한다. 2025년은 분명 가혹했지만, 어린 선수들이 혹독한 성장통을 정면으로 마주하며 겪은 크고 작은 성공과 실패들은 영웅의 재도약을 준비하는 소중한 밑거름이 됐다. 가장 낮은 곳에서 다시 시작하는 키움은 과연 어떤 반전을 써 내려갈까. 고척의 봄은 다시 희망을 이야기하고 있다.

스토브리그 성적표

전력은 몰라도 낭만은 챙겼다. 송성문이 떠났지만 서건창과 박병호가 다시 선수와 코치로 버건디 유니폼을 입는다.

지극히 주관적인 올 시즌 예상 순위와 이유

밑바닥은 이제 지긋지긋하다. 3년 연속 최하위라는 굴욕을 끊어내기 위한 영웅들의 몸부림이 시작된다. 분명히 기대할 만한 부분들은 있다. 서건창, 안치홍 등 베테랑 내야수들이 합류했고, 에이스 안우진의 복귀도 머지 않았다. 여전히 물음표가 많지만, 선발 로테이션도 작년에 비하면 그나마 계산은 서는 수준이다. 아직은 견고하지 못한 타선에서 송성문의 메이저리그 진출로 생긴 거대한 구멍이 어디까지 커질지는 알 수 없다. 결국 젊은 선수들의 비약적인 성장이 있어야 '탈꼴찌' 이상의 기적을 꿈꿀 수 있다.

MANAGER

생년월일	1973년 6월 16일
출신학교	백운초-신일중-신일고-중앙대
주요 경력	현대 유니콘스 선수(1996~2001)
	-현대 유니콘스 매니저(02~07)
	-넥센 히어로즈 매니저(08~16)
	-넥센 히어로즈 잔류군 투수코치(17~18)
	-넥센 히어로즈 운영2팀 팀장(19)
	-키움 히어로즈 2군 감독(20~25)
	-키움 히어로즈 감독 대행(25)
	-키움 히어로즈 감독(26~)

81 설종진

"이기는 야구 선포, 히어로즈 재건의 출발선"

설종진 감독은 2025년 7월 홍원기 감독 경질 이후 1군 감독대행으로 잔여 시즌을 지휘했고, 9월 정식 사령탑으로 취임했다. 매니저와 운영팀장, 2군 감독을 거치며 히어로즈의 구단 운영 전반을 두루 경험한 설종진 감독은 이제 침체에 빠진 키움 히어로즈 재건이라는 중책을 맡는다. 3년 연속 최하위라는 불명예를 안은 키움의 올 시즌 목표는 간단하고도 분명하다. 하위권 탈출. 2년 계약의 첫 풀타임 시즌을 맞은 설종진 감독에게, 2026년은 방향성과 성과를 동시에 보여줘야 하는 시험대가 될 전망이다. 육성이라는 미명 아래 반복된 패배 의식을 걷어내야 한다.

1군

수석코치	투수총괄코치	투수코치	불펜코치	타격코치	작전·주루코치	수비코치	배터리코치	외야·주루코치
강병식	김수경	노병오	박승주	김태완	박정음	문찬종	박도현	김준완

퓨처스

퓨처스 감독	투수코치	타격코치	작전·주루코치	내야수비코치	배터리코치
오윤	정찬헌	장영석	이병규	이수범	김동우

잔류군

선임코치	투수코치	야수코치
박병호	임규빈	강병운

2026 KIWOOM HEROES DEPTH CHART

• 지명타자

 안치홍
 브룩스
 이형종

좌익수
임지열
브룩스
박주홍

중견수
이주형
임병욱
박수종

우익수
박찬혁
이형종
추재현

유격수
어준서
오선진
김태진

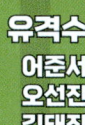

2루수
박한결
김태진
오선진

3루수
최주환
서건창
오선진

1루수
브룩스
안치홍
최주환

• 감독

 설종진

포수
김건희
김동현
김재현

• 2026 예상 베스트 라인업

1번 타자	이주형	중견수
2번 타자	안치홍	지명타자
3번 타자	브룩스	1루수
4번 타자	최주환	3루수
5번 타자	임지열	좌익수
6번 타자	어준서	유격수
7번 타자	김건희	포수
8번 타자	박한결	2루수
9번 타자	박찬혁	우익수

• 예상 선발 로테이션

 알칸타라
 와일스
 안우진
 하영민
 배동현

• 필승조

 유토
 김재웅
 박윤성

• 마무리

 조영건

• 2026 IN & OUT

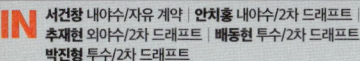

IN 서건창 내야수/자유 계약 | **안치홍** 내야수/2차 드래프트 |
추재현 외야수/2차 드래프트 | **배동현** 투수/2차 드래프트 |
박진형 투수/2차 드래프트

OUT 송성문 내야수/해외 포스팅 이적_MLB | 이원석 내야수/은퇴 |
김동엽 외야수/방출 후 울산 이적 | 변상권 외야수/방출 후 울산 이적

41 **투수(우투우타)**

안우진

생년월일	1999년 8월 30일
신장/체중	192cm / 90kg
출신학교	강남초-서울이수중-휘문고
연봉(2026)	4억 8천만 원

#1선발의_귀환

대체 불가 1선발이다. 2022년 30경기, 15승 8패, 196이닝, 평균자책점 2.11을 기록하며 외국인 에이스급의 성적을 냈다. 개막전 1선발로 나설 수 있는, 이제는 진짜 얼마 남지 않은 국내 투수. 2023년 9월 토미존 수술을 결정하고, 그해 12월 사회복무요원으로 군 복무를 시작해 지난해 소집 해제됐다. 지난 시즌 막바지 1군 마운드 복귀를 노렸지만, 준비 과정에서 어깨를 다치는 바람에 무산. 이르면 올해 5월쯤 건강히 돌아온 에이스 안우진을 만날 수 있을 예정.

#누가_진짜_최고인가

안우진이 토미존 수술 재활과 군 본무로 자리를 비운 사이. 새로운 국내 에이스들이 하나둘 등장했다. 한화 이글스 문동주가 가장 위협적인 존재다. 지난해 국내 투수 역대 최고 구속인 161.4km/h를 찍어 야구계를 한번 더 깜짝 놀라게 했다. 변화구를 비롯해 경기 운영 능력은 아직 더 성장해야 하지만, 순수하게 직구 구위로는 안우진에 도전할 만하다. 두산 베어스 곽빈 역시 리그 최고 직구 구위로 평가 받는 투수. 돌아온 안우진은 국내 1선발 타이틀을 되찾을 수 있을까.

#마지막_스타

안우진은 현재 키움에 남아 있는 마지막 스타 선수라고 할 수 있다. 김하성 이정후 김혜성 송성문 등이 차례로 미국 메이저리그 진출에 성공하고, 활발한 트레이드로 핵심 선수들이 하나둘 떠나면서 젊은 유망주들 또는 베테랑들만 남은 상태. 안우진은 그런 의미에서도 현재 팀에서 큰 희소 가치가 있다.

TMI 인터뷰

1. 원정 갈때 꼭 챙기는 개인 물건
- 수면 안대, 버스 이동이나 취침할 때 사용하면 수면의 질이 높아진다.

2. 요즘 가장 많이 듣는 노래
- '마이클 잭슨 - Rock With You'.

3. 처음 봤을때 충격받은 야구선수와 그 이유는?
- 오타니 쇼헤이. 투타겸업을 모두 최고 레벨로 해내는 S급 선수라 인상 깊었다.

4. 야구 선수를 안했다면 지금 뭐하고 있을까?
- 어릴 때 수영을 해서 수영선수가 됐을 것 같다.

5. 최근 가장 행복했던 순간
- 재활 과정에서 생각했던 대로 공이 던져졌을 때.

2025시즌 기록

평균자책점	경기	승	패	홀드	세이브
-	-	-	-	-	-

승률	이닝	피안타	피홈런	볼넷	사구
-	-	-	-	-	-

삼진	실점	자책점
-	-	-

전력분석	160km/h를 찍을 수 있는 파이어볼러. 슬라이더 역시 리그 최고. 슬라이더의 움직임이나 코스가 직구와 조화를 이룰 때 시너지가 폭발한다. 커브와 체인지업도 활용하지만, 직구와 슬라이더가 안우진의 대표 구종. .
강점	슬라이더의 코스와 구속을 자유자재로 조절할 줄 안다
약점	직구와 슬라이더 2개의 구종이 매우 강력하긴 하지만, 단조롭기 하다. 3번째, 4번째 구종이 있으면 훨씬 굳이 좋다. 체인지업 계열이나 포크볼 활용도가 낮다는 게 굳이 꼽는 단점.

9 | **내야수(우투우타)**

안치홍

생년월일	1990년 7월 2일
신장/체중	178cm / 97kg
출신학교	구지초(구리리틀)-대치중-서울고
연봉(2026)	2억 원

#72억원

안치홍은 2024시즌에 앞서 한화와 4+2년 총액 72억원 FA 계약에 성공했다. 계약서에 사인할 당시 안치홍은 72억원의 무게가 이렇게 무거울 줄 알았을까. 계약 2년차였던 지난해 부상과 부진이 겹치면서 66경기 출전에 그쳤고, 시즌 타율은 0.172에 그쳤다. 프로 데뷔 이래 최악의 성적표. 한화가 정규시즌 2위로 가을야구에 진출한 역사적 시즌에 안치홍은 플레이오프와 한국시리즈 엔트리에서 연달아 제외되는 굴욕을 맛봤다.

#2차드래프트_11억원

지난해 2차 드래프트를 앞두고 한화가 안치홍을 포기하려 한다는 소문이 돌았다. 최악의 시즌 탓에 전력 외로 평가됐던 게 사실이고, 노시환과 비FA 다년계약을 준비하는 한화로선 샐러리캡을 조정하기 위한 고액 연봉자 정리도 필요했다. 결국 한화는 안치홍을 2차 드래프트 매물로 내놨고, 키움이 1라운드 전체 1순위로 지명해 품었다. 키움은 안치홍의 기존 FA 계약을 승계하는데, +2년 옵션을 제외하고 일단 남은 보장 기간 2년의 잔금은 11억원이다. 안치홍이 올해 부활한다면, 키움은 2년 11억원에 특급 FA를 품게 된다.

#3루수

키움은 스프링캠프를 앞두고 안치홍을 3루수로도 테스트하겠다고 했다. 프로에서 전성기 포지션은 2루수. 베테랑이 되면서 1루수로 전향한 적은 있지만, 3루수는 낯선 포지션이다. 하지만 키움은 지난해 골든글러브 3루수였던 송성문의 대체자가 마땅히 없다고 판단, 안치홍을 시험대에 올려보기로 했다. 안치홍은 "내가 가릴 처지가 아니다"라며 도전을 받아들였다.

2025시즌 기록

타율	경기	타석	타수	득점	안타
0.172	66	196	174	9	30

2루타	3루타	홈런	루타	타점	도루
4	0	2	40	18	3

볼넷	삼진	병살타	장타율	출루율	OPS
16	39	4	0.230	0.245	0.475

전력분석	지난 시즌은 타구 속도가 느려진 것도 아니고, 라인드라이브 비율이 낮은 것도 아닌데 비이상적으로 BABIP(인플레이 타구 타율)이 낮게 나왔다. 삼진 비율이 늘긴 했지만, 키움 내부적으로는 결과보다는 타구 질이 괜찮다고 판단해 영입을 추진했다.
강점	풍부한 경험. 장타력이 있고, 모든 구종에 대처 능력을 갖췄다.
약점	높아진 헛스윙 비율. 콘택트 능력이 떨어졌는데, 일시적 현상으로 보인다. 지난해는 조급한 스윙이 많이 보였고, 안 나가던 공에 스윙하면서 선구안이 무너졌다.
수비력	수비가 뛰어난 선수는 아니다. 하지만 좁은 수비 범위에 비해, 송구 능력 특히 정확도는 괜찮다. 지명타자 유력.

🎤 TMI 인터뷰

1. 원정 갈때 꼭 챙기는 개인 물건
- 특별히 챙기는 물건은 없다.

2. 요즘 가장 많이 듣는 노래
- 스프링캠프 훈련 중 나오는 BGM.

3. 처음 봤을때 충격받은 야구선수와 그 이유는?
- 오타니 쇼헤이, NPB 닛폰햄에 있을 때 처음 봤는 데 그때도 실력과 인기가 좋았다.

4. 야구 선수를 안했다면 지금 뭐하고 있을까?
- 아버지와 동생처럼나도 수학 교사가 됐을 것 같다.

5. 최근 가장 행복했던 순간
- 특별히 떠오르는 순간은 없는데, 매 순간 최선을 다하며 행복을 찾으려 한다.

54 · 투수(우투우타)

알칸타라

Raul Alcantara

생년월일/국적	1992년 12월 4일 / 도미니카공화국
신장/체중	193cm / 100kg
출신학교	도미니카 Liceo secundario Emma Balaguer(고)
연봉(2026)	90만 달러

#20승_에이스_살아있네

2020년 두산 베어스 에이스 시절 20승 에이스. 그 시절과 비교하면 평균 구속은 줄었지만, 공의 위력과 제구력은 여전하다. 나이가 들면서 자연스럽게 체력이 떨어지는 것은 어쩔 수 없는 문제. 경험이 워낙 많은 선수기에 현재 명실상부 키움의 1선발이다.

#대체외국인_성공신화

알칸타라는 지난해 5월 대체 외국인으로 키움과 계약했다. 키움은 지난 시즌 야시엘 푸이그와 루벤 카디네스까지 외국인 타자 2명 체제를 과감히 선택했는데, 결과는 대실패였다. 푸이그와 카디네스의 화력이 대단하지 못했을뿐더러 외국인 투수 1명으로는 144경기를 버틸 마운드를 구축하기 어려웠다. 알칸타라는 키움의 구세주였고, 19경기, 8승 4패, 121이닝, 평균자책점 3.27을 기록하며 재계약에 성공했다. 2024년 두산과 결별할 당시 팔꿈치 부상이 있었지만, 태업 논란에 휩싸여 애를 먹었는데, 키움에서 재기에 성공하면서 명예를 어느 정도 회복했다.

#태업_논란_그만_여린_감성의_사나이

두산과 결별할 당시의 태업 논란은 알칸타라에게도 상처로 남았다. 과거 알칸타라와 함께했던 두산 동료들은 그를 정말 여린 심성을 지닌 선수로 기억한다. 키움으로 돌아온 알칸타라는 옛 두산 동료들을 만날 때면 먼저 와서 반갑게 인사할 정도로 팀워크도 좋았던 선수다. 오해는 이제 그만.

🎤 TMI 인터뷰

1. 원정 갈때 꼭 챙기는 개인 물건

- 가족 사진과 무선 이어폰.

2. 요즘 가장 많이 듣는 노래

- 'Skeem, Vakero - Quisquellanos'.

3. 처음 봤을때 충격받은 야구선수와 그 이유는?

- 블라디미르 게레로 주니어, 같은 나라 출신이기도 하고, 2세 스타 선수라는 점이 인상 깊었다. 플레이 스타일도 강렬했다..

4. 야구 선수를 안했다면 지금 뭐하고 있을까?

- 군인.

5. 최근 가장 행복했던 순간

- 지난해 7월에 한국에서 넷째 아이가 태어났을 때.

2025시즌 기록

평균자책점	경기	승	패	홀드	세이브
3.27	19	8	4	0	0
승률	이닝	피안타	피홈런	볼넷	사구
0.667	121	125	11	10	4
삼진	실점	자책점			
92	50	44			

전력분석	직구와 슬라이더, 포크볼을 주로 구사하는 스리 피치 투수. 본인이 볼 배합을 잘하고 노련하다. 타자 반응도 잘 살피는 편. 코스 설정도 본인이 잘 이용하면서 몸쪽과 바깥쪽을 왔다 갔다 하면서도 제구가 무너지지 않는다.
강점	전성기보다 구속은 줄었지만, 여전한 직구의 위력. 지난해 최고 구속 156.4km/h, 평균 구속 150.6km/h.
약점	너무 적극적으로 스트라이크를 공략해 맞을 때도 몰아서 맞는 경향이 있다. 그럴 경우 흥분하기보다는 당황하는 편.

50
하영민

투수(우투우타)

생년월일	1995년 5월 7일
신장/체중	183cm / 74kg
출신학교	광주수창초-진흥중-진흥고
연봉(2026)	2억 1천만 원

#노망주의_150이닝

2014년 히어로즈에 입단한 하영민은 프로 11년차 '노망주'였던 2024년 선발투수로 첫 풀타임 시즌을 보냈다. 목표는 150이닝. 건강히 28경기에 등판한 하영민은 150⅓이닝을 기록, 꿈을 이뤘다. 지난해 하영민은 한 걸음 더 나아갔다. 153⅓이닝을 기록, 개인 한 시즌 최다 이닝 신기록을 작성했다. 아울러 팀 내 이닝 1위에 올랐다. 키움은 지난해 시즌을 온전히 완주한 외국인 투수가 없었기에 하영민을 뛰어넘을 이닝이터가 없었다.

#수술_엔딩

하영민은 지난해 9월 24일 고척 KIA 타이거즈전 7이닝 2실점 역투를 끝으로 시즌을 접었다. 이틀 뒤인 9월 26일 오른쪽 팔꿈치 후방 골극 및 골편 제거 수술(뼛조각 제거)을 받은 것. 그 팔 상태로 전날 어떻게 7이닝 95구를 던졌는지 놀라울 정도였다. 예상 재활 기간은 5~6개월. 지난 2시즌 동안 300이닝을 던진 하영민은 푹 쉬고 돌아와 올해도 무리 없이 묵묵히 선발 로테이션을 돌 예정이다.

#우진아_아직_내가_에이스다

안우진이 마운드로 건강히 돌아오기 전까지, 하영민은 여전히 키움의 국내 에이스다. 스프링캠프를 준비하면서 설종진 키움 감독은 일찍이 외국인 원투펀치 알칸타라와 와일스, 아시아쿼터 투수 유토, 그리고 하영민까지 선발 4자리를 확정했다. 안우진이 복귀하기 전까지는 하영민이 국내 선발진의 변함없는 기둥이다.

2025시즌 기록

평균자책점	경기	승	패	홀드	세이브
4.99	28	7	14	0	0
승률	이닝	피안타	피홈런	볼넷	사구
0.333	153 1/3	169	13	41	9
삼진	실점	자책점			
134	90	85			

전력분석	슬라이더 포크볼 커브 등 변화구 비율이 높다. 보통 선발투수의 직구 비율은 50~60% 사이인데, 하영민은 30%가 안 된다. 여우같이 던지는 스타일. 변화구 제구가 돼야 가능한 유형이다. 직구가 안 좋은 것도 아니다. 직구 평균 구속 144km/h, 최고 구속 148km/h다.
강점	변화구의 마법사. 변화구가 워낙 좋다 보니 한번씩 직구를 던지면 타자들의 타이밍이 늦는다. 타이밍 싸움에 능하다.
약점	직구 구위 자체만 놓고 보면 약한 편이다. 적극적으로 정면 승부를 하지 못하고, 유인구성 투구가 많다.

TMI 인터뷰

1. 원정 갈때 꼭 챙기는 개인 물건
- 무선 이어폰.

2. 요즘 가장 많이 듣는 노래
- 권진아 노래.

3. 처음 봤을때 충격받은 야구선수와 그 이유는?
- 김현수 선배님, 내 공을 너무 잘 치셔서 놀랐다.

4. 야구 선수를 안했다면 지금 뭐하고 있을까?
- 사진 찍는 데 관심이 많아서, 포토그래퍼나 사진 관련 일을 하고 있을 것 같다.

5. 최근 가장 행복했던 순간
- 최근 불펜 피칭을 다시 시작했는데, 통증이 느껴지지 않아 행복했다.

53
내야수(우투좌타)
최주환

생년월일	1988년 2월 28일
신장/체중	177cm / 73kg
출신학교	학강초-광주동성중-광주동성고
연봉(2026)	3억 원

#돌글러브의_변신

전성기 시절 최주환은 2루수였다. 다만 "돌글러브"라고 불릴 정도로 수비력이 타고나진 않았다. 노력으로 극복한 케이스. 두산 베어스에 있을 당시 황금기를 이끈 내야진의 수비가 워낙 탄탄했기에 상대적으로 최주환의 수비가 약하게 보인 감도 있었다. 1루수로 변신한 뒤로는 수비 이야기가 쏙 들어갔다. 1루수 중에서 수비는 리그 톱으로 평가 받는다. 바운드를 읽는 능력이 타고났고, 순발력과 유연성도 좋다. 1루에 최주환이 서 있으면 키움 내야수들은 어떻게든 받아줄 것이란 믿음을 갖고 송구한다.

#베테랑의_표본

키움은 2024시즌을 마치고 최주환과 4년 12억원에 비FA 다년계약을 체결했다. 올해까지 2년은 보장 계약이고, 이후에는 1년씩 옵션 계약이다. 최주환은 기꺼이 이 조건에 사인했다. 베테랑의 현실을 받아들이는 동시에 충분히 4년을 채울 수 있다는 자신감을 보인 것. 최주환의 최대 강점은 성실함, 그리고 야구를 대하는 진지한 태도다. 구단 특성상 젊은 유망주들이 대부분인 키움에는 꼭 필요한 베테랑이다. 2할 후반대 타율에 두 자릿수 홈런, 80타점 정도는 가능한 팀에 알토란 같은 타자다.

#송성문_대체자_이제_3루수까지

송성문이 메이저리그에 진출하면서 큰 구멍이 생긴 3루. 여러 방안을 고민하던 키움은 스프링캠프를 보낸 뒤 최주환에게 3루수를 맡기는 분위기다. 1루수에 이어 최주환에게는 또 새로운 도전이다. 외야수로 기대했던 브룩스가 1루를 맡을 듯.

2026 시즌 긍긍후 팬분들이 웃수 있는 시즌을 만들겠습니다 !! /ㅂ~/ㅂ~/ㅂ

TMI 인터뷰

1. 원정 갈때 꼭 챙기는 개인 물건
- 태블릿PC와 영양제.

2. 요즘 가장 많이 듣는 노래
- '조성모 - To Heaven', '조성모 - 피아노'.

3. 처음 봤을때 충격받은 야구선수와 그 이유는?
- 이치로. 2012년에 개인 훈련 모습을 직접 봤는데, 최고의 선수임을 실감했다.

4. 야구 선수를 안했다면 지금 뭐하고 있을까?
- 본가가 울산이라, 울산 모 대기업에 취직했을 것 같다.

5. 최근 가장 행복했던 순간
- 딸 지우가 태어났을 때. 그리고 KBS 예능 〈불후의 명곡〉 출연 무대를 부모님 앞에서 무사히 마쳤을 때.

2025시즌 기록

타율	경기	타석	타수	득점	안타
0.275	120	506	459	45	126
2루타	3루타	홈런	루타	타점	도루
31	1	12	195	74	0
볼넷	삼진	병살타	장타율	출루율	OPS
36	66	8	0.425	0.330	0.755

전력분석	어퍼 스윙 스타일의 타격을 한다. 낮은 존 대처에 강점이 있고, 몸쪽 공에도 강한 편이다. 일발 장타력을 갖춰 시즌 15홈런 정도는 기대할 수 있다. 키움의 중심타자 후보 가운데 한 명.
강점	이미지와 다르게 콘택트 비율도 높은 편이다.
약점	나쁜 공에도 손이 많이 나간다. 스윙 비율이 매우 높고, 나쁜 공을 콘택트하면서 파울도 많다. 인플레이 타구가 되면 약한 타구가 많다.
수비력	1루수 수비가 좋다. 내야수들의 송구를 잡는 능력이 탁월하다.

2
이주형

외야수(우투좌타)

생년월일	2001년 4월 2일
신장/체중	181cm / 80kg
출신학교	송수초(해운대리틀)-센텀중-경남고
연봉(2026)	1억 3천5백만 원

#김도영급_잠재력

키움 내부적으로 이주형은 잠재력이 터지면 KIA 타이거즈 간판타자 김도영급이라고 본다. 3할 타율에 30홈런도 가능하다는 평가. 장타력과 수비력, 송구력, 콘택트 능력, 빠른 발까지 여러 툴을 갖춘 타자다. LG 트윈스 오지환은 이주형이 2023 시즌 도중 키움으로 트레이드될 당시 "너는 30홈런-30도루도 가능한 선수"라고 말했을 정도.

#홈포비아

키움에서 올해로 벌써 4년차. 기대하는 잠재력만큼 빨리 성장하지 못하고 있다. 왜일까. 키움 내부적으로 진단한 원인은 홈경기 공포증. 홈구장인 고척스카이돔에서 시즌의 절반인 72경기를 치르는데, 홈구장이 잘 맞지 않는다. 지난 시즌에도 홈 63경기 타율은 0.201, 원정 64경기 타율은 0.276였다. 구장의 조명이 눈높이로 들어오는 것 같다며 안경도 써봤지만, 아직은 해결책을 찾지 못했다. 홈에서 스트레스를 받다 보니까 타격 밸런스가 무너진 게 원정 경기까지 이어지기도. 치고 올라갈 타이밍에 어이없는 루킹 삼진을 당하면서 멘탈 붕괴. 본인이 생각한 코스랑 더그아웃에서 실제로 확인한 코스가 다를 정도. 홈포비아를 극복해야만 김도영급 잠재력을 폭발시킬 수 있다.

#블루베리의_힘

이주형의 롤모델은 송성문이다. 메이저리그로 떠나기 전, 송성문은 이주형에게 먹는 음식과 수면 패턴까지 철저히 관리하며 야구에 임하라고 조언했다. 이주형은 웨이트트레이닝 방식과 식단까지 송성문을 따라했는데, 블루베리가 그 중 하나다. 눈에 좋은 과일인 블루베리를 먹고 시력도, 선구안도 좋아지라는 의미라고.

2025시즌 기록

타율	경기	타석	타수	득점	안타
0.240	127	514	446	55	107
2루타	3루타	홈런	루타	타점	도루
22	1	11	164	45	15
볼넷	삼진	병살타	장타율	출루율	OPS
37	115	7	0.368	0.337	0.705

전력분석	라인드라이브 생산 능력이 뛰어나다. 좋은 공을 치려고 하고, 달려들면서 치지 않는다. 자기 존 설정이 명확히 되어 있는 선수다. 주루와 수비에도 강점이 있다.
강점	강한 타구를 잘 생산한다. 타격도 타격이지만, 중견수로 수비 기여도가 크다.
약점	홈구장인 고척돔에 약하다.
수비력	중견수 수비로는 리그에서 3등 안에 든다고 해도 과언이 아니다.

🎤 TMI 인터뷰

1. 원정 갈때 꼭 챙기는 개인 물건
- 종아리 마사지기.

2. 요즘 가장 많이 듣는 노래
- '다비치 - 타임캡슐'.

3. 처음 봤을때 충격받은 야구선수와 그 이유는?
- 김현수 선배님. 처음 뵈었을 때 체격이 너무 좋으셔서 놀랐다.

4. 야구 선수를 안했다면 지금 뭐하고 있을까?
- 피부과 의사.

5. 최근 가장 행복했던 순간
- 벤치프레스 최고 무게(120kg×4회)를 달성했을 때.

투수(우투우타)

Nathan Wiles

34 와일스

| 생년월일/국적 | 1998년 7월 2일 / 미국 | | 신장/체중 | 193cm / 103kg | |
| 출신학교 | 미국 Oklahoma(대) | | 연봉 | 91만 달러 | |

2025시즌 기록

평균자책점	경기	승	패	홀드	세이브
-	-	-	-	-	-
승률	이닝	피안타	피홈런	볼넷	사구
-	-	-	-	-	-
삼진	실점	자책점			
-	-	-			

주무기 | 140km/h 후반대 직구에 체인지업이 주무기다. 지난해 한화 이글스 에이스였던 코디 폰세처럼 체인지업을 잘 던지는 게 중요한 투수.

사실상 100만 달러를 다 써서 데려온 선수다. 이적료로 9만 달러를 썼고, 선수에게 인센티브 없이 91만 달러를 전부 지급한다. 애틀랜타 브레이브스 소속으로 메이저리그에서도 40인 로스터에 들었을 정도로 기대주였다. 체인지업과 슬라이더 등 변화구의 퀄리티가 좋고, 제구도 좋아서 볼넷 비율이 낮다. 9이닝당 3개를 넘지 않는다. 삼성 라이온즈 에이스 된 아리엘 후라도급의 투수로 평가한다. KBO리그에 잘 적응한다면, 장기적 관점에서는 외국인 에이스도 가능한 수준.

외야수(좌투좌타)

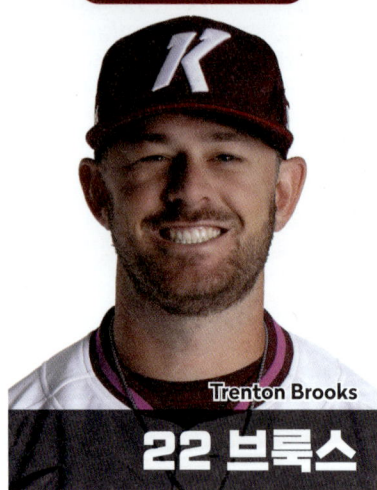

Trenton Brooks

22 브룩스

| 생년월일/국적 | 1995년 7월 3일 / 미국 | | 신장/체중 | 180cm / 88kg | |
| 출신학교 | 미국 Granite Hills(고)-미국 Nevada(대) | | 연봉 | 85만 달러 | |

2025시즌 기록

타율	경기	타석	타수	득점	안타
-	-	-	-	-	-
2루타	3루타	홈런	루타	타점	도루
-	-	-	-	-	-
볼넷	삼진	병살타	장타율	출루율	OPS
-	-	-	-	-	-

타격스타일 | 타석에서 침착하고, 볼넷 비율이 삼진 비율보다 높다. 지난해 마이너리그 트리플A에서 볼넷 64개, 삼진 63개로 볼넷-삼진 비율 1.02를 기록했다. 선구안이 좋고, 콘택트 능력도 좋은 편.

2016년 클리블랜드 가디언스에 입단해 2024년 샌프란시스코 자이언츠에서 빅리그 데뷔에 성공했다. 지난 시즌은 샌디에이고 파드리스에서 꾸준히 메이저리그 도전을 이어 갔다. 트리플A 통산 출루율 0.382를 기록할 정도로 선구안이 좋고, 1루수와 외야수가 가능하다. 중장거리형이지만, 장타력이 없는 것도 아니다. 기존 외국인 거포들처럼 시즌 30~40홈런을 기대할 수 있는 타자는 아니지만, LG 트윈스 외국인 타자 오스틴 딘과 비슷한 유형이다. 주루와 수비도 준수하고, 모든 툴이 평균 이상이다.

투수(우투좌타)

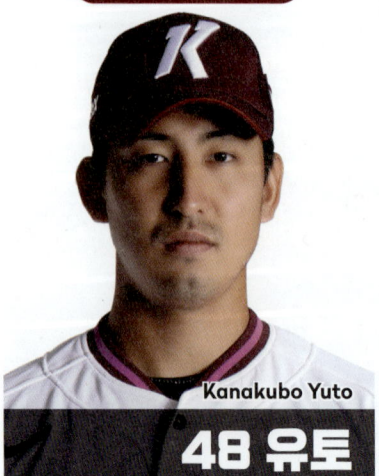

Kanakubo Yuto

48 유토

| 생년월일/국적 | 1999년 11월 4일 / 일본 | | 신장/체중 | 185cm / 87kg | |
| 출신학교 | 일본 이치하라 보요고 | | 연봉 | 13만 달러 | |

2025시즌 기록

평균자책점	경기	승	패	홀드	세이브
승률	이닝	피안타	피홈런	볼넷	사구
-	-	-	-	-	-
삼진	실점	자책점			

주무기 | 지난해 NPB에서 직구 최고 구속 154km/h, 평균 구속 147km/h를 기록했다. 직구가 위력적이고 디셉션이 좋아 타이밍을 맞추기 힘든 투구 폼이다. 슬라이더와 커브를 던지고, 슬라이더가 강점이다.

NPB 야쿠르트 스왈로스 출신 우완 정통파. NPB 6시즌 통산 5승 4패, 1홀드, 평균자책점 4.31를 기록했다. 일본에서는 선발과 불펜을 두루 경험했는데, 키움은 유토를 선발투수로 준비시킨다. 구종이 너무 단조롭다거나 스태미나가 부족하다고 판단하면 불펜으로 전환될 여지는 있다. 일본에서도 1군에서는 불펜, 2군에서는 선발로 뛰었다. 스트라이크존 구석 구석을 활용할 수 있는 스타일은 아니고, 전통적인 일본 투수들과는 다르게 힘으로 붙는 스타일.

투수(우투우타)

19 김윤하

생년월일	2005년 3월 7일		신장/체중	185cm / 90kg
출신학교	와부초(남양주리틀)-덕수중-장충고		연봉	4천2백만 원

2025시즌 기록

평균자책점	경기	승	패	홀드	세이브
6.14	19	0	12	0	0
승률	이닝	피안타	피홈런	볼넷	사구
0.000	88	113	16	44	3
삼진	실점	자책점			
52	76	60			

전력분석	안타깝게도 선발투수 역대 최다 17연패 신기록 보유 중. 직구 구위가 좋고, 변화구도 나쁘지 않은데 구종 선택할 때 갈팡질팡한다. 아직 자신의 장점을 잘 모르는 어린 투수. 본인을 알아가는 과정에 있다. 올해는 불펜에서 성공의 맛을 보며 한 계단씩 올라갈 예정.
강점	직구 구위.
약점	연패 신기록 스트레스에서 빨리 벗어나야 한다.

투수(좌투좌타)

13 정현우

생년월일	2006년 4월 13일		신장/체중	181cm / 91kg
출신학교	홍제초(서대문구리틀)-충암중-덕수고		연봉	4천만 원

2025시즌 기록

평균자책점	경기	승	패	홀드	세이브
5.86	18	3	7	0	0
승률	이닝	피안타	피홈런	볼넷	사구
0.300	81 1/3	92	8	48	6
삼진	실점	자책점			
55	63	53			

전력분석	완성형 투수. 4가지 구종을 던지고, 직구와 변화구 모두 퀄리티가 좋다. 프로에서 구속은 148km/h까지 나왔다. 증속의 여지는 무조건 있다. 1~2년 지나면 좌완 파이어볼러로 성장할 가능성 충분하다.
강점	성장 가능성.
약점	결과가 좋지 않으니 본인에게 확신이 없음. 제구가 안 되기 시작하면 당황해서 무너짐. 144경기를 버틸 체력 부족.

투수(우투우타)

49 김선기

생년월일	1991년 9월 1일		신장/체중	187cm / 98kg
출신학교	석교초-세광중-세광고		연봉	8천4백만 원

2025시즌 기록

평균자책점	경기	승	패	홀드	세이브
5.65	44	1	7	2	0
승률	이닝	피안타	피홈런	볼넷	사구
0.125	78	96	6	47	11
삼진	실점	자책점			
43	55	49			

전력분석	선발, 불펜, 롱릴리프 모두 가능해 활용도가 높다. 모든 자리에 구멍이 났을 때 가장 첫 번째로 떠올리는 카드.
강점	클럽하우스에서 모범적인 형.
약점	발전 가능성이 이제는 없다.

투수(우언우타)

46 원종현

| 생년월일 | 1987년 7월 31일 | | | 신장/체중 | 182cm / 88kg |
| 출신학교 | 군산중앙초-군산중-군산상고 | | | 연봉 | 5억 원 |

2025시즌 기록

평균자책점	경기	승	패	홀드	세이브
6.13	61	2	4	11	5
승률	이닝	피안타	피홈런	볼넷	사구
0.333	54 1/3	68	5	18	3
삼진	실점	자책점			
40	42	37			

전력분석	왜 성적이 안 나올까 의문. 구속은 지난해 최고 151km/h, 평균 146km/h까지 나왔다. 낮은 공밖에 못 던지니까. 상단 활용이 중요한 ABS 시스템의 피해자가 아닌가.
강점	경험 많고, 어떤 상황에서도 긴장하지 않는다.
약점	한번 맞으면 난타를 당한다.

투수(우투우타)

31 오석주

| 생년월일 | 1998년 4월 14일 | | | 신장/체중 | 180cm / 74kg |
| 출신학교 | 양정초-대천중-제주고 | | | 연봉 | 7천8백만 원 |

2025시즌 기록

평균자책점	경기	승	패	홀드	세이브
3.70	53	2	1	7	0
승률	이닝	피안타	피홈런	볼넷	사구
0.667	58 1/3	52	4	29	7
삼진	실점	자책점			
44	24	24			

전력분석	직구 구속이 빠르진 않지만, 느린 커브가 굉장히 좋아 직구까지 빨라 보이게 한다. 138km/h짜리 직구를 던져도 148km/h로 보이는 효과. 지난해 올스타 휴식기 이후 포크볼을 장착하면서 훨씬 좋아졌다. 후반기 23이닝 1실점, 평균자책점 0.39 성과. 1이닝 책임질 필승조.
강점	커브. 언제든지 스트라이크를 넣을 수 있는 자신감 있다.
약점	주무기인 커브를 너무 많이 던져 공략 당하는 점.

투수(우투우타)

20 조영건

| 생년월일 | 1999년 2월 4일 | | | 신장/체중 | 180cm / 85kg |
| 출신학교 | 대전신흥초-충남중-백송고 | | | 연봉 | 6천7백만 원 |

2025시즌 기록

평균자책점	경기	승	패	홀드	세이브
5.68	51	5	5	7	8
승률	이닝	피안타	피홈런	볼넷	사구
0.500	77 2/3	84	12	38	4
삼진	실점	자책점			
47	51	49			

전력분석	지난해 자신감을 많이 얻은 시즌. 선발로 키우려고 했더니 초반에는 제구가 불안해 본인이 자멸하는 경우 많았다. 구위 자체는 좋아서 불펜으로 전환해 성공한 케이스. 직구에 포크볼, 슬라이더를 섞는다. 1이닝만 힘으로 막는다. 올해도 마무리투수 후보.
강점	제구가 잡힌 최고 구속 151.6km/h 강속구.
약점	제구만 무너지지 않게 조심.

투수(좌투좌타)

28 김재웅

| 생년월일 | 1998년 10월 22일 | | 신장/체중 | 171cm / 86kg |
| 출신학교 | 금교초(남양주리틀)-자양중-덕수고 | | 연봉 | 1억 9천만 원 |

2025시즌 기록

평균자책점	경기	승	패	홀드	세이브
-	-	-	-	-	-
승률	이닝	피안타	피홈런	볼넷	사구
-	-	-	-	-	-
삼진	실점	자책점			
-	-	-			

전력분석	군 전역하고 합류한 하리보. 수직 무브먼트가 굉장히 좋은 직구를 던지고, 체인지업도 좋다. 본인의 구종별 성질을 알고 던지는 동시에 스트라이크존 활용도 잘한다. 제구가 좋다 보니 타자 반응을 보면서 피칭할 정도. 알칸타라처럼.
강점	똑똑하다.
약점	1년 넘는 1군 실전 공백.

투수(우투좌타)

21 김성진

| 생년월일 | 1997년 11월 14일 | | 신장/체중 | 183cm / 77kg |
| 출신학교 | 율하초-포항제철중-부산정보고-계명대 | | 연봉 | 6천만 원 |

2025시즌 기록

평균자책점	경기	승	패	홀드	세이브
-	-	-	-	-	-
승률	이닝	피안타	피홈런	볼넷	사구
-	-	-	-	-	-
삼진	실점	자책점			
-	-	-			

전력분석	군 전역하고 돌아온 필승조급 투수. 직구 구속 150km/h까지 나오고, 평균 147~148km/h로 형성된다. 스위퍼도 위력적임.
강점	필승조로 손색없는 구위.
약점	군 공백기.

포수(우투우타)

12 김건희

| 생년월일 | 2004년 11월 7일 | | 신장/체중 | 186cm / 96kg |
| 출신학교 | 대전신흥초-온양중-원주고 | | 연봉 | 6천2백만 원 |

2025시즌 기록

타율	경기	타석	타수	득점	안타
0.242	105	344	322	24	78
2루타	3루타	홈런	루타	타점	도루
20	2	3	111	25	2
볼넷	삼진	병살타	장타율	출루율	OPS
13	102	10	0.345	0.270	0.615

전력분석	타격 잠재력이 굉장히 높다. LG 트윈스 박동원처럼 장타력을 갖춘 포수. 매년 홈런 20개 이상 충분히 칠 수 있다.
강점	수비. 도루 저지율이 NC 다이노스 김형준 다음으로 좋다. 송구가 굉장한 장점.
약점	너무 달려드는 타격. 침착하게 자기 존 설정해서 정교하게 칠 필요 있음.
수비력	포수로서 전반적인 수비력이 좋다. 경험이 마지막 숙제.

포수(우투우타)

32 김재현

생년월일	1993년 3월 18일		신장/체중	178cm / 90kg
출신학교	진북초-전라중-대전고		연봉	1억 원

2025시즌 기록

타율	경기	타석	타수	득점	안타
0.208	62	128	120	12	25
2루타	3루타	홈런	루타	타점	도루
5	0	0	30	5	1
볼넷	삼진	병살타	장타율	출루율	OPS
1	31	1	0.250	0.234	0.484

전력분석	백업 포수. 에너지가 굉장히 좋아서 투수들이 편안해 하고, 믿고 던지는 편. 투수들의 성향을 잘 파악하고 있어서 김재현이 사인을 내면 투수들이 다 따라간다.
강점	도루 저지율. 리그에서 가장 짧은 팝타임 자랑.
약점	타격. 다른 장점에도 불구하고 백업으로 쓰는 이유.
수비력	투수들을 안정적으로 이끄는 능력은 팀내 1위.

내야수(우투좌타)

14 서건창

생년월일	1989년 8월 22일		신장/체중	176cm / 84kg
출신학교	송정동초-충장중-광주제일고		연봉	1억 2천만 원

2025시즌 기록

타율	경기	타석	타수	득점	안타
0.136	10	26	22	1	3
2루타	3루타	홈런	루타	타점	도루
1	0	1	7	2	1
볼넷	삼진	병살타	장타율	출루율	OPS
2	5	1	0.318	0.208	0.526

전력분석	돌고 돌아 친정 복귀한 베테랑. KBO 역대 최초 200안타 타이틀이 말해주는 콘택트 능력의 소유자. 이제는 좁아진 수비 범위 탓에 2루수를 맡기 어렵지만, 지명타자와 1루수, 외야수까지 준비해 활용도를 높일 예정.
강점	빼어난 콘택트 능력.
약점	땅볼 타구가 많아졌다. 타구 띄우는 능력 중요해.
수비력	지명타자로는 경쟁력 유지 쉽지 않다. 1루수 안착을 위한 수비력 필요.

내야수(우투좌타)

92 어준서

생년월일	2006년 11월 27일		신장/체중	183cm / 87kg
출신학교	수유초-자양중-경기고		연봉	5천만 원

2025시즌 기록

타율	경기	타석	타수	득점	안타
0.238	116	360	324	48	77
2루타	3루타	홈런	루타	타점	도루
9	1	6	106	27	1
볼넷	삼진	병살타	장타율	출루율	OPS
30	75	10	0.327	0.305	0.632

전력분석	1년 사이 일취월장했다. 수비도 타격도 나날이 성장하는 선수. 지난해 장타 잠재력 충분히 보여줬고, 수비 실책은 많은 편인데도 점점 안정감을 찾아 나가고 있다. 어려운 타구 처리도 잘한다. 향후 홈런 20~30개 칠 수 있는 대형 유격수감. 히어로즈에서 강정호, 김하성의 계보를 이을 예정.
강점	신인인데도 144경기를 버티는 체력.
약점	부족한 경기 경험.
수비력	경험을 바탕으로 실책 줄여 나가는 게 관건.

내야수(우투좌타)

1 김태진

생년월일	1995년 10월 7일		신장/체중	169cm / 73kg	
출신학교	수유초-신일중-신일고		연봉	1억 5백만 원	

2025시즌 기록

타율	경기	타석	타수	득점	안타
0.233	94	304	279	27	65
2루타	3루타	홈런	루타	타점	도루
11	2	5	95	25	1
볼넷	삼진	병살타	장타율	출루율	OPS
20	53	6	0.341	0.281	0.622

전력분석	1루수, 2루수, 3루수, 유격수까지 내야 모든 포지션 가능. 지난해 장타력을 늘리기 위해 다시 방망이를 길게 잡았는데, 홈런 5개를 쳤다.
강점	유틸리티 능력.
약점	아쉬운 수비 범위.
수비력	유틸리티 자원으로서 각 포지션 수비 능력 유지가 생존의 열쇠.

내야수(우투우타)

6 오선진

생년월일	1989년 7월 7일		신장/체중	178cm / 80kg	
출신학교	화곡초-성남중-성남고		연봉	8천만 원	

2025시즌 기록

타율	경기	타석	타수	득점	안타
0.238	99	163	143	15	34
2루타	3루타	홈런	루타	타점	도루
8	0	1	45	19	0
볼넷	삼진	병살타	장타율	출루율	OPS
12	45	2	0.315	0.308	0.623

전력분석	타격도 좋고, 수비도 준수하다. 팀에는 귀한 우타자. 상대 왼손 투수 나올 때 한번씩 선발로 나갈 수 있다. 어린 선수들이 많은 팀에서 베테랑의 임무 충실히 해내는 중.
강점	수비 안정감. 이기는 상황에서 대수비 활용 가치 높음.
약점	플래툰 이상의 가치는 보여주지 못함.
수비력	키움 내야수 중에 가장 안정적인 수비력.

외야수(우투우타)

29 임지열

생년월일	1995년 8월 22일		신장/체중	180cm / 94kg	
출신학교	대전신흥초-건대부중-덕수고		연봉	1억 1천만 원	

2025시즌 기록

타율	경기	타석	타수	득점	안타
0.244	102	417	369	51	90
2루타	3루타	홈런	루타	타점	도루
14	2	11	141	50	13
볼넷	삼진	병살타	장타율	출루율	OPS
42	111	11	0.382	0.322	0.704

전력분석	2026시즌 키움의 주장. 열심히 하고 후배들에게 팀워크의 중요성을 잘 이야기하는 선배. 일발 장타력이 있다. 타율이 높지 않지만, 타격 능력이 나쁘지는 않다. 삼진 비율이 꽤 높기는 하나, 장타력이 있기에 상대 투수들이 쉽게 승부하지 못한다. 수비는 평범하다. 지난해부터 시작한 1루 수비는 그래도 준수한 편.
강점	클러치 상황에서 유독 강하다. 강한 승부욕 빛나는 순간.
약점	높은 삼진 비율.
수비력	이제 외야 특급은 글쎄. 장기적으로는 1루수 안착 고려해야.

외야수(좌투좌타)

57 박주홍

생년월일	2001년 4월 16일			신장/체중	187cm / 87kg
출신학교	자양초(하남시리틀)-건대부중-장충고			연봉	5천5백만 원

2025시즌 기록

타율	경기	타석	타수	득점	안타
0.226	102	283	248	33	56
2루타	3루타	홈런	루타	타점	도루
11	3	3	82	23	11
볼넷	삼진	병살타	장타율	출루율	OPS
30	72	5	0.331	0.310	0.641

전력분석	2020년 1차지명 출신. 큰 기대 속에 입단했지만, 부족한 콘택트 능력으로 삼진이 너무 많았음. 수비도 좋지 않아 1군에서 활용하지 못한 케이스. 원래 레그킥을 하다가 지난해 토텝으로 스윙 폼을 바꾸면서 타격 타이밍과 콘택트가 눈에 띄게 좋아졌다. 그러면서 장타력도 보여주기 시작한 한 해였다. 완전히 잠재력을 터트릴지 올해 성적이 결정할 것.
강점	장타력.
약점	콘택트. 지난해 보완한 것을 계속 유지해야 한다.
수비력	중견수를 맡겨도 될 정도로 성장한 수비.

외야수(우투우타)

36 이형종

생년월일	1989년 6월 7일			신장/체중	183cm / 87kg
출신학교	화곡초-양천중-서울고			연봉	6억 원

2025시즌 기록

타율	경기	타석	타수	득점	안타
0.200	33	82	70	4	14
2루타	3루타	홈런	루타	타점	도루
3	0	2	23	6	1
볼넷	삼진	병살타	장타율	출루율	OPS
9	22	3	0.329	0.300	0.629

전력분석	계약 마지막 해. 올해마저 부진하면 유니폼을 벗을 각오로 사활을 다하는 중. 본인 요청으로 올해는 1루수까지 준비. 완전히 풀스윙 히터라 변화구에도 잘 속고, 콘택트도 떨어지나, 인플레이 타구가 생산되면 결과는 좋다.
강점	절박한 태도.
약점	당겨 치는 비율이 너무 높음.
수비력	수비는 냉정히 기대하기 어려움.

외야수(좌투좌타)

27 추재현

생년월일	1999년 2월 22일			신장/체중	178cm / 85kg
출신학교	경수초(성동구리틀)-건대부중-신일고			연봉	6천만 원

2025시즌 기록

타율	경기	타석	타수	득점	안타
0.222	34	87	81	7	18
2루타	3루타	홈런	루타	타점	도루
3	1	1	26	7	0
볼넷	삼진	병살타	장타율	출루율	OPS
3	17	2	0.321	0.259	0.580

전력분석	2차 드래프트 3라운드픽. 매년 타율 3할을 넘길 정도로 2군 기록은 좋다. 콘택트 비율도 굉장히 높고, 중장거리형 타자다. 그런데 1군만 오면 잘 안 풀려서 2군으로 내려가는 일의 반복. 자신감 결여된 상태. 수비도 나쁘지 않고 어깨 좋다.
강점	콘택트 능력.
약점	반복된 실패로 자꾸 쫓긴다. 타석에서 압박감을 버려야.
수비력	낙구 지점 포착 실수 종종 있음.

99 김동규
투수(우투우타)

생년월일 2004년 7월 9일
출신학교 서울청구초-영남중-성남고

2025시즌 기록
최고 155km/h에 이르는 강속구가 매력적인 유망주.

평균자책점	경기	승	패	홀드	세이브	승률	이닝	피안타
6.75	9	0	0	0	0	-	8	13

피홈런	볼넷	사구	삼진	실점	자책점			
2	11	0	10	11	6			

59 김서준
투수(우투좌타)

생년월일 2006년 12월 22일
출신학교 고양화정초(일산서구리틀)-원당중-충훈고

2025시즌 기록
공은 키움 불펜 중에 빠른 편. 결정구는 슬라이더.

평균자책점	경기	승	패	홀드	세이브	승률	이닝	피안타
20.25	4	0	0	0	0	-	5 1/3	14

피홈런	볼넷	사구	삼진	실점	자책점			
2	5	0	4	12	12			

8 김성민
투수(좌투좌타)

생년월일 1995년 7월 25일
출신학교 대구옥산초-경복중-대구상원고-일본경제대

2025시즌 기록
구속이 느린 대신 체인지업, 슬라이더, 커브, 포크볼 등 다양한 변화구로 버틴다.

평균자책점	경기	승	패	홀드	세이브	승률	이닝	피안타
4.68	29	0	3	1	0	0.000	25	25

피홈런	볼넷	사구	삼진	실점	자책점			
1	13	5	18	15	13			

68 김연주
투수(우투우타)

생년월일 2004년 2월 27일
출신학교 대전신흥초-충남중-세광고

2025시즌 기록
고교 시절 '리틀 고우석'이라 불림. 마무리투수 유망주. 다만 키가 177cm로 작음.

평균자책점	경기	승	패	홀드	세이브	승률	이닝	피안타
6.62	20	1	3	0	0	0.250	51 2/3	67

피홈런	볼넷	사구	삼진	실점	자책점			
10	25	6	28	40	38			

67 김인범
투수(우투우타)

생년월일 2000년 1월 12일
출신학교 하남동부초(하남시리틀)-전라중-전주고

2025시즌 기록
어깨 수술 이후 뚝 떨어진 구속 회복이 관건.

평균자책점	경기	승	패	홀드	세이브	승률	이닝	피안타
-								

피홈런	볼넷	사구	삼진	실점	자책점			
-								

35 박윤성
투수(우투우타)

생년월일 2004년 2월 8일
출신학교 부산수영초-개성중-경남고

2025시즌 기록
직구 수직 무브먼트는 매우 좋으나 구속이 아쉬움. 증속과 변화구 장착이 관건.

평균자책점	경기	승	패	홀드	세이브	승률	이닝	피안타
4.53	54	0	5	6	1	0.000	51 2/3	55

피홈런	볼넷	사구	삼진	실점	자책점			
9	19	1	40	31	26			

94 박정훈
투수(좌투좌타)

생년월일 2006년 3월 23일
출신학교 삼일초-매향중-비봉고

2025시즌 기록
좌완 파이어볼러. 단, 제구가 안 되는….

평균자책점	경기	승	패	홀드	세이브	승률	이닝	피안타
7.43	16	0	1	0	1	0.000	23	24

피홈런	볼넷	사구	삼진	실점	자책점			
1	20	4	7	24	19			

0 박주성
투수(우투우타)

생년월일 2000년 11월 9일
출신학교 경동초(성동구리틀)-건대부중-경기고

2025시즌 기록
2019년 1차지명 출신. 제구를 잡기 위해 구속을 줄이면서 매력 떨어짐.

평균자책점	경기	승	패	홀드	세이브	승률	이닝	피안타
6.58	18	2	3	1	0	0.400	52	63

피홈런	볼넷	사구	삼진	실점	자책점			
9	16	3	26	40	38			

40 박진형
투수(우투우타)

생년월일 1994년 6월 10일
출신학교 영랑초-경포중-강릉고

2025시즌 기록

2차 드래프트 이적생. 직구와 포크볼 의존도가 매우 높음. 혹사 여파로 뚝 떨어진 구속.

평균자책점	경기	승	패	홀드	세이브	승률	이닝	피안타
8.44	7	0	0	0	0	-	5 1/3	9
피홈런	볼넷	사구	삼진	실점	자책점			
1	3	0	5	7	5			

61 배동현
투수(우투좌타)

생년월일 1998년 3월 16일
출신학교 판곡초(양평리틀)-언북중
-경기고-한일장신대

2025시즌 기록

2차 드래프트 이적생. 한화 이글스에서 피우지 못한 꽃을 히어로즈에서.

평균자책점	경기	승	패	홀드	세이브	승률	이닝	피안타
-	-	-	-	-	-	-	-	-
피홈런	볼넷	사구	삼진	실점	자책점			
-	-	-	-	-	-			

63 손현기
투수(좌투좌타)

생년월일 2005년 10월 22일
출신학교 순천북초-순천이수중-전주고

2025시즌 기록

한화 이글스 조동욱과 함께 고교 좌완 최대어로 주목받았던 유망주. 아쉬운 제구력.

평균자책점	경기	승	패	홀드	세이브	승률	이닝	피안타
15.00	2	0	0	0	0	-	3	4
피홈런	볼넷	사구	삼진	실점	자책점			
1	6	1	1	5	5			

55 양지율
투수(우투우타)

생년월일 1998년 12월 16일
출신학교 서울청구초-홍은중-장충고

2025시즌 기록

잦은 부상 이후 2023년 양기현에서 양지율로 개명했다. 1군에서 증명할 일만 남았다.

평균자책점	경기	승	패	홀드	세이브	승률	이닝	피안타
8.36	18	0	2	1	0	0.000	14	18
피홈런	볼넷	사구	삼진	실점	자책점			
3	7	3	10	13	13			

95 윤석원
투수(좌투좌타)

생년월일 2003년 7월 4일
출신학교 부산대연초-개성중-부산고

2025시즌 기록

지난해 130km/h 후반대였던 구속이 147km/h까지 급상승. 완전히 다른 선수가 됐다.

평균자책점	경기	승	패	홀드	세이브	승률	이닝	피안타
5.54	37	1	1	8	0	0.500	37 1/3	41
피홈런	볼넷	사구	삼진	실점	자책점			
3	12	2	27	23	23			

96 윤현
투수(우투우타)

생년월일 2006년 10월 20일
출신학교 가동초-자양중-경기고

2025시즌 기록

선발투수의 스태미나는 갖췄다. 변화구 완성도 높일 필요 있음.

평균자책점	경기	승	패	홀드	세이브	승률	이닝	피안타
8.59	17	2	1	0	0	0.667	22	31
피홈런	볼넷	사구	삼진	실점	자책점			
2	23	5	15	28	21			

11 이강준
투수(우투우타)

생년월일 2001년 12월 14일
출신학교 서당초-설악중-설악고

2025시즌 기록

160km/h 육박하는 강속구 사이드암으로 유명세를 떨쳤으나 성과는 아직.

평균자책점	경기	승	패	홀드	세이브	승률	이닝	피안타
6.57	29	0	3	2	0	0.000	24 2/3	29
피홈런	볼넷	사구	삼진	실점	자책점			
3	17	2	26	22	18			

42 이준우
투수(우투우타)

생년월일 2001년 3월 2일
출신학교 문현초(해운대리틀)-센텀중
-경남고

2025시즌 기록

이주형과 경남고 동기. 불펜으로 육성 중.

평균자책점	경기	승	패	홀드	세이브	승률	이닝	피안타
8.61	31	1	4	3	0	0.200	23	37
피홈런	볼넷	사구	삼진	실점	자책점			
6	12	1	22	23	22			

62 전준표
투수(우투우타)

생년월일 2005년 5월 7일
출신학교 잠일초(강동구리틀)-잠신중
-서울고

2025시즌 기록
2024년 1라운드 지명답지 않은 성장세. 변화구가 약점.

평균자책점	경기	승	패	홀드	세이브	승률	이닝	피안타
8.85	21	2	2	1	0	0.500	20 1/3	33
피홈런	볼넷	사구	삼진	실점	자책점			
2	19	3	15	22	20			

44 김동헌
포수(우투우타)

생년월일 2004년 7월 15일
출신학교 영문초(영등포구리틀)-충암중
-충암고

2025시즌 기록
김건희 이전에 김동헌이 있었다. 트레이드 카드로 탐낼 포수 기대주.

타율	경기	타석	타수	득점	안타	2루타	3루타	홈런
0.268	49	91	82	8	22	3	0	0
루타	타점	도루	볼넷	삼진	병살타	장타율	출루율	OPS
25	8	0	7	23	1	0.305	0.330	0.635

56 박성빈
포수(우투우타)

생년월일 2004년 4월 21일
출신학교 한밭초(계룡시리틀)-충남중
-대전고

2025시즌 기록
기대보다는 크지 못하고 있는 포수 유망주.

타율	경기	타석	타수	득점	안타	2루타	3루타	홈런
-	-	-	-	-	-	-	-	-
루타	타점	도루	볼넷	삼진	병살타	장타율	출루율	OPS
-	-	-	-	-	-	-	-	-

10 김웅빈
내야수(우투좌타)

생년월일 1996년 2월 9일
출신학교 서라벌초-울산제일중-울산공고

2025시즌 기록
일발 장타력이 있는 거포 기대주였으나 성장이 멈췄다.

타율	경기	타석	타수	득점	안타	2루타	3루타	홈런
0.083	10	31	24	1	2	0	0	0
루타	타점	도루	볼넷	삼진	병살타	장타율	출루율	OPS
2	0	0	6	7	2	0.083	0.267	0.350

86 송지후
내야수(우투우타)

생년월일 2005년 1월 8일
출신학교 광주수창초-진흥중-광주제일고

2025시즌 기록
콘택트 비율은 높지만, 힘을 타구에 싣지 못한다. 안정적인 2루 수비.

타율	경기	타석	타수	득점	안타	2루타	3루타	홈런
0.175	33	86	80	5	14	3	0	1
루타	타점	도루	볼넷	삼진	병살타	장타율	출루율	OPS
20	8	0	3	18	3	0.250	0.221	0.471

60 양현종
내야수(우투우타)

생년월일 2006년 8월 15일
출신학교 대구옥산초-협성경복중-대구고

2025시즌 기록
KIA 양현종의 이름값을 뛰어넘는 선수가 되기에는 아직 멀었다.

타율	경기	타석	타수	득점	안타	2루타	3루타	홈런
0.083	12	14	12	1	1	0	0	0
루타	타점	도루	볼넷	삼진	병살타	장타율	출루율	OPS
1	0	0	2	5	0	0.083	0.214	0.297

93 여동욱
내야수(우투우타)

생년월일 2005년 11월 10일
출신학교 남도초-협성경복중-대구상원고

2025시즌 기록
파워를 갖춘 코너 내야수로 꽤 기대치가 크다.

타율	경기	타석	타수	득점	안타	2루타	3루타	홈런
0.132	28	61	53	6	7	1	0	2
루타	타점	도루	볼넷	삼진	병살타	장타율	출루율	OPS
14	2	0	7	21	2	0.264	0.233	0.497

39 염승원
내야수(우투좌타)

생년월일 2006년 3월 20일
출신학교 고명초-휘문중-휘문고

2025시즌 기록
성공한 덕후. 어린 시절부터 키움 팬. 롤모델은 스즈키 이치로.

타율	경기	타석	타수	득점	안타	2루타	3루타	홈런
0.211	11	21	19	2	4	0	0	0
루타	타점	도루	볼넷	삼진	병살타	장타율	출루율	OPS
4	1	0	1	6	0	0.211	0.238	0.449

97 전태현
내야수 (우투좌타)

생년월일 2006년 3월 2일
출신학교 양덕초-마산동중-용마고

2025시즌 기록

고교 시절부터 파워 갖춘 중장거리 타자로 눈길 끌었으나 프로에선 공수 모두 아쉬움.

타율	경기	타석	타수	득점	안타	2루타	3루타	홈런
0.231	77	207	182	20	42	5	0	0
루타	타점	도루	볼넷	삼진	병살타	장타율	출루율	OPS
47	10	4	20	59	2	0.258	0.304	0.562

87 박수종
외야수 (우투우타)

생년월일 1999년 2월 25일
출신학교 도신초-강남중-충암고-경성대

2025시즌 기록

2024년 육성선수 성공 신화를 쓰나 싶었는데, 지난해 기회 확 줄어듦.

타율	경기	타석	타수	득점	안타	2루타	3루타	홈런
0.143	38	45	42	6	6	0	0	1
루타	타점	도루	볼넷	삼진	병살타	장타율	출루율	OPS
9	2	1	3	12	0	0.214	0.200	0.414

43 박찬혁
외야수 (우투우타)

생년월일 2003년 4월 25일
출신학교 대전유천초(대전서구리틀)
-한밭중-북일고

2025시즌 기록

제2의 송지만. 슬러거로서 잠재력을 아직 다 펼치지 못함.

타율	경기	타석	타수	득점	안타	2루타	3루타	홈런
-	-	-	-	-	-	-	-	-
루타	타점	도루	볼넷	삼진	병살타	장타율	출루율	OPS
-	-	-	-	-	-	-	-	-

15 이용규
외야수 (좌투좌타)

생년월일 1985년 8월 26일
출신학교 성동초-잠신중-덕수정보고

2025시즌 기록

플레잉코치로 선수 생명 연장. 기회가 얼마나 올지는 물음표.

타율	경기	타석	타수	득점	안타	2루타	3루타	홈런
0.216	14	41	37	7	8	1	0	0
루타	타점	도루	볼넷	삼진	병살타	장타율	출루율	OPS
9	0	1	3	8	1	0.243	0.275	0.518

17 임병욱
외야수 (우투좌타)

생년월일 1995년 9월 30일
출신학교 수원신곡초-배명중-덕수고

2025시즌 기록

피지컬 좋고, 대형 선수로 성장할 펀치력도 지녔으나 만년 유망주 신세.

타율	경기	타석	타수	득점	안타	2루타	3루타	홈런
0.233	52	140	133	12	31	4	3	2
루타	타점	도루	볼넷	삼진	병살타	장타율	출루율	OPS
47	13	1	5	33	3	0.353	0.259	0.612

25 주성원
외야수 (우투우타)

생년월일 2000년 8월 30일
출신학교 부산대연초(남구리틀)
-부산신정중-개성고

2025시즌 기록

2022년 퓨처스 홈런왕. 몸집에 비해 장타가 나오지 않고, 콘택트도 떨어짐.

타율	경기	타석	타수	득점	안타	2루타	3루타	홈런
0.250	58	174	156	21	39	6	0	1
루타	타점	도루	볼넷	삼진	병살타	장타율	출루율	OPS
48	12	4	13	45	2	0.308	0.322	0.630

ROOKIES

1라운드 전체 1순위
18 박준현
투수 (우투우타)

생년월일 2007년 8월 29일
신장/체중 188cm / 95kg
출신학교 율하초-경상중-북일고

최고 구속 157km/h 이상 강속구를 던지는 투수. 직구만으로도 타자를 압도할 수 있다. 고등학교 선수 치고는 빠른 슬라이더도 갖췄다. 미국 메이저리그 구단의 영입 제안을 받았을 정도로 재능만큼은 진짜. 선발투수로 키울 예정.

1라운드 전체 10순위
4 박한결
내야수 (우투좌타)

생년월일 2007년 12월 5일
신장/체중 180cm / 79kg
출신학교 진북초-전라BC-전주고

콘택트 능력이 좋고, 체구에 비해서 힘을 잘 사용해 장타력도 갖추고 있다. 수비 기본기가 좋고, 타격도 안정적이라 1군에서 바로 볼 수 있을 전망. 유격수와 2루수 다 가능하고, 야구 센스가 뛰어난 선수라 내야수 최대어로 평가해 지명.

2라운드 전체 11순위
26 김지석

내야수(우투좌타)

생년월일	2007년 2월 19일
신장/체중	185cm / 83kg
출신학교	첨단초(연수구리틀)-동인천중-인천고

타격의 완성도가 높고, 타격 메커니즘이 좋다. 콘택트 능력에 파워를 겸비한 공격형 내야수. 3루수로서 강한 송구 능력을 보유했고, 핸들링은 아직 보완할 필요는 있음. 공격과 수비 모두 상위 레벨. 중장거리형 타자로 평가.

3라운드 전체 21순위
37 박지성

투수(우투우타)

생년월일	2007년 3월 16일
신장/체중	190cm / 93kg
출신학교	도곡초-대치중-서울고

큰 키를 활용한 높은 타점, 디셉션이 좋은 메커니즘이 장점인 투수. 공의 수직 무브먼트와 체인지업 구사 능력이 좋음. 투구 궤적이나 변화구 완성도 등 전반적인 감각이 좋다는 평가. 근력 향상을 통한 직구 구속 상승 필요. 선발투수 유망주.

4라운드 전체 31순위
45 정다훈

투수(우투우타)

생년월일	2006년 7월 6일
신장/체중	183cm / 85kg
출신학교	헌도중-청주고

150km/h 이상 강속구 던질 수 있는 강한 어깨 보유. 짧고 간결한 팔스윙으로 신체 활용을 잘하고, 힘 전달력도 좋다. 구위를 앞세워 중간 투수로 성장 가능성 큼.

4라운드 전체 40순위
38 최재영

내야수(우투우타)

생년월일	2007년 1월 8일
신장/체중	183cm / 85kg
출신학교	강남초-강남중-휘문고

파워와 강한 송구 능력이 돋보이는 내야수. 프로에 와서 빠른 공에 타격 대응이 될지 지켜볼 필요는 있음. 주 포지션은 유격수. 수비 범위는 넓지 않지만 바운드 판단과 감각이 좋은 편.

5라운드 전체 41순위
66 이태양

투수(우투우타)

생년월일	2007년 3월 3일
신장/체중	180cm / 80kg
출신학교	동막초-상인천중-인천고

체격은 작지만, 투구 밸런스가 좋고 공을 던질 줄 아는 안정적인 투수. 변화구 구사 능력도 좋다. 마운드에서 싸움닭 기질이 있는 공격적인 스타일.

6라운드 전체 51순위
112 최현우

투수(우투우타)

생년월일	2007년 7월 19일
신장/체중	190cm / 90kg
출신학교	서정초(일산자이언츠리틀)-양천중-배명고

신장이 크고, 긴 팔과 다리에서 나오는 높은 타점이 장점. 팔 스윙이 간결해 순간적으로 볼을 때리는 스피드가 좋다. 투구 메커니즘의 일관성이 정립된다면, 성장 가치 높음.

7라운드 전체 61순위
113 김태언

투수(우투우타)

생년월일	2006년 7월 25일
신장/체중	183cm / 84kg
출신학교	진북초-수원북중-세광고

내야수에서 투수로 전향한 지 3~4년 됨. 투수로서는 평균적인 신장이나 운동 능력과 습득력이 좋아 성장 속도가 빨랐음. 체인지업과 직구 제구 등 투구 감각이 좋다.

8라운드 전체 71순위
114 박준건

투수(좌투좌타)

생년월일	2007년 4월 6일
신장/체중	187cm / 92kg
출신학교	(사상구리틀)-경남중-부산고

좌완 투수. 키는 크지만 상체 유연성이 좋아 팔이 유연하게 넘어와서 투구 궤적이 타자가 상대하기 까다로운 편. 구속이 아직 130km/h 중반에서 140km/h 초반 수준. 구속 상승 신호는 보여 잠재력을 보고 뽑음.

9라운드 전체 81순위
115 유정택

내야수(우투좌타)

생년월일	2003년 11월 20일
신장/체중	170cm / 70kg
출신학교	청원중-덕수고-고려대

대졸 2루수. 주루 플레이에 강점 있음. 누상에서 움직임이 활발함. 짧고 간결한 스윙으로 콘택트 능력이 장점. 내야와 외야 유틸리티로 활용 가치 높음.

10라운드 전체 91순위
116 김주영

포수(우투좌타)

생년월일	2007년 2월 5일
신장/체중	181cm / 85kg
출신학교	삼성초-내동중-용마고

공격형 포수. 체구에 비해 배팅 파워나 장타력이 좋음. 수비는 훈련을 통해 많이 보완해야 함.

11라운드 전체 101순위
117 김유빈

투수(우투우타)

생년월일	2007년 3월 9일
신장/체중	189cm / 75kg
출신학교	대헌초-제일중-대구고

큰 키를 활용한 높은 타점과 각이 장점. 마른 체형이지만, 체구에 비해 힘을 쓰는 동작은 좋다. 근력 향상되면 더 좋은 기량 기대됨.

2026 프로야구 가이드북

초판 1쇄 펴낸 날 | 2026년 4월 3일
초판 3쇄 펴낸 날 | 2026년 5월 8일

지은이 | 나유리, 조은혜, 이종서, 김민경, 윤승재, 김현세
펴낸이 | 홍정우
펴낸곳 | 브레인스토어

책임편집 | 김다니엘
편집진행 | 정채현, 박혜림
디자인 | 이예슬
마케팅 | 방경희
자료제공 | KBO

주소 | (03908) 서울시 마포구 월드컵북로 375, DMC이안상암1단지 2303호
전화 | (02)3275-2915~7
팩스 | (02)3275-2918
이메일 | brainstore@publishing.by-works.com
블로그 | https://blog.naver.com/brain_store
인스타그램 | https://instagram.com/brainstore_publishing

등록 | 2007년 11월 30일(제313-2007-000238호)

© 브레인스토어, 나유리, 조은혜, 이종서, 김민경, 윤승재, 김현세, 2026
ISBN 979-11-6978-079-7(03690)